Fritz Mierau

Mein russisches Jahrhundert

Autobiographie

Edition Nautilus

Edition Nautilus
Verlag Lutz Schulenburg
Alte Holstenstraße 22 · D-21031 Hamburg
Alle Rechte vorbehalten · © Lutz Schulenburg 2001
© VG Bild-Kunst Bonn 2001 für die Titelbild-Fotografie
»Eremitage 1929, Detail« von Boris Vsevolodovich Ignatovich
Das Buch wurde gefördert vom Deutschen Literaturfonds
Darmstadt und von der Stiftung **Kultur**fonds Berlin
1. Auflage 2002 · Printed in Germany
www.edition-nautilus.de

1 2 3 4 5 · 06 05 04 03 02

ISBN 3-89401-386-9

Und der ganze wichtige, ernsthafte Kampf –
was wäre er nach einem halben Jahrhundert
in den Augen der Nachkommen? – Ein Märchen,
eine Possen-Geschichte.
Carl von Linné an Albrecht von Haller, 1737

Einweihung

Ungewisse Häuslichkeit

Mein russisches Jahrhundert ist in Sachsen eröffnet worden. Lange bevor ich die Russen in Moskau reden hörte, habe ich sie in Döbeln reden gehört.

Gegenüber von unserem Haus in der Bahnhofstraße befand sich der Speicher des Güterbahnhofs, ein langer flacher Bau mit vielen Schiebetüren, in dessen von jahrzehntealtem Mulm angefüllten niedrigen Kellern wir als Kinder spielten. Stadteinwärts, vom Eckfenster unserer Wohnung im zweiten Stock gut zu übersehen, zog sich entlang einem Abstellgleis in sanftem Bogen ein Gelände hin, das im Spätherbst und Winter als Lagerplatz für die Briketts der nicht sehr großen Garnison der Roten Armee diente, bewacht von einem Kommando aus höchstens drei Soldaten, die in einem Güterwaggon hausten. Die drei Meter hohen Kachelöfen von der Jahrhundertwende verbrauchten sehr viel Kohlen und das Schwinden der Holz- und Kohlenvorräte war ständig im Gespräch. Im Sommer sammelten wir alle Holz, das eine Jahr hatten wir sogar eine dünne Fichte umgesägt, aber was waren die kleinen Stapel aus trockenen Ästen und Sägeabfällen gegen diese märchenhaften Kohlenschätze. Mut und Geschicklichkeit müßten eigentlich auch hier belohnt werden, selbst wenn keine gräßlichen Türhüter zu passieren waren wie bei einer richtigen Schatzsuche.

In der Abenddämmerung, bei Nebel manchmal früher, schlichen wir uns, durch die Kohlenberge, wie wir glaubten, gut gedeckt, an die schwarzen Schätze an, packten rasch unsere Taschen voll und schleppten die schwere Beute nach Hause. Vielleicht kam uns die Übung bei den Zuckerrüben zugute, die unter viel schwierigeren Bedingungen von den rollenden Pferdewagen zu holen waren: geduckt kniend auf dem schmalen hinteren Absatz des Kastenwagens, den Blick auf den Kutscher gerichtet, dessen Peitsche zu fürchten war, mit einer Hand ans Kastenbrett geklammert, mit der anderen nach den schlammigen oder gefrorenen Rüben langend, jeden Moment zum Absprung bereit. So geschult, hatten wir auch bei den Kohlen meistens Glück. Heute denke ich, die Soldaten sahen uns und ließen uns gewähren. Bis auf einmal. Es lag Schnee und war trübe. Wir fühlten uns sicher. Meine grobe rote Segeltuchtasche war gerade voll, als sich am Wachwaggon etwas bewegte. Wir rannten sofort los, nicht nach Hause natürlich, um uns nicht zu verraten, sondern eine kleine Nebenstraße hinunter und jeder für sich. Brikett für Brikett warf ich die Kohlen aus der Tasche, um leichter entkommen zu können, hatte aber keine Chance. Der Russe holte mich ein und nahm mich mit in den Waggon.

In dem Waggon war es warm und dunkel. Ich bekam einen Schemel und saß mit den Soldaten um einen Kanonenofen, der heizte und Licht gab. Zum Flackern des Feuers, das beim Nachlegen die kleine Runde beleuchtete, hörte ich zum erstenmal Russen reden. Daß man auch anders als deutsch reden konnte, wußte ich nicht nur aus dem Englischunterricht an der Oberschule, sondern auch von zu Hause. Mein Vater spielte mit uns Kindern früh Bridge und da hieß es dann neben »Karte oder Stück Holz« und »Trumpf ist die Seele vom Spiel« gelegentlich: »It's your turn to deal«. Auch bekamen meine beiden Schwestern und ich zusammen mit meiner Mutter seit kurzem den ersten privaten Russischunterricht bei dem alten Herrn Drescher, der sich die Sprache als Zivilinternierter (Ingenieur für Brückenbau) während des ersten Weltkriegs in Sibirien angeeignet hatte. Mein Vater meinte, man sollte die Sprache der Patronatsmacht möglichst gut verstehen und so versuchten wir uns am Alphabet, was uns mehr wie Zeichen vorkam als wie Schreiben.

In dem Waggon war alles ganz anders. Kein Unterricht, kein Spiel. Etwas Unwiderrufliches war geschehen. Für einen Augenblick waren alle gewohnten Verbindungen unterbrochen. Von der Unterhaltung der Russen verstand ich nichts, doch der eigentümlich gedämpfte Klang ihrer ernsten Rede verband sich mir ein für allemal mit dem Halbdunkel, in dem wir um das Feuer zusammensaßen: Rast oder Zuflucht oder Gefangenschaft in der ungewissen Häuslichkeit – einer Höhle. Als sei ich in dem Bemühen, der Familie in der Not zu helfen, Zeuge einer größeren Not geworden, ungewollt, unverdient, unbefugt, Zeuge einer Not, die diese unverhoffte Begegnung offenbar werden ließ: Was fing man miteinander an? Was hatte man miteinander zu tun?

Immer sollte es später so sein. Zeuge einer ungewissen Häuslichkeit bin ich geblieben, als ich, die russische Rede einigermaßen im Ohr und auf der Zunge, eingeholt wurde von denen, die ganz andere Schätze hüteten, derer ich zu bedürfen glaubte. Eingeholt und in eine ungewisse Häuslichkeit aufgenommen zwischen Moskau und Koktebel auf der Krim mit der geheimen Frage: Was haben wir miteinander zu tun? Und noch auf dem Aventin in Rom bei Dmitri Iwanow, der das geistige Reich seines Vaters hütet, noch in Garches bei Paris, wo der Maler Oleg Zinger arbeitet, bin ich mir der Undeutlichkeiten meiner Zeugenschaft bewußt gewesen. Wie leicht konnte sie als die Anmaßung des Eindringlings verkannt werden.

Damals in Döbeln dauerte es nicht lange, bis mein Vater kam und die Verbindung wieder herstellte – mit Apfelsuppe (in der Feldflasche) und Pellkartoffeln, einem Essen, das es bei uns manchmal zum Abendbrot gab. Sicher hat er mich auch bald mitnehmen dürfen. Künftig würde ich mir die rettende Distanz selber schaffen müssen. Ich war gewarnt.

Landschaft mit alten Männern

Es waren doch mehr die ganz ernsthaften alten Männer, die die Substanz bewahrten, lange dabei etwas denken konnten und schließlich wohl die Bedeutungen verloren, dafür aber die Wichtigkeit von Überlieferung selbst immer noch als verpflichtend anerkannten.
Ernst Fuhrmann, Neu-Seeland 1931

Als mein Vater aus dem Krieg kam, war ich elf, er einundfünfzig. Seine Rückkehr schien die eines Jünglings. Er ließ seine Sachen vor der Stadt und kam wie von einem Ausflug nach Hause. Dann arbeitete er ein Jahr als Lorenschieber in der Ziegelei, bis er Geschäftsführer der Edeka des Kreises Döbeln wurde. Auch da belud er gelegentlich selber den kleinen Lieferwagen der Firma, der in die sächsischen Dörfer fuhr mit Namen wie Massanei und Mockritz. Das war keine Leutseligkeit, er war entschieden ein Mann der Distanz, es gehörte zu seiner Art von Geschäftsführung. An den Wochenenden und in den Sommerferien auch öfter ging es Beerenpflücken, Ährenlesen und Kartoffelstoppeln. Wir bewegten uns da wie in einem großen Garten mit der Kenntnis der einzelnen Schönheiten und wechselnden Ergiebigkeiten. Die edelste der Unternehmungen war die des Herbstes: Holzholen. Wir bedienten uns eines dünnen Drahtseils, das vorzugsweise um dürre Eichenäste geschlungen wurde. Die Äste gaben manchmal schon sanfterem Schwingen nach. Zersägt kamen sie in einen Rucksack.

Natürlich war es die Not, die uns in den Wald und auf das Feld führte, und es war die Ausdauer meines Vaters, die uns das stundenlange Bücken nach den Korn- und Weizenähren in der steigenden Glut des Augusts erträglich machte. So wären die sächsischen Unternehmungen ihrer hauswirtschaftlichen Erheblichkeit wie ihres artistischen Arrangements wegen unter den Abenteuern meiner Jugend auf jeden Fall ganz oben verzeichnet gewesen, wenn sie nicht noch etwas gehabt hätten, das sie den Abenteuern wie der Jugend in ein Allgemeines entführte: den Zauber und Schauder einer Initiation. Ich empfand nämlich meinen Vater bei all der Mühelosigkeit, mit der er mit den körperlichen Anforderungen fertig wurde, durchaus nicht als jugendlich, sondern ausgesprochen als einen erfahrenen Mann, als einen alten Mann, an dessen Seite jedes Abenteuer eine Einweihung war. Daß die Spaziergänge, wie diese Ausflüge hießen, rituellen Charakter hatten, empfand ich von Anfang an, hätte es freilich damals nie so nennen können. Sie waren verpflichtend und auch belastend. Heute weiß ich, worein ich eingeweiht wurde: in ein Leben in Muße.

Muße war ein Hauptwort meines Vaters. Er meinte damit durchaus das Ursprüngliche: Verwendung der freien Zeit zu einem bestimmten Zweck, von dem man nicht durch etwas anderes abgehalten werde, ein Bei-sich-sein, ein Innewerden des Augenblicks. Ich vermute, daß dies auch im Inneren jener Souveränität wirkte, die wir an dem Geschäftsmann bewunderten. Er machte seine Bilanzen und seine Bestellungen für das neue Quartal mit der gleichen Hingabe wie er mit uns hinauszog nach Kloster Buch, die Gegend um die Zisterziensergründung, um noch in der Nässe des Morgentaus Himbeeren zu pflücken.

Nicht daß er viel gesprochen hätte. Nur zweimal hörte ich seine Vorbehalte. Der eine hieß: »Nicht zu outriert«. Er bezog sich auf ein fast hellblaues Jackett, das ich mir aus dickem Mantelstoff machen ließ. Und der andere war: »Man darf nicht Schicksal spielen wollen.« Er bezog sich auf das Angebot, das man ihm gemacht hatte, irgendwo im Westen eine größere Edeka-Geschäftsstelle zu übernehmen.

Den Schutz dieses Lebens in Muße verdanke ich einer Landschaft mit alten Männern, die sich aus den Begegnungen über Jahrzehnte erhebt und Abgesandte aus allen Weltteilen die staubigen Wege Sachsens kreuzen sieht.

Wer sind die beiden Alten, die mit dem spärlichen Schafgarbebündel auf der steinigen Straße vom Stadtgut Greußnig nach Döbeln wandeln? Adrett und reinlich, zwei hagere Gestalten, begleitet von einem mageren blinden Hund, der einen Bindfaden hinter sich herzieht, an dem sie ihn in der Stadt führen mögen. Sie gehen unter uralten Kirschbäumen, von denen ich immer denke, sie seien die ältesten Sachsens, ihre Stämme sind so dick, daß ein Mann sie nicht umfassen kann. Ein Nachmittag im August. Die Hitze hat schon nachgelassen. Man wünscht sich einen guten Tag. Bleibt man stehen? Es ist eher ein Einhalten in einer ohnehin unendlich langsamen Bewegung, die nur noch für sich selber da ist. Eine ganz leichte Drehung und – man bleibt in gehörigem Abstand, gerade so, daß nicht zu laut gesprochen werden muß.

Wer sind die beiden Alten? Sind es Francesco und Fritz Müller? Oder Christian Schad und Dmitri Iwanow? Simon Guttmann und Dezsö Keresztúry? Oleg Zinger und Pegu? Arthur Pfeifer und mein Vater? Ist das hier Volterra oder Falkensee oder Keilberg oder Rom oder London oder Budapest oder Garches oder Haifa oder Waldheim oder Döbeln? »Man kann jede Arbeit für eine Weile unterbrechen«, sagt Arthur Pfeifer mit 90, legt die Kopie einer Blumenzeichnung für eine Geburtstagskarte weg und spricht mit seinem ehemaligen Schüler, der eben aus Weimar kommt, über die Zuversicht, die dazu gehört, einen Park anzulegen, wie Goethe es machte: Immer am Anfang nur die dünnen Stangen und nur die Hoffnung auf Schatten. »Wir müssen von vorn beginnen, es war alles falsch«, sagt Simon Guttmann mit 98 nach zwei mehrstündigen Gesprächen über Geschichte und Willenskraft.

War es das, was die beiden Alten unter den Kirschbäumen von Greußnig sagten?

Östliche Disposition

In Breslau geboren, im sächsischen Döbeln großgeworden und zur Schule gegangen, väterlicherseits mit Königsberg, mütterlicherseits mit Stettin und Berlin verbunden, war ich geistig vom deutschen Osten geprägt, lange bevor er als Rumpfgestalt DDR seine bedenkliche Rolle in der sowjetischen Europapolitik spielen mußte.

Mein Vater hatte nach seinem Abitur in Neisse, nach Militärdienst und englischer Kriegsgefangenschaft zu Beginn der zwanziger Jahre in Berlin Bankkaufmann gelernt (bis zur Einzelprokura) und dann zehn Jahre in Schlesien gearbeitet. Meine Mutter war nach dem Tod ihres Vaters 1915 und dem Umzug der Familie von Berlin nach Hundsfeld bei Breslau an der Landwirtschaftskammer für Niederschlesien tätig gewesen. Als meine Eltern mit mir und meinen beiden jüngeren Schwestern 1938 nach Döbeln zogen, brachten sie aus Königsberg, Neisse, Berlin und Breslau eine Unabhängigkeit mit, die für unsere Kindheit und Jugend entscheidend wurde.

In Döbeln fremd, lebten wir zurückgezogen in unserer großen Wohnung auf der Bahnhofstraße nahe dem Hauptbahnhof und kannten die Ausflugsgegenden westlich der Stadt lange besser als die Stadt selbst. Besuch hatten wir nie. Mein Vater liebte es nicht, die geschäftlichen Belange mit Privatem zu verquicken und aus den Familien kam kaum jemand in Frage.

Der Vater meines Vaters, Dr. Franz Mierau, war 1914 mit 49 Jahren in Ostpreußen gestorben. Sein Bruder Fritz und sein Sohn Fritz, der ältere Bruder meines Vaters, nach denen ich meinen Namen bekam, waren tot. Die wenigen Verwandten, die noch lebten, wohnten in Berlin oder Breslau. Die Mutter meines Vaters starb, ehe sie uns, wie erhofft, Weihnachten 1938 in Döbeln besuchen konnte. In ihrem letzten Brief fand ich später den Satz: »Die Hitlerrede hat mich sehr angestrengt u. mitgenommen, man denkt an 1914.« Auch die beiden Onkel Herbert, nach denen ich meinen zweiten Namen habe – der »große Herbert«, der jüngere Bruder meines Vaters, und der »kleine Herbert«, der Stiefbruder meiner Mutter – sind früh gestorben. Der kleine Herbert fiel als Panzerfahrer kurz vor Kriegsende, der große Herbert nahm sich kurz nach Kriegsende das Leben. Ich habe sie beide nur ein einziges Mal gesehen, als sie fast zur gleichen Zeit auf der Durchreise in Döbeln Station machten. Vom kleinen Herbert erbte ich eine schon leicht ausgeblichene Leinenwindjacke mit vier Taschen zum Knöpfen, die ich als Junge beim Skifahren trug und die für mich das Ideal einer Jacke geblieben ist. Vom großen Herbert ging ein Paar Schuhe an mich über, in die ich erst viele Jahre später hineinwuchs. Einmal, es war sicher schon Krieg, besuchte meine Mutter mit uns drei Kindern ihre Mutter in Breslau: Winzige Stübchen und am Himmel die Scheinwerferkreuze der Luftabwehr stehen mir vor Augen. Das Breslau, in dem sich meine Eltern kennenlernten und 1933 heirateten, war das nicht.

Je weniger aber die Personen in Erscheinung traten, je geringer die lebendige Anschauung der Orte und Werke unserer Familiengeschichte war, desto verlangender umkreiste sie die Phantasie: meinen Großvater, den Chemiker Dr. Franz Mierau, der aus einer ostpreußischen Gutsbesitzerfamilie stammte und in Königsberg eine Tochter des Ponarther Brauereidirektors Eduard Schifferdecker geheiratet hatte; meinen Großonkel, den Magdeburger Regierungs- und Baurat, Deichinspektor und Oberfischmeister Fritz Mierau, der bei uns immer »der Deichhauptmann« hieß; die beiden Frauen meines Onkels Fritz, der in der Verbandstoffindustrie tätig gewesen war – die Gymnastik- und Tanzlehrerin Adrienne aus St. Petersburg und die Modistin Mädy (meine Patentante); und meinen anderen Onkel väterlicherseits, den Berliner Ford-Vertreter Herbert Mierau. Da regte sich ein unternehmendes Wesen, das in Brauerei, Moorkultur und Bank sein Betätigungsfeld ebenso fand wie in Autohandel, Tanzunterricht und Modegeschäft.

Meinem Vater waren sowohl vom Berliner Bankhaus Seydel & Co., wo er sechs Jahre angestellt war, als auch von der Brauerei Albrecht Haselbach im schlesischen Sacrau bei Freiburg Sachkenntnis im Fach wie auf weltwirtschaftlichem Gebiet, Zuverlässigkeit und Diskretion, geistige Beweglichkeit und gewinnende Umgangsformen bescheinigt worden.

Mein Großvater Franz Mierau muß ein wegen seiner Energie begehrter Fabrikdirektor gewesen sein. Nachdem er drei Jahre 1891–94 am Aufbau der Zuidholländschen Bierbrauerei mitgearbeitet hatte, übernahm er die Leitung der Giesmannsdorfer Fabriken (Hefefabrik, Brauerei) bei Neisse, um anschließend bis zu seinem frühen Tod als Generaldirektor die Spiritus-Dampf-Brennerei und Bierbrauerei mit ihren Preßhefe-, Kartoffelstärke-, Syrup- und Malzfabriken in Niechcice, 100 km südlich von Lódź, damals Russisch-Polen, zu verwalten.

Mein Urgroßvater aber, der Königliche Kommerzienrat Eduard Schifferdecker, der aus dem badenschen Mosbach nach

Ostpreußen gekommen war, ist eine der Gründergestalten gewesen. Als er 1915 im Alter von 83 Jahren starb, ist sein Weg dankbar beschrieben worden: »Er gehörte einst zu den bekanntesten Persönlichkeiten Königsbergs; mit seinem Namen ist die bedeutsame industrielle Schöpfung der Ponarther Aktien-Brauerei, ja das Aufblühen unserer ganzen großen Vorstadt Ponarth auf das engste verknüpft. Seit der in das Jahr 1869 fallenden Gründung bis zum Jahre 1900 hat er der Gesellschaft angehört und das Unternehmen durch seine umfassenden Branchekenntnisse, seine rastlose Tätigkeit zu dem Ansehen gebracht, das es dauernd genießt. Auch noch nach Niederlegung seines Amtes als technischer Direktor wirkte der Verstorbene im Aufsichtsrat der Aktiengesellschaft. Mit Schifferdecker ist wieder ein ›alter Königsberger‹ dahingegangen, dessen Tätigkeit auf die industrielle Entwicklung unserer Stadt von nachhaltigem Einfluß war. Persönlich erfreute sich der Dahingeschiedene in weitesten Kreisen ungewöhnlicher Beliebtheit. In Ponarth hielt er seinerzeit als Direktor stets ein gastfreies Haus, nicht nur für seine persönlichen Freunde, sondern auch für die zahlreichen Gesellschaften und Vereinigungen, die hinauspilgerten, um die Brauerei Ponarth zu besichtigen.«

Denke ich den Bäcker, Stellmacher, Straßenbahnfahrer, Schneider und Eisenbahner aus dem pommersch-schlesischen Geschlecht meiner Mutter hinzu, so verfügte die Familie über einen Reichtum an Eignungen, Erfahrungen und Fertigkeiten, der meinen Eltern in schöner Weise zugutekam: meinem Vater als Verkaufsleiter der Margarine-Verkaufs-Union für den Bezirk Sachsen, den er 1938 übernahm, meiner Mutter als der Seele des Fünf-Personen-Haushalts auf der Bahnhofstraße 26.

So spärlich die Nachrichten von den einst ausgedehnten Tätigkeiten der Familien blieben – auch das wenige, was aus Gesprächen oder bloßen Namenserwähnungen herauszuhören war, stand in einem merkwürdigen Gegensatz zu unserem eingezogenen, verborgenen Dasein in Döbeln. In dieser Lage mußte jedes Zeugnis, das auf eine sonst unerreichbare Vergangenheit wies, von höchster Bedeutung sein. Noch ehe Wohnungseinrichtung, Garderobe und Umgangsart meiner Eltern für mich das Selbstverständliche des immer so Gewesenen verloren und Zeugnisse von Entscheidungen und Verabredung wurden, war es ein großes Bild im Wohnzimmer, das die Einbildungskraft beschäftigte. Riesig hing es über meiner Kindheit und Jugend.

Was ich wahrnahm, war ein heftiges Gegeneinander von hellen Streifen und einem dunklen Block, der sich allmählich als eine Leibermasse aus Pferd, Stier und Mensch zu erkennen gab. In vier von rechts nach links auseinanderstrebenden Bahnen – ziegelrot und sandfarben in der Mitte, oben hellbraun gesäumt, unten dunkelbraun – öffnete sich das Bild und zeigte in der linken Hälfte den schwarz-braunen Block der Leiber, überragt von wenig Grün und Gelb – Stier und Pferd und Reiter. Daß es eine Stierkampfarena vorstellte, ahnte ich wohl, wagte aber erst spät genauer hinzusehen. Gesprochen wurde über das Bild nicht. Am längsten entzog sich meiner vorsichtigen Enträtselung ein seltsam gezacktes, eher fließendes als kompaktes Gebilde rechts von der Leibermasse. Wie es mit seinen vielen spitzen Ausläufern ausgestreckt auf dem hellen Grund lag oder sich vielmehr dort zu bewegen schien, erinnerte es an keinen Körper, den ich kannte. Da es die untere Mitte des Bildes beherrschte, war ich mehr mit ihm beschäftigt als mit dem zu vermutenden tödlichen Zusammenstoß links. Endlich wurde ich aber auch in der Betrachtung des Zweikampfes kühner. Ich weiß nicht mehr, wann ich verstand, daß das gezackte Gebilde der Schatten der Kämpfenden war, der im Augenblick des Todesstoßes den stürzenden Stier und das scheuende Pferd zu einer grotesken Figur zusammenführte — ein Hinterbein des Pferdes unter den Kopf des Stiers, die ungleichen Leiber in einen Leib geschoben. Das Blatt gehört zu den 31 Kaltnadelradierungen der »Tauromachi« des Münchners Willi Geiger, die nach seinem Spanienaufenthalt 1907 entstanden waren.

Mit seinem Schauplatz bezeichnete das Bild den äußersten Gegenort zu unserem Döbelner Dasein gleich in zweifacher Weise: Die archaische Öffentlichkeit einer Stierkampfarena lag ihm ebenso fern wie das Land, in dem sie sich befand. Unsere Arena war ein sanftes grünes Tal, von zwei stillen Flüssen gesäumt, und unser Land war nicht der Süden, sondern eher der Nordosten, die Peripherie der Hyperboräergegend, gesegnetes Land, so glaubten die Griechen, wenn seine Bewohner auch nicht, wie es manchmal hieß, die Tugenden mit der Muttermilch einsogen und auch nicht tausend Jahre alt wurden.

Von einer Spanienreise meines Vaters, auf die die Anregung zum Kauf des Blattes zurückgegangen sein könnte, war zu seinen Lebzeiten nicht die Rede gewesen. Erst später erfuhr ich von meiner Mutter, daß er im Sommer 1927 eine Autoreise durch Spanien und im Jahr darauf durch die Schweiz und Tirol gemacht hatte.

In dieser frühen Zeit gab es nur ein Bild, das es an Fremdheit und Ferne mit Geigers »Tauromachi« aufnehmen konnte – die farbenprächtige Ansichtskarte von einem russischen Ostertisch, die einem beim Betrachten von Familienfotos in die Hände fiel. Zwei Spanferkel flankieren eine blaue Schüssel mit Goldrand voller rotbemalter Eier, weiter hinten mehrere Flaschen und eine Karaffe sowie fünf Likörgläser, davor fünf längliche Teller. Und dann gab es da zwei seltsam geformte Osterspeisen, die das Bild beherrschten, aber uns völlig unbekannt waren: ein dickes turmartiges Gebilde, so hoch wie die danebenstehenden Flaschen, mit Zuckerguß und einem Zickzackmuster bedeckt, und eine kleinere in der Form einer oben abgeplatteten Pyramide, weiß mit braunen Kanten, geschmückt mit den Zeichen XB und dem Kreuz. Links ging der Blick vom Tisch weg durch eine Tür in das Vorzimmer, wo ein Herr im Frack sich vor dem Spiegel die Krawatte bindet, während in seinem Rücken ein Dienstmädchen in blauem Kleid und weißer Schürze herbeieilt.

Die Karte war wohl aus der Hinterlassenschaft meiner 1938 gestorbenen Großmutter Martha Mierau zu uns gelangt, denn sie war der Ostergruß eines Bekannten meiner Großeltern, der aus Charkow dem Generaldirektor und seiner Familie ein frohes Fest wünschte. Die kyrillisch geschriebene Adresse habe ich bald entziffern können: Ich war elf, als ich kyrillische Schriftzeichen lesen und schreiben lernte. Aber das die uns nicht vertrauten Osterspeisen Kulitsch und Pascha seien und daß XB die Abkürzung für »Christos woskres« war und die frohe Botschaft der Auferstehung Christi verkündete, das erfuhr ich erst, als ich 1952 in Berlin Slawistik zu studieren begann.

Muttersprache

In Döbeln schien nichts darauf hinzuweisen, daß ich es einmal so sehr mit der Sprache zu tun bekommen sollte. Ich schrieb zwar gern Aufsätze, und Latein, Englisch und Russisch waren mir lieb, aber diese Neigungen beeinträchtigten nie meinen Eifer in Mathematik, Physik und Chemie. Noch als ich 1952 nach Berlin aufbrach, um Slawische Philologie zu studieren und Handelskorrespondent zu werden, muß mir Sprache eher willkommenes Werkzeug gewesen sein als klingender und redender Leib. Und doch ist Döbeln der Ort, an dem mir eine Sprache vermacht wurde, die meinem Gemüt in einer Weise entspricht, daß ich nicht zu entscheiden wage, ob sie meinem Gemüt lediglich entgegenkam oder ob nicht am Ende mein Gemüt ihr Werk ist. Diese Sprache ist die Sprache meiner Mutter.

Edith Mierau, meine Mutter, war Berlinerin, eine Schneiderstochter aus Wilmersdorf. Ihr Vater, Ernst Völker, stammte aus Pommern, ihre Mutter, eine geborene Dombeck, aus Oberschlesien. Der Damenschneidermeister Völker – »Kostüme und Reitbekleidung« – führte das Atelier neben seiner Fünfzimmerwohnung in der vornehmen Passauerstraße und besaß in Friedrichshagen, Kleine Marktstraße, ein Sommerdomizil. Zu seiner Kundschaft gehörten auch Russen aus der Berliner Kolonie der Jahrhundertwende. Sein früher Tod 1914 – meine Mutter war kaum sieben, ihr Bruder Helmut ein paar Jahre jünger – führte zu einem sozialen Bruch: Umzug in kleine Wohnungen, zuletzt zwei Zimmer in der Gleditzschstraße am Winterfeldplatz, Aufwartung in einer Rechtsanwaltspraxis auf der Brunnenstraße, Hosennähen für einen Zwischenmeister. Mit sieben anderen Mädchen kam die zehnjährige Edith wegen der kriegsbedingten Ernährungsnotlage 1916 und 1917 für mehrere Monate zum ostpreußischen Rittergutsbesitzer Ehlers in Ranten bei Lötzen, Kreis Allenstein. In ihrer Erinnerung blieben die Zwiebäcke, die die russischen Kriegsgefangenen den deutschen Kindern schenkten.

1919 heiratete die junge Schneiderswitwe den schlesischen Gleisbauarbeiter Alois Hoffmann, hatte mit ihm einen zweiten Sohn, Herbert, und zog 1920 ins niederschlesische Hundsfeld, 8 km vor Breslau. Der Berliner Teppich aus der Passauerstraße, der später mit nach Döbeln wanderte, war so groß, daß er – hochgeschlagen – noch zwei Wände des winzigen Barackenzimmers in Hundsfeld bedeckte. Meine Mutter besuchte in Breslau als Freischülerin die Handelsschule und arbeitete von 1923 bis 1933 in der Registratur der Landwirtschaftskammer für Niederschlesien, die mehrere hundert Rittergüter beriet und betreute.

Die Begegnung und Verbindung der 23jährigen Editha oder »langen Edith«, wie sie in der Kammer genannt wurde, mit dem 13 Jahre älteren Bankkaufmann, Leutnant der Reserve Georg Mierau, brachte eine erneute soziale Abbiegung, die nicht weniger jäh war als die nach dem Tod des Vaters in Berlin. Beim Tanz zu Kaisers Geburtstag, 27. Januar 1929, in »Wagners Festsälen« am Bahnhof Hundsfeld sei um Mitternacht plötzlich ein langer Mann aufgetaucht, habe sie zum Tanz aufgefordert und sie sei, obwohl ihre Eltern schon mit den Sachen am Ausgang gewartet hätten, noch bis sieben Uhr morgens geblieben.

Dieser lange Mann war nach leitenden Tätigkeiten in den Brauereien Haselbach in Freiburg/Schlesien und Sacrau bei Oels gerade dabei, die Verkaufsleitung der Allgemeinen Deutschen Margarine AG für Schlesien zu übernehmen. Vier Jahre Werbung, 1933 Heirat, 1934, 1935, 1936 Geburt der Kinder Fritz, Ursula und Edith in Breslau, 1938 die für meine Mutter vermutlich einschneidendste Veränderung ihres Lebens: die Berufung meines Vaters zum Verkaufsleiter der Margarine-Verkaufs-Union (MVU) für den Bezirk Sachsen. Umzug nach Döbeln.

Meiner Mutter muß dieser Umzug nach Sachsen wie eine Entführung in tiefste Provinz vorgekommen sein. »Sachsen?« hat sie immer wieder gesagt, »Sachsen? Ich wußte gar nicht, wo das liegt.« Mein Vater schied offenbar leicht von Breslau, zumal er eine Abneigung gegen große Städte als ständigem Wohnsitz hegte. Verkaufstechnisch gesehen lag Döbeln ideal, jeweils auf halber Strecke zwischen Leipzig und Dresden und Chemnitz und Riesa an einem Eisenbahnknotenpunkt; ebenso günstig das Straßennetz für den Ford Eifel meines Vaters (2.700 Reichsmark damals).

Kaum waren wir in der Fünfzimmerwohnung mit großer Küche, Diele und zwei Balkons auf der Bahnhofstraße 26 eingezogen, fand meine Mutter ihre Befürchtungen aufs schlimmste bestätigt. Als erstes sollte ihr von der alteingesessenen Mieterin einen Stock tiefer beigebracht werden, wie man in Sachsen die steinerne Wendeltreppe, die zu unserer Wohnung führte, zu wischen habe: auf den Knien und mit der Zahnbürste bis in den letzten Winkel.

Schon ein Jahr später blieb sie mit uns Kindern allein. Mein Vater mußte als 45jähriger zur Wehrmacht: Transportoffizier – Frankreich, später Serbien, Ukraine, sechs Jahre. Nach seiner Rückkehr 1945 gehörte er zunächst einem Entrümpelungskommando an (Aschegruben ausleeren und dergleichen), arbeitete dann als Lorenschieber in der Riedelschen Ziegelei und übernahm 1946 die Geschäftsführung des Edeka-Großhandels im Kreis Döbeln.

Seit 1949 arbeitete auch meine Mutter wieder, und zwar in der Volkseigenen Handelsorganisation (HO), Bereich Industriewaren, später beim Kreisrat, Abteilung Landwirtschaft. Der Kampf um Schulgelderlaß und Unterrichtsbeihilfe für uns Kinder hatte dramatische Formen angenommen, jeder Pfennig wurde gebraucht. Kindern von »Sonstigen«, Kindern, die weder Arbeiter- noch Bauernfamilien entstammten, gewährte der Staat nur selten finanzielle Unterstützung.

Zwölf Jahre Berlin, knapp zwanzig Jahre Breslau, fünfundzwanzig Jahre Döbeln: In ihrem Herzen blieb meine Mutter Berlinerin. Nach dem Tod meines Vaters 1963 zog sie sofort nach Berlin – für noch einmal dreiunddreißig Jahre. Spät noch einmal ein Freund, ein Musiker, der bei Gesellschaften zur Unterhaltung und zum Tanz aufspielte.

Bei all diesem Wechsel im Sozialen und Geselligen, im Landsmännischen und Landschaftlichen, in Mundart und Lebensstil, einem Wechsel voller Verlust und Verzicht, gab es freilich einen Gewinner: die Sprache. Oder anders: Es war die Sprache, die meine Mutter den Wechsel bestehen ließ.

Meine Mutter hatte eine unvergleichliche Art, ihren Umgang mit Menschen und Umständen sprachlich zu bewältigen. Sie zog sie gleichsam ganz nah an sich heran, um sie sich desto gründlicher vom Leibe zu halten. Diese Kunst verdankte sie ihrem feinen Gehör und guten Gedächtnis für die eigentümlichen Spiele, zu denen uns die Sprache ständig einlädt und bereit findet. So verfügte sie über einen schönen Vorrat kräftiger Rede aus Umgangssprache und Dialekt, der sie für alle Lebenslagen wappnete, der ihr bei der Kindererziehung zupaß kam und der zugleich ihr Weltbild ausmachte.

Meine Mutter teilte die Menschheit in zwei Klassen ein: die Beholfenen und die »Bäbernen«. Das tut nur einer, der sich selbst zu den Beholfenen zählt. Meine Mutter liebte es, wenn man sich zu helfen wußte und fand mit fabelhafter Sicherheit die Wendungen, die das lobend zu benennen wußten. »Da hab ich mir ein Behelfchen gemacht« konnte sie meißnisch sagen und das meinte, einfallsreich zum Ziel gelangen. Wenn jemand es verstand, irgendwo »ein Geschicke dranzumachen«, war das für sie wie ein offener Triumph über die vielberufene Tücke des Objekts.

Überstandene Gefahren vermochte sie mit einem Satz zu resümieren und wehleidigem Verweilen zu entziehen. Kurz nach dem Einmarsch der Roten Armee in Sachsen begann als Teil der Reparationsauflagen die Demontage des zweiten Reichsbahngleises. Meine Mutter, damals 38, war mit anderen Frauen aus unserer Straße auf die Berliner Strecke Richtung Riesa am Bahnhof Gärtitz abkommandiert, von morgens sieben bis nachts elf. Als sie nach Hause kam, konnte sie vor Schwäche nicht die Tasse halten und mußte von ihrer Mutter, die aus Breslau gekommen war, versorgt werden. Das schwierigste Problem für die Frauen sei das Austreten gewesen. Von heftigen Stoj-Stoj-Rufen begleitet seien sie zu mehreren immer mal wieder den Bahndamm hinuntergekrochen, in den Schutz von ein paar Büschen. Doch noch ehe man ein Wort der Verwunderung oder gar des Bedauerns über die Lippen brachte, beschloß sie die heikle Erinnerung mit dem Satz: »Schließlich konnte ich es mir ja nicht durch die Rippen schwitzen.«

In dieser Schule der Beholfenheit wurden wir zu Maß und Augenmaß erzogen. Hier galt: »Nicht sowas rausbeißen!« – vorbeugende Abwehr von allerhand Bravourstückchen, zu denen ich neigte und die, wenn sie doch nicht zu verhindern gewesen waren, als Früchte eines Zustands beschrieben wurden, der »seine drolligen fünf Minuten haben« hieß, eines Zustands, »dessen man sich nicht berühmen könne«. Unrühmliches Beispiel das schmähliche Scheitern meines Versuchs, die Gesetze der Physik zu überlisten und von hinten über ein sich bewegendes Objekt zu springen, einen Wäschekorb, getragen von zwei Frauen, zwischen denen ich plötzlich in der Luft erschien wie Münchhausen auf der Kanonenkugel und – stürzte: Ich blieb mit dem rechten Absatz am vorderen Korbrand hängen, flog der Länge nach hin auf den Schotter, riß mir das linke Knie auf und geriet für einige Tage in die Klinik des Chirurgen Dr. Beßler. Weniger blutig endenden Eskapaden, zumal späterer Zeit in Berlin, da meine Mutter nicht mehr die Verantwortung für uns trug, zollte sie auf ihre Weise durchaus Beifall. Ein geglückter Konzertbesuch in kurzer Hirschlederhose oder ein wegen Volleyballschuhen abgewiesener Barbesuch entlockten ihr die Ausrufe, mit denen sie gut erzählte Extratouren nachkostend zu quittieren pflegte: »Heidewitzka!« oder »Na he Galopp!«

Den Beholfenen gegenüber standen nun aber nicht die Unbeholfenen. Die Unbeholfenen waren aus ihrer Gefangenschaft in sich selbst sehr wohl zu befreien; auch konnten die Beholfenen schnell unbeholfen werden, besonders wenn sie sich verliebten. Meine Mutter wußte das natürlich. So beholfen sie war, der Werbung meines Vaters hat sie schließlich nichts mehr entgegenzusetzen gehabt, obwohl sie seine Neigung einmal so zärtlich ruppig wie verschämt stolz begründet hat. »Die ist richtig«, habe er sich gedacht, »so frisch von der Mutterbrust.«

Nein, den Beholfenen gegenüber standen die »Bäbernen«. Wer weiß, aus wessen Rede meiner Mutter das Wort zugeflogen war. Jedenfalls ist es nordmeißnisch und sogar sehr döbelnsch. Bauer steckt in dem Wort, das u ist zu w und weiter zu b labialisiert. Slawisch baba (Bauernweib, Großmutter, auch Memme) und aus der Kindersprache babá mag lautlich mit von der Partie sein. Bäbern bezeichnete in der Sprache meiner Mutter den Zustand maßloser Begriffsstutzigkeit und Geistesträgheit, etwas Schläfriges, Dahindämmerndes, Lässiges, Gelangweiltes und Gleichgültiges, Schlaffes, Laues. Der Zustand war ihr so zuwider und feind, daß sie von ihm mit dem gleichen Schauder sprach wie die Kirchenväter von der Akedia, der Todsünde geistlicher Lustlosigkeit und Liebesunfähigkeit.

Empfänglich für sprachliche Prägnanz, mußte meine Mutter jedesmal aufhorchen, wenn ihr Wendungen begegneten, die mit einer Lage fertig wurden, ohne ihre Mißlichkeit zu verschweigen. Das konnten schlagende Antworten sein, stereotype Reden oder auch Spottnamen. Immer aber faßten diese Wendungen zugleich mit der Situation, die sie aufriefen und im Wort bestanden, das komisch Unangepaßte unseres Daseins in der Welt und speisten ständig die Familien-Folklore mit Parabeln vom Menschen.

Als ihr mein Adamsapfel eine für mein Knabenalter zu starke Ausbildung zu zeigen schien, schickte mich meine Mutter zu unserem Hals-Nasen-Ohren-Arzt Dr. Teller an das andere Ende der Stadt. Der Bescheid, mit dem ich nach Hause kam, wurde zum Inbegriff der Autonomie des Organischen: »Richte bitte deiner Mutter aus, es gebe bisher noch keine Kehlkopffeile.«

Aus ihrer Schulzeit in Schlesien erzählte meine Mutter, wie sich Zigeuner, die sich vom Feld etwas geholt hatten, gegen Vorwürfe verteidigten. Es war ein Satz von biblischer Würde: »Was da wachst, wachst für alle.«

Selbst den Tod meines Vaters hob meine Mutter in einem dieser Kürzel aus fremdem Mund auf. Paul Friedrich, Lebensmitteleinzelhändler in Döbeln, ehemals Vorstandsmitglied der Edeka-Genossenschaft, hatte bei einer Zusammenkunft vor der Beerdigung in seinem wunderbaren nordmeißnischen Sächsisch gesagt: »Nu horscht emal druff uff die Worte, die ich euch jetzt sagen werde.« Und uns dann Trost gespendet.

Eine wahre Fundgrube war für meine Mutter die stereotype Rede anderer Leute. Aus der frühen Zeit in Breslau kam eine Frage auf uns, die in ihrer besorgten Ironie ganze Besuchszeremonielle explodieren ließ. Einmal sei mein Vater, als er nach einem ersten Glas Zeichen weiteren Durstes zeigte, gefragt worden: »Trinken Herr Leutnant etwa noch ein Glas Bier?!«

Der Stellvertreter meines Vaters bei der Edeka Döbeln war

Herr Schubert. Wie alle aus der Geschäftsführung arbeitete er, wenn es an Kräften fehlte, im Lager eifrig mit; da trafen gelegentlich größere Lieferungen ein oder es mußten zu Zeiten von Inventur Backpulvertütchen und Schuhkremdosen gezählt werden. Doch sein Eifer war gefürchtet, denn er erschlaffte in Abständen und dann gelangte ein Karton, eine Schachtel oder eine einzelne Tüte nicht an den Ort, an den sie gehörte. Der Satz, mit dem Herr Schubert dem Ding in seinen Händen die Liebe entzog, bekam im Mund meiner Mutter den Schrecken einer Parole der Bäbernen: »Stellen wir das derweile mal hierhin.« Das Ding ist nie wieder aufzufinden gewesen.

Nach dem Krieg lief ich mehrere Jahre lang Sommer wie Winter dreimal in der Woche, manchmal begleitet von meinen Schwestern, über Neu-Mannsdorf und Knobelsdorf nach Rudelsdorf zum Bauern Hofmann, einem Bekannten meines Vaters aus der Militärzeit. Da gab es Milch und hin und wieder auch ein großes rundes Brot. Zum Entgelt hütete ich die Kühe, aber es sind auch gewisse Stücke aus unserem Besitz zu Hofmanns übergewechselt. Der Weg – fünf Kilometer hin, fünf Kilometer zurück – von Obstbäumen gesäumt, Kirschen, Pflaumen, Birnen, Äpfeln, ging quer über die Felder, durch Wiesen, nur an wenigen Stellen mußten wir ein paar Schritte auf der Landstraße tun. Im Frühjahr wegen des Schmelzwassers hin und wieder ein Umweg. Am Ausgang von Knobelsdorf steigt die Landstraße steil an, um nach Rudelsdorf steil wieder abzufallen – beliebte Rodelstrecken im Winter. Zu einer Seite dieser Straße, gegenüber der Kirche, befand sich ein Eichenhag, in dem die Dorfkinder spielten und ihre Baumhäuser bauten. Wenn wir drei die Stelle passierten, empfing uns schon aus großer Weite ein Ruf, der uns bestimmt zunächst kränkte und ängstigte: »Eierköppe! Eierköppe!« Ein ziemliches Schimpfwort doch, das die Eindringlinge aus der Stadt demütigen sollte. Als wir aber unserer Mutter davon erzählten und sie das nur mit einem Lächeln aufnahm, verlor die Begegnung ihre Schmach und gewann allmählich den Glanz eines glorreich bestandenen Abenteuers.

Genauso erging es mir mit einem Schimpfwort, das mir wegen meines Rucksacks nachgerufen wurde, der infolge des hohen holländischen Henkelkorbs, in dem ich drei filzumhüllte

Feldflaschen für die Milch transportierte, nicht die gewohnte Kugeligkeit aufwies, sondern flach am Rücken haftete. Das muß so fremd gewirkt haben, daß nur das fremdeste Wort des lächerlichen Anblicks Herr werden konnte und so hörte ich eines Tages hinter mir herrufen: »Holzvergaser! Holzvergaser!« Tatsächlich gab es im Krieg und danach holzgasbetriebene Lastwagen, die ihren Schwelgenerator in Gestalt einer Großraumretorte hinter dem Fahrersitz kleben hatten. Meine Ausrüstung mußte die Knobelsdorfer an diese kuriosen Aufbauten erinnert haben. Meine Mutter kommentierte den Vorfall beschwichtigend mit einer Bemerkung, die sie für abwegige Vergleiche immer parat hatte. Als ich ihr klagte, das sei doch gar nicht wahr, meinte sie: »Naja, von weitem sehr entfernt.«

Selber war meine Mutter im Namengeben auch nicht gerade zimperlich. Doch bei ihr hatte das immer etwas Verschmitztes, verborgen Wohlwollendes, Vergnügtes. »Gute Mutti« hieß bei ihr ein kleiner gemütlicher Mann in Döbeln, Versicherungsvertreter oder Gasableser, jedenfalls einer, der öfter bei uns vorbeikam, so daß er auch uns Kinder kannte; wenn er uns unterwegs traf, versäumte er nie, schöne Grüße an die »gute Mutti« auszurichten. Einer hieß »Bin ick een Prophet?!« Das war ein wie meine Mutter aus Berlin nach Sachsen Verschlagener, ein Unterführer vom Jungvolk, der mich zu einem Geländespiel der Pimpfe abholen kam und auf die besorgte Frage, wann ich denn zurückkäme, zum großen Erstaunen meiner Mutter diese berlinisch-koddrige Antwort parat hatte. Und dann gab es einen »Kamerad Schnürschuh«, den meine Mutter mochte, einen Milchleistungsprüfer aus ihrer Zeit in der Landwirtschaft. Er hatte immer so eine Art grüne Lodensachen an und einen Rucksack auf, brachte Obst und erkundigte sich jedesmal nach meiner Schwester Ursula, die noch im Hause war.

Aus fremder Überlieferung ist in den Sprachschatz meiner Mutter etwas übergegangen, was bei ihrer Berührung mit dem Berlinischen, Schlesischen und Sächsischen verwundern könnte: die hamburgischen Geschichten von Klein Erna. Sie besaß eine der frühen Ausgaben vom Kriegsbeginn, in einem hellblauen Pappeinband. Die Ratschläge und Entscheidungen von Klein Ernas Mama oder Tante Frieda waren ganz nach ihrem Geschmack, denn sie leisteten gute Dienste beim Bestehen peinlicher Situationen, auch über die erzählte Geschichte hinaus.

»Nu is aber Schluß mit die Pietät, nu wird gestreut!« sagt Tante Frieda, als sie auf dem spiegelglattgefrorenen Friedhofsweg nach Ohlsdorf zum drittenmal ausrutscht, und greift nach der Asche in der Urne. Als Klein Erna auf dem Alsterdampfer am Schwanenwik mal muß, rät ihr Mama: »Schnupf dir aus, dann geht das vonüber.«

Hochgeschätzt waren vor allem die Geschichten, die mit Personalpronomen, Lautstand und Gleichnamigkeit spielten. »Oh ja, laß ihr mal!« – nämlich Seilspringen. Klein Ernas Antwort auf die Ermahnung der Lehrerin, daß es nicht »Laß mir mal«, sondern »Laß mich mal« heiße, genoß bei uns den Rang einer Poesie der Grammatik. Und wenn Klein Erna vorschützte, zu müde zu sein, um statt Oam Woam zu sagen, wie der Regenwurm doch richtig heiße, dann war es, als wohnte man einem Mysterium der Sprache bei – dem Kommen und Gehen von Konsonanten im Anlaut: Heißt nicht noch ein wenig nördlicher, im Schwedischen, die Schlange geheimnisvollerweise »orm« und das Wort »ord« und die Wolle »ylle«?

Daß gleichlautende Wörter etwas verschiedenes bedeuten konnten, gehörte zu unseren ersten Spracherfahrungen. Teekesselchen raten hieß das Spiel, bei dem diese Wörter anhand der Beschreibung ihrer voneinander abweichenden Eigenschaften gefunden werden mußten. Klein Erna trug zu unserer Sammlung den Kranz bei: Wie sie für Omas Grab für zwei Mark »'n Kranz« kaufen soll, kommt sie mit einer Tüte wieder: »Kranz war nicht mehr da, da hab ich Bienenstich genommen.«

Das größte Entzücken löste aber die Geschichte von der »Namensstickerei« aus. Als Klein Ernas Mutter einmal eine Bekannte wegen der Namen bedauert, die sich ihren vielen Kindern in die Wäsche sticken muß, antwortet die gefaßt: »Och nee, Frau Pumeier, ischa ganz einfach, überall kommt'n ›S‹ ein: Scheems, Schohannes, Schakob, Schorsch, – bloß bei's kleine Zophiechen muscha'n ›Z‹ ein!«

Hier redete die zuinnerst närrische Beholfenheit, die meine Mutter praktizierte und die für uns Kinder eine Schule des Lebens war. Was ich im einzelnen dieser Schule verdanke, kann ich genau sagen. Sie feite mich gegen den bösen Zauber demonstrativer Auftritte und der dazu gehörenden Zermonielle und Diskurse. Und so würde ich alles zu meiden suchen, was auch nur entfernt Merkmale solcher Gebärden zeigte: Abzeichen anstecken, Braunhemd oder Blauhemd anziehen, Fahnen und Transparente tragen, gute Plätze reservieren lassen, in Präsidien sitzen, Urkunden entgegennehmen, Salons und exklusive Zirkel besuchen, an Jahrestags- und Familienfeiern teilnehmen, Aufmärsche und Umzüge mitmachen, Hausbuch führen und um die Goldene Hausnummer für eine sozialistische Hausgemeinschaft kämpfen oder Sondersprachen in Politik und Ästhetik frönen.

Ganz zu vermeiden war das freilich nicht. Um die Teilnahme an den beiden Berliner Jugendtreffen 1950 und 1951, dem Deutschlandtreffen und den Weltfestspielen der Jugend und Studenten hatte ich mich aus freien Stücken beworben und in Döbeln eifrig Spenden gesammelt. Trotz meiner regelwidrigen Ausflüge nach Westberlin, einmal um Chaplins »Goldrausch« im Titania-Palast zu sehen, ein andermal um meine Tante Bertha auf der Frobenstraße in Schöneberg zu besuchen, war ich doch ein Partikel dieser Demonstrationen. Auch konnte es zu Überrumpelungen kommen wie 1970 in Charkow, als ich zum Dank für den »Prinzessinnentausch« zum Ehrenpionier gekürt wurde und ein Rotes Halstuch umgebunden bekam: Ich hatte für das Charkower Puppenmuseum eine Prinzessin aus dem Pankower Puppentheater mitgebracht und sie gegen eine ukrainische eingetauscht. Andererseits taten sich immer wieder Restzonen nützlicher ziviler Freiwilligkeit auf, so wenn im Frühjahr und Herbst die Grünanlagen um unsere Häuser von der Arbeiterwohnungsbaugenossenschaft zu säubern waren.

Generell gab es eine Möglichkeit, sich der allgegenwärtigen Nötigung zu demonstrativen Gebärden zu erwehren: Man konnte sie domestizieren, zähmen, ins Häusliche wenden und von ihrer komischen Seite nehmen. Der entscheidende Schritt war, das ganze nötigende Brauchtum und die verpflichtenden Sprachregelungen als Übereinkünfte von begrenzter Geltungsdauer zu verstehen. Meine Mutter verfuhr hier auf ihre erprobte Weise. Aus dem Wust stereotyper politischer Rede hatte sie mit untrüglichem Ohr eine Wendung herausgehört, die wohl den Triumph der DDR in der deutschen Arena verkündete, insgeheim aber weiter vor dem angeblich niedergeworfenen Gegner zittern ließ. Die Wendung lautete: »... dagegen in Westdeutschland ...«. Sie folgte in der Regel dem Bericht über Verbesserungen unserer sozialen Lage und wurde von den Rednern mit leicht erhobener Stimme intoniert. Meine Mutter zitierte sie in jenem Funktionärs-Singsang, der sich aus dem sowjetrussisch bastardisierten Sächsisch Walter Ulbrichts gebildet hatte und in der Frühzeit der DDR als eine Art Aussprachenorm galt – Gütesiegel politischer Zuverlässigkeit. In einem von tausend Einschränkungen bestimmten Alltag vorgebracht, die es in dem niedergeworfenen Westdeutschland garantiert nicht gab, wirkte die Wendung so komisch, daß wir jedesmal lachen mußten.

Heute sehe ich, daß meine Beschäftigung mit Karikatur und Parodie, mit den Satirikern und Exzentrikern unter den russischen Schriftstellern des 20. Jahrhunderts, aber auch mit der Sprache der Politiker, etwa Lenins, ohne die Sprachschule meiner Mutter nie so intim und intensiv ausgefallen wäre.

Dieses Domestizieren war mir so in Fleisch und Blut übergegangen, daß es dann auch den Lebensstil der eigenen Familie prägte. Einmal hatten wir eine ganze Wand unserer Wohnung von oben bis unten mit Theater- und Ausstellungsplakaten der fünfziger und sechziger Jahre behängt, Plakaten von der »Dreigroschenoper« und dem »Arturo Ui« im Berliner Ensemble, vom verbotenen »Schwitzbad« in der Volksbühne, von Adolf Dresens Inszenierung der »Maria« von Babel in den Kammerspielen, von Obraszows Moskauer Puppentheater, Plakaten zu Ausstellungen von Picasso, John Heartfield, Paul Kuhfuss und Charlotte Pauly; auch ein Plakat von einem meiner ersten Vorträge über Sergej Jessenin am 23. Mai 1961 war darunter.

Übertroffen wurde diese Domestikation vielleicht nur noch durch ein meterlanges Spruchband, das unmittelbar unter der Decke in meinem Arbeitszimmer prangte und rot auf weiß in von uns eigens ausgeschnittenen Papplettern einen Satz Walter Ulbrichts zu bedenken gab: »Was wir brauchen, ist eine neue Denkweise.«

Neben Plakaten und Losungen verfielen auch Orden und Urkunden dieser häuslichen Umarmung. Von unseren Kindern erhielt ich den Orden »Verdienter Dünnling des Volkes«, wurde (Stier, der ich im Tierkreis bin) mit einer Plakette »Büffel-Imitation« ausgezeichnet und zum »1. Minister und obersten Ratgeber des Königs ›Ha-Ha‹« ernannt. Noch als ich 1988 den Heinrich-Mann-Preis der Akademie der Künste der DDR bekam, bestand ich auf der Häuslichkeit der Verleihungszeremonie. Nachdem mein Vorschlag, es »in einem Caféchen« abzumachen, keine Gegenliebe fand, einigten wir uns auf die kleinstmögliche Runde: ein Vertreter der Akademie, Ralf Schröder als Laudator, Sieglinde und ich. Wir brachten dann noch unseren zehnjährigen Enkel Konstantin mit. Wir streben, schrieb ich zuversichtlich am 3. Juni 1988 an Dr. Hähnel, einer »neuen Zeit der Intimität« zu: »Diese Intimität wird zu der Friedens-Convention gehören, nach der auch die Anerkennungen, die eine Gesellschaft über ihre Institutionen ihren Gliedern zollt, aus dem mehr Militärischen (Paradehaften, Uniformierten usw.) herausgeführt werden.«

Daß meine Eigenwilligkeiten auf den Einfluß des Elternhauses zurückgehen könnten, ist mir in meiner Schulzeit einmal als mildernder Umstand angerechnet worden, obwohl natürlich niemand ahnte, wie das im besonderen mit der Domestikationskraft der Sprache meiner Mutter zusammenhing. Im Abiturjahr, kurz vor meinem 18. Geburtstag, hatte ich in einem eher instinktiven als bewußten Akt das feierlichste politische Zeremoniell unseres neuen Staates in einer Weise häuslich aufgefaßt, daß es zu einer außerordentlichen Verhandlung vor dem versammelten Kollegium der Lessing-Oberschule Döbeln kam, nach der am 7. Mai 1952 folgendes zu Protokoll gegeben wurde:

»Mierau hat am Umzug zur Feier des Ersten Mai nicht teilgenommen, stattdessen zweimal den Zug demonstrativ an sich vorüber ziehen lassen. Sein Verhalten wurde von Lehrern und Schülern als herausfordernd empfunden. Ein Vertreter der FDJ berichtet, Mierau habe, vor die Zentrale Schulgruppenleitung zitiert, erklärt, er habe nicht irgendeine politische Haltung demonstrieren wollen, sondern habe lediglich als Einzelgänger gehandelt, der sich ungern an solchen öffentlichen Kundgebungen beteilige. Der Schulleiter weist darauf hin, daß Mierau schon wiederholt ähnliche Zeichen seiner Ablehnung jeglichen

Lessing-Oberschule Döbeln, 1952. V.l.n.r. stehend: Annelies Lochmann, Wolfgang Ring, Fritz Mierau, Wolfgang Thäter; sitzend: Barbara Tautz, Günter Schmidt, Rolf Müller

Gemeinschaftssinnes gegeben habe: Er trägt kein Abzeichen der FDJ; er lehnte es ab, das Leistungsabzeichen für gutes Wissen zu erwerben; grüßt niemals mit dem Gruß ›Freundschaft!‹ Vor die heutige Konferenz zitiert, gibt Mierau folgende Erklärung ab: Er habe *nicht* gegen Sinn und Inhalt der Kundgebung am Ersten Mai demonstrieren wollen, sondern lehne sich nur innerlich wie äußerlich gegen jede Form solcher Massendemonstration auf. Ihm sei jetzt klar, daß er einen Fehler begangen und seinen Mitschülern ein schlechtes Beispiel gegeben habe. Er neige stark zu individualistischer Lebensauffassung, sähe aber ein, daß er diese Haltung noch überprüfen müsse. Mieraus Erklärungen machten den Eindruck unklaren gesellschaftlichen Bewußtseins, aber nicht zu bezweifelnder Ehrlichkeit.« Von verschiedenen Lehrern werde darauf hingewiesen, daß die stark individualistische Haltung Mieraus »durch die Verhältnisse seines Elternhauses gefördert« worden sei. »Das Kollegium ist einmütig der Meinung, daß trotz der guten und sehr guten Leistungen Mieraus gegen seine Zulassung zum Hochschulstudium gewisse Bedenken bestehen. In welcher Form diese Bedenken zum Ausdruck gebracht werden sollen, wird einer weiteren Beratung vorbehalten.«

Es blieb bei der Drohung. Die Schule sträubte sich schließlich nicht gegen mein Studium der Slawischen Philologie in Berlin. Keine zehn Jahre später hatte der Akt mythische Dimensionen gewonnen. Als ich im Dezember 1960 auf einer Zusammenkunft ehemaliger Döbelner Oberschüler sprach, traf ich meinen Kunsterzieher Arthur Pfeifer aus Waldheim wieder, der sich mit anderen Lehrern für mich eingesetzt hatte. Im Januar 1961 schrieb der Siebenundsiebzigjährige an seine Leipziger Freundin, eine Lehrerin, sie möge sich nicht »vom Hetzteufel übermannen« lassen. Der wichtigtuerischen »Figurenwelt« von heute werde man einst nur mit Lachen gedenken: »Das fiel mir besonders bei dem Mierau ein, der den köstlichen Vortrag am Freitag hielt und immerhin doch als akademischer Assistent mit Lehrauftrag es zu etwas gebracht hat. Was ist der vor dem Abitur von Barnasch und Hasse drangsaliert worden, auf die er von über 190 cm Höhe herabschaute. Ich erinnere noch, daß am 1. Mai die mitziehenden Lehrer an der Exerzierhalle in Döbeln den langen Kerl hatten stehen sehen, behaglich gegen eine dort stehende Karre (oder Kanone) gelehnt, wie er die Leute vorbeidefilieren ließ – aber nicht mitmarschierte. Das gab einen ellenlangen Schulspektakel. Wir haben noch vorgestern darüber gelacht.«

Sächsische Erbschaft

1

Aufgewachsen in Sachsens sanftestem Landstrich, genährt von den Lauten, Bildern und Früchten der alten Mark Meißen und des noch älteren slawischen Daleminzien, habe ich eine Erbschaft angetreten, die ich meinem Lehrer Arthur Pfeifer verdanke. Es war bei ihm etwas zu lernen, das vor aller Sprachenkenntnis, vor allem Unternehmungsgeist liegt – die Art und Weise eines allgemeinen Weltverkehrs, die sich des heiklen Verhältnisses von Nähe und Distanz stets bewußt bleibt. Die Einweihung in diesen Umgang mit der Welt ist so sehr mit jenem Landstrich verbunden, daß die Szene aufgerufen sei: ein Hügelland, durchschnitten von Zschopau und Freiberger Mulde. Dicht besiedelt, ist es dank der Arbeit der beiden Flüsse doch so glücklich gegliedert, daß die gediegene landwirtschaftliche und industrielle Kultur seiner lieblichen Verborgenheit wenig anhaben konnte; die oft winzigen Zuflüsse schufen Schluchten, schroffe Einschnitte, Abhänge und Hohlwege, die als Krebsleithe, Schafbachtal oder Töpelwinkel einer allzu ungeduldigen Landnahme wehren und aus der schattenlosen Offenheit der Weizenschläge oder Zuckerrübenfelder in den Schutz der Buchen oder ins tiefere Dunkel eines Fichtengrunds führen.

Von der Gegend um Döbeln ist die Rede, und der Heranwachsende traf sie noch an, wie ein Lexikograph sie zweihundert Jahre zuvor gerühmt hatte: »Die Gegend um Döbeln ist lustig und fruchtbar, und hat man solche nebst der Leißniger vor die Schmaltz-Grube im Meißner Lande gehalten.«

Lustig und fruchtbar, ließ die Gegend mit ihren Burgen und Schlössern, mit den Ruinen zweier Zisterzienserklöster, mit dem Feuerschein vom Brand Dresdens, dem Rumor um das

Zuchthaus Waldheim, die Nervenklinik Westewitz-Hochweitzschen und die Garnisonen der Roten Armee doch auch den Jüngling nicht im unklaren über den wahren Zustand Sachsens und der Welt.

Dies also ist der Ort der denkwürdigen Unterweisung im Weltverkehr. Sie war nichts geringeres als eine Unterweisung im Staunen, in der Verwunderung und geschah, wie aller gute Unterricht, nicht über das Einschärfen von Kenntnissen und Regeln, sondern kraft einer Haltung, einer Geistesgegenwart, einer Schwingung, die sich dem Empfänglichen mitteilte. Der Mann, der da Kunstgeschichte unterrichtete, aber ebenso gut Geographie, Kristallographie, Deutsch und Musik oder auch Haus- und Gartenwirtschaft hätte geben können, war selber so sehr zum Staunen, daß es keines Diskurses darüber bedurfte. Die Verwunderung ist das Samenkorn der Philosophie, und recht besehen war Arthur Pfeifer der Inbegriff des heimlichen Philosophen. So häuslich wie welterfahren, umgänglich und scheu, hellwach, Causeur so gut wie strenger Methodiker, der 1914 sogar eine »Technik der geistigen Arbeit« publizierte, war er ein kompetenter Gesprächspartner des Sächsischen Lehrervereins, als es um die Abschaffung der Prügelstrafe ging, und der Fellowship of Reconciliation (des Internationalen Versöhnungsbundes), als nach dem 1. Weltkrieg die Aussöhnung mit England und Frankreich begann. Nicht daß er wie sein verehrter Leipziger Universitätslehrer, der Anthropogeograph Friedrich Ratzel, weit in der Welt herumgekommen wäre. Noch im Alter beklagte er, daß es nicht einmal für Italien gelangt habe. Aber wenn der fast Siebzigjährige in den beginnenden fünfziger Jahren den Gymnasiasten der sächsischen Kleinstadt vom Licht auf den Bildern William Turners sprach oder von den Quarzporphyren und Porphyrtuffen des Rochlitzer Berges, wenn er gar auf die Dünnschliffe von Gesteinssplittern unterm Mikroskop und die »Wunder des polarisierten Lichtes« zu sprechen kam, da traf sie ein Wärmestrom und die Welt offenbarte sich in der lebendigen Fülle ihres Geheimnisses.

Niemand wußte etwas von ihm. Niemand wußte, welchen Erschütterungen, Entbehrungen, Leiden, vielleicht Verfehlungen dieser souveräne Weltverkehr entsprungen war. Wie er da von Waldheim, wo er oberhalb des Zuchthauses auf der Turmstraße wohnte, tagtäglich die zehn Minuten nach Döbeln mit der Bahn morgens hin und nachmittags zurück fuhr, das schien ebenso anfangslos zu sein wie sein ganzes Dasein. Und wie die Welt unter dem immer tiefer dringenden Blick immer tiefer zurückweicht, so auch der Mann, der uns Schülern den Blick für sie öffnete. Jede größere Nähe führte zu größerer Diskretion, Distanz, Verborgenheit, ja erwies die Wahrung der Distanz als Bedingung für den Gewinn der Nähe.

2

Ein Lehrer weiß nicht, wie er wirkt. 1960 war es Arthur Pfeifer zufrieden, als ihn ein »früherer Schüler – so von 1926« begrüßte, »Leiter einer kleinen Tanzkapelle in Leipzig, wohnt in Röcken bei Lützen – wo Nietzsche zur Welt kam und begraben ist«. Die Zeit der Tanzkapellen, hörte er, habe ihren Höhepunkt überschritten, der Musiker sei allerdings selber froh, daß er nur noch drei Tage zu spielen habe. »Es war immerhin erfreulich«, heißt es dann, »daß er um das Röckener Dasein Nietzsches *wußte*, das ist heute gar nicht so selbstverständlich. (Na, er ist ja auch zu mir in die Schule gegangen!)«

Ein Schüler kann aber auch nicht genau sagen, was er an einem Lehrer hat. Die einzelnen Kenntnisse können es nicht sein und selbst die Technik geistiger Arbeit bedarf des inspirierten Mittlers nicht. Bliebe die Haltung und hinter der Haltung die Biographie – doch der Augenblick der Begegnung in der Klasse zehrt nicht von diesem möglichen Guthaben, kein Schüler honoriert, selbst wenn er davon wüßte, Verdienste der Vergangenheit. Dieser Augenblick bedarf der unmittelbaren Speisung aus ganz anderen Quellen, und es gibt aus dem gleichen Jahr 1960 die drastische Erzählung Pfeifers von einem Lehrerpraktikanten, der aus der Waldheimer Lutherschule nach Leipzig gegangen war und dem nun die »Fragetechnik« im Unterricht Sorgen machte.

»Na, das war für mich eine vergnügliche Stunde, in der ich einige Raketen steigen ließ, von denen er in Leipzig noch nichts gesehen hatte ... Ich erinnerte ihn an die elektrische Induktion: fließt in einer Spule ein noch so feiner Strom, dann wird eine benachbarte – ohne mit der Stromquelle verbunden zu sein – elektrisch erregt. Wenn nun der Lehrer die eine, die Klasse die andre Spule vorstellt, kann in der Klasse *nur* dann etwas vor sich gehen, wenn der Strom der Begeisterung durch den Lehrer fließt ... Auch der Hinweis, sich auf die eigene Schulzeit zu besinnen, sich der erfolgreichen und der erfolglosen Lehrer zu erinnern und nun im Hinblick auf den zu erlernenden Beruf sich zu fragen, *warum* man wohl des einen dankbar gedenkt und den andern verflucht und daraus Leitlinien für die eigene Arbeit zu entwickeln, auch dies war in Leipzig nie erwähnt worden, obwohl es so nahe liegt und viel anschaulicher ist als alle Methodik, die erst *nach* solcher Selbstbesinnung Aussicht hat, ernstlich beachtet zu werden.«

Arthur Pfeifer war in den vierziger und fünfziger Jahren der Senior im Lehrerkollegium der Lessing-Oberschule Döbeln. Als er 1952 für das Fach Kunsterziehung seine Unterschrift unter mein Abiturzeugnis setzte, war er 68. In seiner Schlankheit und mit seinem vollen Haar wirkte er mindestens zehn Jahre jünger. Es war eine besondere Mobilität, etwas Leichtes, vielleicht sogar Federndes, was an ihm auffiel, nicht das Wippende eines Turnlehrers freilich, sondern eine Beschwingtheit, die sich in Gebärde, Blick und Rede kundtat.

Wir wußten nicht, daß er schon über vierzig Jahre Lehrer war, Mitbegründer und dann Leiter der Volkshochschule Waldheim im Jahre 1919, Spiritus rector vieler weiterer Volkshochschulen in Sachsen und Thüringen, Anfang der zwanziger Jahre Mitglied der Lehrplankommission des Sächsischen Lehrervereins, in der er die Reform der Fortbildungsschule beförderte. Wir wußten nichts von seiner Mitgliedschaft im Vorstand des deutschen Zweigs der Fellowship of Reconciliation, von seiner Freundschaft mit dem Pfarrer von Ziegra, Alfred Dedo Müller, dem nachmaligen Leipziger Professor für Homilektik, und nichts von seiner Verbindung mit Hermann Hesse und dem Bildhauer Georg Kolbe. Wir wußten auch nichts von seinen Zwangsversetzungen in der NS-Zeit und den lebensgefährlichen Anklagen gegen ihn. Mit knapper Not – dank seiner Zunge, wie er noch kurz vor seinem Tod sagt – war er dem KZ entgangen. Und wir wußten erst recht nichts von seinen Schriften, etwa »Weltanschauungschaos und Schularbeit« in der von Alfred Dedo Müller 1928 herausgegebenen Sammlung »Friedrich Wilhelm Foerster und die wirkliche Welt«, in der Arthur Pfeifer für die »Vergeistigung der in dieser Zeit sich vollziehenden pädagogischen und schulpolitischen Kämpfe« stritt: »Hier gibt es Brot, nicht Steine«, schließt sein Aufsatz mit dem Blick auf Foersters Bücher, »Leben – nicht Literatur, Licht, das die Wirklichkeit des Daseins erhellt – nicht Theorien über das Leben.«

Von all dem wußten wir nichts, aber wir sind von einem Strom getroffen worden, der sich aus all dem speiste. Alle diese Erfahrungen trafen sich mit seinen praktischen, handwerklichen Fertigkeiten, denn er konnte ja auch Bücher einbinden, fotografische Platten entwickeln, einen Sichelfarn aus einer Spore ziehen, und mit seiner Lektüre – Goethe, Stifter, Jacob Burckhardt. Und aus Erfahrung, Fertigkeit, Lektüre und täglichem Beobachten und Sinnen entstand jene »Kunst der Menschenbehandlung«, deren Virtuose Arthur Pfeifer war und als deren schönstes Ergebnis er selber vor uns stand.

Kurz nach seiner Schrift zur Überwindung des Weltanschauungschaos 1928 hat Arthur Pfeifer in einem Lob auf den Zirkus Sarrasani, der in Chemnitz gastierte und zu dem er die Waldheimer Schuljugend in zwei Sonderzügen begleitete, das Zusammenspiel der Kräfte in diesem Organismus als exemplarisch geschildert: »Wenn überall im staatlichen u. wirtschaftlichen Leben der einzelne das Bewußtsein haben dürfte, daß er nicht nur an einer Stelle einen Teil der Gesamtlast verantwortlich zu tragen hat, sondern daß diese Tatsache von allen verstanden u. geehrt wird, die dadurch in irgendeiner Form eine Erleichterung ihres Daseins u. eine Erweiterung ihres Lebensspielraums gewinnen, dann würde auch unsere politische Kultur endlich aus der Steinzeit herauskommen. In diesem Sinne sehe ich in Ihrem Unternehmen ein Modell, an dem sich die elementaren Grundsätze politischer Bildung verdeutlichen lassen.«

Der Kunsterzieher Arthur Pfeifer war ein Lebenslehrer. Er wußte etwas von der Tugend der Stetigkeit wie von der Tugend der Pause, er wußte etwas von der Heilsamkeit des Schlafs und der langen Rhythmen unseres Daseins. Manchmal fürchtete er als »unerwünschte Versteinerung aus einer vergangenen geologischen Epoche zu wirken«. Aber man muß hören, was er mit dieser Empfindung zu sagen hat. Als ich 1960 an der Döbelner Lessing-Oberschule einen Vortrag hielt über die Kunst der Poesie, zu dem auch Arthur Pfeifer aus Waldheim herübergekommen war, da schrieb er mir einige Wochen später einen Brief, dessen letzte Worte ich unverändert als eine Botschaft begreife:

»Jetzt, 77 Jahre alt, lege ich den geologischen Zeitmaßstab an und finde, daß das Leben mit ungeheurer – beschleunigter – Geschwindigkeit durch die Leiber rauscht. Ein Wort, das mein Vater mir kurz vor seinem Tode sagte – er war fast 85 Jahre alt – verdient gemerkt zu werden: ›Halte Dich im Leben an das Schöne!‹ Und dabei zeigte er auf eine Kakteenblüte mit den Worten: ›Ich entdecke mit 85 Jahren in dieser Blüte mehr Schönheit als ich mit 65 sah.‹ Ihre Bemerkung zu den Gedichten (in Döbeln), daß einer, der solch Gedicht recht in sich aufnahm, nach dem Lesen ein anderer ist, war mir aus der Seele gesprochen. Was wirkt, ist wirklich. Und der Drang nach der Verwirklichung des Schönen wird die Überwindung der Häßlichkeiten aller Art vollbringen, von der Beseitigung der Schutthaufen angefangen bis zur Pflege der Kunst der Menschenbehandlung, einer Kunst, die in der Schulstube, im Regierungskabinett, im Käseladen die größte Rolle spielt.«

3

Was hat uns an Arthur Pfeifer so gefesselt und bewegt? Seine reichen Kenntnisse auf allen Gebieten der Natur und des Geistes können es allein nicht gewesen sein. Die hielt er für allgemein zugänglich und es galt sein Wort: »Man kann nicht alles wissen, man muß nur wissen, wo es steht.« Auf seine handwerklichen Fertigkeiten als Bäcker, Gärtner, Zeichner, Fotograf und Buchbinder traf im Grunde das gleiche zu; auch diese wären mit einigem Bemühen zu erwerben gewesen. Seine Schlagfertigkeit, sein Humor, seine Hilfsbereitschaft? Man mochte sie als Mitgift eines bevorzugten Gemüts empfinden wie sie vielen anderen auch zuteil wird. Selbst seine Beziehungen zu Hermann Hesse heben Arthur Pfeifer nicht heraus:

Zehntausende seiner Leser haben bei Hesse Rat und geistigen Zuspruch gesucht. Das Alter? So alt zu werden, meinte Arthur Pfeifer an seinem 90. Geburtstag, sei kein Verdienst, das klinge nach viel, sei aber »weniger als ein Zehntel einer tausendjährigen Eiche« und geologisch gemessen ein Nichts.

Arthur Pfeifer muß noch über eine ganz andere Gabe verfügt haben, eine Gabe, die nicht leicht zu bezeichnen ist, weil sie ihre tiefsten Wirkungen im Verborgenen erzielt. Vielleicht sollten wir sie die Gabe der Zuwendung nennen. Jeder, dem Arthur Pfeifer sich zuwandte, konnte sicher sein, daß in diesem Augenblick nur er gemeint war, er ganz allein, und daß ihm in diesem Augenblick alle seelischen und geistigen Kräfte des Lehrers zur Verfügung standen: seine freie Haltung, seine Sicherheit, sein hoher Grad an Selbsterkenntnis. Diese Zuwendung war so energisch wie behutsam. Energisch, weil es bei jeder Begegnung darum ging, das Innere der Persönlichkeit seines Gegenübers zu erreichen und hier womöglich auch Widerstände zu überwinden. Und behutsam, weil es darauf ankam abzuwägen, wieviel in diesem Augenblick zumutbar war, um sein Gegenüber vor der nächsten Herausforderung nicht zurückschrecken zu lassen. Die Folgen dieser innigen Zuwendung, die im Stillen wirkte, waren nicht abzusehen. Sie reichten meist weit in das Leben derer, denen sie zuteil geworden war, und offenbarten sich in höchst überraschender Weise. Auch mir ist es so ergangen.

30. Dezember 1960: Das Komitee Ehemaliger Schüler der Lessing-Oberschule Döbeln, an der Arthur Pfeifer mein Lehrer in Kunsterziehung gewesen war und an der ich acht Jahre zuvor Abitur gemacht hatte, lud zu einem Absolvententreffen. Für den Nachmittag waren drei Vorträge angekündigt: »Metalltechnik – Metallphysik« von Christian Wegerdt (Freiberg), »Aufgaben der Hochschule für Verkehrswesen« von Peter Fischer (Dresden) und »Der Lyriker und der Physiker (Dichtung heute)«, den ich zu halten hatte. Unter den Hörern befanden sich unsere früheren Lehrer; Arthur Pfeifer mit seinen fast siebenundsiebzig Jahren war sicher der älteste. Er ließ sich von Thema und Temperament der Vortragenden so begeistern, daß er am liebsten mitgeschrieben hätte. »Ich muß sagen«, teilte er noch am Abend desselben Tages in einem Brief mit, »wenn

diese Generation die Ruder recht in die Hand bekommen wird, wozu sie auf dem besten Wege sind, da wird vieles gerettet werden.« Eine Woche später blieb er im Gedanken an den Nachmittag zwar bei seiner Hoffnung, aber die Perspektive war doch merklich düsterer: »Wenn ich an die jungen Leute denke am Freitag in der Döbelner Oberschule, dann hab ich die Hoffnung, daß sie mal die armseligen Toffel, die heute sich sehr wichtig machen, zur Seite schieben werden. Leider dauert es noch einige Jahre. Aber kommen wird es bestimmt – wenn nicht inzwischen eine Gewaltlösung die ganze Welt in Verwirrung bringt.«

Die Gewißheit, mit der ich, ausgehend von meinen Erlebnissen auf Dichterlesungen in Moskau, von der unvergänglichen Wirkung der Poesie in einem wesentlich von der Physik geprägten Zeitalter sprach, mußte Arthur Pfeifer berühren. Er faßte aber das Problem gleich viel grundsätzlicher an, als ich es getan hatte; er wies mich auf den Strang des Denkens hin, der Physik als Wissenschaft und Kunst betrieben habe. Hier sei es in neuester Zeit besonders der Jenenser Experimentalphysiker Eberhard Buchwald gewesen, der in seinem Vortrag »Symbolische Physik« (1949) Goethes Ideal der Ganzheit in der Naturbetrachtung vor die Augen seiner Studenten gestellt habe, wie es am Anfang der Geschichte der Farbenlehre zu finden sei:

»Wir müssen uns die Wissenschaft notwendig als Kunst denken, wenn wir von ihr irgendeine Art von Ganzheit erwarten ... Um aber einer solchen Forderung sich zu nähern, so mußte man keine der menschlichen Kräfte bei wissenschaftlicher Tätigkeit ausschließen. Die Abgründe der Ahnung, ein sicheres Anschauen der Gegenwart, mathematische Tiefe, physische Genauigkeit, Höhe der Vernunft, Schärfe des Verstandes, bewegliche sehnsuchtsvolle Phantasie, liebevolle Freude am Sinnlichen, nichts kann entbehrt werden zum lebhaften fruchtbaren Ergreifen des Augenblicks, wodurch ganz allein ein Kunstwerk, von welchem Gehalt es auch sei, entstehen kann.«

Ich habe damals Buchwalds »Symbolische Physik« verschlungen, ohne noch recht zu wissen, was sie für meine Arbeit in der russischen Philologie einmal bedeuten würde. Heute sehe ich, daß Arthur Pfeifers Hinweis auf Buchwald und Goethe mir den Zugang zur russischen Poesie und Philosophie des 20. Jahrhunderts auf eine Weise eröffnete, wie das mein Ostberliner Universitätsstudium in den fünfziger Jahren nicht getan hatte. Als meine Frau und ich 1988 auf das geistige Erbe des russischen Naturforschers und Philosophen Priester Pawel Florenski (1882–1937) stießen, war es das Beispiel Arthur Pfeifers (seines Zeitgenossen!), das uns ermutigte, die Schriften des Russen, die in alle Bereiche menschlichen Tuns und Denkens führen, ins Deutsche zu übersetzen. Wir fanden bei dem Russen wieder – nicht zufällig auch in lebendiger Goethe-Nachfolge –, was Arthur Pfeifer so bewegend verkörpert hatte: die Suche nach einer ganzheitlichen Auffassung der Welt. Wie vertraut klangen die Worte in einem der letzten Briefe Florenskis, den er kurz vor seiner Erschießung am 8. Dezember 1937 als sein Vermächtnis an seinen Sohn Kirill geschrieben hatte:

»Was habe ich mein ganzes Leben gemacht? – Ich habe die Welt als ein Ganzes betrachtet, als einheitliches Bild und als Wirklichkeit, aber in jedem Augenblick oder, genauer gesagt, in jedem Abschnitt meines Lebens unter einem bestimmten Gesichtswinkel ... ›Was ist das Allgemeine? – Der einzelne Fall.‹ (Goethe) Ich arbeite immer an Einzelfällen, beobachte aber an ihnen das Aufscheinen, das konkrete Hervortreten des Allgemeinen, das heißt betrachte das platonisch-aristotelische *eidos* (Goethes Urphänomen). Mein Vater sprach zu mir von meiner Abneigung gegen das abstrakte Denken und von meiner Abneigung gegen die Einzelforschung als solche. ›Deine Stärke liegt dort, wo sich das Konkrete mit dem Allgemeinen verbindet.‹ Das ist wahr ... Ehe ich nicht mit meinen eigenen Händen etwas gewogen und zerstoßen, ehe ich nicht selber Analysen und Berechnungen gemacht habe, verstehe ich eine Erscheinung nicht, ich kann zwar über sie sprechen und nachdenken, aber sie ist noch nicht mein eigen geworden ... in dem Einzelnen und Konkreten muß das Allgemeine, Universale aufscheinen.«

Imperiale Gebärden

Mehr als die spezielleren Gegenstände der Grammatik oder Poetik bewegte mich von Anfang an die Begegnung zwischen Deutschen und Russen, nur dauerte es geraume Zeit, bis ich es lernte, den nationalen Genius, die Volksseele, die Mentalität der Russen, das Russentum unter der mächtigen Schicht imperial-sowjetischen Brauchtums genauer zu empfinden und wahrzunehmen. Doch daß da etwas war, das sich von dem gewohnten Deutschen abhob, ohne ihm abweisend entgegenzustehen, ihm vielleicht liebend entgegenkam, das muß mich stark berührt haben.

Der tiefste Grund meiner lebenslangen Neigung liegt freilich nicht in dem Fernen und Fremden, auf das ich gestoßen wurde, in der Lockung des Unbekannten, im Abenteuer der Ausfahrt, im Reiz der Eroberung – ganz im Gegenteil: Der tiefste Grund meiner Neigung liegt in der Unerreichbarkeit des anderen. Was ich anfangs beunruhigt ahnte, wurde später zur besänftigenden Gewißheit. Je näher ich dem anderen kam, desto weiter rückte es in die Ferne, und je ferner ich ihm stand, desto näher kam es mir. Dieser Rhythmus schuf meinen Lebensstil.

Zunächst galt es, das imperiale Brauchtum zu durchdringen, das einem Ende der vierziger, Anfang der fünfziger Jahre im Osten Deutschlands in zweierlei Gestalt begegnete – in der alltäglichen der sowjetischen Besatzungsarmee und in der technisch verklärten der Großbauten des Kommunismus.

Die Soldaten der Döbelner Garnison waren überall. In ihren ausgeblichenen Felduniformen marschierten sie ständig in kleinen Trupps durch die Stadt. Am Bahnhof bewachten sie ihre Kohlen. Ihre klobig-rundlichen grünen Lastwagen rasten in der Umgebung umher. Abends saßen sie in den Fenstern der Kaserne an der Straße der Befreiung und sangen. Auch kursierte die Geschichte, wie meinem Vater, wohl als er die Zulassung der Edeka-Genossenschaft beantragte, auf der Ortskommandantur eine Zigarre angeboten worden sei. Ganz geheuer war einem allerdings nicht, wenn man, wie wir Kinder, auf dem Schulweg täglich an der Kaserne vorbeimußte. Als wir drei Geschwister, noch bevor Russisch Pflichtfach wurde, spät nachmittags Privatstunden bekamen und wieder da lang zu gehen hatten, ist meine Mutter zur Vorsicht mitgekommen.

1950 dann die Verklärung des banalen Garnisonsalltags in der gleißenden Pracht der Stalinschen Großbauten des Kommunismus. Ein Generalangriff auf die Natur stehe bevor, wie er in der Geschichte der Menschheit seinesgleichen suche. Flüsse seien zu begradigen oder umzulenken, Staudämme und Schleusen zu bauen, Schiffahrts- und Bewässerungskanäle anzulegen, Wüsten zu bewässern und der ewig gefrorene Boden im Fernen Osten und in Nordsibirien zu bezwingen. Wenn erst Waldschutzstreifen schädliche Winde abhielten, wenn der Wasserspiegel erhöht und die Strömungsgeschwindigkeit der Flüsse verringert sei, wenn die neuen Wasserkraftwerke, die »Giganten an der Wolga«, errichtet seien, wenn günstige Temperatur, ja Klimaveränderungen einsetzten, dann habe man die Oberfläche der Erde so verändert, wie das sonst nur im Laufe von Millionen von Jahren geschehen sei, und verfüge über das geophysische System, das die kommunistische Gesellschaft brauche. Die imperiale Gebärde war nicht zu übersehen. Die Staudämme und Schleusentore erinnerten an die Kolossalarchitektur, an die Thermen und Triumphbögen der römischen Kaiserzeit.

Damals hätte niemand von uns so zu denken gewagt. Rom gehörte zum Lateinunterricht, nicht zur Gegenwartskunde. Die Großbauten im Süden und Osten der Sowjetunion galten als Friedenswerk des fünften Fünfjahrplans, mit dem die Volkswirtschaft der DDR über ihren eigenen ersten Fünfjahrplan auf Gedeih und Verderb verbunden war. An der Oberschule Döbeln wurde besonders das Ob-Irtysch-Projekt favorisiert, das mit der Regulierung und Nutzung der beiden sibirischen Flüsse 20 Millionen Menschen ernähren würde; unser Russischlehrer Peter Köhli erkor es zu seinem Lieblingsthema, und ich hielt einen Vortrag und schrieb einen russischen Aufsatz dazu.

Nun standen aber Alltags- und Prunkgestalt des Imperiums in einem so irritierenden Gegensatz zueinander, daß es radikaler Maßnahmen bedurfte, um nicht Zweifel an seiner Macht und Herrlichkeit aufkommen zu lassen. Was zu diesem Zweck beschlossen wurde, war einzigartig in der Praxis des europäischen Geisteslebens. 1946 hatte die Sowjetische Militäradministration die Schulen im Osten Deutschlands angewiesen, Russisch als erste Fremdsprache zu unterrichten. Im gleichen Atemzuge war die Gesellschaft zum Studium der Sowjetkultur gegründet worden, die 1949 aus einem Studienkreis in eine Massenorganisation mit dem verpflichtenderen Namen Gesellschaft für deutsch-sowjetische Freundschaft umgebildet wurde. Damit erhielten Sprache und Kultur des Imperiums im Osten einen Bonus, der jeder Beschäftigung auf dem Gebiet höchste Priorität einräumte, zugleich aber höchste Gefahr für den Bestand des Imperiums heraufbeschwor. Je genauer einer sich mit den Ursprüngen und Triebkräften des Imperiums befaßte, desto klarer mußte ihm werden, was ich später in Jacob Burckhardts »Weltgeschichtlichen Betrachtungen« für das 19. Jahrhundert formuliert fand: »Die Russen gewinnen eine der höchsten weltgeschichtlichen Stellungen bei vollständiger Mißhandlung ihres eigenen Charakters und tiefem inneren Unglück des größten Teils der Nation.« Ich ahnte nicht, daß mir für das 20. Jahrhundert die gleiche bittere Erkenntnis bevorstand.

In der Döbelner Kommandantur beaufsichtigte Oberleutnant Kulak und nach ihm Oberleutnant Lipkin die Einführung des Russisch-Unterrichts. Die Kreisschulrätin Pirrenz sandte regelmäßig Berichte. Von April bis August 1946 waren in einem fünfmonatigen Kurs 90 Russischlehrer ausgebildet worden, so daß am 9. September an 84 Volksschulen und 3 Oberschulen des Kreises Döbeln Russisch unterrichtet werden konnte. Zu unserem Glück waren unsere ersten Russischlehrer Muttersprachler oder besser zweisprachig Aufgewachsene, Rußland- oder Baltendeutsche, in Witebsk oder Riga geboren, und so hörten wir von früh an ein phonetisch authentisches Russisch. Auch die Moskauerin Henriette Goldmann gehörte zu ihnen, als Parteilose wurde sie 1948 Kreisbeauftragte für Russisch. Ich habe für mein Leben im Ohr behalten, wie sie den einfachen Satz »Ein Kaufmann verlor einst seine Geldbörse« im Diskant mit allen gebotenen Vokalreduktionen und konsonantischen Assimilationen feierlich intonierte.

Peter Köhli, der uns am längsten im Russischen unterrichtete, war zwar kein Muttersprachler, hatte aber, in Polen geboren, von seinem Vater her das Slawische im Ohr, Polnisch und Russisch. Der Vater dolmetschte nach dem Krieg für die Döbelner Kommandantur und empfahl den Sohn als Telefonisten, der nebenbei den Offizieren Deutschunterricht gab und so verfügte Peter Köhli, als er noch während seines Slawistik-Studiums in Halle an der Lessing-Oberschule unterrichtete, über ein moderneres, auch wohl markigeres Russisch. Unser Russisch-Lehrbuch stammte von Wolfgang Steinitz, der auch die Neue Russische Bibliothek begründet hatte, die ausgewählte Texte, meist russisch und deutsch, für den Schulgebrauch bot. Erstes Bändchen Alexander Puschkins »Märchen vom Zaren Saltan«, zweites Bändchen »Drei Reden Stalins«, fünftes Bändchen »Russische Lieder«. Im Unterricht beschäftigte uns am meisten das Bändchen mit Nikolai Gogols »Mantel«.

Über das Russische kam ich zur Gesellschaft für deutschsowjetische Freundschaft (DSF), der ich kurz nach ihrer Umbenennung im September 1949 beitrat. Unter der Schirmherrschaft von Frau Goldmann war im März 1949 die »Betriebsgruppe« der Lessing-Oberschule gegründet worden. Die Vorsitzenden im ersten Jahr waren Christian Böhringer und Paul Schnaugst, im zweiten Dieter Langanke und Edgar Steiner. Im November 1950 wurde Werner Schwarzer zum Vorsitzenden und ich zum Organisationsleiter gewählt. Ich besuchte außerdem einen Russischzirkel im Döbelner Haus der DSF an der Stalinstraße, leitete kurz darauf selber einen und mauserte mich nach DSF-Abendschule 1950 und zwei Wochenkursen in Dresden 1951 und 1952, wo es um die Großbauten des Kommunismus ging, zum Referenten.

1950 war Stalin noch allgegenwärtig. In den Arbeitsentschließungen aller Ebenen hieß er »Generalissimus« und »der beste Freund des deutschen Volkes«, wir feierten die Stalinsche Verfassung und die Stalinschen Großbauten und Stalins Geburtstag am 21. Dezember und warben ihm zu Ehren jeder ein neues Mitglied. In einer »Friedensecke« links am Haupteingang der Schule sollten auf erhöhtem Platz die Bilder der »großen

Staatsmänner Stalin und Pieck« vor eine rote Fahne unter die Losung »Freundschaft« gesetzt werden. Das kam zwar nicht zustande, aber das Fahnenwort »Freundschaft« wanderte mit seinem russischen Äquivalent »Drushba« an die Rückwand unseres Klassenzimmers, wo es dem Eintretenden sofort ins Auge sprang. Ohnehin war »Freundschaft« als obligatorischer Gruß zwischen Lehrern und Schülern an die Stelle des »Guten Morgen!« gerückt. In der DSF-Gesellschaft redete man sich mit »Freund« an, obwohl Inge Buchheim, die langjährige Schriftführerin, in ihren Berichten die »Freunde« hartnäckig »Kameraden« nannte. Der einzige Lehrer, der sich öffentlich den dauernden Freundschaftsversicherungen entzog, war Arthur Pfeifer. Als bei seiner Einführung durch unseren Direktor Walter Pirrenz, den Bruder der Kreisschulrätin, die Klasse auf sein »Guten Morgen!« vorschriftsmäßig mit »Freundschaft!« antwortete, habe er gestutzt, gelächelt und leise bemerkt: »Auch das!«

Die Tagessorgen eines Organisationsleiters waren weniger spektakulär. Da hieß es Stalin- und Leninfeiern vorbereiten, Kranzniederlegungen einplanen, Abzeichen, Kinokarten oder Fähnchen verkaufen, die Kassierung der Mitgliedsbeiträge garantieren (10 Pfennig im Monat für Schüler), Kreisdelegiertenkonferenzen besuchen, Briefwechsel mit russischen Schülern führen, Referenten für Gründungsversammlungen von Orts- und Betriebsgruppen entsenden. Das wichtigste aber war die Werbung neuer Mitglieder. Die Massen zu vertreten war der Anspruch. Meine Notizen zwischen dem 24. November 1950 und dem 23. April 1951 belegen das gut. Höhepunkt: Die Kampagne in der Edeka Döbeln. Eintragung vom 29. Dezember 1950: »Auf Initiative von Herrn Georg Mierau wurden in der Edeka-Genossenschaft 6 Mitglieder = 100% für die Gesellschaft gewonnen. Herr Mierau beabsichtigt, eine Zehnergruppe mit einem Kassierer zu bilden, um die 100%ige Kassierung sicherzustellen.« Ob sechs Mitglieder eine Zehnergruppe bilden durften, blieb fraglich.

So begann meine vierzigjährige Laufbahn als Aktivist der deutsch-sowjetischen Freundschaft. Stand dieser Beginn ganz im Zeichen imperialer Gebärden, so würde das Ende – 1991 – mit einem Preis, einem Bruderbund und einem Segen die Wand-

*Mathematik bei Erich Hantzsche.
V.l.n.r. Barbara Tautz und Werner Schwarzer. An der Wand
die Losung: Drushba – Freundschaft*

lung ins Zivile bekräftigen, die sich in den vier Jahrzehnten Schritt für Schritt vollzogen hatte. Am 11. Mai 1991 verlieh mir der Präses der Evangelischen Kirche im Rheinland, Peter Beier, den von ihm gestifteten Literaturpreis zur deutsch-sowjetischen Verständigung. Der Preis ist nur dieses eine Mal vergeben worden. Ich erhielt ihn zusammen mit Anatoli Kim, dem russischen Erzähler koreanischer Abkunft, einem Bewunderer Welimir Chlebnikows. Als wir in Mülheim beieinander saßen, sagte er: »Jetzt sind wir Brüder.« Die Rede für uns Brüder hielt Wolfgang Kasack, Ordinarius für Slawistik an der Universität Köln. Er hatte Kim übersetzt, Sieglinde und mich sofort nach dem Fall der Mauer eingeladen und unsere Franz-Jung-Forschungen unterstützt. Zum Dank für die Ermutigung las ich aus unserer Übersetzung der Autobiographie des russischen Denkers Priester Pawel Florenski vor, die wir gerade abschlossen. Ich wählte eine Stelle über das Meer. Am Schwarzen Meer hatte Florenski seine Kindheit verbracht, am Weißen Meer hatte er vor seiner Erschießung 1937 drei Jahre an der Jodgewinnung aus Algen gearbeitet.

»Vor unseren Augen lebte das Meer sein Leben, änderte stündlich seine Farbe, bedeckte sich mit kleinen schaumgekrönten Wellen, wurde finster oder im Gegenteil erschlaffte, wurde still und träge und ließ am Ufer kaum noch ein Plätschern hören... Grünblau in der Ferne und grüngelb in der Nähe lockten die Meeresfarben meine Seele, und mein ganzes Wesen vernahm den Ruf ihres Zaubers von frühester Kindheit an, sie gaben *allem* Sinn und Schönheit. Die Gaben des Meeres waren wie ein Geigenbogen, der über meine Seele strich und ein Beben hervorrief, nicht ein Gefühl, sondern gewissermaßen einen Laut, der sich der Brust entrang – Ahnung der tiefen geheimnisvollen, vertrauten Gründe, Nachricht aus dem chrysoberyllen und aquamarinen Schoß des Seins... *Jenes* Meer, das selige Meer der seligen Kindheit, kann ich nicht mehr sehen – es sei denn in mir selbst. Es ist davongegangen, wahrscheinlich dorthin, wohin auch die Zeit geht, in das noumenale Reich. Aber dieses Noumen habe ich *einmal* wirklich gesehen, gerochen, gehört... Mein Körper verlangt nach der Salzigkeit des Meeres, nach der salzigen, jodgetränkten Luft, einer sprühenden Luft, die kleinste Salzkristalle trägt, und es ist manchmal eine Wonne, sich wenigstens über ein Reagenzglas mit Jodtinktur zu beugen. Quälend das Verlangen nach dem Geschmack des Meeres, nach Seefisch, nach Hummer, man hungert nach Meeresnahrung, und ich glaube, wenn mir plötzlich ein Häufchen Meeresalgen vorkäme, ich äße sie glatt auf.«

Bei der Feier in Mülheim begegneten wir Vater Pawel Adelheim, einem orthodoxen Priester, den das Imperium unter Breshnew nach Kasachstan verbannte und der dort ein Bein verlor. Nun arbeitete er in Pskow am Aufbau seiner Kirche und war auf Einladung der Evangelischen Akademie Mülheim in Deutschland zu Gast. Er hat uns zum Abschied gesegnet.

Bildnis des jungen Mannes als Slawist

Wer 1952 an der Ostberliner Humboldt-Universität Slawische Philologie zu studieren begann, der tat das weniger linguistischer, völkerkundlicher, literaturgeschichtlicher Interessen wegen und schon gar nicht, um etwa europäische Geistesgeschichte zu treiben. Ihm winkte der Beruf eines Russischlehrers für die höheren Klassenstufen oder – über das stark limitierte Diplomandenstudium – eine Tätigkeit als Mittler zwischen den Sprachen.

Das Studium war bis ins Linguistische hinein hochpolitisiert. Stalin hatte sich in seinem letzten Jahr noch zu den Fragen der Sprachwissenschaft geäußert, was selbstverständlich Pflichtlektüre war. Auch in der Darstellung der neuesten Literatur herrschte das Generalissimus-Prinzip: ein Generalissimus in der Prosa – Maxim Gorki, ein Generalissimus in der Poesie – Wladimir Majakowski.

Dennoch bekamen wir in Berlin eine gründliche Ausbildung im Altkirchenslawischen, studierten unseren Leskien und hörten ausführlich Geschichte der russischen Sprache bei Hans-Holm Bielfeldt, der vom Grimmschen Wörterbuch über das Slawische Seminar in Hamburg und die Pädagogische Hoch-

Mit Majakowski im Park Monrepos in Vyborg, siebziger Jahre

schule Potsdam an die Humboldt-Universität gekommen war und hier das Slawische Institut leitete, nachdem er zuvor noch das Institut für Slawistik an der Akademie der Wissenschaften gegründet hatte.

Daß jedermann jeden Augenblick Sprache gebraucht und beeinflußt – dies Allerselbstverständlichste muß mich in einem entscheidenden Moment getroffen haben. Es waren besonders die Wunder der Etymologie, Abstammung und Schicksal der Wörter, die mich tief beeindruckten. »Himmel« und »Zimmer« eines Ursprungs: ein Gewölbtes. Dazu mit anderer Vokalfüllung »camera« und »Kamin«, »Kemenate« und »komnata«; am Anfang Sanskrit zu denken: »kmarati« – »er ist krumm«. Oder: »Caesar« wird »Kaiser« und – mittels Zusammenziehung – »Zar«. Oder: »Karl«, der Kaisername schlechthin, gibt den slawischen Völkern ihr Wort für König – tschechisch »král«, polnisch »król«, russisch »korol«.

Was die Slawistik nicht bot, war eine Einführung in die Sprachsoziologie. Sie verdanke ich Victor Klemperers Notizen zur Sprache des Dritten Reichs »LTI« (Lingua Tertii Imperii), auf die uns unser Döbelner Deutschlehrer Hermann Schneider aufmerksam gemacht hatte. Noch in meinen Beobachtungen zum sowjetischen »Bürokratismus als Sprachzuschnitt« mit seiner »Begriffsakrobatik« und »Seiltänzerargumentation«, wie ihn Majakowski in seinem Stück »Schwitzbad« auf die Bühne brachte, profitierte ich Ende der siebziger Jahre von Klemperers Analyse totalitären Sprachgebrauchs.

Für die Literatur kann ich zunächst wenig Neigung gezeigt haben, denn ich belegte außer einem Tanzkursus in der Privatschule Genehr am Ostkreuz Französisch, Buchführung und Elektrotechnik an der Volkshochschule. Das hing sicher damit zusammen, daß mir bis in das dritte, vierte Semester eine Arbeit als Auslandskorrespondent in der Wirtschaft vorschwebte, wo und wie im einzelnen war natürlich völlig unklar. Noch im Juli 1954 erwog ich ein Fernstudium an der Schule für Außenhandel.

Daß ich mich nach den Zeiten wirtschaftlicher Neigungen doch der Literatur zuwandte, daran hatte der Oberassistent und spätere Professor Dr. Eberhard Reißner »schuld«. In einem seiner Seminare zur russischen Literatur des 19. Jahrhunderts fesselte mich eine Arbeit zu Ostrowskis »Wald«, die ich vorzutragen hatte.

Slawische Philologie in Ostberlin zu studieren bedeutete damals, daß man nur slawistische Fächer belegen durfte, Philosophie oder Geschichte dazuzunehmen, war nicht möglich. So trieb ich also Russisch im Hauptfach, Tschechisch und Bulgarisch im Nebenfach.

Vom Bulgarischen ist wenig geblieben, außer vielleicht die Erinnerung an Professor Stantscheff, der Goethe in Bulgarien erforschte und bei imponierender Leibesfülle ein leichtfüßiger Tänzer war: Er brachte uns den Choró bei. Dafür bescherte mir das Tschechische die Freundschaft mehrerer ausgezeichneter Männer, die auf dem denkwürdigen Internationalen Slawistenkongreß in Prag im August 1968 begann, wenige Tage bevor die Truppen des Warschauer Pakts Prag besetzten, die Freundschaft Miroslav Drozdas, Zdeněk Mathausers, Jiří Franěks und Vladimir Svatoňs.

Die Atmosphäre am Slawischen Institut war geprägt von der unterschiedlichen geistigen Herkunft unserer Lehrer. Zum einen hörten wir bei bürgerlichen Professoren wie Hans-Holm Bielfeldt, der Theodor Lessings »Sinngebung des Sinnlosen« anhing, oder Edmund Schneeweis, der aus Prag gekommen war und uns ausführlich von dem großen tschechischen Demokraten T. G. Masaryk erzählte. Zum anderen begegneten uns die marxistischen Aktivisten aus dem von Wolfgang Steinitz konzipierten »Sonderlehrgang für den slawistischen Nachwuchs« (November 1950 bis August 1951). Fünf von den 22 Teilnehmern arbeiteten am Institut: Wolf Düwel, Nyota Thun, Nadeshda Ludwig, Gudrun Freitag und Anna Bobek. Endlich der Kreis unserer Russisch-Lektoren, mit denen wir am meisten zu tun hatten. Cheflektor war der Moskauer Alexander Becker, Vermessungsingenieur von Beruf, der als 52jähriger eben sein Slawistik-Studium abgeschlossen hatte; ihm verdanken wir unsere gute Schulung in der russischen Phonetik. Zweisprachig aufgewachsen waren auch Margarethe Baumhauer, eine charmante Georgierin, Woldemar Dorster, aus Riga gebürtig, ein großer Stilist, und der temperamentvolle Igor Werner, dessen Mutter, eine Russin, während des deutsch-sowjetischen Nichtangriffspakts mit ihren fünf Kindern nach Berlin gekommen war. Der Senior unserer Lektoren und die ungewöhnlichste Erscheinung am Institut war der Ostpreuße Victor Wendland; während seiner vierjährigen sibirischen Kriegsgefangenschaft im 1. Weltkrieg und der einjährigen Trainkutscherzeit bei den Bolschewiki hatte er so eine Zuneigung zum Russischen gefaßt, daß er sich – Vogelkundler aus Passion –, zurückgekehrt nach Deutschland, ganz der russischen Sprache widmete. Der Slawist Gottfried Sturm hat sein Bild bewahrt und sein besonderes Verdienst um unsere Studien des Russischen beschrieben:

»Ich sehe ihn noch immer vor mir in seinem grünen Anzug, grünen Lodenmantel, grünen Hut, gern fachsimpelnd, fußballbegeistert (er spielte sogar selbst – mit ca. 60 Jahren – in einer Slawistenmannschaft der Uni mit) und asketisch lebend – wie oft sahen wir ihn in den Pausen einen trockenen Brotkanten aus der Hosentasche ziehen und ihn während eines Gespräches verzehren... Als deutscher Muttersprachler sah er besonders deutlich *die* Schwierigkeiten, mit denen unsere Studenten beim Erlernen der *russ.* Sprache zu kämpfen haben, und auf *diese* Schwierigkeiten konzentrierte er sich in besonderem Maße.«

Unsere Seminargruppe bestand aus ganz bürgerlichen Leuten. Unter den 15 Studenten gab es zwei SED-Mitglieder. Ich wurde zum staatlichen Seminarsekretär bestimmt. Kurz nach Studienbeginn regte ich Rommé-Abende an, zu denen sich einige von uns in der Pankower Wohnung der moderaten Genossin Johanna Kurzendörfer trafen. Laut Anweisung Nr. 26 des Staatssekretariats für Hochschulwesen vom 6. September 1952 war ein Gruppenbuch mit detaillierten Angaben über die Kommilitonen zu führen, das ich freilich nie einrichtete. Auch in meinem Semesterbericht vom 17. Dezember 1952 an den Prorektor Robert Havemann lehnte ich eine »individuelle Beurteilung« ab. Wie machtlos Seminar und Sekretär waren, sollte sich wenige Monate später zeigen. »Es hat bei uns im Seminar eingeschlagen«, schrieb ich am 15. Mai 1953 in mein Tagebuch: »Man hat uns Gerda genommen. Junge Gemeinde. Dreistündige Diskussion im Seminar: geschlossen dagegen. Unterhaltung mit Ruben: Rat, unsere Gründe dem Exmatrikelantrag beizufügen, wurde ausgeführt.« Es ging um unsere Kommilitonin Gerda Hitzemann, in der FDJ-Leitung verantwortlich für Aufbauarbeiten in Berlin, Tochter eines Pfarrers aus dem mecklenburgischen Dassow; Walter Ruben fungierte als der neue Prorektor für Studentenangelegenheiten. Die Philosophische Fakultät hatte beschlossen, alle Christen, die ihre Junge Gemeinde nicht als »verbrecherische Organisation« verurteilen und nicht austreten, zu exmatrikulieren. Kaum einen Monat später änderte sich mit dem »Neuen Kurs« auch die Taktik gegenüber der Evangelischen Kirche. Gerda erfuhr am 12. Juni nicht nur, daß sie weiter studieren, sondern auch – ihrem ursprünglichen Wunsch entsprechend – Anglistik belegen dürfe. »Ich wußte einfach nicht, was ich sagen sollte, als ich die Vorschläge der SED zum 1. Mal im Radio hörte«, schrieb sie uns am 20. Juni aus Dassow, das sich wegen des Volksaufstands vom 17. Juni auch im Ausnahmezustand befand. »Meine Gefühle sind natürlich sehr geteilt.« So verloren wir eine Slawistin. Sie hing an unserem Seminar. Im Mai 1955 sahen wir uns zum letzten Mal. Gerda verließ Berlin, um in Göttingen weiterzustudieren.

Anfang und Ende meines Studiums markierten Ereignisse, die in der Steigerung imperialer Gewalt die Schwächung des Imperiums anzeigten. Am 5. März 1953 starb der Imperator, drei Monate darauf, am 17. Juni 1953, kam es zu einer unerhörten Aktion: einer öffentlichen Gehorsamsverweigerung. Welchen Anteil immer die zu hohen Arbeitsnormen, die bürgerlichen Freiheitsideale der bundesrepublikanischen Gesellschaft oder die politischen Parolen ihrer Parteien an dem Aufstand der Arbeiter hatten, entscheidend war die Sezession, die politische Trennung, die Aufkündigung der Loyalität – eine Herausforderung des Imperiums, der wirksam nur mit Panzern begegnet werden konnte. Das Imperium hat sich davon nie wieder erholt.

»Stalin ist tot. Was wird?« schrieb ich am 6. März 1953 im Tagebuch. Am Slawischen Institut herrschte Trauer. Nadeshda Ludwig, die sowjetische Literaturgeschichte las, gab im Großen Hörsaal unter Tränen Stalins Tod bekannt. Im Flur (Hauptgebäude Unter den Linden, Westflügel, zweiter Stock) stand schwarzumflort auf einem Tisch das Bild des toten Imperators. Ehrenwachen wechselten sich ab. Als erster wachte Professor Bielfeldt, später wachte auch ich, vermutlich in meiner Eigenschaft als Seminarsekretär – ich mit Luftgewehr von der Gesellschaft für Sport und Technik, er ohne. In Moskau wurde

Stalin im Lenin-Mausoleum beigesetzt, wo ich ihn 1958 kurz vor seiner Entfernung bei meinem ersten Besuch noch sah. Am 18. April 1953 zog ich in meinem Tagebuch Bilanz:

»Man sieht wohl noch nicht in vollem Umfange, was dieser Regierungswechsel alles bringen wird, doch eins scheint sicher, daß nämlich die Politik ein wenig gemäßigt wird. Man ist dann über die neuesten Wendungen wenig erstaunt. Siehe Koreapolitik, Wirtschaftspolitik, Handelspolitik West/Ost.

Warum dies nun geschieht, darüber läßt sich philosophieren. Vielleicht um sich Kredit zu erwerben.

Vielleicht ist es aber auch so:

Stalin wußte, daß er mal stirbt. Möglicherweise ordnete er an, die Politik nach seinem Tode ein wenig zu mäßigen, um die Gegner zu täuschen, irgendwie Profit daraus zu schlagen. Das macht man vielleicht jetzt.

Kann auch so sein, daß man in allen anderen Dingen ein wenig nachgibt, nur um Deutschland zu behalten. Denn in den Zeitungen schreibt man wieder stärker über die Schuld Adenauers an der deutschen Spaltung usw. usf. Zeichen dafür, daß an Einheit nicht zu denken, weil ja ...!?«

Am 17. Juni 1953 absolvierte ich ein Praktikum als Übersetzer in der Zentralstelle für wissenschaftliche Information. Ich übersetzte sowjetische Buchankündigungen, z.T. technische Dinge, die ich trotz meiner Bemühungen um die Elektrotechnik kaum verstand. Die Stelle befand sich im Vorderflügel der Berliner Staatsbibliothek Unter den Linden. Am 16. Juni abends war ich auf dem Weg nach Hause Richtung Alexanderplatz schon in heftige Debatten geraten, am 17. aber kamen wir nicht auf die Straße, die großen eisernen Tore am Eingang der Staatsbibliothek wurden geschlossen, keiner durfte herein und keiner hinaus, wir sahen aus den Fenstern.

Wie der Tod des Imperators wurde auch die Kritik an ihm mit großer imperialer Gebärde zelebriert. Hofften die Zelebranten, wie das Nikita Chrustschows Bericht an den XX. Parteitag der KPdSU in geschlossener Sitzung im Februar 1956 nahelegte, die Kenntnis von den Verbrechen Stalins und seinem mörderischen Herrschaftsstil für sich behalten zu können? Es wird wohl nie sicher zu sagen sein. Im Frühsommer bekamen wir den Bericht, ich erinnere mich an die dicke Beilage zu einer der großen westdeutschen Zeitungen. Aber spätestens im November 1956 – mit dem Einsatz sowjetischer Panzer gegen die Unabhängigkeitsbewegung in Budapest – wurde deutlich, daß die Kritik am Imperator nicht das Ende imperialer Methoden gebracht hatte.

Günstige Umstände haben mich davor bewahrt, von imperialem Gebaren bezaubert zu sein. Unser Döbelner Lebenszuschnitt war zu zivil und unser Umgang mit der Welt zu wenig ideologisch, als daß ich durch große Gesten hätte verführt werden können. Was mich an Berlin gefangennahm, war die große Stadt. Ich habe Berlin seit jenem September 1952, als ich zu studieren begann, nicht wieder verlassen.

Berlin schien mir von Anfang an merkwürdig vertraut. Das mag zunächst familiär begründet gewesen sein. In Lichtenberg wohnte der Bruder meiner Mutter, nach dem ich meinen dritten Vornamen Helmut bekam, und in Schöneberg meine Großtante Bertha, die Frau des Bruders meiner Großmutter mütterlicherseits. In der Nähe des Kurfürstendamms und in Nikolassee wohnten Bekannte meines Vaters aus seiner schlesischen Zeit. Auch die beiden Frauen des früh verstorbenen Bruders meines Vaters, Fritz, Mädy und Adrienne, arbeiteten seit langem in Berlin. Tante Mädy, meine Patentante, die am Kurfürstendamm einen Modesalon führte, besuchte ich gleich 1952 und trug eine Weile das Oberhemd, das sie mir schenkte. Tante Adrienne, die das Kinderballett der Deutschen Oper leitete, trafen wir erst 35 Jahre später in Friedenau, über achtzigjährig, um ihr mein Buch »Russen in Berlin« zu schenken; sie war eine geborene Rompe und stammte aus Petersburg, ihr Bruder, Professor Robert Rompe, Atomphysiker, lebte in Ostberlin. Hinzukam, daß Verwandte meiner ersten Wirtin auf der Holteistraße am S-Bahnhof Ostkreuz, deren Bekanntschaft ich ihrem Bruder, dem Döbelner Kreissekretär der Gesellschaft für deutsch-sowjetische Freundschaft, verdankte, in Westberlin ein gutgehendes Reisebüro betrieben und ich sie häufig zu Besuchen mit anschließendem Kinovergnügen begleitete: »Ferien vom Ich« und »Im Weißen Rößl«. Der Geschmack unterschied sich stark von meinem, der ich »12 Uhr mittags« und »Der dritte Mann« vorzog.

Hätte die Anwesenheit so vieler Verwandter und Bekannter

ausgereicht, um mir die Stadt vertraut und gewogen zu machen, so sicherte mir die geistige Verbindung mit ihr uneingeschränkte Zuneigung. Mein Vater war ein Zögling der Berliner liberalen Kultur der Weimarer Zeit und hatte insbesondere die neuen russischen Erscheinungen verfolgt. Neben Upton Sinclairs »Petroleum« und Madelon Lulofs' »Gummi« las er Ilja Ehrenburgs »Leben der Autos«, neben John Galsworthys »Jenseits« und Georg Finks »Mich hungert« Pantelejmon Romanows »Drei Paar Seidenstrümpfe«. In einem seiner Berliner Briefe von 1929 kommt er nach Otto Flakes »Ruhland«, Arnold Zweigs »Grischa«, den Filmen »Metropolis« und »Frau im Mond« auch auf die Ausstellung »Das neue politische Plakat« in der Hochschule für Politik zu sprechen und schreibt: »Vertreten Deutschland, England, Frankreich und Rußland. Letztes hatte die Plakate, die meiner Ansicht stärkste Massenwirkung haben.«

Krieg und Nachkrieg gaben diesem Staunen über die geistigen Potenzen neuen Stoff. Was für ein Land hatte da gesiegt und das Patronat über den Osten Deutschlands gewonnen? Kurz nachdem mein Vater uns drei Kinder zum privaten Russischunterricht gegeben hatte, widmete er sich selber einem Studium, das ihn die letzten 15 Jahre seines Lebens ausfüllen würde. 1947 kaufte er sich das Buch »Reise über die Karte der Sowjetunion«, das eben im Verlag der Sowjetischen Militäradministration erschienen war. Und es muß der Ärger über den wenig inspirierten Rußland-Vortrag einer Geographie-Lehrerin gewesen sein, der meinen Vater zu dem Versuch bewegte, auf gedeihlichere Weise von der Patronatsmacht zu erzählen. So schlug er 1949 dem Kreissekretariat der Gesellschaft für deutsch-sowjetische Freundschaft in Döbeln vor, ehrenamtlich über »Land und Leute der Sowjetunion« zu sprechen. 1950 schloß er einen dieser Vorträge mit einer Prognose, die eigentlich ein Selbstbekenntnis war: »Ein weiteres Studium wird Sie so fesseln, daß Sie von ihm nicht mehr abgehen können.« Schon im Herbst 1953 bat ihn die Volkshochschule Döbeln, eine zweimonatige Vorlesung zum Thema zu halten. Die Döbelner Ratsdruckerei druckte zu diesem Anlaß einen achtseitigen Prospekt, von dem 1954 und 1956 weitere Auflagen erschienen. 1954 entstand sein »Kleines Lexikon der politischen und ökonomischen

Geographie der UdSSR«, als Manuskript gedruckt bei Adolph Thallwitz Döbeln. 1956 lud man meinen Vater ein, Externatslehrgänge zu bestreiten und er war dabei, sich Assistenten auszuwählen und zu eigener Arbeit zu ermutigen. Für sein Anliegen – das aus fundiertem Wissen gekonnt gesprochene Wort – warb er unermüdlich auf Kreis- und Bezirksdelegiertenkonferenzen und er hat zum Schluß sogar in Berlin gesprochen.

Persönliche Einladung

Die
NATIONALE FRONT – Ortsausschuß Niederstriegis
veranstaltet am 25. Januar 1956, 16 Uhr, im
VEB „Lactacida" Niederstriegis
einen Vortrag der Gesellschaft zur Verbreitung wissenschaftlicher Kenntnisse in Verbindung mit der Gesellschaft für Deutsch-Sowjetische Freundschaft über das Thema

Gedanken eines parteilosen Bürgers über die Sowjet-Union

Es spricht Herr **Georg Mierau**,
Geschäftsführer der Edeka-Genossenschaft Kreis Döbeln

Anschließend sehen Sie einen interessanten Kulturfilm

Die gesamte Bevölkerung wird zu dieser Veranstaltung herzlich eingeladen   *Der Eintritt ist frei*

Wir würden uns freuen, wenn auch Sie Gelegenheit nehmen würden, diesen interessanten Vortrag anzuhören.

NATIONALE FRONT – Ortsausschuß Niederstriegis

Vortrag von Georg Mierau in Niederstriegis, 1956

Mein Vater war auf diese Arbeit glänzend vorbereitet. Als Großkaufmann war er ein Mann von Welt und erfahrener Logistiker, dazu war er ein guter Erzähler. Er verkehrte im bürgerlichen »Thüringer Hof«, wo er die Ärzte und Apotheker der Stadt traf, ebenso wie in der Kneipe bei uns nebenan, wo er von den Rangierern das neueste über den Waggonumlauf bei der Reichsbahn erfuhr. Logistisch gesehen gab es für ihn keinen Unterschied zwischen der Planung der Warenströme, die er für die Edeka betrieb, und der Energie- und Rohstoffströme, die er in seinen Vorträgen über die Sowjetunion zu behandeln hatte. Seine Anstrengungen galten immer mehr der »Energiewirtschaft in volkswirtschaftlicher Sicht« und dem »Energietransport durch Fernrohrleitungen«. Dank seiner Kenntnis von Europa kam er mit den differierenden Größenverhältnissen spielend zurecht. »Ich habe mir ein Bild gemacht über die Größe dieses Landes«, schrieb er einmal: »Ich kenne Europa von Spanien über Frankreich, England, Italien, den Balkan und einen Teil des europäischen Rußlands«, doch habe man es hier mit ganz anderen Ausdehnungen und Geschichtsverläufen zu tun. Auch den Vergleich mit den Spitzenbauten der USA aus den Jahren 1930–1955 hatte er immer parat und kein Vortragsabend verging, an dem er nicht auf den Boulder-Damm am Colorado, den Grand-Coulee-Damm am Columbia-River und die Tennessee Valley Authority zu sprechen gekommen wäre.

Die Stellung meines Vaters war durchaus paradox: Privater Großkaufmann, der er war, galt er – etwa nach der sozialen Systematik der Lebensmittelkartenzuteilung – als »Sonstiger«, d.h. weder als Arbeiter noch Bauer; selber verstand er sich als »Lückenbüßer«, solange geduldet, bis der staatliche und Konsum-Großhandel die Versorgung garantieren würde. Hochgeschätzt dagegen und übrigens mehrfach ausgezeichnet, arbeitete er als Vortragsreisender, der ein Land gut schildern konnte, in dem Männer wie er nicht mehr existierten. Ave Imperator, morituri te salutant (Heil dir Imperator, die Todgeweihten grüßen dich). Nicht die doppelte Belastung durch Geschäft und Vortragswesen hat den Sechzigjährigen am 1. Januar 1955 nach einem Herzinfarkt für mehrere Monate niedergeworfen, sondern dieses geschichtliche Paradox.

Aus dem Jahre 1951 stammt ein Blatt, das die Lage meines

Vaters in dramatischer Weise beschreibt: ein hektographierter Merkzettel für die Hörer seines Vortrags über die sowjetische Landwirtschaft, auf dessen Rückseite sich der Entwurf eines Briefes findet. Der Vortrag behandelte die Vorzüge kollektiven Wirtschaftens, also die Abschaffung der privaten Initiative, die mein Vater in der Edeka noch praktizierte. Der Brief schilderte die schleichende Liquidation der Edeka durch gesetzliche Kürzung der Handelsspanne: Trotz hohem Umsatz kein Gewinn. Kapitalbildung ausgeschlossen. Dies folge aus der Wirtschaftsdoktrin der DDR.

Der Brief ging an Carl Maria Santkin, einen Bekannten aus der Berliner Bankenzeit meines Vaters Anfang der zwanziger Jahre, Freimaurer in der Meißener Loge »Zur Akazie«; Santkin hatte als einer der Direktoren der Allgemeinen Deutschen Margarinewerke (ALDEMAG) meinen Vater 1930 zum Verkaufsleiter für Schlesien berufen. Mein Vater war Trauzeuge bei seiner Hochzeit gewesen, ich war sein Patensohn. Während des Krieges stand ein Teil von Santkins Bibliothek bei uns in Döbeln. Anfang der fünfziger Jahre leitete Santkin die Imhausenwerke in Witten.

1951 muß das schwerste Jahr meines Vaters gewesen sein. Er sorgte sich um unsere Zukunft. Meiner Schwester Edith und mir, die wir die Oberschule besuchten, gewährte man keinen Schulgelderlaß (je 20 Mark im Monat), für 1951/52 schien keine Änderung in Sicht. Einspruch wurde abgelehnt. Schulden liefen auf. Sein Einkommen – 380 Mark – ließ sich nicht steigern. Meine Schwester Ursula würde das Kindergarten-Seminar in Leipzig besuchen; da waren Seminarkosten, Krankenkasse und Internatskosten zu tragen. In einem Wiederholungsantrag, den mein Vater als beschämend für sich bezeichnete, da er zugeben müsse, daß er nicht allein für seine Kinder sorgen könne, stehen die schmerzlichen Sätze: »Ich gebe dem Staat drei Kinder. Der Sohn wird Slawistik studieren. Eine Tochter wird Kindergärtnerin. Die Jüngste will Apothekerin werden. Drei Berufe, für die Nachwuchs gesucht wird. Kann man dem Staat mehr geben?«

Dies ist die Stunde, da mein Vater sich an Carl Maria Santkin wendet. Ernstlich erwägt er einen »neuen Start«, um die Erziehung der Kinder sicherzustellen, wolle aber »nicht mehr nach drüben tauschen«. Und dann sein Credo: »Ich bin Intellektueller mit großem Drang zum Streben nach Erkennen. Gewinnstreben ist nie mein Grundsatz gewesen, sondern lernen und erkennen. Selbstverständlich muß der Mensch leben, aber nicht vom Brot allein. Im Augenblick ist allerdings die Erziehungsfrage fast akut, und – trotzdem. Die Kinder werden Kinder ihrer Zeit. Ich muß ihnen noch helfen, in dem Punkt hilft mir z.Zt. der Staat nicht, aber in einem Jahr werden wir weiter sehen.« Tatsächlich besserte sich die Lage 1952. Das Schulgeld wurde erlassen. Die 160 Mark Schulden konnten in Raten von 40 Mark abgezahlt werden. Zum Studienbeginn schenkte mir mein Patenonkel im Frühjahr 1952 einen Mantel und einen Anzug, gesehen habe ich ihn nicht mehr. Als er im September 1956 starb, schrieb mein Vater, der ihn noch im Sommer in Düsseldorf getroffen hatte, an Frau Santkin:

»Meine Briefe waren in diesen 11 schweren Jahren seit 1945 Berichte, die ich an den mir am nächsten stehenden Menschen sandte …, in der Gewißheit, daß sie Resonanz und Verstehen fanden. Er war mein Rückhalt und mit ihm ist ein Stück meines Selbst dahingegangen.«

Mit meinen 20 Jahren habe ich das Paradox der Existenz meines Vaters eher geahnt als begriffen und schon gar nicht vermutet, daß ich es mit meiner eigenen Existenz aufzulösen haben würde. Doch die Ahnung genügte wohl, um in dem entscheidenden Moment, als es um die erste gründliche Beschäftigung in meinem Fach – die Diplomarbeit – ging, ein Feld zu wählen, auf dem die Ursachen für das Paradox zu finden sein könnten: die Begegnung zwischen Deutschland und Rußland im 20. Jahrhundert.

Am Slawischen Institut der Humboldt-Universität lief 1954/55 die Erforschung der deutsch-slawischen Wechselbeziehungen schon auf Hochtouren. Man nahm sich da der Aufgabe an, die H. F. Schmid und Reinhold Trautmann 1927 in ihrer Programmschrift »Wesen und Aufgaben der deutschen Slawistik« gestellt hatten: »Werden die deutschen Slavisten bei der Erforschung der sich durchdringenden literarischen Beeinflussungen unter den Slaven häufig sich mit der Rolle des Zuschauers begnügen müssen, so betreten sie ihr eigenstes Gebiet, wenn *Pflege* der deutsch-slawischen Beziehungen in ihr Blickfeld tritt – was bisher überhaupt kaum der Fall war.« Hinsichtlich der russischen Literatur des 20. Jahrhunderts, meinte Professor Bielfeldt, bestehe unter dem sowjetischen Patronat lange keine Aussicht, eine eigene Darstellung zu wagen, doch gegen das Studium ihrer Aufnahme im Kaiserreich, in der Weimarer Republik und unter Hitler dürfte es kaum Einspruch geben.

Ich entschloß mich also, eine Arbeit unter dem umständlichen Titel »Die Pflege der zeitgenössischen sowjetrussischen Literatur in Deutschland (Berlin. Anfang der zwanziger Jahre)« zu versuchen. Monatelang saß ich bis in die Abende hinein in der Berliner Universitätsbibliothek und blätterte den »Börsen-Courier«, die »Rote Fahne«, die »Vossische Zeitung« und die unendlich vielen Monatsschriften vom »Blauen Heft« und der »Weltbühne« bis zum »Hochland« nach Spuren der Begegnung und Pflege durch. Was ich damals fand, ist bis heute nicht bewältigt, das Lesebuch »Russen in Berlin« zehrte in den achtziger Jahren von der Lektüre der fünfziger. Die Dichter, Erzähler und Dramatiker, deren Herausgabe mir einst am Herzen liegen würde, sind mir hier zum erstenmal begegnet. Aber die Dimensionen des Gegenstands waren zunächst nicht annähernd zu begreifen. Ich wußte nicht, daß ich das Erbe eines ganzen russischen Jahrhunderts antrat.

Das Bild, das sich in jenen Monaten vor mir auftat, glich in nichts dem Bild der sowjetischen Literatur, das unser Lehrbuch, ein aus dem Russischen übersetztes Mittelschulkompendium, entwarf. Das Programm der Vorlesung »Sowjetliteratur« (Studienplan Nr. 73 und 73 A), das, unter Leitung von Edel Mirowa-Florin ausgearbeitet, vom Wissenschaftlichen Beirat für Slawistik angenommen und vom Staatssekretariat für Hochschulwesen im September 1953 zugelassen worden war, entsprach natürlich vollkommen den Vorgaben dieses Lehrbuchs. Es war ein Lehrbuch der Vernichtung, eine Literaturgeschichte gegen die Literatur. Die großen Erzähler des Jahrhundertbeginns, Andrej Bely und Leonid Andrejew kamen nur mit herabsetzenden Epitheta vor. Welimir Chlebnikow figurierte als ein abstruser Experimentator. Alexander Blok erschien ohne die Apokalypse seiner Europa-Anklage in dem Poem »Skythen«, Ilja Ehrenburg ohne seine kosmopolitischen Schelme »Julio Jurenito« und »Lasik Rojtschwanz«. Anna Achmatowa, Nikolai Gumiljow und Michail Sostschenko traten gar einzig als die Adressaten des infamen ZK-Beschlusses gegen sie auf. Selbst Maxim Gorki und Wladimir Majakowski, beide zum Generalissimus ihrer Gattung gemacht, waren entmündigt, entstellt, verstümmelt. Die geistigen Anstrengungen, die die drei Generationen des russischen Symbolimus, des Kubofuturismus, des Akmeismus, des Imaginismus und der Formalen Schule unternommen hatten, mußten als Zielscheibe des Spotts herhalten. Überhaupt ungenannt blieben Isaak Babel und Viktor Schklowski, Boris Pasternak, Ossip Mandelstam und Marina Zwetajewa, Fjodor Sologub und Maximilian Woloschin, Michail Kusmin und Juri Tynjanow, Sergej Tretjakow und Andrej Platonow, Andrej Sobol und Jefim Sosulja, Jewgeni Samjatin und Lew Lunz, Juri Olescha und Michail Bulgakow, Anatoli Marienhof und Nikolai Erdman. Daß etwa Kriminalromane oder Kriminalparodien wie Marietta Schaginjans »Mess Mend« oder der von Michail Kolzow angeregte Roman der 25 Autoren »Die großen Brände« oder aber Literaturparodien und Schriftstellerkarikaturen eine Rolle gespielt haben könnten – daran war nicht zu denken.

Obwohl mit der Abweichung vom sozialistischen Realismus ästhetisch begründet, war diese Abriegelung ausgesprochen politischer Natur. Ende 1957 wurde Ralf Schröder, der Dozent für sowjetische Literatur an der Leipziger Universität, verhaftet und ein Jahr später zu zehn Jahren Haft verurteilt, u.a. weil er den unter Stalin verfemten oder ermordeten Schriftstellern, so Anna Achmatowa, Ilja Ehrenburg und Isaak Babel, nach ihrer kürzlichen Rehabilitierung einen zu hohen Rang eingeräumt hatte. 1958 mußte der Bulgarist Norbert Randow für drei Jahre ins Gefängnis, weil er die deutsche Übersetzung von Pasternaks »Doktor Shiwago« verliehen hatte. Und noch 1963 wurde die DDR-Ausgabe der Memoiren Ilja Ehrenburgs gestoppt, an deren Übersetzung ich beteiligt war. In diesem Buch erzählte Ehrenburg zum erstenmal zusammenhängend vom Schicksal all derer, die die sowjetische Zensur für Jahrzehnte aus der Literatur ausgeschlossen hatte und auf die ich bei meinen Recherchen gestoßen war. Die DDR macht geradezu China Konkurrenz, sagte Ilja Ehrenburg 1966, als ich ihn kurz vor seinem

Meine Lehrer am Slawischen Institut: Hans-Holm Bielfeldt und Edel Mirowa-Florin; in der Mitte Friedhilde Krause, Hauptreferentin für Slawistik im Staatssekretariat für Hochschulwesen der DDR, Berlin fünfziger Jahre

Tode besuchte, um eine größere Babel-Ausgabe zu besprechen. Erst 1978 sind die Memoiren »Menschen Jahre Leben« in der von Ralf Schröder besorgten Werkausgabe von Ehrenburg erschienen.

Bin ich mir darüber im klaren gewesen, daß ich mich auf einen langen Weg begeben hatte? Als wir Ende 1955 an der Universität nach unseren bisherigen und künftigen Schritten auf unserem Weg befragt wurden, schrieb ich eine »Darstellung meiner Entwicklung«, die von einem langen Leben ausging: »... ich setze auf 80.« Zunächst rekapitulierte ich meine pädagogischen Bemühungen als Russisch- und Altkirchenslawisch-Lehrer, Vortragsredner, Ferienhelfer und Hauslehrer, Seminarsekretär und Wandzeitungsredakteur, pries meinen Döbelner Lehrer in Kunstgeschichte, Arthur Pfeifer, und kündigte an, in der zweiten Hälfte meines Lebens pädagogisch tätig zu sein. Dann folgte das Lob Berlins: »Was bedeutet es allein, vier Jahre zu ›Brecht‹ gehen zu können!« Den Schluß bildete eine Reflexion über »Rußland« und die »Russische Frage«. Sie bezog sich auf die Vorträge, die ich von Paul Wandel, dem Sekretär für Kultur und Erziehung beim ZK der SED, und von Hans Mayer auf den Kulturtagen im Freundschaftmonat November gehört hatte. Ich zitierte einen Satz aus dem hochoffiziellen Bericht des »Neuen Deutschland«. Es habe da ein Gespräch begonnen, dessen Ziel es sei, zu einer planmäßigen, systematischen Auswertung der sowjetischen Erfahrungen auf dem Gebiete der Kunst und der Kunstwissenschaft zu gelangen. Resolution des jungen Mannes in seinem Bildnis als Slawist vom 17. Dezember 1955: »Dabei möchte ich helfen!« Ohne die Konsequenzen zu übersehen, meinte ich da zunächst meine Diplomarbeit, zu der mich übrigens auf briefliche Anfrage Hans Mayer ermutigte, indem er mir sogleich Leo Löwenthals methodisch anregende Arbeit nannte, die 1934 in der »Zeitschrift für Sozialforschung« erschienen war: »Die Auffassung Dostojewskis im Vorkriegsdeutschland«.

Von der Berufslenkungskommission der Humboldt-Universität gefragt, was ich nach dem Studium zu tun gedenke, entwickelte ich Anfang 1956 einen Dreistufenplan. Erste Stufe: etwas Richtiges lernen, deshalb Bewerbung an der Akademie der Wissenschaften; nebenher Germanistik studieren. Zweite Stufe: das Wissen weitergeben; nach etwa zehn Jahren also eine Bewerbung an der Universität. Dritte Stufe: heraustreten aus dem Rahmen der Universität und Akademie; Dienst in einem stärker sozial betonten Sinne. Tatsächlich durchlief ich diese drei Stufen, doch in umgekehrter Reihenfolge. Sozial betont arbeitete ich als Funktionär für Agitation und Propaganda 1956/57 im Zentralvorstand der Gesellschaft für deutsch-sowjetische Freundschaft. Als Universitätslehrer unterrichtete ich 1957–1962 am Slawischen Institut der Humboldt-Universität. Und »etwas Richtiges gelernt« habe ich von 1966–1980 in meiner Akademiezeit.

Bei aller Dienstwilligkeit und frohen Erwartung gab es damals eine Sorge, von der ich nur einmal genauer gesprochen habe. Sorge weniger im Sinne von Unruhe und Befürchtung, als vielmehr im Sinne von Umsicht, Bedacht, geschärftem Augenmerk, auch wohl Vorbehalt. Diese Sorge betraf das Verhältnis von Dienst und Muße. Am 13. Januar 1956 schrieb ich dazu einen aufgeregten Brief an Arnold Zweig. Anlaß: Kurz zuvor war mir auf einer SED-Beratung über »Das Verhalten der Genossen zu den Parteilosen« die Leitung von Streitgesprächen am Slawischen Institut übertragen worden, wie sie Ernst Bloch in Leipzig angeregt hatte, um »Philistertum und Butterbrotmaterialismus« zu begegnen. Ich bezog mich auf Arnold Zweigs Dresdner Kulturbundrede vom Februar 1954, die ich – von meinem Vater aufmerksam gemacht – aus dem »Sächsischen Tageblatt« abgeschrieben hatte. Zweig warnte da vor der »zu großen Inanspruchnahme der einzelnen und vor dem Ausradieren der Freiheit, der Muße im Zusammenleben unserer Landsleute«:

»... daß ein Mensch spazierengehen muß, um Gedanken zu fassen, daß ein Mensch imstande sein muß, sich allein einzuschließen oder isoliert auf eine Bank zu setzen und etwas zu lesen, ohne daß das zu einer Instruktion wird (Beifall), ohne daß er gefragt wird, ob das in Übereinstimmung mit irgendeiner Verpflichtung geschieht, die in die Grundlagen der DDR eingegangen ist.

*Assistent am Slawischen Institut
der Humboldt-Universität, 1958*

Gerade die Freiwilligkeit, der tiefe innere Zug zur Aufnahme einer großen, neuen, fortschrittlichen und beinahe übermenschlichen Welt, zur Aufnahme eines innerlichen Zusammenlebens mit der Sowjetunion, darum geht es. Es kann sehr gut sein, daß es Leute gibt, die mit der Gesellschaft noch nichts zu tun haben wollen, daß sie sich erst ausbilden wollen zu etwas, was in ihnen liegt, weil es sonst in ihnen Zweifel gibt, wenn man sie nicht ungestört sich entwickeln läßt.«

Ob man nicht, fragte ich Arnold Zweig, wie ich einen Kommilitonen habe klagen hören, sich »in gewisser Weise schuldig« mache, wenn man »nur über etwas, einen gerade oder schon länger empfangenen Eindruck, ein Bild o.ä. nachdenkt und sich seinen Assoziationen hingibt«. Zweifellos war der Kommilitone ich selbst. Da ich plane, das »Kapitel ›Muße‹« zum Gegenstand des ersten Streitgesprächs zu wählen, bäte ich um »Autorisierung« der Rede von vor zwei Jahren: »Sie sagten im Febr. 54: ›Aber Humanismus und stramme Organisation haben sich immer widersprochen. Selbst die Jesuiten, welche uns eine sehr große geistige Potenz hinterlassen haben, waren in ihrer Organisation nicht so angestrengt wie wir im Aufbau der DDR.‹ Besagt das, daß bei uns Humanismus zu fordern widersinnig ist, daß man sich in eine stark militante Lebensauffassung hineinfinden muß?«

Zum Schluß nahm ich die Gelegenheit wahr, meine Diplomarbeit zu fördern und fragte nach Begegnungen mit russischer und sowjetischer Literatur.

Arnold Zweig antwortete so gelassen wie bewegt. Gelassen, weil aus dem Abstand des Erlebten Phasen sich für ihn abzeichneten, Wende und Ablösung erkennbar wurden – Hoffnung auf Vergänglichkeit. Bewegt, weil in der Nähe des Erlebens das Ungeheure des Anspruchs, das Ungeheuerliche der Beanspruchung den Alltag ausmacht – Schrecken der Dauer. Seine Antwort ist mir immer gegenwärtig gewesen. Ich bin sicher, daß ich ihr meine Entschlossenheit verdanke, immer dann den Dienst aufzukündigen, wenn die geistige Erneuerung in der Muße nicht mehr gewährleistet ist.

Arnold Zweig   Berlin-Niederschönhausen
                             Homeyerstrasse 13
                             4.2.1956
Sehr geehrter Herr Mierau!

In einer Pause im Diktat meines neuen Romanes »Der Anfang« (1913–15) kann ich Ihnen endlich auf Ihre Fragen antworten – natürlich kurz, denn außer Ihnen warten mindestens noch ein Dutzend Briefschreiber auf meine Äußerung.
   Zu 3.) Da ich Berlin 1919 verließ und erst 1924 aus Starnberg Obb. wieder zurücksiedelte, bin ich außerstande, Ihre Frage zu beantworten. Am besten wiederholen Sie sie Wieland Herzfelde gegenüber. Möglicherweise finden Sie in der Zeitschrift »Ost und West« Material in dem Roman von Helmut Kampe »Der Sohn des Bürgers«.
   Zu 2.) Ernst Bloch ist weder Erzähler noch Lyriker, er ist Essayist. Ihm erscheint das Streitgespräch als charakterbildende, den Geist schärfende Form literarischer und pädagogischer Erziehung am Platze. Ich selber habe niemals viel von Diskussionen gehalten; ich habe auf langen Spaziergängen mir Klarheit erarbeitet und dann, wenn ich meine Anschauungen in einem Vortrag vor einem Auditorium ausgebreitet darauf Wert gelegt, erst dann zu Diskussionen zu schreiten, wenn meine Hörer Zeit gehabt hätten, sich selber Klarheit zu schaffen. Ich habe immer unterstrichen, daß sofortige Diskussionen dazu da seien, dem Hörer die Möglichkeit zur Beseitigung nachhaltiger Eindrücke zu schaffen.
   Zu 1.) Meine Dresdener Rede halte ich völlig aufrecht, muß aber bemerken, daß wir zur Zeit mit der Aufstellung eines Volksheeres beschäftigt sind, und zwar von Rechts wegen. Als ich im Frühling 54 sprach, war ich ganz und gar gerichtet auf die Bildung junger Persönlichkeiten für friedliche, Werte schaffende Perioden, wie wir sie ja als Vertreter unserer Friedensfront damals schon angebrochen hofften. Inzwischen hat die Politik der Bundesrepublik, d.h. des amerikanischen Kapitals, uns gezwungen, diese Tendenzen zu vertagen und zunächst einmal zu schützen, was wir schon errungen haben. Sie sehen ein, lieber Herr Mierau, daß wir dadurch in jene Epoche zurückgetreten sind, über die ich auf dem Kulturbundtag in Leipzig 1951

oder 52 sprach und die Worte prägte: was uns nötig sei, sei der soldatische Geist, den man als Parallele zum mönchischen oder zum ritterlichen anführen könne. Er bedeutete die freiwillige und überzeugte Eingliederung der Einzelnen in die von einheitlichem Wollen und Tun zusammengefaßte Menschengruppe, Jugendgruppe. Ähnliches dürfte heute wiederholt werden: immer aber mit dem Hinblick darauf, daß das Ziel, um dessentwillen wir junge Menschen im Geiste des Humanismus zu bilden wünschen, die Persönlichkeit bleibt, die ohne Muße und den Sinn für das Gewicht des eigenen Ich und seiner Werte nicht erlangt werden kann. Das angeführte Argument Ihres Partners scheint mir dadurch erledigt zu sein. Von diesen meinen Äußerungen und denen meiner Rede können Sie jederzeit Gebrauch machen.

Mit besten Grüßen

Arnold Zweig

Ausdehnung

Wohin nun noch?

Fernweh hat mich nie geplagt. Um mich zu finden, brauchte ich nicht weit zu gehen. Der Ort, an dem ich ganz bei mir sein konnte, liegt in unmittelbarer Nähe von Döbeln: Westewitz, eine Stunde zu Fuß, fünf Minuten mit der Bahn Richtung Leipzig, doch hält nicht jeder Zug. Den Bahnhof verlassend überquert man rechts die Gleise, hält sich dann weiter rechts bis hinunter zur Freiberger Mulde. Jenseits der Brücke erklimmt man im Schatten von Eschen, Ahornen und Eichen den Spitzstein – Quarzporphyr, 231 Meter hoch. Oben angelangt, trifft man am Waldrand auf Vogelkirschen und Himbeeren, tritt an einer mächtigen Brombeerhecke auf einen Wiesenabhang hinaus und sieht das Muldetal vor sich liegen. Unten am Fluß Silberweiden, in der Niederung auf Lößlehm Mais, im Gras das Vieh, schmal, schattenlos der Feldweg nach Töpeln. Am Horizont winzig die Mückenbäumchen auf den vertrauten Landstraßen rund um Döbeln. Über dem Abhang kreisend der Bussard. Da – sein Schrei. Wohin nun noch?

Alle Orte, an denen ich mich später wohlfühlte, zeigen etwas von dieser Art: Aufstieg, steiler gelegentlich, gelegentlich sanfter, Hinaustreten aus der angenehmen Umgrenzung des Waldes ins Offene, ins Feld, auf die Wiese, der Blick in die Weite, die jederzeit zu Fuß zu erreichen wäre; Stifter hat es oft geschildert. Nicht ländliche Abgeschiedenheit ist gemeint. Im Gegenteil. Jenseits der Mulde verkehren die Regionalzüge. Diesseits verbindet eine neue Straße Döbeln mit dem Südwesten des Landes. Über das Tal schwingt sich eine der sächsischen Starkstromleitungen. Auch ist es durchaus schon kriegerischer hier zugegangen. Wo der Mais steht, befand sich in der Kaiserzeit ein Militärschießplatz und westlich des Spitzsteins liegt an der Mulde der Staupenberg mit einer slawischen Wallanlage aus dem frühen Mittelalter.

Gemeint ist ein Standort in einer Kulturlandschaft – weit genug oben, um den Blick nicht von lauter Einzelnem verstellt zu bekommen, weit genug unten, um nicht das Einzelne aus dem Auge zu verlieren. Von ganz Italien sagt mir die Gegend südlich von Volterra am meisten zu, wo Freund Wolfgang mit Klaudia und Söhnchen Anton wohnt und Gäste beherbergt, im August 1998 meinen Enkel Joachim und mich. Zu seiner Villa Le Guadalupe steigt man fast doppelt so hoch wie auf den Spitzstein. Den Wald vertreten Olivenhaine und Schlehengebüsch. An den tief eingeschnittenen Hängen Weizen, später im Jahr der grob gepflügte Acker. Staubige Feldwege. Aus den Felsen fördert man Steinsalz und Alabaster. Alles höher und weiter und heißer und greller und älter. Doch der Geist des Ortes ist dem des Spitzsteins nah verwandt. Unwiderstehlich zog es mich, den Weg vom Salinenstädtchen Cecina am Meer hinauf in die 500 Meter hoch gelegene Villa zu suchen. Ich verirrte mich und stolperte mehr als ich stieg die Äcker hinan. Wer einmal durch die dichten Schlehen- und Brombeerhecken gekrochen ist, die entlang ausgetrockneter Wasserläufe in trügerischen Windungen Feld von Feld trennen, weiß es den Wildschweinen zu danken, daß sie mit ihrer robusteren Haut und wilderen Bewegung Gänge durchs Gestrüpp gebrochen haben. Die Schlupfwege der Stachelschweine und Schildkröten, die es dort auch gibt, sind unsereinem unzugänglich.

Wohin nun noch? Eins freilich behielt ich mir vor: wenn ich es wünschte, eine Gegend selber aufzusuchen. Dabei ist mein Interesse von früh an vermutlich eher struktureller als stofflicher Natur gewesen. 1954, am Ende des vierten Semesters, notierte ich:

»Ich hege im Augenblick einen Lieblingswunsch: Ich möchte gern, nachdem ich mich ›ideologisch genügend gefestigt‹ habe, wie es bei uns so anschaulich heißt, für bestimmte Zeit – es kämen ja sowieso bloß die Sommerferien in Frage – in einigen Städten Westdeutschlands sein, möglichst unabhängig, damit man sich richtig umsehen kann. Schwierig scheint das Wohnen; was Essen anbetrifft, könnt man ja den Riemen zurückschnallen!

Das Streben nach Klarheit in bezug auf den Westen, besonders und erstlich natürlich Deutschlands, ist immer stärker geworden. Westberlin scheint mir kein Maßstab zu sein, da es schließlich unorganisch neben dem östlichen Teil sich schlecht und recht durchbringt, ein eigenartiges Gemisch von verblühtem, früher wesentlichem Teil der Metropole und für eine fruchtlose Rettungsmission mit kapitalistischem Zutu'sel befreierisch aufgemachtem Schaufenster.«

Sieglinde dachte so ähnlich. Als wir uns im Februar 1955 begegneten, gehörte zu unseren ersten gemeinsamen Plänen eine Radtour durch Süddeutschland an den Bodensee, die sich dann mangels geeigneter Mittel auf Thüringen beschränkte. Aber auch weiterreichende Erkundungen müssen uns beschäftigt haben. Im Mai 1960 – gut ein Jahr vor dem Bau der Berliner Mauer, unser Sohn Igor war gerade ein Jahr alt – entwarf ich dieses Zukunftsbild: »... wenn wir einmal, ein wenig älter geworden wohl, an einem Auto oder Flugzeug stehen werden, das unser Sohn besteigt, um die von den Eltern einst geplante Weltreise zu beginnen, dann werden wir uns ansehen und froh sein. Allerhand Träume. Vielleicht können wir auch zusammen fahren, warum eigentlich nicht?« Wir sind zusammen gefahren – in die Sowjetunion. Wie wir, sahen unsere Kinder Moskau vor Paris und London, Georgien und Armenien vor Italien und Spanien, den Kaukasus vor den Alpen und das Schwarze Meer vor dem Mittelmeer und dem Atlantik.

Wohin nun noch?

Im Grunde mußten die Reisen sein wie ein Gang auf den Spitzstein: Einweihung, Ausdehnung und Sammlung zugleich. Zwei Reisen haben diesem Anspruch genügt. Meine russische Reise mit georgischer Schleife im Juli und August 1965 und die Reise nach Rom, zu der die Villa Massimo Sieglinde und mich für Dezember 1989 bis Februar 1990 einlud.

In Moskau und Leningrad war ich schon vorher gewesen – 1958 zum Slawistenkongreß, als man noch per Zwischenlandung über Riga flog. 1961 zum Studienaufenthalt. Aber doch stellte ich mir etwas ganz anderes vor – eine literarische Reise in der Glut des Sommers. Es war das erste Mal, daß jemand allein, als Einzelreisender, einen so ausgreifenden Plan entwickelte wie ich, aber es machte auf dem Reisebüro keine

Schwierigkeiten, eine Route Berlin–Moskau–Charkow–Kiew–Odessa–Simferopol/Jalta–Tbilissi–Rostow am Don–Moskau–Berlin arrangieren zu lassen. Fünf Wochen – 3000 Mark. Das Geld kam zum großen Teil aus dem Honorar für meine Anthologie der jüngsten russischen Poesie, die ich nach Bulat Okudshawas Lied »Mitternachtstrolleybus« nannte, und auf der Reise bei mir trug – zum großen Staunen der Dichter, denn es gab in Rußland nichts Vergleichbares, schon gar nicht mit so vielen Fotos der Dichter, die wir von Grigori Teitelbaum eigens hatten machen lassen.

Diese Reise war bestimmend für meine gesamte weitere Arbeit. Nicht nur, daß ich »Dichters Lande« sah und Menschen traf, denen ich bis heute geistig verbunden bin. Die Erkenntnisse dieser Reise ermöglichten es (erzwangen es vielleicht sogar), mich von denen zu lösen, die meine Studien des politisch willkommenen Gegenstands wegen förderten. Ich arbeitete in dem Jahr freiberuflich als Übersetzer und Publizist, war aber auch an der »Geschichte der russischen Sowjetliteratur« beteiligt und verantwortete darin einige Teile zur russischen Poesie. Auf dem Höhepunkt der Reise, während des Aufenthalts in Koktebel auf der Krim, schrieb ich in mein Tagebuch: »Der Versuch der proletarischen Poesie ist völlig danebengegangen. Versuch, die Poesie-Kapitel abzulehnen oder besser so zu schreiben, daß unannehmbar!«

Daß diese Reise, obwohl für mein Empfinden recht spät angetreten, einen Einschnitt bedeuten würde, ist mir beim Antritt klar gewesen. Diese Eintragungen eröffnen mein Reisetagebuch: *Rußlandverfallenheit. Wir studieren sie. Wir kennen sie in extremen Fällen (Rilke). Aber es kann mit uns selbst so weit kommen. Wenn man 30 ist, kann man schon zurücksehen. Mit 18 schrieb ich eine Darstellung meiner Entwicklung. Das war damals so üblich. ›Großbauten des Kommunismus.‹ Unsere Zeit war dem Reisen nicht so günstig. Später, was früher gemacht wurde. Nun aber, wir machen es jetzt.**

---

* Alle Tagebuchnotizen erscheinen *kursiv*

Russische Reise mit georgischer Schleife
Briefe und Tagebuchnotizen

Moskau-Charkow, 14. Juli 1965
Ich sitze schon wieder auf dem Flugplatz, diesmal in Wnukowo, um nach Charkow weiterzufliegen. Hier hat alles ausgezeichnet geklappt. Meine Aufenthalte in Jalta und Tbilissi sind auf je sechs Tage verlängert. Auf zurück zu bin ich drei Tage in Rostow – in der Hoffnung auf Scholochow, und dann habe ich noch acht Tage in Moskau. Da werde ich, wie erhofft, nach Gorki und nach Rjasan, vielleicht auch in eine Gegend mit dem geheimnisvollen Namen Kishi fahren.

Gewohnt habe ich im vornehmsten Hotel – »Minsk« genannt, ganz neu und zentral, auf der Gorkistraße. Gemacht habe ich schon ein Interview, das gut aufgenommen wurde und 20 Rubel einbringt. Wenn ich zurück bin, ist mir auch eins sicher, vielleicht sogar eins mit dem sowjetischen Rundfunk.

Abends war ich im Theater – eine Inszenierung des Byronschen »Don Juan« nach der Manier von Hacks' Stückbearbeitungen, aber ohne den Regisseur Besson – viel zu undiszipliniert und zu wenig scharf. Die Karten waren natürlich ausverkauft, ich bekam eine zusammen mit einem alten Mann, einem Parteipensionär. Ich mußte etwas eher gehen, aber das war nicht zu bedauern, weil sich die Sache unendlich wiederholte. Don Juan reist durch alle Länder Europas und Asiens und liebt. Dazwischen Exkurse zu allen möglichen Dingen. Aber das ganze ist zu wenig integriert, würden wir sagen.

Ich bin schon in Charkow und schreibe neben einer nicht ganz abgegessenen Borstschschüssel, d.h. Teller. Jetzt gleich werde ich Irina Nowak überfallen, der ich fälschlich geschrieben habe, daß ich erst morgen komme. Daher nämlich, weil ich mich anfangs nicht ans Intourist gewandt hatte in Moskau, sondern an das Buchungsbüro für die Weiterflüge.

Charkow beherbergt mich in seinem neuesten Hotel, »Intourist« genannt. Alles ist schon weniger abgewogen als in Moskau, obwohl das Hotel im gleichen Stil gebaut ist. Detail: Das Schlüsselloch an meiner Tür ist so weit am Türrahmen, daß man kaum den Schlüssel reinbringt, geschweige denn umdrehen kann. Tschepucha, würden die Russen sagen – So ein Quatsch.

Und die Leute hier? Sie sind so sympathisch normal mit dem kleinen Einschlag von Hysterie (wenn mans negativ benennt) und Enthusiasmus (wenn mans positiv wendet) – ein Einschlag allerdings, der hier eben die Kunst so schwer macht, wie bei uns die Pedanterie.

Charkow, 15. Juli 1965
Ich sitze am Fenster in der Wohnung von Irina Nowak, die mich natürlich einlud, bei ihr zu bleiben und nicht mitten in der Nacht in mein Hotel zurückzufahren. Wir haben bis halb vier morgens gesessen. Es wurde hell, als ich ins Bett ging. Jetzt ist es bald neun. Morgen abend fahre ich mit dem Nachtzug nach Kiew, wo ich früh um 10 etwa ankomme. Diese zwölf Stunden Gespräch hier waren sofort ganz wesentlich und heute abend bei dem Treffen mit einigen Ernst-Busch-Zirkel-Mitgliedern wird es weitergehen.

Der Sohn von Irina Viktorowna ist Lehrer. Dozent am Lehrstuhl für Ästhetik einer technischen Fachschule, wo Schlosser und Dreher mit den Grundbegriffen des Schönen vertrautgemacht werden. Eine höllisch schwere Arbeit. Außerdem hält er Ästhetikkurse in der Abenduniversität.

Herüber kam ein Bekannter aus dem Hause – Matwejitsch, Präzisionsdreher, Strohwitwer augenblicklich, weil seine Frau mit den Kindern in den Urlaub gefahren ist. Er glaubte mir meinen Namen nicht und schlug mir als erstes vor, mir einen neuen Vornamen zu nehmen, beruhigte sich aber dann, als er hörte, man könne auf Friedrich ausweichen.

In Charkow ist es heiß, wieviel Grad, weiß ich nicht. Um neun ist der Wind noch etwas frisch, aber mittags wird es

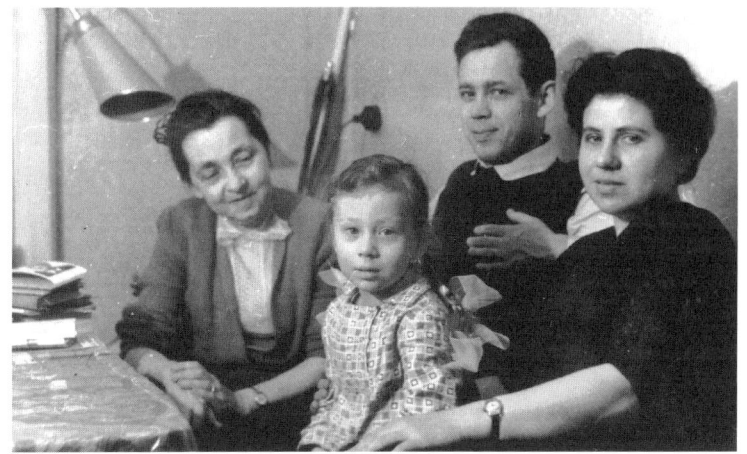

Irina Viktorowna Nowak mit Sohn, Schwiegertochter und Enkelin, Charkow 1965

gehörig heiß sein. Gegessen wurde natürlich viel. Nachmittags nach einer Stunde Gespräch Rühreier mit Tomate, irgend welche äußerst schmackhaften Sprotten oder sonstige Fischchen in Öl. Dazu Wodka getrunken und hinterher eine Art Dessertwein. Abends gab es Wareniki mit Brühe. Die Wareniki sind gefüllte Mehlteigtaschen. Füllung ist Gehacktes. Es gab einen Riesenteller voll. Dann Tee und »Leningrader Torte«, ein gefährliches Gebäck. Nun will ich sehen, was meiner wartet.

Kiew, 16. Juli 1965
Ich bin in Kiew angelangt. Zwölf Stunden Bahnfahrt von abends zehn bis morgens zehn. Jetzt liege ich geduscht und gewaschen im »Dnjepr-Hotel«, einem Intourist-Unternehmen.

Die Charkower Begegnungen waren herzlich, aber das ist überhaupt kein Ausdruck für die Intensität, mit der ich dort empfangen wurde. Zweimal habe ich bei Frau Nowak gewohnt. Sie hat die meisten Möbel von drüben [aus Deutschland] mitgebracht. Bequem und geschmackvoll. Diskutiert wurde bis morgens vier oder halb fünf. Gegessen wurde ungeheuerlich, aber es schmeckte, wie immer. Getrunken wurde mit Maßen. Ich hatte in Moskau schon geübt. Der Zirkel, mit dem Frau Nowak Kontakt hat, ist eine Laientheatergruppe vom Klubhaus »Metallist«. 25 Leute gehören dazu, fünf, sechs kommen ständig. Garik, der Nowak-Sohn, schreibt gelegentlich für die Gruppe kleine Sachen. Leider kam ich etwas zu spät, manche waren schon weggefahren, aber zwei habe ich kennengelernt, Sascha, einen Medizinstudenten, und Mila, von der ich nicht weiß, was sie sonst macht.

Erinnerung an das Gespräch mit Garik – über ukrainischen Nationalismus, über ideologische Revolution.
1. Abschaffung der Lüge
2. Vertrauen zum Volk
3. Umbau des Ausbildungsprogramms

Eben habe ich zwei Stunden geschlafen, es geht auf zwei Uhr. Ich gehe jetzt in die Stadt. Da entdecke ich noch, Gott sei Dank, daß ich auf meiner Fahrt von Tbilissi nach Rostow 1116 km zu bewältigen hätte. Mit dem Zug 1 1/2 Tag. Ich weiß nicht, ob ich das mache, zumal es dort südlicher noch heißer sein wird als zwischen Charkow und Kiew, eine 500 km-Strecke. Vielleicht lasse ich das auf Flugzeug ändern.

Übrigens ist ein kleiner Teil der Theatergruppe auf der Krim. In Jalta habe ich einen Treff mit Sascha, der auch auf die Insel kommt und mich dann mit seinen Freunden bekanntmachen wird. Sie wohnen gewöhnlich in Foros, von Jalta aus westlich, einem kleinen Ort mit gutem Strand. Nach Koktebel komme ich auf jeden Fall. Überhaupt ist es kein Problem, sich hier zu bewegen.

Kiew, 17. Juli 1965
Meinen »herrlichen« Kugelschreiber habe ich in Charkow gelassen. Nun schreibe ich mit einem sowjetischen. Der wird mir gleich weiter dienen können. Eben sitze ich in Erwartung des Mittagessens. Um zwei beginnt eine Stadtrundfahrt. Heute abend gehe ich, wenns klappt, ins Theater. Jetzt sind überall Gastspiele. Hier z.B. das vom Odessaer Theater. So werde ich

wie in Moskau die Leningrader in Kiew die Odessaer sehen. In Odessa vielleicht die Kiewer.

Eben komme ich aus dem Museum für ukrainische Kunst. Viel reine Milieuschilderung, »Literatur«, wie Ehrenburg sagt, und danach war auch die Führung – lange Schilderungen historischer und biographischer Details und eine ungeheuer primitive Übersetzung ins Malerische: »Auf dem dunklen Hintergrund des schweren Schicksals sieht ein leidgeprüfter usw...« Und mit wirklicher Malerei weiß man nichts anzufangen. Ich fand 4 Zeichnungen von der südlichen Filiale der ROSTA. Mit Versen. Ich fragte in der Direktion danach: Sie sind aus Odessa geliehen. In Odessa werde ich mehr finden. Aber morgen, Sonntag, habe er eine Führung durch das Magazin, da könne ich mich anschließen und er zeige dann auch gleich die eigene Produktion jener Jahre. Das ist natürlich ein sjurpris, wie die Russen sagen, eine Überraschung. Nichts, was ich lieber täte. Heute habe ich zum ersten Mal ordentlich geschlafen, d.h. auch erst von halb zwölf, aber immerhin in einem ausgezeichneten Bett und bis morgens acht. Frühstücken brauche ich gewöhnlich nicht, weil man noch von abends satt ist.

Eine Speisekarte habe ich mir schon geben lassen gestern. Eine große können sie immer nicht entbehren, weil sie zu wenig davon haben. Immerhin: In Charkow habe ich überhaupt keine bekommen. Mit dem Fotografieren ist es so eine Sache. Ich habe nun folgendes mir überlegt. Ich suche mir morgen früh eine Bank oder irgendeine andere Stelle und fotografiere die Leute, die vorbeikommen. Im Museum habe ich ein paar Bilder fotografiert. Die interessanten Maler reproduzieren sie hier nicht.

Es gibt übrigens auch so etwas wie eine Odessaer Malerschule. Vielleicht könnte man tatsächlich einen ODESSA-Band machen, der etwas über die Stadt und die Leute dort sagt.

Die meisten Touristen sind Amerikaner. Die überschwemmen das Land und hier ist man froh.

Übrigens: So abgeschlossen man doch als Tourist und Gasthausbewohner ist, so gut ist es natürlich in einem Land mit ungeheurer Wohnungsnot, ordentlich untergebracht und versorgt zu sein. Weder Theaterkarten noch richtige Exkursionen noch eben Unterkunft bekäme man, wenn man nicht vorweg angemeldet ist.

Immerhin – führe man kämpend (camping), dann wäre die Möglichkeit, Leute kennenzulernen, noch größer. Aber auch so ist es schon sehr ordentlich. Wie wichtig es allerdings ist, Leute zu haben, die einen kennen, das habe ich gleich zu Anfang gemerkt – eben in Charkow. Und daß ich auf der Krim einen Begleiter haben werde – Sascha aus Charkow, den Schauspieler und Arzt, das ist unvergleichlich. Ohne ihn und ohne die Leute in Odessa und Tbilissi hätte man es natürlich viel schwerer.

*

Die Riesenportionen fallen einem auf den Wecker. Es ist immer eine Fresserei, daß man froh ist, wenns vorbeiging. Aber dann bekommt man, weil man seinen Magen ausgeweitet hat, sofort wieder Hunger. So, jetzt gehts auf zur Exkursion. Ich gehe noch mal in mein Zimmer – 420, um mir den Stadtplan zu holen.

Kiew, 18. Juli 1965
Heute morgen war es außerordentlich. Sonntagmorgen – Besichtigung des Magazins im ukrainischen Museum. Plakate aus der Bürgerkriegszeit und Revolution – schöne Sachen darunter. Der Chef des Magazins – Gorbatschow – schickt mir Reproduktionen, schwarz-weiße, nach denen wir dann auswählen können. Allerdings müßte man einen Mann durch die Städte schicken – Moskau, Kiew, Odessa, um ordentliche Farbaufnahmen zu machen.

Dann zeigte er die Malerei der zwanziger Jahre. Soviel ist es nicht, aber schöne Dinge dabei.

Um 11 Magazinbesichtigung
Exter / Chagall

Ich habe mir alles aufgeschrieben und werde mich in Berlin darum kümmern. In der Grafik sind sie schwächer, aber Gorbatschow schenkte mir ein eben erschienenes Buch von einem

Mann, der in Majdanek war – das sind überzeugende Bilder – Kohlezeichnungen.

Dann haben sie da einen Naiven – stell Dir das vor, den Kosaken Mamai (18. Jahrhundert). 12 oder 15 Bilder gibt es da. Köstliche Szenen. Auch zwei moderne Naive gibt es. Mit Pirosmani können sie natürlich nicht mithalten, aber bemerkenswert sind sie auf jeden Fall. Dann sah ich ein 1929 erschienenes großes Album mit Kostümentwürfen und Theaterdekorationen von einem Mann, der auch mit interessanten Porträts bekannt geworden ist. Es wäre also wirklich etwas zu holen. Gorbatschow bot mir auch Besuche in Privatsammlungen an und Atelierbesuche, aber die Zeit ist zu kurz. Immerhin, wir haben Briefwechsel vereinbart. Da kann man Späteres vorbereiten. Er ist noch sehr jung, liebt Rilke, kann deutsch, auch polnisch, ukrainisch sowieso, liebt Pasternak und ist dabei ein Mann, der ganz für die Ukraine lebt. Ich habe ihm versprochen, Scholem Alejchem mit den deutschen Illustrationen zu schicken. Nachmittags war ich dann noch einmal im Höhlenkloster und endlich auch in den berühmten Höhlen. Seltsames Gefühl. Aber unheimlich kann einem nicht werden, weil da riesige Menschenmassen durchgeschleust werden. Das ganze Ding ist riesig groß, aber Museum – anders als Sagorsk. Anschließend war ich dann noch im Wydubezki-Kloster. Es liegt jetzt im Botanischen Garten der Akademie der Wissenschaften, die Kirche ist geschlossen, aber um die Kirche herum, wo früher offenbar die Mönche gewohnt haben, hausen jetzt normale Leute. Im Schatten der Kirche saßen junge Leute, die Domino spielten. Stückchen weiter spielten paar Jungen Fußball. Auf einer Bank saßen dicht an dicht fünf oder sechs Männer und Frauen. Die Touristen scheinen sich selten dahin zu verirren, denn es wurde allgemein getuschelt und Abneigung gezeigt. Dann stieg ich auf einen benachbarten Berg, von dem man gut auf den Dnjepr hinuntersehen kann. Dort baute man offenbar gerade die Szenerie für einen historischen Film. Große weiße Kreuze waren an einem Berghang aufgerichtet.

Ach ja, auf dem Wege zu dem Kloster kam ich an einen Seitenarm des Dnjepr, wo die Kiewer ihre Boote liegen haben, gewaltige Mengen von Kähnen aller Größen und Arten. Sie kamen gerade von der Sonntagsfahrt zurück. An einem

Pfahl fand ich mehrere Anschläge über Verkauf von Booten.

Auf dem Rückweg fuhr ich ins alte Podol. Dort ist noch altes Kiew und auf dem Alexanderplatz steht eine Tafel, an der einige Rowdys aufs Korn genommen werden. Dort sahs schon am hellichten Tage, d.h. Abend nicht ganz geheuer aus. Morgen fliege ich nach Odessa.

Eins muß ich noch anfügen: Gestern habe ich tatsächlich nach einer Stadtrundfahrt auf dem Krestschatik hintereinander fotografiert.

Dann war ich noch im Basar. Das ist erst was. Da gabs übrigens alles das, von dem ich immer annahm, man bekäme es nicht: Himbeeren, Johannisbeeren, *Wald*erdbeeren, alles Gemüse, Tomaten, Gurken. Dort nun habe ich auch fotografiert. Man war etwas verwundert, aber nicht dagegen. Dagegen war eine Frau, deren Jungen ich am Eingang aufnahm, sie redete mich an, sagte, man wisse ja, wozu diese Bilder gebraucht werden. Dann interessierte sie sich aber für das Bild und gab mir ihre Dienstadresse.

Beim Ausgang einen Jungen fotografiert. Frau empört sich. Weil im Ausland behauptet, daß schlecht gekleidet und dreckig. (Ljonja, Ljontschik-Pontschik)

Odessa, 19. Juli 1965
Gerade bin ich in Odessa angekommen und gleich umgeben von der Odessaer Atmosphäre, ganz anders als in Kiew, einer durchaus herzlichen, aber großstädtisch offiziellen Stadt. Zunächst einmal erwies sich der Flugplatz als kleiner, auch älter als alle Flugplätze, die ich bisher sah, gemütlicher könnte man beinahe sagen, obwohl der Kiewer auch nicht übermäßig hoheitsvoll war. Ich wurde von einem Mädchen empfangen, das nur französisch sprach, also unterhielten wir uns auf russisch. Und nach einigem Warten kam ein Mann, der sagte: »Sie sind also Fritz Mierau.« »Ja.« »Nun, dann kommen Sie mit.« Und erst als wir – er hat einen mächtig langen Schritt – eine Weile durchs Gebäude gefegt waren, sagte er: »Sie werden mich vielleicht auch gesucht haben.« – »Ah, Boris Nishegorodow.« Tatsächlich. Ein großer Bursche, Sibirier, ein Mann, der vier

*Boris Nishegorodow mit seiner Tochter,
Odessa 1965*

Angehörige, darunter seinen Vater, im Krieg verloren hat, nahm mich gewissermaßen unter den Arm und ab in die Stadt. Es ging durch die Moldawanka gleich, hin ins ehemalige »London«, heute »Odessa«. Dazu: 1955/56 gab es eine Ukrainisierungswelle, da wurden überall die Dinge umbenannt. »London« glaube ich, das ist das Hotel, von dem Paustowski schreibt, daß er da in der Kriegszeit mit Olescha zusammengesessen hat. Mit den berühmten Lampen vorne dran. Das lese ich Dir vor, wenn ich wieder da bin. Es liegt am Hafen, ich kann das Schwarze Meer sehen.

Eben bin ich von einem ersten Rundgang durch die Stadt zurück. Wir gingen durch die berühmten Straßen und Boris machte natürlich gleich auf das Wichtige aufmerksam. (In Kiew hatte ich eine Stadtführerin, die mir dauernd die Höhe der Gebäude, Kirchen, Denkmäler und sonstigen großen Dinge nannte.) Nishegorodow weiß, was wichtig ist: also der Kathedralenplatz, wo sich jeden Tag die Fußballenthusiasten streiten, welche der beiden Odessaer Mannschaften besser ist, gewaltige Massen von jungen und alten Leuten; die Mischung der Kulturen in Odessa; die Äußerlichkeit des ganzen Tourismus.

Von dem Buch über Odessa ist er entzückt. Überall freilich läuft es darauf hinaus, daß man länger da sein muß, um etwas sagen und machen zu können. Man muß sehen, ob man nicht jeweils die Leute in den Verlagen so interessieren kann, daß sie einen schicken, und zwar zu zweit, damit man die Aufgaben besser verteilt. Bereite Dich also vor. Was ich jetzt mache, ist nur eine Sondierung des Terrains.

Draußen ist übrigens ungeheurer Sturm. Es ist fünf Uhr, ich gehe dann an den Hafen.

Zur Begrüßung tranken wir eine Flasche roten Sekt, so eine Art Jungsekt. In einem kleinen Restaurant (Sabegalowka genannt, von sabegatj – vorbeisehen) saßen wir und unterhielten uns. Zweimal kam eine Zigeunerin, um uns wahrzusagen. Boris gab ihr, damit sie ging, zwei Kopeken – sechs Pfennige etwa. Kurz bevor wir uns aufmachten, versuchte ein Mann vom Nebentisch, der, schon ziemlich angetrunken, eine ganze Flasche Roten gekauft hatte, sich zu uns rüberzuschwingen. »Genossen, ich hab' mir hier eine ganze Flasche gekauft (er saß am Nebentisch und hatte lange Ohren gemacht), ich schaffe sie nicht, ich lade euch ein.« Boris war dagegen, wir gingen. Kurz zuvor hatten welche – vier junge Leute – zu bezahlen vergessen.

Unterhalten hatten wir uns über Bücher. Er schwärmt also für Phantastik – Beljajew »Der Amphibienmensch«, das ist doch übersetzt? Sonst sei das Einheimische ziemlich schlecht.

Dann aber über den Krieg. Er erzählte: So seltsam es klingt, aber am meisten gelitten haben die Sibirier. Von den Jahrgängen 1900–1925 sind fast keine Männer geblieben. Sie standen damals alle an der japanischen Front, d.h. in Ostsibirien, in Erwartung des jap. Überfalls, als es in Moskau schwer wurde, kam die erste Welle, als Stalingrad schwankte, die zweite. Gute Soldaten, wie N. sagt, weil ihnen die Kälte vertraut war, sie wußten, wie sie sich zu schützen hatten.

Ich erzählte von Hermann Kant, dann von Nowak. N. schilderte dann, was die sowjetischen Soldaten fanden, als sie nach Odessa zurückkamen, Riesenmassengräber mit Kindern, Frauen, Greisen. Zwei Soldaten wurden verrückt, als sie die Gräber öffneten.

Vorher übrigens hatte sich herausgestellt, daß Boris zwei Jahre 1954/55 in Genthin Offizier war und dort viele Freunde hatte, er war damals 21, 22 Jahre, ist Jahrgang 33. Erinnert sich an den Karneval 1955 (welcher Zufall!), an Wildschweinjagden und vor allem an viele interessante Leute. Kennt wohl auch die Annemarie, wenn sie vor ihrem Studium in Genthin Russischlehrerin war. Erinnert sich an Angelausflüge nach Jerichow. Kennt den Harz, Wernigerode, Magdeburg. Na, ich habe ihm natürlich gleich erzählt, was das alles für Fäden sind, die uns da verbinden.

Mit dem Bekannten von Woloschin [Professor Pusanow] wird es wohl auch eine Begegnung geben. Er ist schon in Jalta. Da bekomme ich ein Empfehlungsschreiben mit und vielleicht empfiehlt der Professor mich weiter nach Koktebel. Besser kann man sichs nicht wünschen.

Das Odessabuch: Man muß versuchen, es gemeinsam zu produzieren oder parallel herauszugeben. Mal sehen, wie sich das machen läßt. Jedenfalls weiß ich schon jetzt (gesehen haben wir übrigens auch die Stelle, wo ehemals *Gambrinus* war, das Gasthaus, das Kuprin beschrieb und in dem Boris noch als Student gesessen und gefeiert hat – im Keller, auf kleinen Weinfässern), daß das etwas werden kann, wenn man es schafft, die ganze Atmosphäre einzufangen. Und die ist da, das spürt man sofort, wenn man ankommt. Vielleicht sollte man das sogar mit dem Odessaer Intourist besprechen. Fragt sich nun nur, welcher Verlag das übernimmt. Aber das müßte rauszubekommen sein.

Die berühmten Katakomben sind nicht zugänglich. Man bereitet sie eben erst vor.

Mit dem Flugzeug sind es von Kiew nach Odessa 1 Stunde 10 Minuten, bequem, bequem. Tatsächlich muß man natürlich den Vormittag drangeben, aber man hat doch Zeit, sich zurechtzumachen und in Ruhe den Dingen entgegenzusehen.

Über Laute: In Kiew hört man gelegentlich die Glocke des Klosters. In Odessa schlägt von irgendwoher nach einem Glockenspiel die Uhr, und der Hafen läßt sich vernehmen.

Odessa, 21. Juli 1965

Man kann natürlich hier keinem erzählen, daß man noch nie Schwanensee gesehen hat. Heute sitze ich also im Odessaer Opernteater, einem phantastischen Gebäude mit drei hohen Rängen; leider im Parterre. Was will man machen. Die Tinte ist alle. Ja, es ist ein richtiges altes Theater mit Gold und Purpurrot. Ein gestickter Teppichvorhang, überall Verzierungen und ganz oben irgend welche Figuren, die ich nicht genau erkennen kann. Die Leute – außer den Ausländern, deren es ungeheuer viele in Odessa gibt – meist in weißen Hemden, ohne Jacketts, soweit es Männer sind. Und in einfachen Nachmittagskleidern die Frauen. Neben mir sitzen zwei Inder. Eben kommen zwei weitere Inder + zwei Kinder. Die Sache kann beginnen. Gestern war die Einladung zu Boris Nishegorodow. Sein Freund Sascha war da. Über den extra, ich habe es in mein Notizbuch genommen. Es ging bis gegen 1 Uhr nachts. Mit der Taxe nach Hause. Heute morgen fuhren wir dann nach Lustdorf, eine ehemals deutsche Siedlung. Die Deutschen wurden 1941 innerhalb von zwei Tagen alle abtransportiert, weil man Verrat argwöhnte, übrigens mit Recht. Die Deutschen waren alle sehr reich, weil sie auch hier ungeheuer arbeiteten, und die neue Ordnung störte einigermaßen. Wenige nur sind zurückgekommen. Aber ein paar gibt es wieder, die als Deutschlehrer arbeiten. (Das alles muß – mit einzelnen Schicksalen eben – in unser Odessa-Buch.) In Lustdorf stiegen wir aus dem Auto – ach, vorher noch waren wir auf einem völlig verfallenen jüdischen Friedhof. Vom Friedhof erzähle ich auch später. Ich habe dort fotografiert.

(Zwischendurch über Schwanensee: Die Schwäne sind alle bunt angezogen. Furchtbar. Und hinten scheinen immer einige Gänse und Enten herumzuspringen. Und das Bühnenbild! Mit Baum- und Geästeinrahmung, und dann diese ungeheuerliche Burg in rosa Licht. Die Musik ist schön, aber so sehr romantisch. Die Romantik der Leute hier ist anders, der heutigen, meine ich, herber. Interessant ist, daß beide Nishegorodows – er ist verheiratet und hat eine Tochter – diese Schwanenseeinszenierung außerordentlich gut finden. Na, und was sie für Bilder im Zimmer haben – ganz romantische Landschaften mit Fichtenbaum und so.)

Also wir gingen von Lustdorf an die Küste. So etwas Volles hatte ich überhaupt noch nicht gesehen. Ein schmaler Strand – 2-5 m (!!) und dann Steilküste, lehmige Brocken von Gartenhausgröße liegen in der Gegend herum, auf ihnen, um sie, unter ihnen Leute, Massen, wie auf Guttusos Bild. Wir marschierten in Badehose die Küste entlang. Es war heiß und die Sonne hier macht alles so hell, daß ich mir allmählich Italien vorstellen kann. Im Laufen trafen wir noch einige Freunde von Boris. Saßen ein wenig und erzählten Witze, warfen Steine ins Wasser. Mittags zwei Uhr waren wir zurück. Nach dem Essen besuchten wir den Odessaer Verlag *Majak* – Leuchtturm. Ein kleines Unternehmen. Aber ich habe gesagt, man solle doch von hier die Verlagspläne nach Berlin schicken. Vielleicht kann man gelegentlich etwas verwenden. Bei dem Gespräch war ein Verlagslektor und ein Universitätsprofessor da. (Weiter übers Ballett. Der zweite Teil ist besser. Die Schwäne sind jetzt weiß. Mit diesen blöden Röckchen. Man sollte sie in Trikots stecken und vor schwarzem Hintergrund tanzen lassen.)

Ich bekam eine Menge Bücher verpaßt und noch mehr empfohlen. Manches ist vielleicht zu verwenden. Die Gedichte allerdings sind schlecht. Immerhin, wenn ich das nächste Mal komme, wollen sie einen Vortrag von mir vor dem »Majakowskiarbeitskreis« anhören. So etwas kann man nicht ausschlagen. Und bei der regen Arbeit der Universität Odessas, die

die Literatur der 20er Jahre *zum Zentrum nimmt*, kann man nie wissen, wozu es gut ist.

Morgen geht es nach Jalta. Es wird immer abenteuerlicher. Koktebel liegt immerhin weit weg von Jalta – 200 km, wenn das reicht. Nun, bald davon.

Hitze aus dem Iran. 39 Grad im Schatten. In der Sonne 50.

Über das großzügige Odessa. Wenn ich in Charkow ein winzig kleines Zimmer, in Kiew eins nach hinten raus hatte – in Odessa eins mit Blick aufs Meer und eine ganze Wohnung mit Flur, Riesenbad und zwei Betten. Wenn man überall nur Achtelservietten bekam, in Odessa halbe.

Ich bin noch keine zehn Tage in der Sowjetunion und schon wird alles immer unheimlicher und unglaubwürdiger. Wie Leskow es gesagt hat: Wer im heiligen Rußland anfängt sich zu wundern, der erstarrt zur Salzsäule und bleibt so stehen bis ans Ende seiner Tage.

Alle hier sind auf der Jagd nach interessanten Menschen und sind natürlich selber solche. Leute mit einer Schrulle. Das Lob der Torheit wird natürlich besonders in Rußland gesungen.

Babel: »Dickbäuchig, sprudelnd wie junger Wein.«

In Odessa sind viele Amerikaner. Meist wohl Juden, die ihre Angehörigen oder die Gräber besuchen. Auf jüdischem Friedhof Inschriften: Besucht am 6. Oktober 1964 usw. Damit nicht eingeebnet wird. Freilich behauptet man, das sei fingiert und niemand habe da jemanden besucht. In Odessa kann man Phantasie und Wirklichkeit gar nicht unterscheiden. Geschichten werden erzählt. Wie von der Kanone aus uralten Zeiten, aus der kurz vor dem Krieg immer noch geschossen worden sei, um den Tagesbeginn zu verkünden.

Jalta, 22. Juli 1965
Jetzt bin ich in Jalta angelangt. Es ist ein furchtbares Zivilisationsbad. Total überfüllt und im Grunde äußerst langweilig. Man kann versuchen zu entfliehen und ich habe es gemacht, kaum daß ich da war. Die Entfernungen sind allerdings gepfeffert. Bis Koktebel würde man, ginge ein Schiff, acht Stunden fahren. Offiziell darf man nicht hin. So muß ich kombiniert mit

Schiff und Bus fahren. Mal sehen, was das gibt. Landschaft hat man hier mit Majestät. Berge, ein steil abfallendes Ufer. Einen spitz- und großsteinigen Strand, der sehr schmal ist und ziemlich voll. Jalta ist übrigens groß. Es zieht sich weit in die Berge hinein und die Leute kommen dauernd an die Ufermauer gelaufen und stehen und stengeln da herum.

Ich bin im Augenblick froh, daß ich alleine und ohne empfehlenden Begleiter bin. Obwohl Boris in Odessa äußerst zurückhaltend war, ein toller Bursche. Am nächsten Montag, 26. erst, ist die Begegnung mit dem jungen Arzt Sascha anberaumt, am Postamt Jalta. Da bin ich gespannt, ob der kommt. Heute war ich schon in Alupka. Mit dem Dampfer. Es geht in allen Orten ganz steil hoch und hört nie auf zu steigen. Eine Weile habe ich unten am Wasser auf einem Stein gesessen. Dort ist niemand, außer den »Wilden«, das sind die Zeltler, die dort in wüster Weise hausen. Wenn das noch zunimmt, dann setzt das der Küste ganz schön zu. Aber die Felsen unten können nicht zerstört werden. Deutsche sind hier gerade keine. Sie sind letztens abgefahren und kommen erst später wieder.

In Odessa haben wir zum Abschied noch mit einem Freund von Boris ein Glas Wein getrunken und Boris hat mir noch kurz vor der Abfahrt zwei Odessaer Sachen erzählt: Vor dem Abitur, heißt es, kann man oben an der berühmten Odessaer Treppe die Themen für den Aufsatz erfahren. Boris hat aufgeschrieben, was da so verbreitet wird. Dann machte er mich auf etwas Zensurwidriges aufmerksam. Wenn man die Treppe hochkommt, steht das Richelieu-Denkmal. Der Bursche hat einigen Anteil an der Gründung Odessas. Wenn man da von einer bestimmten Seite guckt, sieht der Finger seiner leicht erhobenen Hand aus wie ein ganz anderer Finger.

Köstlich übrigens, was es für Schwierigkeiten gemacht hat, ein Päckchen abzuschicken. Nur das Hauptpostamt nimmt es an, weil da irgendwas kontrolliert werden muß. Dann wurde aber nichts kontrolliert. Nur staatlich verpackt, und zwar die internationalen Päckchen in neues Papier, während die Inlanddinger in zerknülltes altes eingewickelt werden. Na, und so weiter. Umständlich. Und ehe man erfährt, was eigentlich los ist, das dauert ewig.

*

Schräg gegenüber von meinem Tisch haben sich paar Schweizer und paar Westdeutsche gefunden und reden nun über Bern, Köln, Potsdam und Wien. Sie können alle nicht russisch und haben sich irgendwie durchgefingert mit dem Essen, wie sie sagen. Ältere Leute alles schon. Also bis bald. Nächstens über meine Ausflüge nach Sudak und Koktebel.

Jalta-Aluschta, 24. Juli 1965
Der Ausflug an die geheiligten Woloschin-Stätten hat noch nicht geklappt. Nun mache ich morgen wieder einen Anlauf. Mit einem Schnellschiff nach Sudak und von dort mit dem Bus nach Plánerskoje, wie Koktebel jetzt heißt. Heute war ich in Aluschta, das ist zwei Stunden zu Schiff in Richtung Koktebel. Überall steigt es von der Küste steil an. Auch in Aluschta. Ursprünglich wollte ich in das Demerdshi-Gebirge und hatte für 20 Kopeken schon ein Billett für den Autobus gekauft. Aber als ich hörte, daß der Ort, wohin ich fahren wollte und von dem ich gelesen hatte, er liege in der Nähe von Aluschta, 70 km weit weg war, da kapitulierte ich lieber gleich und zog es vor, in ein Sergejew-Zenski-Museum zu gehen. Dort preist man uns einen verdienstvollen, aber doch mittleren Schriftsteller als großen Mann an. Die Sache ist mit staatlicher Unterstützung errichtet, hoch auf einem der niedrigsten Berge um Aluschta. Man pustet, wenn man oben ist, kann freilich, schafft mans, einen speziellen Bus benützen. Nun immerhin, es war interessant. Der Rückweg war angenehmer. Als ich hinuntergestiegen war, einen ganz steilen Weg, den ich vorher fotografiert habe (mal sehen, obs was geworden ist), fuhr bald das Schiff. Auf dem Schiff lernte ich eine Pionierin kennen, vielleicht 16 oder 17, die mit einem gewaltigen Rucksack ausgestattet war. Gott sei Dank wurde es vor Jalta voll, so daß sich eine Gesprächsbrücke ergab (»Stört Sie mein Rucksack nicht?«). Jedenfalls erfuhr ich folgendes: Sie hatte eben mit 35 anderen eine literaturkundliche Krimtour absolviert. Auf den Spuren Alexander Grins. Sie waren in Sewastopol und Feodossija gewesen und zum Schluß in Stary Krim, wo Grins Häuschen steht. Das Museum ist noch privat unterhalten von der Witwe. Man beschuldigt sie, die Witwe, des Verrats im 2. Krieg. Aber das sei nicht wahr. Gerüchte. Nun ha-

ben diese jungen Leute in der Nähe des Grabs von Grin ein provisorisches Denkmal aufgestellt – aus kleinen Steinen, mit der Aufschrift: »Hier müßte Grins Denkmal stehen.« Sie werden sich jetzt an die »Komsomolskaja Prawda« wenden und fordern, daß ein Denkmal (notfalls aus eigenen Mitteln) errichtet wird. (In dem Haus übrigens hatte sich nach der Verhaftung der Witwe von Grin ein Ortsgewaltiger einquartiert, der nach ihrer Entlassung Schwierigkeiten machte.)

Diese Pioniere waren auch in Koktebel und haben der dortigen Witwe einen Besuch abgestattet. Wenn ich Glück habe, bin ich morgen dort.

Das Mädchen hatte einen total demolierten Fuß, war sehr klein und ließ sich den Rucksack nicht abnehmen. So kannst Du Dir vorstellen, was das für ein Bild gab. Sie hinkte neben mir, gebeugt unter der schweren Last. Was sei sie für ein Tourist, wenn sie sich den Rucksack tragen lasse? Außerdem habe sie das Gefühl, eine Heldentat zu vollbringen. Ich brachte sie zum Autobus und zeichnete sie mit einem Pfund Tomaten aus, das in einem Tenisana-Beutel steckte. Dafür mußte sie mir versprechen zu schreiben, wie der Kampf um Grin ausgeht.

Eben beim Abendbrot saß ich neben einem kanadischen Elektro-Ingenieur, der für 14 oder 10 Tage nach Jalta gekommen war. Er ist Sohn ukrainischer Eltern, die vor 70 Jahren ausgewandert sind. Zu Deutschland hatte er nur eine Bemerkung: »Sagt man zu Ostdeutschland immer noch Mitteldeutschland?«

Jalta-Koktebel, 25. Juli 1965
Das war wohl der außerordentlichste Tag, den man hier erleben konnte: der Besuch im Hause Maximilian Woloschins. Phantastisch wie der Dichter. Zweimal umsonst versucht und zweimal falsch angesetzt, weil ich den besten Verbindungsweg nicht kannte, glückte die Sache das dritte Mal: Ich hatte genügend lange gewartet. Das Warten wird gleich noch eine Rolle spielen. Es begann damit, daß ich mich um halb sechs wecken ließ. Wach war ich schon um viertel und als das Telefon klingelte, ging ich rasiert und aufgeladen, mit Fotoapparat, einem Weißbrotrest, meinem blauen Campingschlafanzug (für alle Fälle) in Richtung Hafen. Kurz vor sechs war ich dort. Eine lange

Schlange schon und Gerüchte, daß die Karten nach Sudak, wohin ich mußte, schon verkauft seien. Große Aufregung. Man verweist auf ein Schiff um zehn Uhr. Aber man wartet weiter. Verkauft wird nichts. Tausend Vermutungen. Tausend Annahmen, tausend Widerrufe. Endlos die Diskussion. *Plötzlich* wird verkauft und es stellt sich heraus, daß das halbe Schiff leer bleibt. Die Sache geht los. Zwei Stunden Fahrt. Ganz schnell. So lange brauchte ich gestern für ein Drittel des Weges – nach Aluschta. Ich komme an. Sudak begrüßt einen mit seiner Festung, uraltes Bauwerk auf hohem Berg. Phantastisch anzusehen, aber einer Eingebung folgend stieg ich nicht da hinauf, obwohl es so schien, als sei viel Zeit. Dafür schloß ich mich einem Jungen an, der wie ein Wilder das Ufer hinanstürmte und immerfort rief: »Das schaffe ich, das schaffe ich!« Ich fragte spontan: »Wohin?« »Nach Koktebel!« Ich also mit. Im Sturmschritt liefen wir zwei oder drei Kilometer, meist bergauf – vom Hafen zum Autobushaltepunkt. 20 Minuten, weil angeblich 9.05 ein Bus direkt nach Koktebel fahre. Ich hatte gefrühstückt: einige Brocken Weißbrot und eine Tomate. Zwischen unserem Sturmmarsch schluckten wir jeder ein Glas Zitronensaft runter. Weiter. Wir kommen an: Kein Bus für uns. Ja, der nächste erst nach ein Uhr. Vier Stunden Warten. Taxis keine und auch erst in zwei Stunden zu erwarten. Wir richten uns ein, ich stelle mich in eine Schlange, um was zu essen zu kaufen. Und was kommt: ein Jeep, der vier Leute nach Feodossija einlädt und uns mitnimmt. Die ganze Zeit hat der Junge nicht gemerkt, daß ich kein Russe bin, Gott sei Dank hat er nicht gefragt, aus welcher Stadt ich bin. Eingestiegen. Ab. In 50 Minuten waren wir in Koktebel. Tranken zum Abschied ein Glas Wein im Stehen, eingegossen aus einem großen grünen Teekessel. Und Tschüß. Das Woloschin-Haus sei etwa in der und der Richtung. Zwischendurch fand ich eine Stolowaja, aus bunten Kunststoffplatten gebaut. Riesengewimmel. Ich stelle mich in die Schlange und kaufe: Quark, Milch, zwei Tomaten, eine Gurke, Brot, Boulette mit Kartoffeln. Frühstück und Mittag in einem. Ich aß. Zwischendurch gab ich einem Nebenmann mein Messer zum Melone teilen. Da es sich um einen sogenannten »Wilden« handelte, habe ich mir augenblicklich eine Überschrift ausgedacht für eine zugkräftige Enthüllungsserie: »Wie ich einem Wilden mein Messer borgte«. Aber ich glaube, die Überschrift taugt auch so. So gestärkt lief ich los. Es war nicht weit bis zum Haus. Es steht direkt am Meer. Rundherum ein großer Park, den die Mutter von Woloschin angelegt hat und von wo das Grün in Koktebel ausging, das jetzt überall zu treffen ist. Ich komme in den Park. Irgendwo Klavierspiel. Auf einer Bank sitzt (wiedermal) ein junges Mädchen, auch Pionierin! Ich frage sie, wie die Dinge stehen. Ja, Maria Stepanowna ruht bis halb elf, dann frühstückt sie und empfängt.

Es war dreiviertel elf. Sie machte einen Anlauf um elf. Vorher erzählte sie mir, sie sei hier zur Erholung und benutze die Gelegenheit, Gedichte zu lesen und abzuschreiben. Im Hause wohne außerdem Professor Manuilow aus Leningrad, Woloschins Biograph, ein Mann, der ihn noch gekannt hat. An den könne man sich wenden. Maria Stepanowna sei schon alt und nicht sehr auf dem Posten, gestern sei ihr nicht gut gewesen. Man müsse das schlimmste befürchten. Nun, so arg war es nicht. Nach dem Mädchen gehe ich hoch, finde drei Leute im Zimmer: Maria Stepanowna, eine kleine Frau mit kurzgeschnittenem Haar (wie Cläre Jung, ebenso energisch), mit stark gemindertem Sehvermögen. Aber geistig mit achtzig Jahren von einer Regsamkeit, die völlig gefangen nimmt. Dann Professor Manuilow, der wohl die Woloschin-Ausgabe betreuen wird, sobald es so etwas gibt. Vorerst studiert er den Nachlaß und achtet darauf, daß nichts ins Ausland geholt wird. Der dritte Mann aber war ein Redakteur von der Alma-Ataer Zeitschrift »Prostor« (Weite), die kürzlich Mandelstam gedruckt hat und sich nun für Woloschin interessiert. Wenn die Dinge erschienen sind, schicken sie uns eine Nummer. Ihrerseits baten sie um die Memoiren der ersten Frau von Woloschin, die in Westdeutschland erschienen seien. Nach der Vorstellung gingen wir raus auf den Balkon, später in das ehemalige Arbeitszimmer Woloschins, und unterhielten uns: Dort saß inzwischen ein Junge, der mir später als Mathematiker und Sascha vorgestellt wurde (der dritte Sascha unter meinen neuen Bekannten). Als Maria Stepanowna anfing, von Woloschin zu erzählen, setzte er sich auf das Sofa und hörte zu. M.St. sprach dann ein langes Gedicht, eine Art Abschiedsgedicht von Woloschin, es heißt »Das Haus des Dichters« und meint eben dieses Haus, worin wir saßen. Woloschin hat es selbst entworfen und von 1903–1913 selbst mitgebaut. Die Regale und alle Holzsachen sind von ihm produziert. An den Wänden hängen bis oben hin Bilder, von ihm, von anderen. Darunter ein Porträt Woloschins, gemalt von Diego Rivera, abstrakt, phantastisch. Wir stiegen dann ins nördlich gelegene Sommerzimmer Woloschins. Überall Bücher: eine Spezialbibliothek für Religionsgeschichte, eine ganze Bibliothek zur Poesie und Prosa Frankreichs um die Jahrhundertwende. Ganz oben ein Plateau, wo sich die Leute nachts versammelten und, die Sterne beobachtend – Woloschin war auch ein Sternkundiger, Astronom, seriöser gesagt – Gedichte vortrugen. In diesem Haus, das viele Zimmer hat, ich war in fünf, aber es gibt noch weitere fünf, wohnten bis zu sechzig Besucher – Gäste Woloschins. Maria Stepanowna war völlig gerührt, daß einer aus dem fernen Deutschland kam und sie und Woloschins Haus kannte und aufgesucht hat. Sie fragte mich unbarmherzig aus, nach Deutschland und nach meinen russischen Eindrücken, nach meinen russischen Freunden. Fragte, ob man mich je beleidigt habe in Rußland. Von den Russen sagte sie: Sie sind gütiger als die Deutschen. Aber grausamer. Dostojewski. Den ich übrigens nicht nur hier und nicht nur so ausdrücklich bestätigt fand. Zum Schluß gab es Tee. Ich trank drei Tassen – herrlichen Tee. Dann ging es los. Zusammen mit Sascha, der an einem riesigen Rucksack schleppte. Er war mit seinem Professor und einem Kollegen – jungen Assistenten – durch die Krim gewandert – 14 Tage und war auf einen Tag nach Koktebel gekommen. Wir liefen also zur Autobushaltestelle. Entschlossen, ein Taxi zu nehmen. Keins da, alle in umgekehrter Richtung. Die Hoffnungen schwanden, denn der Linienbus konnte, lt. Fahrplan, erst im Hafen von Sudak sein, wenn das Schiff gerade abging. Dennoch setzten wir uns in den Bus. Und der Mann fuhr wider den Fahrplan, schneller und weiter, vor allem, bis zum Hafen. So daß wir es schafften. So, das Papier ist voll, die Philosophie aus allem nehme ich in mein Buch. Ereignisreiche Tage stehen noch bevor in Jalta: Tschechow-Haus-Besichtigung, Besuch in Foros, Fahrt nach Sewastopol (vielleicht).

Vier Leute, die ich traf, junge, sind nicht professionelle Literaturleute und lieben die Poesie, nicht einfach so, sondern kennen sie. Sascha in Odessa mit den Wunderbüchern. Sascha in Charkow, der Arzt. Gorbatschow in Kiew, der Kunsthistoriker. Sascha aus Moskau-Leningrad, der Mathematiker.

Woloschin als Mittelpunkt einer großen russischen Kultur. In der Ferne der Felsen, der an Woloschins Profil erinnert. Aber schon abgetragen. Sein Grab auf einem kahlen Hügel. Dort Steine draufgelegt.

Gespräch das gleiche wie mit Sascha und Boris in Odessa: Rußland und Europa. Nicht einseitig zu lösen, wer der Gebende ist. Beide gebend und nehmend.

Woloschina über Woloschin: bedeutendster Name, über Blok, Jessenin. Der Name Majakowski fiel überhaupt nicht. Ein Name, der alles in sich aufgenommen hat (wie Blok es gesagt hat – Woloschin hat es gelebt).

Die Schicht des Trivialen *über dem Russischen: Ein Sänger, der sich nebenan mit billigen Operettenmelodien beschäftigt, auf hohem Stimmniveau übrigens. Die Schwärmerei als nicht geläuterte Form der russischen Leidenschaft. Die Sauferei (und die Prahlerei damit) als wilde Form dieser Leidenschaft.*

Die ganze seltsame, meist nicht recht vollzogene Adaption des Westens. Die Verirrung in der Technik. Woloschins Antwort auf die Frage, wer den größten Eindruck auf ihn gemacht hat: ein amerikanischer Biologe, der gemeint hat, die Fruchtbarkeit des Getreidekorns sei wichtiger als jede neue Maschine, weil jede neue Maschine den Menschen weiter versklavt, abhängig macht. Korn als Ewigkeitswert. Unverwüstlich, weil ewig fortzeugend. Das alles völlig in Übereinstimmung mit dem, was bei Giljarowski, bei Achmadulina, auch bei Wosnessenski (trotz aller elektroeleganten Hüllen) zu finden. Darüber muß geschrieben werden.

Die Beziehungen zwischen Rußland und Europa (Deutschland besonders) haben dort ihre eigentlichen Probleme. Die Suche nach den alten, russischen *Quellen ist – trotz Mode – nichts Zufällig-Vorübergehendes. Krim für Woloschin besonders anziehend, auch als Kreuzungspunkt der Kulturen: griechischen, tatarischen, russischen usw. Woloschin war in Deutschland und einer der großen Anreger war ja* Steiner, *den man studieren muß. Kafka für alle unerhört wichtig. Weil hier Ansätze für etwas, was sie brauchen. Und was bei uns bei wenigen Dichtern zu finden ist. Sie selber haben es ja alles auch. Nur diese Konzentration ist deutsch. Deshalb die große Affinität. Man wird bald über »Kafka in Rußland« nachdenken müssen.*

Maria Stepanowna sagt, man muß dem laufenden Tag leben, eine Formulierung, die auch bei Woloschin vorkommt, im Dom Poeta.

Das Seltsame ist, daß die Sowjetisierung des russischen Lebens in bestimmten – und zwar in den eigentlich russischen Gegenden – gar nicht stattgefunden hat. Oder nur nach starker Veränderung.

Man diskutiert über Diktatur. Das ist auch durchaus eine russische Sache. Sie werde gemildert, eben durch die Güte der Russen (Dostojewski – Solshenizyn).

Daß ich nach Koktebel gekommen bin, ist wohl auch nur hier möglich, immerhin ist es Militärgrenzbezirk, gesperrt, aber niemand kümmert sich um mich, wenn ich nur einigermaßen ungefährlich, d.h. russisch aussehe und auftrete und spreche. Aber auch sonst hätte sich wohl niemand gekümmert.

Jalta-Foros, 27. Juli 1965
Eben bin ich aus Foros zurück, dem kleinen Ort, wo die Leiterin des Charkower Ensembles mit ein paar Jungen (darunter Sascha I) ihre Ferien verbringt. Dort ist es nun wirklich schön, kaum Leute, ein Wasser, wie man es bei uns nicht hat – ganz klar, hellgrün oder besser türkis schimmernd, warm, sehr salzig, so daß es gut trägt. Dort habe ich mit Freuden gebadet, gleich dreimal hintereinander in kurzer Zeit und lange. Da kannst Du Dir vorstellen, wie schön es sein muß. Empfangen wurde ich mit allen Ehren: selbstgemachtem Borstsch, fettem Fleisch, Fisch, drei Flaschen Wein (für fünf Mann) und gemischtem Salat aus Tomaten und Gurken, auch Äpfel gab es. Dann wurde ich durch den Ort geführt, ein ganz kleines Dörfchen mit einem Sanatorium. Beinahe freilich wäre ich nicht hingekommen. Als wir eben nach unten schwenken wollten, geht der Schlagbaum vor uns runter. Ein Miliz-Mann hält uns an. Weiter ginge es nicht, in einer Stunde komme der Major, mit

dem könne man das aushandeln. Wir stehen paar Minuten. Inzwischen schickt er andere Autos weg. Dann sagt er, am besten, das Auto fährt weg und wir warten auf den Chef. Schön sah das nicht aus und wir regten uns schon ein bißchen auf. Aber da schlägt er uns vor: Das Auto fährt zurück und wir laufen. Nichts war uns lieber, denn Foros hatten wir ja vor der Nase. So kamen wir hin. Wir – das waren Sascha I und ich. Wir hatten den gestrigen Nachmittag zusammen verbracht, abends gegessen und Sascha hatte sich dann in Jalta ein Zimmer genommen. Das geht da sehr einfach: An der Autobushaltestelle postieren sich die Wirtinnen, die Zimmer zu vergeben haben und als wir um 11 abends hinkamen, war sofort der Handel perfekt.

Die ganze Sache war bewegend und unentbehrlich. Sascha hatte mir schon gestern seine ganze Geschichte erzählt. Er ging bis zur zehnten Klasse. Kam dann nicht gleich an ein Institut. Machte zwei praktische Jahre als Laborant – Assistent bei Tierversuchen. Jetzt studiert er, nachdem er noch auf der Abendoberschule war, Medizin und hat wohl noch zwei Jahre. Die theoretische Medizin interessiert ihn am meisten. Bilder haben wir massenweise gemacht. Du kannst die Burschen alle sehen. Die fotografieren wie die Wilden: vor der Fontäne, an den Brunnen, unter der Weide und so bis in alle Ewigkeit. Aber man kann nicht sehr dagegen sein. Wir sind da voller Vernunft. (Das gehört zur Rußlandphilosophie.) Ihnen allen gefällt Jewtuschenkos *Bratsk*. Man stelle sich das vor. Für sie ist er nach wie vor das Idol. Und es gilt (nach wie vor) mehr der staatsbürgerliche Einsatz als die wirklich künstlerische Lösung der Sache. Als ich gar vorschlug, Schwanensee nur in Trikots und ohne die süßlichen Bühnenbilder zu tanzen, waren sie alle aus dem Häuschen. Dennoch: »Mann ist Mann« von Brecht gefällt ihnen. Es wird eben gespielt. Und sie klagen über die Erstarrung des russischen Theaters. Morgen fahre ich noch einmal nach Kastropol, um in Ruhe, ohne Besichtigungen (obwohl dort der Iphigenie-Felsen steht) einen Tag zu verbringen: Tbilissi wird anstrengend genug sein. Dann also geht es nach Tbilissi.

Auch Moskau ist inzwischen heiß geworden. Dennoch will ich versuchen, soviel wie möglich von meinem Programm zu absolvieren – Gorki, Rjasan, Wladimir. Besuche in der Gilja-

Mit Sascha auf der Krim, 1965

rowski-Datsche bei Moskau, dann bei Okudshawa und Wosnessenski, wenn sie da sind. Ich fühle mich durchaus zu alledem noch in der Lage. Die Tage sind weniger strapaziös, als das hier klingen mag.

Jalta-Kastropol-Simferopol, 29. Juli 1965
Jetzt sitze ich auf dem Flughaften Simferopol und warte, daß mein Flugzeug nach Tbilissi kommt. Die Maschinen haben hier ziemlich viel Verspätung. Das Wetter ist ausgezeichnet. Gestern war es weniger schön. Trotzdem fuhr ich nach Kastropol und habe es in der Tat nicht bereut. Drei Wurzeln waren da zu finden – von den kleinen, transportablen. Ein paar Stunden saß ich am Strand und bearbeitete die neuen Funde. Ein kleiner Junge sah mir dabei zu und interessierte sich, was das werden würde. Er war offensichtlich nicht sehr zufrieden, daß ich da keine Figuren draus machte. Der Strand ist so wie in Foros, kleine runde Steine, auf denen man liegen kann. Kaum ein Mensch. Jedenfalls niemand zu sehen, weil da überall große Steine herumliegen, große Felsbrocken. Ich habe ein bißchen fotografiert. Es ist eine ganz wilde Gegend.

Hier kommt eben eine amerikanische Familie aus Amerika an. Mit sechs Koffern. Fünf Mann. Dann Italiener, Griechen, auf Durchreise aus Odessa und nach Kiew.

Gestern abend saß ich mit der Familie eines Mitarbeiters der israelischen Vertretung am Tisch. Sie sprachen jiddisch und englisch durcheinander. Das kleine Mädchen ginge in einen russischen Kindergarten, das große in eine amerikanische Schule (in Moskau). Das kleine Mädchen sprach englisch, russisch und jiddisch.

Alle Mädchen von Intourist sind hier im Büro beisammen. Sie erzählen von ihrer Erkältung. Kürzlich hätten sie hier alle geniest, so sehr, daß eine Touristin momentan das Zimmer verlassen hätte.

In Jalta bin ich ganz gut braun geworden. Eben ist von Italienern die Rede, die Schauspieler sind, neun Leute. Durchreise – drei aus Griechenland. Ein Amerikaner aus Odessa. Auch zwei Tschechen kommen.

Überhaupt sind viele Tschechen hier. Heute morgen frühstückte ich mit zwei jungen Mädchen aus Westdeutschland. Sie waren in Leningrad und Moskau und waren dann nach Jalta gekommen. Zurück fahren sie über Ismail und Wien.

Tbilissi, 30. Juli 1965
Tbilissi ist freundlich, obwohl es regnete als ich ankam. Ich hatte mich um einen Tag verspätet, weil ich eigentlich noch nach Sewastopol wollte, aber dort läßt man keine Ausländer rein. Nun bin ich bis zum 3. August in Tbilissi und gehe dann nach Rostow. Kakabadse war auf dem Flugplatz, hielt mich aber nicht für einen Deutschen und vor allem nicht für Mierau, weil ich so jung war. So fuhren wir getrennt in die Stadt, ich mit meiner Dolmetscherin, einer kleinen pummeligen Absolventin des Fremdsprachinstituts, die nächstens Journalistin werden will, und Nodar Kakabadse mit seinem Freund, dem Böll-Übersetzer, auch einem Nodar. Als ich dann im Hotel versuchte, Nodars Telefonnummer herauszubekommen, erschien er schon. Wir begrüßten uns. Er ist schon über vierzig. Ich überreichte ihm den Kafka. Er war sehr angetan. Dann aßen wir, es war schon halb fünf abends. Zu dritt. Fünf Sorten Vorspeisen, eine köstlicher als die andere. Und Schaschlyk. Dazu zwei Flaschen Wein und Mineralwasser. Noch habe ich die Sache gut überstanden. Nächstens aber werde ich eingeladen, da wird es wahrscheinlich nicht so glimpflich abgehen. Immerhin, man ist unter mehr europäischen Schichten. Da treten die Dinge nicht so ausgeprägt hervor.

Essen 30. Juli Abend
Salat *Bohnen mit Nüssen, Zwiebeln*
Borstsch mit Tomate + Gurke
(In Georgien wurde für mich eine Fahne aufgestellt, darum hatte sich sonst niemand gekümmert)
Gebackener Käse

Danach sind wir durch die Stadt gewandert. Mit der Drahtseilbahn auf die höchste Stelle gefahren und haben uns Tbilissi abends (im Regen und bei ziemlich kühlem Wind) von oben besehen. Es liegt in dem Kurá-Tal, ist nicht sehr groß mit 750 000

Einwohnern und natürlich eben längst nicht so überfüllt wie Kiew oder Moskau. Dabei Gespräche (bis 11 Uhr) über unsere Literatur, über Huchel, Mayer, Bloch, Kantorowicz. Über die Spaltung. Auf dem Wege trafen wir einen Freund von Nodar, einen Mathematiker, der im Rechenzentrum arbeitet. Heute morgen war Stadtrundfahrt mit meiner Dolmetscherin. Sie ist eine absolute Tbilissienthusiastin und erzählt mir fortwährend die Meter und Kilogramm aller Gebäude, Denkmäler und Statuen. Aber Tbilissi ist schön. Nur daß man sich hier nicht heimisch fühlt, denn gesprochen wird eben doch georgisch oder armenisch. Schon aus einem nationalen Selbstgefühl. Immer noch ist Georgien ein bißchen hinten und alle Verbindungen mit dem Ausland gehen natürlich über Moskau, das ja noch 14 andere Republiken zu berücksichtigen hat. Der Stolz auf die alte Kultur ist überall lebendig. Bei Kakabadse wie bei der Dolmetscherin. Ich wohne auf dem Rusthaweli-Prospekt, der zentralen Straße der Stadt. Alle großen, wichtigen Geschäfte liegen hier. Ein Antiquariat habe ich auch schon gefunden, mal sehen, ob sich dort etwas Interessantes auftreiben läßt. Besuchen werde ich nächstens die Bildergalerie und ein Literaturmuseum, damit ich allgemein informiert bin. Um eine Liste interessanter Bücher habe ich schon gebeten.

Gestern, als wir auf unsere Begegnung tranken, ging es natürlich nicht ohne den Wunsch ab, daß wir uns noch hundertmal sehen müßten. Interessant aber war, daß der andere Nodar im August nach Weimar zu einem Übersetzer-Seminar kommt. Da werden wir ihn, wenn er in Berlin ist, unbedingt zu uns einladen. Er ist ein stiller, schweigsamer Mann, der sich noch nicht so recht traut, deutsch zu sprechen. Kakabadse will mich seinerseits einem Moskauer Freund – Lew Kopelew – empfehlen, einem guten Kenner der deutschen Literatur, der auch ein enger Freund Pasternaks war. So geht es Schritt für Schritt voran. Die Vorteile dieser Reise sind gar nicht hoch genug zu preisen. (Übrigens bin ich nach H. Mayer, Dürrenmatt und Rudolf Hagelstange der vierte, der Tbilissi unter Kakabadses Leitung sieht!!) Abgesehen einmal von Kurella und Huppert, die man auch hier nicht liebt. Jetzt weiß ich auch, warum Huppert nicht mehr nach Georgien gefahren ist nach seinem damaligen langen Aufenthalt.

Bücher für Nodar Kakabadse
1. Erinnerungen an Brecht
2. Strittmatter, Ole Bienkopp
3. Tucholsky / Wedekind (Platten)
4. Albert Ebert
5. Thomas Mann, Ergänzungsband
6. Hilscher über Th. Mann
7. Familienpapiere Th. Mann
8. Joyce
9. Butor /Sarraute
10. Sinn und Form-Sonderheft Eisler
M. Gregor, Die Brücke und anderes
Ingeborg Bachmann
Böll, Haus ohne Hüter; Wo warst du, Adam?
Beethoven, 9. Sinf.
Kafka
Brechtplatte von Weigel
Keunergeschichten

Tbilissi-Mzcheta, 31. Juli 1965
Leider haben jetzt die Pirosmanischen Gastmähler begonnen. Gestern abend wurde ich von dem zweiten Nodar, Nodar Ruchadse, eingeladen und unerhört gefüttert und getränkt. Wir haben zu zweit drei Flaschen Wein getrunken, das ist einfach zuviel und ich will versuchen, dem ersten Nodar heute deutlich zu machen, daß man den Europäer doch verschone.

Gestern waren wir den ganzen Tag mit dem Auto unterwegs und haben drei alte georgische Schlösser besucht. Dabei fuhren wir etwa 100 km im (zwischendurch fällt mir eben ein, was ich bei dem Bericht über Woloschin nicht geschrieben habe: In seinem Haus befinden sich zwei riesige Mittelmeermuscheln, deren Färbung den Maler Wrubel zur Farbkomposition seines einen »Dämon«-Bildes anregten. Bloß damit ichs nicht vergesse) Aragwi-Tal lang, über uns die Berge des Kaukasus, neben uns den Aragwi, der in einem völlig von Steinen bedeckten Bett fließt. Hin und wieder kommen von den Hängen Nebenflüsse, die offenbar nicht zu zähmen sind, so daß die Straße an diesen Stellen völlig ungeebnet ist und die Autos sich über die heruntergespülten Steine quälen. Zwei Wurzeln habe ich aus dem Aragwi gefischt, zum nicht geringen Gaudi des Chauffeurs und meiner Dolmetscherin.

Ein Ausflug in die alte Hauptstadt Georgiens – Mzcheta. Heute morgen Frühstück in unpersönlicher Atmosphäre. Die Russen hier scheinen nicht übermäßig glücklich zu sein. Gestern mit Nodar im Park. Ein sehr sauberer, gepflegter Park. Unterschied zu Moskau und Kiew. Hinweis auf »Puppe in Puppen« von Rudolf Hagelstange. »Auch Hans Mayer war in diesem Park, er fand ihn sehr schön.« Lautsprecher (!) Gespräch über deutsche Ausdrücke wie Puff, Luder, heiß-warm. Am Nachmittag vorher (oder besser Abend) langes Gespräch über Literatur. Liste von empfehlenswerten georgischen Romanen, besonders historischen. Die werden zu prüfen sein.

Ich erinnere mich an das Wort von Maria Stepanowna, in Rußland sind die Menschen gütiger. Hier ist alles anders, weniger offen, etwas listig. Nicht gutmütig ohne weiteres. Auf Basar: Gemisch aus Armeniern, Georgiern, Kurden, Kurdinnen. Man spricht hier ein schauderhaftes Russisch. Die Frau im Service-Büro. Der Unterschied zu Jalta. Dort Entgegenkommen, Freundeskreis, Offenheit. Die freuten sich am Russischen.

Abends dann das Gastmahl. Dabei hörte ich nun von Nodar II, was er so macht. Er ist Redakteur für Kritik und Umschau an der zentralen Tbilissier Literaturzeitschrift und hat viel übersetzt: Thomas und Heinrich Mann, Kafka, Bredel, Seghers, Böll vor allem, den er vergöttert. Er kennt viele junge Dichter und besorgt mir ihre Bücher (russ. Übers.). Außerdem ist er mit Kirill Sdanewitsch gut befreundet, dem Sammler und Biographen Pirosmanis.

Heute gehen wir in die Gemäldegalerie und ein bißchen in der Stadt herum – meine Filme sind schon verknipst und wir wollen sehen, ob man welche bekommt. Das ist hier nämlich gar nicht so sicher. Außerdem brauche ich irgendein Behältnis, wo ich Bücher und Vasen reintun kann, auch Wurzeln, die ich allmählich nirgends mehr unterbringe. Dabei habe ich im Grunde kaum was gekauft.

Einen kleinen Zank hatte ich hier auch. In Charkow hatte ich nicht aufgepaßt mit dem Flug von Tbilissi nach Rostow. Da bekam ich eine Eisenbahnkarte. Nun wollte ich die hier – da der Preis der gleiche ist, 16 Rubel – umtauschen in eine Flugkarte. Aber das hat noch niemand gewollt und da geht das eben einfach nicht. So muß ich die 16 Rubel zunächst selber bezahlen und in Moskau versuchen, sie wiederzubekommen. Oder in Charkow, denn ich fahre in Charkow auf dem Rückweg noch einmal für wenige Stunden vorbei. Zwischen zwei Flugzeugen gewissermaßen. Es ist aber unmöglich, im Augenblick mit dem Zug zu fahren, weil die Hitze doch fatal ist, sobald man irgendwo drin ist. Und 24 Stunden auf der Bahn – das ist nicht gerade mein innigster Wunsch.

(Innig – die beiden Nodars sind der deutschen Literatur und Musik in einer Weise verfallen, wie ich es noch nie erlebt habe. Nodar I schwärmte von der deutschen Innigkeit. Hesse liebt er über alles.)

Wie die beiden zur Germanistik kamen.
Nodar I – Interesse für georgische Lit.
    Dann Fremdsprachen.
    Dann deutsche Literatur.
    Lieblingsbuch: Zauberberg Th. Mann.
Nodar II – erotischer Weg.
    »Frau meiner Träume« gesehen.
    Privatunterricht, dann allein.

Tbilissi, 2. August 1965
Ich schreibe doch noch aus Tbilissi, damit Du Dich nicht ängstigst wegen der Trinkerei. Nodar I ist weit konzilianter als sein Freund und ich besprach mit ihm, bevor wir zu seinem Bruder fuhren, daß ich mich etwas zurückhalten möchte. Er war völlig einverstanden und ich werde heute sogar einfach darum bitten, gar nichts trinken zu dürfen. Bei der Wärme, die hier dauernd herrscht, ist das nämlich wirklich unangenehm. Also wir waren zu Besuch im Landhaus seines Bruders. Ein kleines, sehr einfach eingerichtetes Häuschen, das früher einmal ganz der Familie der Frau des Bruders gehörte. Diese Familie

war verfolgt unter Stalin, alle saßen, auch die Frau. Damals wohnte in diesem Haus die Mutter Berijas (!) Der Bruder ist Philosoph und beschäftigt sich mit (womit sonst) der deutschen Philosophie, speziell Husserl und Heidegger, also mit der Phänomenologie. Er kann auch deutsch, war als Tourist einmal bei uns und hat seinen Kafka in Schweden gekauft, die westdeutsche Fischer-Ausgabe. Die beiden heißen im Scherz »Kafkabadse«. Interessant ist, daß in diesem Kreis – es war noch ein Freund des Philosophen anwesend – man heftig gegen alle Sentimentalität, gegen Melodramatisches ist, für Härte, für Ironie, für Skepsis und sie meinen sogar, daß die Georgier überhaupt weniger gläubig sind als die Russen. Die Georgier müssen unter Stalin besonders gelitten haben.

Mit dem Essen und Trinken war es zivil, man brauchte sich keinen Zwang aufzuerlegen. Und es ist mir alles wohl bekommen. Hingefahren sind wir mit einer Taxe, 30 km von der Stadt, aber hoch in den Bergen, wo es angenehm kühl war. Zurück mit einem Freund eines Freunds von Kakabadse, der die Sache umsonst abwickelte. Heute wollte ich ja eigentlich an die Majakowski-Stätten, aber es ist doch zu weit, zudem bietet sich die Gelegenheit, weitere Bilder von Pirosmani zu sehen und auch einen Film über ihn. Die Frau von Kakabadses Bruder ist nämlich hier beim Filmstudio und bietet uns an, einige georgische Filme zu betrachten. Das ist tatsächlich viel ergiebiger für den Augenblick, obwohl man auf der 10-Stunden-Autofahrt ein bißchen Georgien noch kennengelernt hätte. Es nähme das ganze aber den ganzen Tag bis weit in die Nacht und morgen früh geht es zeitig nach Rostow, da wäre ich nicht ausgeschlafen. Das ist fürs Flugzeug fatal.

Ich schicke von hier ein großes Bücherpaket ab mit drei, vier Kunstbänden, hoffentlich kommt das gut an. Leider sind meine Filme alle, hoffentlich bekomme ich in Moskau oder Charkow welche. Ein paar Aufnahmen für Scholochows Don habe ich noch.

Auf »Gorki« und »Jessenin« bin ich ja gespannt. Übrigens habe ich mir überlegt, ich werde Anfang September bzw. wenn die beiden Bücher erschienen sind, mal zu Bielfeldt gehen und meine Sachen ihm vorzeigen als Rechenschaft und Dank und ihm bei der Gelegenheit anbieten, im Slawistenklub über meine Reise zu berichten. Das wäre eine gute Vorarbeit für eine eventuelle publizistische Auswertung des Ganzen.

Ich habe die Schweine Pirosmanis über den Weg laufen gesehen. Ich habe den Leierkasten der Kintos gehört. Ich habe den alten Pförtner gesehen (in Ananuri).
Man pflegt hier folgendes zu machen: nimmt das Besteck, das Glas und wischt es aus. Oder: wischt den Tisch ab, bevor man sich aufstützt. Man pflegt hier den Tee mit viel Zukker zu trinken, es gibt Leute, die halb Tee, halb Zucker trinken!
In Tbilissi arbeiten die Männer in Berufen, in denen in Moskau nie ein Mann arbeiten würde: Stoffverkäufer, Büffetier, Buchverkäufer. (In Moskau gilt das als unmännlich, hier schon Süden.)

Rostow, 3. August 1965
Über Mangel an Abenteuerlichem kann ich mich wahrlich nicht beklagen. Gestern war also der letzte Tag in Tbilissi und es war ein guter Tag. Durch die Vermittlung von Nodars Schwägerin kamen wir – Nodar, sein Assistent, Reso mit Vornamen, und ich – in das Georgische Filmstudio und sahen uns fünf Filme an: 4 Kurzfilme, einen Spielfilm. Sehr gute Sachen, von denen ich aber selber erzählen werde.

Über den Film »Alawerdoba« von Georgi Schengelaja nach der Erzählung von Guram Rtscheuschwili:
Religiöse Feier, ursprünglich, Herbst-, Ernte- und Weinlesefeier.
Redaktion. Warst du einmal in Alawerdi?
Ja.
Erinnerung.
Fuhr hin. Regentag.
Man zieht um die Kirche. Am Morgen dann Trinken, Essen, Singen. Aber äußerlich. Innere Schwäche.
Drei Tage. Niemand gemeinsam mit anderen. Alle allein. Weinfässer. Drehorgel. Kleine Kapellen.
Gott ist tot. Seine Stelle ist vakant (Kakabadse).

Zwischendurch immer das Gesicht des Redakteurs.
Einer peitscht sein Pferd.
Dann Idee, diese Menge aufzurütteln. Einmal zu vereinen. Pferd weggeführt. Eingeritten. Anlauf genommen und dann in einem ungeheuren Ritt auf diese Menschen zugestürmt. Die hatten inzwischen entdeckt, daß das Pferd weg ist. Pferd rast auf sie zu. Alle hinterher, in Kirchenhof hinein. Abgesprungen. Auf Kirche hinauf. Nicht hinein. Er steigt außen auf Kirche. Mischung aus georgischem Christuskopf und Majakowski, großes Auge mit dem etwas orientalischen Schnitt. Alle drehen sich um und er hat für einige Sekunden erreicht, was er wollte, aber dann wenden sich alle wieder gleichgültig dem Kartenspielen oder Trinken zu.
Heruntergestiegen. Reste des Festes. Trümmer.

Abends waren wir bei Kakabadse eingeladen. Ich lernte seine Frau kennen, eine Schauspielerin, die gerade die Lucy in Brechts 3 Groschenoper spielt. Ganz zufrieden sind sie noch nicht mit ihrer Brecht-Interpretation, aber sie haben großen Spaß an der Sache. Shushuna heißt sie und will sehr gern nach Berlin kommen, um Brecht im Berliner Ensemble zu sehen. Im Herbst ist sie vielleicht als Touristin hier. Nodar hat eine völlig westeuropäisch eingerichtete Wohnung: hellrot angestrichen, bis oben an die Decke in seinem Arbeitszimmer (3,50 m) Regale mit deutscher Literatur, viele Westausgaben, die er sich schicken läßt. Er spricht übrigens ausgezeichnet deutsch und wir haben uns vom ersten Augenblick großartig verstanden. Ja, das andere Zimmer ist gelb angestrichen und es steht nur ein langes Regal drin mit zwei Vasen und ein Tisch mit 4 Stühlen. Irgendwo noch ein Sessel. Dann muß da noch ein Schlafzimmer sein. Aus dem Arbeitszimmer guckt man auf eine allerdings russisch-orthodoxe Kirche, von wo Nodar, wenn er an seiner Thomas Mann Dissertation sitzt, den Gottesdienst hört.

Reso, der 25jährige Germanist, erwies sich als ein höchst sympathischer Junge. Er sieht so aus, wie man sich einen Deutschen gewöhnlich vorstellt: blauäugig, blond, lang, schlank. Als wir im Filmstudio waren, hielt man ihn immer für den Besuch aus Berlin. Er hat viel gelesen, schreibt eine Arbeit über Hesse und ist wie die beiden Nodars völlig besessen von seiner

Mit Reso Karalaschwili in Berlin, siebziger Jahre

Arbeit. Von ihm bekam ich ein paar wichtige Hinweise auf junge Prosa-Dichter. Er will mir von einem jungen Parabel-Schreiber Rohübersetzungen schicken. Außerdem den Text eines Schauspiels besorgen, das nach einer Vorlage aus dem 17. Jhd. geschrieben ist, eine Adaption Hacksscher Art, die jetzt mit großem Erfolg hier läuft. Abends sehen wir dann noch ein interessantes Denkmal an – für David Guramischwili, einen Dichter, der vor 250 oder mehr Jahren starb oder geboren wurde, in die Ukraine verjagt war und ausgerechnet dort wohnte, wo später Gogol geboren wurde, in Mirgorod.

Rostow nun ist wieder ganz anders, sehr russisch, von unterschiedlicher Art etwa verglichen mit Kiew, Odessa oder Charkow. Es ist eine verhältnismäßig junge Stadt, aber mit erstaunlich moderner Baukultur. 1931–36 wurde hier ein Theater gebaut, das seinesgleichen sucht, ein gewaltiger Bau, der heute erneuert ist, weil die Nazis damals 80% der Stadt zerstört hatten. Außerdem weit zurückhaltendere Bauten als in Moskau oder Kiew, kein Prunk, sondern Solidität. Die Stadt ist jung, man sieht es an ihrer Anlage. Sie gleicht Odessa – keine krummen Gassen, sondern ein genaues, gleichmäßiges Straßennetz. Viel Grün, viele Parks und vor allem der Don mit Fluß- und

Meerhafen, weil vom Don sowohl zur Ostsee als auch zum Schwarzen und Kaspischen Meer gefahren werden kann.

Ich habe das Wasser vieler Städte getrunken und in den Flüssen (Dnjepr, Don, Aragwi) und Meeren vieler Gegenden gebadet. In Rostow versteht man, warum die Tbilissier auf ihr Wasser stolz sind. In Rostow ist es gechlort.
In Charkow suchte ich den Wandbrunnen von Barlach.
Ich habe das Brot vieler Gegenden gegessen, georgisches, armenisches, russisches.

Scholochow: Morgen mache ich mich auf die Reise. Um zwölf geht das Flugzeug. Immerhin ist Wjoschenskaja 350–400 km weg von hier, das wußten nicht einmal die Angestellten. Der Spaß kostet 9 Rubel. Ich werde, Abflug 12 Uhr, in der heißesten Zeit, gegen halb, dreiviertel zwei dort sein oder jedenfalls in der Nähe. Wie ich zurückkomme, weiß ich noch nicht, weil mein Geld erst mal alle ist. Ich hoffe aber, für die Essentalons etwas Geld eintauschen zu können.
Warm ist es hier durchaus: 37 Grad. Das Autoblech pflegt glühend heiß zu sein. Morgen oder übermorgen mehr. Am 5. August abends fliege ich nach Moskau. Morgen gehe ich in das hiesige Museum der Donkosaken.

Moskau, 5. August 1965
Ich bin wieder in Moskau gelandet. Der Flug von Rostow nach Moskau war ausgezeichnet. Hier ist man sofort wieder in der Großstadt. Im Hotel »Minsk« wohne ich wieder, zentral, aber ohne Geld. Essen kann ich soviel ich will, aber in der Hand habe ich nichts mehr, nur 3 Rubel und das ist gerade soviel, wie ich für das Hin und Herfahren brauche und kann noch nicht einmal mit der Taxe fahren. Aber irgendwie geht es in Rußland immer weiter. Die Kisseljowa ist in Moskau. Sie hat sich im Norden erkältet und ist nicht ganz zufrieden mit ihrer Reise. Morgen werde ich sie wieder anrufen und sehen, was sich vereinbaren läßt. Sondermann, mit dem ich das Interview machte, sprach ich auch. Hier gibt es wiedermal Bedenken gegenüber den jungen Dichtern und man hat die ganze Sache nicht ge-

sendet, bis nicht das Plenum stattgefunden hat. Das ist nur deshalb schlimm, weil ich kein Geld bekomme, ehe die Sache nicht läuft. Sonnabend, 7., werde ich mit ihm verhandeln. Gestern war der Ausflug nach Wjoschenskaja. Es war phantastisch. Mit einem Doppeldecker zweieinhalbe Stunde über Land bis zum Ort Baski, dann mit dem Lastauto über eine Pontonbrücke und da war man. Scholochow hat ein riesiges Haus mit gewaltigem Grundstück. Ich gehe also hin. Grüner Zaun. Alles verrammelt. Türen dicht. An einer Seite geht das Grundstück auf den Don. Dort konnte ich nicht weiter, es wäre schließlich doch unangenehm, bei Scholochow einzubrechen. Also andersherum. Tatsächlich fand sich ein Eingang. Die Tür war offen. Ich gehe rein. Auf dem Balkon eine Frau, seine Frau, soweit ich mich an die Bilder erinnere. Ich sage mein Versehen. Ja, das sei alles sehr schön, aber Michail Alexandrowitsch liege mit Lungenentzündung im Bett und ich verstünde wohl, daß die Ärzte usw. Noch ein kleines Gespräch und dann wars vorbei. Nun ja, ich hatte im Grunde mit noch weniger gerechnet. Ich ging also, übrigens völlig ohne Ahnung, ob ich die 400 km nach Rostow am gleichen Tag noch zurückkäme, am Don entlang, fotografierte meine acht Bilder ab und folgte dann, es war gegen fünf, einer Ahnung, ich müsse eben jetzt über die Pontonbrücke laufen und mich in den Bus setzen. Der Bus fuhr 15 Minuten, nachdem ich eingestiegen war. Dann war ich wieder in Baski, nur nicht auf dem Flugplatz, sondern auf dem Marktplatz, den man sich nicht klein genug vorstellen kann. Dort stieg ich aus und fragte nach dem nächsten Bus nach Rostow. Großes Achselzucken. Nun hatte ich mir vorher die Strecke angesehen und wußte, daß der Ort Millerowo irgendwo auf dem Wege liegt. Also fragte ich nach dem. Ja, dahin gehe dieses Linientaxi, was dort steht. Tatsächlich, zwei Stunden Fahrt seien bis dahin. Ich setze mich rein. Vor mir ißt ein Betrunkener eine Fischbüchse aus. Neben mir nehmen noch drei Mann Platz, ein Kind dabei freilich. So geht es los. Zwei Stunden. Halb acht war ich in Millerowo. Von dort ging tatsächlich ein Zug nach Rostow, knapp sechs Stunden. Um zwei Uhr war ich in Rostow, gesessen habe ich in einem harten Waggon ohne Platzkarte. Was da los war, füllt mehr als ich hier Platz habe. Vorher hatte ich im Bahnhofsrestaurant zwei Leute kennengelernt, einer war aus

Wjoschki, Kosak, wir freundeten uns an und ich bekam sogar seinen Namen, so daß ich tatsächlich einen echten Wjoschkianer kenne. Vorher freilich hatte er erzählt – eine alte Mär – Scholochow habe den »Stillen Don« gar nicht selber geschrieben, sondern ein Jessaúl, ein Kosakenhauptmann, den Scholochow dann betrogen habe. Der andere Mann erzählte, wie er Scholochow in Rostow sternhagel voll angetroffen habe.

Also, ich war nachts um zwei wieder in Rostow, legte mich aufs Ohr und begab mich heute morgen auf eine weitere Reise – nämlich nach Nowotscherkask, wo sich das Museum der Donkosaken befindet. Es ist nicht weit von Rostow, eine Stunde zu Auto. Das erste, was wir sahen, war die Kathedrale, verhältnismäßig neu, aus dem vorigen Jahrhundert, ungeheuer reich ausgemalt in Kosakenauftrag. Man betete gerade und die Staruschki, die vorn bettelten, waren sehr streng, man sollte nicht herumlaufen. Dann ins Museum, Bekanntschaft mit dem Direktor, er versprach allgemeine Hilfe. Die Ausstellung äußerst interessant. Dann zurück. Und noch einmal in das Ortsmuseum von Rostow, wo eine Sonderausstellung »Scholochow im Ausland« war. Dort lernte ich den Sammler dieser ganzen Dinge kennen, einen Journalisten, der Prijma heißt und ein Kosak ist. Auch er will helfen, wenn ich ihm mit deutschem Material helfe, von dem er bisher wenig hat. Auf den letzten Drücker gings zum Flugplatz, aber tatsächlich, man gewöhnt sich daran, daß das Flugzeug keinen vergißt.

Verbot des »Stillen Don« in Italien am 17.11.1941. Aktion gegen »Stillen Don« in Budapest 1942. 1963 Scholochow in Rom mit Moravia und Carlo Levi. Upton Sinclair an Museum 19. Juli 1964, Jack Lindsay Januar 1965 über Bedeutung von Scholochow. Äußerungen von Ulbricht, Dolores Ibarruri, Broz Tito. Scholochow mit Japanern. »Der Stille Don« über Radio Tokio.

Moskau, 6. August 1965
Eben bin ich mit dem Mitternachtstrolleybus nach Hause gefahren, dem blauen, dem blauen. Sieben Stunden habe ich im Vorfeld von Novella Matwejewa verbracht, nämlich mit ihrem Mann und seinem Freund. Ich traf die beiden, nachdem sie

schon zwei Tage alle Kneipen Moskaus unsicher gemacht hatten. Tolle Kerle, der Mann, ein Übersetzer und Schriftsteller, ein Finne namens Iwan Kiuru, sein Freund ein Biologe, der englisch und holländisch kann, auch schreibt, das Literaturinstitut absolviert hat, 1923 geboren ist, im Krieg gewesen, hat dann 12 Jahre in dem Lager gesessen, in dem Solshenizyns »Iwan Denissowitsch« spielt, in Dsheskasgan. Gerade kam er von einer Tour durch den Kuban zurück, die er mit einem Gefängniskameraden, Schriftsteller auch, gemacht hat. Sie nahmen mich, als ich auf der Begowaja uliza ankam, übrigens ganz in der Nähe vom Wagankow-Friedhof, auf dem auch Jessenin liegt, herzlich auf, besorgten eine Flasche Wodka, machten Tee und was zu essen. Ein phantastisches Zimmer, totale Junggesellenwirtschaft, weil die Frau des Hauses den ganzen Sommer in Peredelkino ist, wohin ich am Sonntag fahre. Das beste war das Tonbandgerät, das Matwejewas und Okudshawas Lieder spielte, herrliche Sachen. Zum Herbst bekomme ich die Bänder für unser Buch. Ich meine nämlich beinahe, man sollte ein Buch Okudshawa/Matwejewa machen, da es zu wenig ist, nur zwei oder drei Lieder für Kinder zu produzieren, zumal die Matwejewa hinsichtlich der musikalischen Einfälle reicher ist als Okudshawa. Dafür nun wollen sie Biermann haben. Ich habe von ihm erzählt. Das müßte bis zum Herbst besorgt werden.

Alexander, der Freund von Matwejewas Mann, kennt übrigens einen der unehelichen Söhne von Jessenin, den Jessenin-Wolpin, von dem vor zehn Jahren in den USA ein Buch Gedichte erschien. Er ist ein großer Mathematiker, Lyriker, ein absolut unabhängiger Mann, ein bißchen schizophren, wie sie versichern, der sich aus keinem Skandal was macht. Alexander selbst übersetzt landwirtschaftliche Texte und hat eben zwei Fachwörterbücher fertiggestellt. Er ging halb zehn und Wanja und ich redeten fort bis 12. Zuletzt auf der Straße hin- und hergehend. Da ging es über die russische Poesie und Prosa. Er meint auch, daß die Ebbe zu Ende gehe und die neue Flut beginnt. Er selbst schreibt einen Roman, auch Novella Matwejewa hat zwei große Prosasachen in Arbeit.

So komme ich also nicht als Tourist nach dem berühmten Peredelkino, sondern als Eingeladener, denn Wanja wird morgen die Dinge vorbereiten. Wahrscheinlich sind dort auch noch ein paar andere Leute zu treffen. Pasternaks Wohnung und Grab sehe ich mir an. Davon dann nächste Woche.

Heute morgen lernte ich einen von den Intourist-Angestellten kennen, einen Mann, der regelmäßig für die »Junge Welt« schrieb und mit Bertrand Russell, dem englischen »Friedensmathematiker«, auch mit Nexö und anderen Leuten Briefwechsel führte, einer von diesen aktiven, eigenartigen, auf besondere Weise ernsten Russen mit der Besessenheit, die wir im »Lob der Torheit« loben werden.

Morgen bin ich in der Redaktion »Junost«, auch spreche ich mit Sondermann, abends bei Kisseljowa. Nächste Woche irgendwann nach Rjasan. Sowohl Wosnessenski als auch Okudshawa ist in Moskau. Vielleicht komme ich zu ihnen. Ich werde mich am besten durch Achmadulina empfehlen lassen, die beide gut kennt (wenn ich zu ihr komme, heißt es).

So, über meiner ganzen Begeisterung habe ich die leidige Geldsache vergessen. Das ist natürlich sehr unangenehm. Hoffentlich konntest Du das Geld auftreiben. Hier ist man sehr starr. Auch meine Fahrkarte muß erst nach Charkow geschickt werden, damit ich das Geld zurückbekomme. Wer weiß, wann das dann hier ist.

Aber das schrieb ich ja schon, dieser ganze Bürokratismus wird erträglich dadurch, daß man ihn nicht ernst nimmt und mitten in der Zelebration innehält und lacht oder einfach weggeht, gar widerruft. Da sich meine Bekannten, Freunde in geometrischer Reihe vermehren (an jedem neuen hängen immer noch zwei oder drei dran) wird mit der Zeit der ganze schwerfällige Apparat zu einem leichtflügeligen Wesen geläutert, das einen freundlich dorthin trägt, wohin man möchte.

Moskau, 7. August 1965
Witzig genug, aber selbst bei so grundsätzlichen Sachen wie der Bestellung einer Flugkarte von Moskau nach Berlin hängt alles von den Sympathien ab, die einem die verschiedenen hiesigen Mitarbeiter entgegenbringen. Gestern war ein anderes Mädchen an dem entsprechenden Schalter und schon klappte nichts mehr. Daher der Eilbrief wegen des Geldes. Heute morgen war wieder das da, das mir damals die ganze Route geändert hatte und

siehe da, es war möglich. Daher das Telegramm. Hoffentlich funktioniert es jetzt und hoffentlich hast Du noch niemanden um das Geld anpumpen brauchen, hoffentlich vor allem, hast Du es noch nicht eingezahlt gehabt.

Von gestern weißt Du ja schon. Heute klappte es noch nicht mit dem Besuch bei »Junost«. Der Mann mußte weg und vertröstete mich auf Mittwoch. Auch nicht schlecht. Ich muß mich nämlich um meine Fahrkarte nach Rjasan kümmern. Offiziell gibt Intourist sie nicht. Aber alleine sich die zu besorgen braucht ungeheuer viel Zeit und Geduld. Wenn Du je siehst, was für ein Durcheinander, was für eine Desorientierung auf den Bahnhöfen herrscht, Du traust Deinen Augen nicht. Überall gewaltige Schlangen und die Ausfertigung der Fahrkarten von einer Umständlichkeit, daß Dir graue Haare wachsen. Und ein Gewühl auf den Bahnhöfen, Leute sitzen auf Koffern und Säcken, schlafen auf den Bänken, rasen hin und her.

Übrigens habe ich wieder Geld. Aus Charkow kam es schnell. Daher kann ich meine Rjasandinge fördern und auch noch ins Theater gehen. Trotzdem werde ich die Kisseljowa heute abend anpumpen.

Auf Wosnessenski + Okudshawa werde ich wohl zunächst doch verzichten müssen. Es ist unglaublich kompliziert, sie zu erreichen, weil sie dauernd unterwegs sind. Aber wenn ich morgen Matwejewa erreiche, wird das viel sein.

Könntest Du Dir Montag eigentlich freinehmen, das wäre der 16.? Damit wir einen Tag für uns haben. Vielleicht auch noch Dienstag.

Meine nicht abgegessenen Freßkupons werde ich, da ich keine Rubel dafür bekomme, in Sekt, Konfekt und Schnaps umsetzen. Das ist noch allerhand. Hoffentlich bekomme ich das alles gut über die Runden.

Das Wetter macht sich nach Zwischenaufheiterung wieder zum schlechten. Es wird wohl regnen. Nicht angenehm, weil ich ja morgen nach Peredelkino will. Noch eine Woche also ist geblieben. Ein paar Ausstellungen will ich noch besuchen. Der Armenier Sarjan hat eine große Schau und dann sind aus dem Louvre Bilder hier.

Eben habe ich versucht, von meinem Zimmer aus die Vorverkaufskasse für Rjasan-Fahrkarten anzurufen. Aber da ist zehn Minuten lang besetzt. Stell Dir vor: Die machen dort tatsächlich von eins bis zwei mittags einfach Pause. Riesige Schlangen, die natürlich dadurch nicht kürzer werden.

Jetzt gehe ich Mittag essen. Es ist 14 Uhr. Meine Flugkarte wird inzwischen auch schon parat sein.

Moskau, 8. August 1965. Morgens
Gestern war ich bei Giljarowskis. Es war herzlich wie immer. Die Kisseljowa hatte von ihrer Nordrußlandreise einen ordentlichen Schnupfen mitgebracht. Dort ist es nun offenbar wirklich kalt. Auch im Sommer haben sie nie mehr als 14 oder 15 Grad. Kalter Wind. Regen. Das nennt sich Karelien. Mit 200 anderen Leuten aus dem Malerverband und dem Haus der Gelehrten besichtigten sie alte Klöster und Kirchen, die russische Mönche im 16. Jahrhundert und früher gebaut haben. Ein paar Abbildungen habe ich gesehen. Das ist wirklich ungewöhnlich. Zwei Hauptbauten oder Zentren – Kishi und Solowki. Letzteres ein großes Kloster und siehe da, ich schlage meinen Baedeker auf, es ist erfaßt: 14hundert und noch was erbaut. Eins der größten und reichsten Klöster, vormals versteht sich. Die Mönche waren äußerst aktiv: Sie bauten Kanäle, die noch heute viele Dutzend kleine Seen verbinden, legten Gemüsegärten an, zogen Kirschen, pflanzten Bäume. Sie waren auch listig und wußten ihren Gott zu besänftigen. Man erzählt, einmal habe ein englisches Schiff das Kloster belagert, aber nicht nehmen können. Es ist aus gewaltigen Steinquadern gebaut. Da verlegte man sich aufs Unterhandeln. Getroffen habe man sich auf dem noch heute zu besichtigenden Verhandlungsstein, der bei Flut überspült wurde, so daß der Ruch des Weltlich-Kriegerischen weggewaschen war. Die Mönche blieben den alten Bräuchen treu, also Altgläubige, deshalb wurde das Kloster vom russischen Heer mehrmals berannt. Nach der Revolution war es Gefängnis, dann Garnison und verkam. Jetzt will man es restaurieren. Allgemein pilgert man jetzt dahin, und Wosnessenski hat nach einer Reise schon ein Gedicht geschrieben – Kishi, nach diesem anderen Ort, der drei Kirchen aus Holz bietet, eine mit 22 Kuppeln.

Das Gespräch ging dann auf andere Dinge. Vorher allerdings

noch eine überraschende Bemerkung von Kisseljowa über die Leere nach der Entthronung der Religion (überraschend, weil in Tbilissi Kakabadse gesagt hatte: »Gott ist tot. Seine Stelle ist vakant.« Ein Spruch, der wie ein Zitat klingt und es möglicherweise ist). Das Thema auch ja des Films »Alawerdoba«, den wir in Tbilissi sahen.

Ja, dann schilderte sie Korins triumphale Ausstellung in Amerika. »Prominentester« Gast – Kerenski, Chef der Provisorischen Regierung Rußlands vor 50 Jahren, heute Schriftsteller. Hier ist ein Korin-Band erschienen. Das wichtigste von ihm ist zweifellos das Bild »Die vergehende Rußj«, ein Titel, den Gorki dem Bild gab, oder »Requiem«, wie Korin es nannte. Das müßte man bei uns zeigen.

Dann ist ein Band vom Armenier Sarjan erschienen, dem Freund von Ehrenburg. Seine Ausstellung ist leider schon geschlossen.

Dann sprachen wir über die Kompliziertheiten des sowjetischen Alltags, über die Schlangen, das Anstehen, die Hetzerei und Entpersönlichung in Moskau. Die alten Moskauer sehen mit Schrecken diesem Treiben zu. Und tatsächlich, im Augenblick ist es furchtbar. Ein Gequirle und Gejage. Und das kostet Zeit, einfach unglaublich. Mir ist es doch gestern nicht gelungen, eine Karte nach Rjasan zu bekommen. Und ich habe beinahe den ganzen Tag drangesetzt. Tatsächlich habe ich mir 15 Rubel von Kisseljowa geborgt. Es ging ohne weiteres.

Lobanow – Viktor Michailowitsch – ist doch jetzt sehr alt. Immerhin zog er mit seinen zweiundachtzig in den Norden. Aber er sieht schlecht aus und ist hinfälliger als die anderen Jahre.

Jetzt gehe ich frühstücken und fahre dann nach Peredelkino. Mal sehen, was mich da erwartet.

Moskau-Peredelkino, 8. August 1965. Abends
Ob diese Briefe kontrolliert werden, weiß ich nicht, denkbar wäre es, hoffen möchte ich es nicht. Schlimm genug, wenn man der Wahrheit nicht standhält. Höre also, was ich erlebte. Dem vollen, drängenden, kochenden Moskau entrang ich mich und rettete mich in den Vorortzug nach Peredelkino. Nicht alle hal-

ten dort. Erst saß ich im falschen. Ich kam richtig hin, fragte, vielmehr fragte erst nicht, sondern ging dem Strom alter Mütterchen entgegen, der untrüglich vom Gottesdienst kam. Tatsächlich, ich landete an der Kirche, der wichtigsten Kirche übrigens in Rußland, weil in ihr der Patriarch den Dienst macht (seinerzeit war einer Pasternaks guter Freund), und gleich darauf am Friedhof. Ich fragte nach Pasternaks Grab, man verwies mich auf die andere Seite und ich stieg durch den Lehmbrei (es hat drei Tage hintereinander immer mal wieder geregnet), hin zu dem Stein, unter dem er begraben ist. Sein Grab ist ohne Zaun und Kreuz. Sein Bild ist in den Stein gehauen (Silhouette), unten steht der Namenszug und auf einer besonderen Platte 1890–1960.

Ich setzte mich auf die lange Bank. Man befindet sich inmitten von Gräbern, über einem Birken, die mit der Zeit groß wachsen werden. Vom Grab aus sieht man Pasternaks Haus, in dem sein Sohn wohnt. Ich sitze eine Weile und höre, wie man hinter mir irgendwas wegträgt: Bretter, die da am Holzzaun herumlagen, der ein noch nicht wahrgenommenes Friedhofsterritorium umgibt. Plötzlich setzt sich ein noch junger Mann zu mir, total betrunken und sagt: »Das ist er doch nicht, Pasternak!« und dergleichen. Wir reden eine Weile. Es stellt sich heraus, er war bei Pasternak Nachtwächter. Das ist so ungefähr das Witzigste, was mir vorgekommen ist. Die Dinge gingen ihren Lauf, er verlor sich immer mehr in dunklen Andeutungen. Bißchen deutsch konnte er auch, erst glaubte er mir den Deutschen nicht und schon gar nicht, daß ich Fritz heiße, weil das doch eine Art Schimpfwort ist. Also erklärte er mir, ich sei ein prima Bursche, umarmte mich und lud mich zu sich ein. Davon konnte ich mich aber Gott sei Dank freimachen. Dafür brachte er mich in das Schriftstellerheim. Dort steht »Für Fremde verboten«, er machte noch ein paar bissige Bemerkungen und ging – Oleg – ein Einwohner von Peredelkino. Im Schriftstellerheim stellte sich heraus, daß Novella Matwejewa irgendwo in einer Datsche wohnt, aber wo genau wüßten nur zwei Damen, beide seien nicht da. Ich sollte ruhig warten. Ich setzte mich in die Sonne und wartete. Zunächst sah es auch hier – Du erinnerst Dich, wie viele Male ich den gleichen Eindruck geschildert habe – so aus, als sei alles umsonst. Man begegnete mir einigermaßen gleichgültig. Aber dann zeigten sich, als ich mich nicht vom Fleck rührte – Nachdrücklichkeit ist hier von ungeheurem Eindruck – alle äußerst interessiert an der Sache. Inzwischen beobachtete ich das Treiben im Heim. Es war Essenszeit. Man überlegte gemächlich, wie mans am besten macht, diskutierte über Taxis und dgl. Sechs, sieben von den siebentausend eingeschriebenen Schriftstellern der Sowjetunion. Meist alte Männer mit Anhang. Wanja, Novellas Mann, witzelte später: »Journalisten und ihre Enkel.« Tatsächlich erfuhr ich dann die Adresse »Datschnaja 4« und ging los. Sie erwarteten mich schon nicht mehr. Aber es war gleich sehr freundlich und blieb alles natürlich, gründlicher, besonnener als bei der Achmadulina. Dabei voller Poesie. So wie mir ihr Mann vorgestern von den Straßenbahnen gesagt hatte, »sie ruhen hier aus« (bei ihnen ist die Endstation), so steht es auch in ihren Gedichten. Sie ist eine verschmitzte, vorsichtig auftretende Frau. Sie läuft vorsichtig, freilich weil sie krank ist, irgend etwas mit den Nerven hat, schlecht fahren kann zum Beispiel. Aber mit den Dingen ist sie nicht zaghaft. Ihre Lieder und neuen Gedichte sind äußerst überzeugend. Lieder bekomme ich, soviel ich haben will im Herbst (Band + Text). Und ihrer Unterstützung sind wir einfach sicher. Vier Stunden waren wir zusammen, machten einen Spaziergang über die Wiesen und Felder, ganz russische Landschaft, wir sprachen über Volksaberglauben: Kuckuckrufen und »Liebt mich, liebt mich nicht«, vierblättrige Kleeblätter. Bei ihnen heißt es, wenn man eine fünfblättrige Fliederblüte findet, muß man sie essen und wird Glück haben. Dann sang sie, mit einer herrlich ungeübten, völlig unverdorbenen Stimme, herbe Melodien, ganz im Gegensatz zu Okudshawa. Das wäre etwas für Gisela May oder die Oehlschlägel. (Überhaupt müßte man die Platte halb deutsch, halb russisch besingen.) Dann kehrten Wanja und ich nach Moskau zurück, tranken ein Glas Wein im Stehen und liefen diskutierend durch die Straßen. Jetzt, halb elf, bin ich zu Hause.

Über Lektüre von Federico Garcia Lorcas Leben – der Gedanke: Man muß die Folklore sondieren und zwar sehr genau, weil jedesmal das ganz Große von ganz unten aufgestiegen ist. Dieser Gedanke auch im Gespräch mit Kiuru bei Diskussion über

SARAH KIRSCH   402 HALLE/SAALE 17.4.67
                            RATHAUSSTRASSE 7
                            TELEFON 21900

Lieber Fritz,
        ich schicke Dir die restlichen
Seiten der Matwejewa. Das Übersetzte
hab ich in 4 Mal zum Verlag geschickt, kannst Du Dir dort ein
Exemplar holen? Ich glaube es
ist ganz gut geworden, aber das
sind ja sehr böse Sachen zum Teil,
so liebenswürdig verpackt, aber immer
solche Töne. Hoffentlich geht alles glatt.
Schöne Grüße von Sarah

Lieber Fritz, ich komme dann 15.30
am 28.4. in die Anker Straße. Mach's gut
und mit arbeite schön! Rainer

Ein Matwejewa-Zitat:
Ich weiß nicht, wo sind meine Kräfte.
Nicht vom Frühling
vom Frost sind die Veilchen blau —

            ist doch gut? nicht?

*Brief von Sarah und Rainer Kirsch zur Nachdichtung
von Novella Matwejewa, Halle/Saale 1967*

deutsche Romantiker. Sprichwörter, Volkslieder, Rätsel. Begeisterung für Romantik: Novalis, Chamisso, Hoffmann.
Kirsch + Biermann-Band!
Spaziergang. Die Revolution hat bestimmt für den Westen viel bedeutet, aber in Rußland wenig vermocht. Nirgends ist so gut zu beweisen, daß alles von einzelnen Leuten abhängt, wie in Rußland, SU.

Moskau, 11. August 1965
Immerhin, meine Fahrkarte nach Rjasan habe ich und morgen geht es 8.15 los. Das letzte größere Abenteuer auf dieser Reise. Jetzt esse ich Mittag – Äpfel, Sprotten, Tomatensalat, Fisch, Porter-Bier. Nachher will ich auf den Markt, weil ich auf die gute Idee gekommen bin, für meine Wurzeln, die ja leicht sind, eine Papiertüte zu kaufen. Mal sehen, ob es mir gelingt.

Mir gegenüber sitzt nun ausgerechnet ein Liebespaar, also Du kannst Dir ja vorstellen, wie gerne ich an deren Stelle wäre. Er ist irgendein Schauspieler und sie ungeheuer sympathisch. Na ja, wir werden auch gleich Liebespaar sein, in 5 Tagen. In fünf Tagen.

Also, er ist ein Schauspieler aus einem Musiktheater. Er sollte Ingenieur werden, aber wollte unbedingt Musik machen. Jetzt ist er in Gorki, unter Umständen in dem Puppentheater, das ich eigentlich besuchen wollte, das aber sein Gastspiel eben beendet hatte. Daher auch die erste Bemerkung, es reiche ihm noch nicht, in keiner Beziehung.

Heute morgen fuhr ich übrigens mit dem Auto zum Bahnhof, um die Karte zu besorgen. Man verbessert sich. Aber dort ging es erst paarmal hin und her. Nun hatte ich mehrere Male die Sache mit Rjasan an den Kassen und am Telefon vorgebracht, aber niemand hatte es für nötig gehalten, mir zu sagen, daß Rjasan als Nahverkehr gilt und nicht ohne weiteres im Vorverkauf figuriert. Bedenke, daß Rjasan 200 km weg ist. Das gilt hier als eine Art Vorortverkehr. Na, dann stand ich in der Schlange und bekam mein Billett. Dann fuhr ich zum Kinderkaufhaus und kaufte einen Film. Hier gibt es Film und Kapsel extra und im Kaufhaus standen die Leute an solchen Dunkelkammern und fummelten mit den Händen, die sie in die viereckige Kiste gesteckt hatten, die Filme in die Kapsel. Ich zog es vor, das in meinem Bad zu machen, das ohne Fenster ist. Hoffentlich ist trotzdem kein Lichtstrahl in die Finsternis gedrungen. Allerdings weiß ich nicht, ob der Film eigentlich unsern irgendwie, bzw. wie er ihnen entspricht. Die haben hier völlig andere Bezeichnungen.

Mit den Matwejewas habe ich ausgemacht, daß sie sich um die Gedichte von Sarah Kirsch bemühen und wenn es nach Rohübersetzungen wäre, vielleicht kommt da was Ordentliches raus.

Wenn wir wirklich uns einen Filmapparat kaufen, dann ist hier viel zu machen. Allein auf den Bahnhöfen zu filmen, auf den Märkten, den Straßen, im Kaufhaus, in der Metro, das wäre eine Aufgabe, weil ich mich einfach nicht erinnern kann, je ein intensives Bild von diesem eigenartig hektischen Leben gesehen zu haben. (Nur wird man das längere Zeit vorbereiten müssen.) Und nachdem ich die Georgier von Moskau habe erzählen hören, hat sich mein Blick für diese Gehetztheit geschärft.

Übrigens trafen wir gestern auf dem Rückweg von Novella Matwejewa eine Armenierin, die schon wußte, daß ich die Novella gesucht hatte. Sie fragte mich nach meiner Reise und als sie hörte, daß ich den Kaukasus besucht hatte, ohne einen Blick nach Armenien zu werfen, drohte sie freundlich aber bestimmt mit Verstimmung. So hart sind dort die Sitten. Nun, ich konnte nur versichern, daß ich nächstens noch großzügiger zu planen gedenke. Aber Novella, das sei eine »Erscheinung«, ein Phänomen mit anderen Worten. Sie habe mit ihren beiden Auftritten im Schriftstellerheim alle in Bann geschlagen, und überall setzt man sich jetzt für sie ein. Auf Wiedersehen. Auf Wiedersehen: Kommen Sie nach Armenien und ab rauschte sie, eine Frau gegen fünfzig. Mit langer Nase – von der die Georgier folgendes erzählen. Als die Nasen verteilt wurden, da bekam jeder nach seinem Aussehen und unter Berücksichtigung der Proportionen seine zugeteilt. Zuletzt blieben die Armenier und Gott fragte, was wollt Ihr für eine. Da fragten sie, wieviel das koste. Nichts, sagte Gott. Da schrien sie alle, so lang wie möglich. Und so laufen sie noch heute mit dem Symbol ihrer Habsucht herum.

Moskau-Rjasan, 12. August 1965

Also, das hat nun doch nicht geklappt. Bis Rjasan bin ich zwar gekommen, aber von hier, wo ich im Augenblick im Zug nach Moskau sitze, kommt man nur ganz schwer nach Konstantinowo. Man muß ein Auto haben und könnte ja ein Taxi mieten, aber die Wege dahin sind so schlecht, daß da mein ganzes Geld draufgegangen wäre. Also muß man die Sache verschieben.

Sein Gutes hat es darin, daß ich schon um 18 Uhr wieder in Moskau bin. Und allmählich reichts mir auch. Am besten wird es sein, die Sache gut vorzubereiten für das nächste Jahr, zumal ab Herbst 65 in Konstantinowo ein richtiges Museum eingerichtet wird. Jetzt habe ich hier gegessen. Mit anderen Leute am Tisch: zwei älteren, Frau Ärztin und Mann wahrscheinlich der Schriftsteller Sergej Smirnow, der eben den Leninpreis bekommen hat. Plus ein jüngerer Mann, Student, wohl der Sohn, Medizinstudent.

Zurück zu der Rjasanfahrt.

Morgens fuhr ich 8.15 los. Zu frühstücken bekam ich nirgends etwas. Überall riesige Schlangen. So fuhr ich die 3 1/2 Stunden hungrig. Im Zug das übliche: Die Leute richteten sich häuslich ein, denn der Zug ging nach Taschkent (der Rückzug kam von Noworossisk). Viele aber stiegen in Rjasan aus. Dort aß ich eine Semmel und irgendeinen Riesenkeks + ein Glas furchtbares Fruchtwasser. Dann begab ich mich in die Stadt, setzte mich in den Trolleybus (siehe da, unsere Gedichte heißen eben doch nicht zufällig nach diesem Gefährt) und fuhr zum Heimatmuseum. Es hatte gerade zu, immer dienstags. Ich fragte in der »Kanzelarija«. Nein, man habe gar keine Jessenin-Abteilung. Aber jetzt werde in Konstantinowo eine eingerichtet. Auch ein spezieller Mitarbeiter sei angestellt. Doch fertig sei noch nichts. Gestern seien sie gerade alle draußen gewesen in Konstantinowo. Na gut. Ich versuchte also diesen Mann zu finden, der mir 1959 mal einen Brief geschrieben hatte. Aber auf der Straße war alles umnumeriert. Und ich bekam so widersprüchliche Auskünfte, daß ich die Sache aufgab. Dann ging ich zum Taxi-Stand. Ja, man könne natürlich nach Konstantinowo, aber der Weg dorthin sei sehr uneben und vor allem, ein Taxi sei nicht so schnell zu erwarten. Vor mir noch zwei oder drei

Anwärter. Da hatte man den Salat. Also ich gab auf. Dennoch habe ich eine Vorstellung von Rjasan. Fotografiert habe ich auch. Sie haben interessante Kirchen auf einem Territorium, aus verschiedenen Jahrhunderten. Am Fluß gelegen.

Um halb zwei machte ich mich wieder zum Bahnhof auf und 14.30 fuhr tatsächlich ein Zug nach Moskau.

Hier war angenehm, daß ich eine Theaterkarte bekam, für morgen, in das Satire-Theater, das einzige interessante, was noch spielt. Alle anderen haben Pause. Die Saison beginnt am 1. September und später. Obraszow muß übrigens bei uns gewesen sein. Morgen ist nun noch der Besuch bei »Junost«, der nicht sehr viel bringen wird. Immerhin, man hat sich bekannt gemacht. Morgen stellt sich auch heraus, ob ich vom Radio meine zwanzig Rubel bekomme. Ich möchte gerne allerhand Spielzeug kaufen. Dafür vergeht bestimmt der Freitag. Einmal habe ich schon geguckt. Alles ist gewaltig voll. Für meine ganzen nicht abgegessenen Talons bringe ich Sekt, Kognac, Konfekt mit. Massenweise, weil ich noch fünfzig Rubel in diesen Talons habe. Das ist sehr viel Geld. Soviel, wie dieser Kinovorführer in Tbilissi bekam.

Letzter Brief. Er wird sowieso erst ankommen, wenn ich schon wieder da bin.

Hier spielt man eine furchtbar dilettantische Tanzmusik, blechern und zum Wegrennen. Um mich herum wird ungeheuer gefressen. Niemand versteht es hier, wie man in einem Lokal überhaupt einen Brief schreiben kann.

Abramzewo–Muranowo, 13. August 1965
Aus Abramzewo Grüße, wo ich seit einer Stunde bin. Von hier will ich nach Muranowo weiter, wo der russische Dichter Tjutschew gewohnt hat. Eben habe ich im Wald gesessen und mich ausgeruht. Tatsächlich habe ich in Moskau noch nie so ruhig gelebt wie diesmal.

Abschied von Moskau, August 1965

> Du, Moskau, meine Schwester, wirst mir leicht,
> Wenn du vorm ersten Klang der Straßenbahnen
> Zum Flugzeug deinem Bruder Grüße reichst:
> Zärtlicher als das Meer. Wirr wie Salat.
> Aus morgendlichem Holz und Licht und Glas.
> Ossip Mandelstam

»Wirr wie Salat ...«
Vieles habe ich wieder nicht geschafft. Ich wollte endlich auf der Wachtangowstraße 11 die Wohnung des russischen Komponisten Alexander Skrjabin besuchen, die seit 1922 als Museum eingerichtet ist. Auch das 1912 gegründete »Durow-Eck«, wo heute die Tochter Wladimir Durows, des großen Clowns und Dompteurs, das Erbe des Vaters verwaltet. Bei Ehrenburg kann man nachlesen, wie Durow in diesem Haus die erste Vorstellung seines Kindertheaters gab: die Erstürmung des Winterpalasts unter dem Titel »Hasen aller Länder, vereinigt euch!« »Durow erklärte mir«, schreibt Ehrenburg, »er wolle falsche Meinungen über bestimmte Tierarten widerlegen. Von den Hasen hieße es zum Beispiel, sie seien feige und schielten. Man müßte also zeigen, wie geschickt ein Hase aus der Kanone schießen kann.« Durow hat seine Erfahrungen selbst beschrieben, in einem Buch, das deutsch auszugsweise als »Tiere im Zirkus« erschien und leider schon lange nicht mehr zu haben ist. Bulat Okudshawa, mit dem ich zu sprechen hatte, war nach Leningrad gefahren und vorläufig nicht zurückzuerwarten. Das bliebe also für den Winter oder für das nächste Jahr.

Ich machte meine letzten Einkäufe. Die Melonen waren eingetroffen und lagen in den großen Gitterkäfigen – »grüne Tiger«, sagt der Leningrader Dichter Alexander Kuschner. Die Gorkistraße war voll: wie zu Puschkins Zeiten. Damals hieß sie Twersche Straße und im »Eugen Onegin« heißt es von ihr:

> Volk, Bauern, Weiber, Bettelei,
> Bucharen, Trödler, Polizei,
> Kosaken, Schlitten aller Sorten,
> Laternen, Buden, Frachtenschwall,

Kaufläden, Klöster, Turm und Wall,
Paläste, Gärten, Löwenpforten,
Balkons, Kapellen, nebst Altar
und hoch ums Kreuz die Dohlenschar.
...
Nachdem man zwei geschlagne Stunden
in diesem Strom umhergeirrt,
hat man sich endlich durchgefunden.

Moskau! Es war zwar Sommer und hundertfünfzig Jahre später, aber ich war froh, als ich mit Teddybären, Kranautos und anderen »Kinderwelt«-Freuden ins »Minsk« zurückgefunden hatte.

Das Flugzeug ging an einem Sonnabend morgen. In Koffern, Beuteln und Taschen die friedlichen Trophäen der 33-Tage-Reise: Wurzeln aus dem taurischen Kastropol und dem georgischen Aragwi-Tal, ordentlichen Wodka, Marke »Hauptstadt«, eine russische Garcia-Lorca-Biographie, Reproduktionen aus dem Werk des georgischen Naiven Niko Pirosmani, die Teddies und Autos und Zeitungen und Bilder und Bücher. Auch eine langersehnte Übersichtskarte des Moskauer Gebiets. Reiseführer aus Kiew, Jalta, Tbilissi und Rostow. Und irgendwo mein alter Rußland-Baedeker: »Leipzig, 7. Auflage, 1912, 570 Seiten«, ein ausgesprochen witziges, aber immer noch nützliches Buch. Wieder einmal die letzten Stunden: die lange Fahrt nach Scheremetjewo, Zentrum, Vorstadt, Dörfer, Birken, Flugplatz. Die letzten drei Rubel gehen für das Gepäck drauf: Übergewicht. Kein Wunder. Es ist windig, als wir den Transitraum verlassen. Die TU fliegt zehn Uhr fünfundvierzig.

»Du, Moskau, meine Schwester, wirst mir leicht...«

Evokation

1

Früh vertraut mit der Experimentierlust unserer Favoriten von der »Berliner Gegen-Universität«, die Lebensstil und Werkgestalt gleichermaßen prägte, fand ich zur Literatur, zur Kunst in Sowjetrußland einen Zugang, der von dem noch in den sechziger Jahren verbindlichen Kanon gründlich, wenn nicht grundsätzlich abwich. Wer diese »Gegen-Universität« bei Bertolt Brecht und im Berliner Ensemble, in den Ausstellungen von Ernst Barlach und Pablo Picasso, in den Filmen von Charlie Chaplin und Karl Valentin, in Marcel Marceaus Pantomimen und in Cocteaus »Orphée« durchlaufen hatte, konnte sich unmöglich der herrschenden Kunstauffassung anschließen. Damals galt, der Realismus triumphiere über borniette Lebensführung und Weltsicht eines Autors und weil das am schönsten im Roman zu erleben sei, gebühre ihm unter allen Gattungen die Krone. Diesem Sieg des Weltgeists über die Beschränktheit des Subjekts mußte ich meinen Respekt versagen, weil die Biographien der Russen, mit denen ich es zu tun bekam, etwas ganz anderes bereit hielten: verheerende Brüche, unverhoffte Aufstiege, furchtbare Entzweiungen, Täuschungen und Enttäuschungen, gewaltsame Tode und wunderbare Rettungen. Wie sollte darüber im Roman zu triumphieren sein? Die Europäer seien aus ihren Biographien geworfen wie Kugeln aus den Billardlöchern, schrieb Ossip Mandelstam 1922 und begründete damit das Ende des alten europäischen Romans. Wie der Zusammenprall der Kugeln auf dem Billardfeld gehorche das Handeln nur einem simplen Prinzip: Einfallswinkel gleich Ausfallswinkel. Kein Held mehr – er müßte selbstverantwortlich handeln; keine Fabel und keine psychologische Motivierung, da angesichts der Tatsachen hoffnungslos diskreditiert; mithin – kein Roman. Stattdessen verwegenste Experimente mit den Gattungen, mit den Medien, mit der eigenen Existenz: ununterscheidbar die Lust an der entfesselten Kreativität, der Schmerz über den Verlust der Identität und die bis zu mörderischer Selbstverleugnung gehende Entschlossenheit, eine neue Virtuosität in der Lebensführung zu gewinnen.

Gefragt, warum er nach so vielen Miniaturen nicht endlich doch einen Roman schreibe, antwortete Isaak Babel, ein Roman brauche mindestens einen Landsitz in der Größe von Lew Tolstois Jasnaja Poljana oder das Zuchthaus Fjodor Dostojewskis. Im übrigen habe Tolstoi über das Temperament verfügt, alle vierundzwanzig Stunden des Tages zu schildern, und sich an alles erinnert, was ihm zugestoßen sei, während sein Temperament nur ausreiche, um die interessantesten fünf Minuten zu schildern, die er erlebe. »Die fünf Minuten des Isaak Babel« nannte ich einen Essay von 1965, der nicht nur alle meine künftigen Bemühungen um Babel bestimmte bis hin zu meinem Vortrag »Alter Leib geschüttelt von den Stürmen der Phantasie« 1981 in der Evangelischen Akademie Berlin-Brandenburg. Dieser Essay erkundete als erster auch den Weg, auf dem der fatalen Trennung von Biographie und Text zu begegnen sein würde. Konnte es sein, daß ein Odessaer Jude »mit der Brille auf der Nase und dem Herbst in der Brust«, Flaubert im Kopf, ein Talmudschüler, der die Greuel des russisch-polnischen Kriegs von 1920 unter Kosaken von Budjonnys Reiterarmee erlebte, auch nur entfernt so schrieb wie der adlige Offizier Tolstoi, der im Krim-Krieg die 4. Bastion von Sewastopol gegen die Türken verteidigt hatte?

Das Gespenst des Biographismus hat mich nie geschreckt. Keine Anekdote, keine Mystifikation, keine Apokryphe war so ohne Belang, daß sie nicht nach geistiger Ursache, existentieller Bedeutung und struktureller Funktion betrachtet werden durfte. Späten Zuspruch verdanke ich da einem aufgeklärten Strukturalisten, dem langjährigen Ordinarius für russische Literatur an der Prager Karls-Universität, Miroslav Drozda, der nach dem militärischen Abbruch der Prager Reformen von 1968 als Dispatcher in einem Fuhrbetrieb arbeiten mußte. Als ich ihm zu seinem 60. Geburtstag 1984 den »Alten Leib« im Wiener

Slawistischen Almanach widmete, arbeitete er an seinem Buch über narrative Strukturen der russischen Prosa; besonders gespannt war ich auf das Kapitel »Zwei Typen postrealistischen Erzählens (Kafka und Belyj)«. Einleuchtend schien Drozda an meiner Darstellung, was ich »über das Babelsche Odessa, über die Bedeutung der Odessaer ›Verknüpfung von Intimität und Distanz‹ für die Erfindungen der ›Reiterarmee‹, über den Schutz des Dichters durch die levantinische Weltgewandtheit und Mystifikationsgabe und über die Grenze dieses Schutzes« gesagt hatte.

Doch bis dahin war es noch weit. Als mich Anfang und Mitte der sechziger Jahre diese ganz andere Art die Welt zu erzählen, wie ich sie bei Babel und Mandelstam entdeckte, gefangennahm, war an einen gelehrten Umgang mit der Entdeckung nicht zu denken, so daß sich die gesamte Energie bald auf editorische Arbeiten konzentrierte.

Im März/April 1964 scheiterte mein Versuch, Harri Jünger, den Direktor des Instituts für Slawistik in Jena und Leiter des Arbeitskreises für eine Geschichte der sowjetischen Literatur, dem ich seit meinem Weggang von der Berliner Universität angehörte, als Betreuer einer Dissertation über »Werk und Wirkung Isaak Babels« zu gewinnen. Zur Begründung hatte ich geschrieben: »Babel steht eigenartigerweise auch heute noch ziemlich im leeren Raum, es scheint immer, als trenne ihn sehr viel vom literarischen Leben seiner Zeit in der Sowjetunion, von der besonderen Schreibweise gar nicht zu sprechen.« Neueste Funde und Publikationen könnten berücksichtigt werden. Ehrenburg spreche von einem wiedergefundenen Tagebuch aus der Reiterarmee-Zeit und bei Feltrinelli in Mailand seien eben Babels Briefe an seine Mutter und an seine erste Frau veröffentlicht worden – »eine solide Ausgabe, an der Babels Tochter mitgewirkt hat, die in Frankreich lebt.«

Die Überraschung in Jena muß beträchtlich gewesen sein. Über Babel zu schreiben sei Sache sowjetischer Wissenschaftler, hieß es in der Antwort; »uns heute« habe Babel »viel weniger zu sagen als Furmanow, Fadejew und viele andere Sowjetschriftsteller, was gar nichts gegen das große Talent Babels aussagen soll«. Ich sei doch als »unser ›Lyrikspezialist‹« bekannt und möge meine Dissertation so anlegen, daß sie die Niederschrift der Lyrik-Kapitel für die Literaturgeschichte fördere. Ich bestand darauf, daß Babel »einer der großen Erzähler des Jahrhunderts« sei und daß man sich ihm auch bei uns zuzuwenden habe: »Ich glaube, wir müssen doch versuchen, auch primär – nicht nur unter dem Aspekt der Beziehungen – alle Gebiete der russischen Literatur des XX. Jahrhunderts abzuschreiten und jeweils einer müßte erschöpfend über Editionslage, Weltforschungsstand, Werkproblematik usw. bestimmter Schriftsteller bescheid wissen.« Auf diese Weise kam Babel zu Reclam.

Für Mandelstam zu werben erwies sich als noch komplizierter. Mein Beitrag über den Mandelstam der dreißiger Jahre, den ich für die Literaturgeschichte schrieb, kam in Jena ebensowenig durch wie der über Boris Pasternak. Unannehmbar war Mandelstams Bild vom modernen Dichter als einem »Verlaine der Kultur« und mein Begriff von Mandelstams »Intimität im Umgang mit den Kulturen und Epochen«; ganz und gar zensurwidrig die wiederholte Erwähnung seiner Verhaftung und Verbannung, seines Todes. Den auf Jüngers Wunsch berufenen sowjetischen Gutachter Juri A. Andrejew vom Leningrader Puschkin-Haus der Akademie der Wissenschaften »beunruhigten« dann die Lyrik-Kapitel so sehr, daß er in seinen Bemerkungen vom Mai 1969 eigens darauf zu sprechen kam: Sie belegen den »Wunsch des Autors, in der Poesie hauptsächlich das Spiel des Wortes ›an sich‹ zu sehen, die Vervollkommnung von Strukturen, nicht aber die Widerspiegelung des Lebens«. Hier stehe das Prestige der Slawisten, ja der »Wissenschaft der DDR überhaupt« auf dem Spiel. Drohend der Schluß: »Deshalb müssen in diesem Falle sowohl der Redakteur als auch die Autoren genügend Bewußtsein als Gelehrte und Staatsbürger zeigen und entschlossen die Kapitel verbessern, die den lebendigen Inhalt der Kunst nicht genügend beachten.«

Wie bei Babel schien der Ausweg in der Edition zu liegen. Doch im Unterschied zu Babel, der nach seiner Rehabilitierung 1957 in der Sowjetunion wieder gedruckt worden war – ein entscheidendes Kriterium für die Genehmigung einer DDR-Ausgabe –, hatte man von Mandelstam nur die alten Drucke von vor vierzig, fünfzig Jahren, einige jüngste Zeitschriftenpublikationen und seit 1964 die zweibändige Washingtoner Ausgabe von Gleb Struve und Boris Filippov, ein für die Zensur odioses Emigrantenunternehmen. Auf dieser Grundlage bereitete ich 1966 neben dem Material- und Studienbuch zu Babels »Reiterarmee« für Reclams Universal-Bibliothek eine zweisprachige Mandelstam-Ausgabe vor. Ich verwandte mich für die Übernahme eines großen Teils der Nachdichtungen Paul Celans, die nach ihrem Erstdruck 1959 eben noch einmal zusammen mit Alexander Blok und Sergej Jessenin in der Fischerbücherei herausgekommen waren. Rainer Kirsch übertrug die anderen Stücke der Auswahl. Während Babel nach anfänglicher Ablehnung 1968 erschien, blieb Mandelstam bis 1974 blockiert. Die Genehmigung kam erst, nachdem in Leningrad endlich die seit langem angekündigte Ausgabe der Gedichte Ossip Mandelstams in der autoritativen Reihe »Bibliothek des Dichters« publiziert worden war.

Zwischendurch bemühte ich mich auch um die Herausgabe der Prosa des Dichters. Wenige Monate nachdem das Leningrader Gutachten die Mandelstam- und Pasternak-Passagen in der Literaturgeschichte endgültig vereitelt hatte, reichte ich beim Verlag Volk und Welt das Exposé für eine Ausgabe der Erzählungen und Essays von Mandelstam ein: »Rauschen der Zeit«, »Reise nach Armenien«, »Gespräch mit Dante«. Mein Vorschlag war, diese Prosa in der »Spektrum«-Reihe zu veröffentlichen, in der Ralf Schröder eben seine erste Bulgakow-Ausgabe »Theaterroman. Aufzeichnungen eines Toten« herausgebracht hatte. Im Gegensatz zur Lyrik-Ausgabe bei Reclam ist die Prosa-Ausgabe bei Volk und Welt gar nicht erst ernsthaft erwogen worden.

Der Brief meines Reclam-Lektors Hans Loose vom Mai 1967 über eine Debatte in der Literaturarbeitsgemeinschaft (LAG) Sowjetliteratur beim Ministerium für Kultur schildert die permanente Zweideutigkeit der Editionspraktiken. LAG gab es für jede größere Literatur. Formal Forum für die Diskussion der Perspektivpläne, in dem die Hauptverwaltung Verlage (HV), Verlagslektoren und Fachleute vertreten waren, dienten sie tatsächlich als Zensurinstrument. Noch ehe ein Verlag etwas unternehmen konnte, bedurfte dies der Zustimmung der LAG. Diese Regel wurde allerdings ständig durchbrochen von der Initiative mancher Lektoren, die im Interesse ihrer Häuser auf

Vorlauf bedacht sein mußten und sich in der Konkurrenz mit anderen Häusern (z.B. Reclam Leipzig – Kultur und Fortschritt Berlin, abgekürzt Kufo) zu behaupten hatten. Und so danke ich es meinen Lektorinnen Margit Bräuer, Marga Erb, Monika Heinker, Jutta Kolesnyk, Christine Malende, Monika Tantzscher und Ilse Tschörtner, daß die von mir verantworteten Bücher und Ausgaben in der erhofften Qualität zustandekamen.

»Haben Sie bei Jünger oder besser – über Schaumann mal nachgefragt, wie mans dort handhabt? Ich könnte nur bei Gerhard Schaumann vorsprechen«, schrieb Hans Loose. »Die Sitzung in Berlin war eigentlich wie üblich. Man haspelte sein Zeug ab, Diskussion kam kaum irgendwo in Gang. Nur kurz bei Pasternak. Kossuth stellte absichtlich die Frage, ob und wie der böse Pasternak denn nun zu veröffentlichen sei, ein wenig provokatorisch. Weil ich wissen wollte, wie die drei Damen von der HV – Kocialek, Reinhardt, Thieß – reagieren, wenn Reclam auch Pasternak bringen will, und zwar seine Prosa, riß ich das Maul auf, so schlimm sei er gar nicht, mit seinem Shiwago, das habe ja nur der Westen so hingedreht, wichtig und wesentlich sei er als Dichter, Einfluß auf die sowjetische Poesie usw. – Das wurde auch akzeptiert und bestätigt von Mirowa und Opitz. – Dann sagte ich, daß ja auch Reclam jenen Pasternak-Prosa-Band vorbereitet; vor einem Jahr, zur LAG-Sitzung über Sowjetliteratur-Perspektive, hatte ich diesen Titel bereits genannt, weil Kufo die Lyrik plante – sonst hätte ich natürlich auch die Lyrik vorgeschlagen, an erster Stelle. Man war sich damals einig, anwesende HV, Kufo, Reclam. – Aber man hat eben jetzt dauernd an uns etwas auszusetzen. Andrejew mußten wir vorläufig aus dem Plan nehmen; Babel ist mit seiner, zugegeben: knappen Änderung nicht genehmigt worden (Aussprache folgt, HV gibt Termin), bei Faust (Middell!!) gings schief, u.a. Mandelstam, Zwetajewa, Nezval möchte ich im Augenblick vor Obrigkeiten gar nicht erwähnen. Man redet da von hereingetragener Unterströmung, Außenseitern, man trägt uns, auf den LAG-Sitzungen und anderenorts, immer wieder eine Konzeption der UB [Universal-Bibliothek] vor, wie wir sie eigentlich noch gar nicht kannten. Was nun eigentlich dahintersteckt, weiß noch keiner recht. Es könnte sein, daß das Ministerium vor Ob-

rigkeiten nicht auffallen will (wie Defa u.a.), es könnte aber auch sein, daß ... wer weiß. Wir machen jedenfalls unsere Manuskripte, ob sie genehmigt werden, wird sich schon mal zeigen.
Wie sieht es aus mit einer relativ endgültigen Aufstellung für Zwetajewa? Und Okudshawa?
Wegen Babel melde ich mich, sobald ich es kann.«

2

Ein wenig kokett war Hans Looses »Wer weiß ...« freilich schon. Verlag und Herausgeber wußten sehr wohl, was den »Obrigkeiten« nicht behagte. Sie argwöhnten, daß – legitimiert durch den Vorteil und Vorzug alles Sowjetischen im offiziellen Kulturkonzept – an einem ganz anderen Bild von Literatur in der Sowjetunion gearbeitet werde, als sie es im Sinn hatten. In uns sahen sie jene lästigen Frager, die in Adolf Endlers Gedicht »Besuch aus Moskau 1955« angesichts von zwei Dutzend empfohlenen sowjetischen Autoren immer nur nach der einen Autorin forschen, die unerwähnt bleibt:

Fadejew! – Paustowski! – Kornejtschuk!
Issakowski! – Bashan! – Schtschipatschow!
Ketlinskaja! – Kassil! – Katajew!
»Ach, lebt die Achmatowa noch?«

Bek! – Lebedew-Kumatsch! – Sjomuschkin!
Scholochow! – Polewoi! – Lugowskoi!
Surkow! – Schaginjan! – Libedinski!
»Und lebt die Achmatowa noch?«

Perwomaiski! – Fedin! – Lukonin!
Ja, sie lebt!, nun hören Sie doch!
Assejew! – Ashajew! – Fadejew!
»Sie lebt, die Achmatowa, noch?«

Was sollte es erst geben, wenn nun nicht mehr nach der einen Lebenden, sondern nach den vielen Toten gefragt würde? Nach den Umgebrachten, in Haft oder Lager Zugrundegegangenen, nach denen, die sich selbst das Leben nahmen und denen, die, zu Tode geängstigt, sich mit Geringerem begnügten, als ihnen möglich war, als ihnen einst vorgeschwebt hatte. Nach den Toten in einem ungleichen Kampf um die geistige Freiheit:

Isaak Babel erschossen mit 45. – Ossip Mandelstam im Lager zu Tode gequält mit 47. – Nikolai Gumiljow erschossen mit 35. – Nikolai Kljujew erschossen mit 53. – Sergej Tretjakow erschossen mit 45. – Boris Pilnjak erschossen mit 44. – Michail Kolzow erschossen mit 42. – Sergej Klytschkow erschossen mit 48. – Wladimir Majakowski erschoß sich mit 37, Andrej Sobol mit 38. – Sergej Jessenin erhängte sich mit 30, Marina Zwetajewa mit 49. – Die letzten großen Dichter des russischen Symbolismus starben isoliert und ausgestoßen Ende der zwanziger, Anfang der dreißiger Jahre und entkamen knapp dem großen Terror: Fjodor Sologub war 64, Michail Kusmin 64, Andrej Bely 54, Maximilian Woloschin 55. – Und wer faßt die geistigen Tode, die Andrej Platonow, Juri Olescha, Michail Sostschenko, Nikolai Sabolozki und Boris Pasternak starben?

Als Michail Bulgakow mit 49 zusammenbrach, hat Anna Achmatowa in einer Totenklage seiner gedacht, die ein Requiem für alle seine Leidensgenossen ist.

> Dies schenk ich dir statt Rosen auf dem Grab
> Und statt das Weihrauchfaß zu schwenken:
> Denn keiner hat so streng gelebt wie du
> Und bis zum Ende je so großartig verachtet.
> Hast Wein getrunken und gelacht und bist
> Wie niemand fast erstickt zwischen den Wänden,
> Du ließest zu dir ein den dunklen Gast
> Und bist mit ihm allein geblieben.
> Du bist nicht mehr – und alles ringsum schweigt
> Über dein schmerzerfülltes hohes Leben.
> Nur meine Stimme wird, als Flöte, die ertönt,
> Auch über deiner stummen Totenfeier schweben.
> Wer hätt gewagt zu glauben, daß ich, halbentseelt,
> Ich, Klageweib der abgelebten Tage,
> Ich, Scheit, das noch im Feuer schwelt,
> Ich, die ich des Vergessens Lasten trage,

Gedenken müsse dessen, der voll Kraft
Und schöner Pläne willensstark gesprochen
Wie gestern, der ins Angesicht gesehn
Dem Tod, vor Schmerzen bebend, nicht gebrochen.

»Nach der Achmatowa fragen«, wie Adolf Endler sein Gedicht ursprünglich mit einem zweiten Titel nannte, hieß, nach der Differenz fragen, und nach der Differenz fragen, hieß das behauptete Ganze, den Kanon der sowjetischen Literatur in Frage stellen. Es genügte, die Blickrichtung geringfügig zu korrigieren, um Zutritt zu einem geistigen Raum zu erlangen, für den es jeglichen Vergleichs ermangelte. Da zitterte und bebte es wie von Elementargewalten. Kein Stein schien auf dem anderen zu bleiben. Der Blick ging weit durch die Zeiten. Und unerhörte Worte drangen an unser Ohr:

»Der Mensch ein Tier; der Mensch eine Pflanze, eine Blume. Züge äußerster Grausamkeit treten zutage, einer scheinbar nicht menschlichen, sondern tierischen Grausamkeit; daneben Züge einer naturhaften Sanftheit, die gleichfalls nicht menschlich, sondern pflanzenhaft zu sein scheint. All das zeitweilige Larven, Masken, das Wechseln unendlich vieler Larven. Dieses Wechseln zeigt eine Veränderung der Art an; der ganze Mensch ist in Bewegung geraten; er ist aus dem jahrhundertelangen Schlaf der Zivilisation erwacht; Geist, Seele und Körper sind vom Wirbel der Bewegung erfaßt; in dem Wirbel der geistigen, politischen und sozialen Revolutionen, die ihre kosmischen Entsprechungen haben, vollzieht sich eine neue Auslese, formt sich ein neuer Mensch; der Mensch, das humane Tier, das gesellschaftliche Tier, das sittliche Tier wird zum *Künstler*, um mit Wagner zu sprechen.«

Nur der »Künstlermensch«, so hörten wir es 1919 bei Alexander Blok, werde fähig sein, in der Epoche der Wirbel und Stürme »*begierig zu leben und zu handeln*«.

Eine geringfügige Korrektur veränderte die gesamte geistige Landschaft. Versunken geglaubte Orte tauchten auf: Das Petersburger »Cabaret artistique« – der mythische »Streunende Hund« der russischen Moderne. Die Moldawanka – Odessas jüdisches Vorstadtviertel. Die Altgläubigenrefugien an der Wolga. Maximilian Woloschins Residenz in Koktebel auf der

Krim – das einzige Steingebäude in einer Holzhaussiedlung tatarischer Weinbauern, das Marina Zwetajewa und Ossip Mandelstam als seine Gäste gesehen hatte. Das Dreifaltigkeits-Sergi-Kloster bei Moskau – Erbe von Byzanz und Herz Rußlands. Und ganz in der Nähe Alexander Bloks Schachmatowo mit dem Landhaus der Großeltern, der Stätte seiner Kindheit, an die es ihn bis zum Lebensende zog. Astrachan am Kaspischen Meer – Welimir Chlebnikows »Fenster nach Indien«. Michail Bulgakows vom Teufel beherrschtes Moskau und Alexander Solshenizyns Taiga der Lager.

Wie hätte einer, dies vor Augen, nicht fragen sollen?

3

Wie im einzelnen vorzugehen sein würde, war nicht sogleich klar. Daß ich auf die Idee gekommen war, eine Arbeit über »Werk und Wirkung Isaak Babels« zu schreiben, oder mich, da das zurückgewiesen wurde, Sergej Jessenins Poetik zuwenden wollte, zeigt, wie stark ich doch der akademischen Tradition anhing. Andererseits hatte sich mir seit meinen Versuchen zu den deutsch-russischen Literaturbeziehungen und den deutschen Nachdichtungen russischer Lyrik, seit den Editionen und den Begegnungen im Land ein so weites Feld aufgetan, daß eine Dichtermonografie der üblichen Art schon gar nicht mehr in Frage kam. Der Reiz des Angebots aus Jena, an der Literaturgeschichte mitzuarbeiten, hatte gerade in der Aussicht bestanden, über die monografische Darstellung hinauszugelangen. Ob auf diesem Wege weiterzukommen war?

In dem Moment, da aus Leningrad die entschiedenen Einwände gegen meine Lyrik-Kapitel lautwurden, die dann zu den rigorosen Kürzungen führten, skizzierte ich als die »Hauptversuchung meiner Slawistik« eine »Geschichte der russischen Lyrik des 20. Jahrhunderts im weltliterarischen Kontext«. Gleichsam eine von den Zensurzwängen des Jenaer Hochschullehrbuchs freie Variante meines Beitrags zur Literaturgeschichte. Für diese Arbeit, schrieb ich im Frühjahr 1969 in einer kleinen sächsischen Publikation, brauche man »den Ernst des Beginnens, die Neugier auf menschliche Praxis und die heitere

Gelassenheit dieses Mandelstam-Gedichts, das Rainer Kirsch übersetzte, der zwar kein Lessing-Schüler, aber doch ein Döbelner ist:

> Ich sage mir, daß jetzt das wunderbare
> Jahr Einunddreißig in Faulbeerbäumen strahlt,
> Und alle Regenwürmer sind erwachsen,
> Und Moskau schwimmt im Kahn auf der Moskwá.
> Nicht aufgeregt sein. Ungeduld ist Luxus.
> Ich werde sanft Geschwindigkeit entwickeln.«

Doch da hatte ich die Rechnung ohne den Wirt gemacht. Wie die Döbelner Schrift, in der ich Idee und Arbeitsweise für mein neues Projekt andeutete, so hat auch dieses Projekt nie die Öffentlichkeit erreicht. Es handelte sich um die »Festschrift zum hundertjährigen Bestehen der erweiterten Lessing-Oberschule zu Döbeln«, vorgelegt »Am 7. Oktober 1969, dem 20. Jahrestag der DDR« – Schulgeschichte und Schülergeschichten aus meiner Oberschule, 84 Seiten, Preis 3,00 M. Kaum gedruckt, wurde das Büchlein zum Skandal. Das Schuljubiläum, lautete die Anklage, prange auf dem Umschlag in so großem Schriftgrad, daß der Hinweis auf das Staatsjubiläum am unteren Rand wie eine Fußnote wirke. Da half auch Johannes R. Bechers Sonett »Wohldurchdacht« nichts, mit dem die Sammlung schloß und das zu den Themen für den Abituraufsatz 1969 gehört hatte: »Was wir errungen, wird uns nie entrungen« galt im speziellen Falle nicht. Die Publikation wurde eingezogen. Am 6. Oktober, einen Tag vor der Gründungsfeier der DDR, schrieb mir Carl Alfred Fuhrmann, der Redakteur der Schrift, die heute ein Rarissimum sein dürfte, er könne mir leider keine weiteren Exemplare zusenden, mache mich aber auf die »künstlerisch verfertigte Gedenkmünze in Silber (6,- M) und in Gold (12,- M)« aufmerksam – Lessingkopf auf der einen Seite, Staatswappen der DDR auf der anderen, er schrieb »Rückseite«.

Was ich damals als Motto dem Text »Meine Slawistik« voransetzte, liest sich nun wie ein vorweggenommener Kommentar. Es waren Sätze aus einem Brief meines Döbelner Lehrers Arthur Pfeifer vom 12. Februar 1961: »Daß ein altes Lexikon eine Quelle des Genusses werden kann, versteht sich, und es ist sehr heilsam, in solch altem Magazin des Wissens zu wandern, wo oft im selben Satze das Vergängliche mit dem Dauernden in buntem Reigen über den Zeilen schwebt.«

Keine Frage: Auch mein Plan einer Jahrhundertzusammenschau gehört in diesem Reigen zum Vergänglichen, und ich bin mir wohl trotz des Appells an meine und anderer Geduld der Sache nicht wirklich sicher gewesen. In nächster Nähe gab es nämlich schon Versuche, die dem konvulsivischen Geschehen in geistig zerklüfteter Landschaft eher gerecht zu werden versprachen. Versuche zu entflechten, zu sondern, zu gliedern, Differenz und Wechsel von Konstellationen zu erfassen. 1968 konzentrierten sich solche Anstrengungen auf zwei Unternehmen: ein »Lexikon der russischen sowjetischen Lyrik« für den Reclam-Verlag Leipzig und einen Studienband zur russischen Literatur des 20. Jahrhunderts für den Aufbau-Verlag Berlin. Das Lexikon sollte auf 300 Seiten 120 Dichter, 20 Kritiker, 15 Strömungen und Gruppierungen und 10 Zeitschriften vorstellen und im Anhang 100 Seiten petit Dokumente bieten. Der Studienband würde mit dem Titel seines ersten Stücks die »Niederschrift von vielen Seiten zugleich« (Boris Pasternak) betreiben. Die 30 Studien umschrieben ziemlich genau den Kreis meiner damaligen editorischen Engagements. Für die Lyrikstudien nannte ich sechs Aspekte: das neue Verhältnis von lyrischer Subjektivität und Geschichtlichkeit, ästhetische Wertung im Gedicht, lyrische Strukturen, Rezeption von Lyrik (Erwartungsmuster: Volkstümlichkeit, Verständlichkeit, Nationalcharakter, Verbreitungschancen), Beziehungen zu anderen Gattungen (»Romanisierung«, Probleme des Gestischen), Typologie der Lyrik.

Weder aus dem Lexikon noch aus dem Studienband ist damals etwas geworden. Erst zehn Jahre später tauchten die Unternehmen verwandelt wieder auf: Der Reclam-Verlag druckte 1979 meine »Konzepte. Zur Herausgabe sowjetischer Literatur. Mit Texten von V. Schklowski, B. Eichenbaum und J. Tynjanow«, darin einige der 1968 aufgeführten Stücke. Und 1981 erschien im Gustav Kiepenheuer Verlag Leipzig »Die Lachküche – Eine Enzyklopädie in Karikaturen und Selbstzeugnissen«, die ich durch mehrere Jahre zusammengetragen hatte.

Einstweilen aber war zu begreifen, daß auch auf diesem Weg nicht weiterzukommen war.

III. Der Band könnte folgende 30 Studien enthalten:
(Es handelt sich zum Teil um Arbeitstitel)

30   1. "Niederschrift von vielen Seiten zugleich". Die Bedeutung der Prosa für die russische Lyrik des 20. Jahrhunderts
  2. Russische Lyrik im 20. Jahrhundert
  3. Die Prosa der Lyriker
50 4. Russische Prosa im 20. Jahrhundert
30 5. Leonid Andrejew
50 6. Alexander Blok und die russische Lyrik
  7. Welemir Chlebnikow
20 8. Zeugnis und Erfindung. Maxim Gorkis Werkstattprosa
25 9. Links, links, links. Chronik der Revolution und des Bürgerkriegs in Vers und Plakat (1917-1921)
  10. Epische Strukturen in der russischen Lyrik des 20. Jahrhunderts ("...ein Verlaine der Kultur...")
  11. Lissitzky. Eisenstein. Meyerhold. Kunstsynthesen im 20. Jahrhundert
  12. Alexei Tolstoi. "Nikitas Kindheit"
  13. Zivilisationspessimismus. Ehrenburgs "Julio Jurenito"
25 14. Die fünf Minuten des Isaak Babel
  15. Entwürfe: Majakowski, Tretjakow - Brecht, Benjamin
  16. Majakowski, der Dramatiker
  17. Die deutsche Majakowski-Ausgabe
  18. Puschkin-Rezeption in der sowjetischen Lyrik
20 19. Jessenin übersetzen
   20. Boris Pasternak, Marina Zwetajewa und R. M. Rilke
3   21. Ossip Mandelstam
  22. Michail Sostschenkos "Himmelblaubuch"
20 23. Gorkis "Klim Samgin" und Brechts Tui-Komplex
  24. Dorf und Welt. Michail Scholochow. Boris Piljnak. Artjom Wesjoly
  25. Andrej Platonow
  26. Sowjetische "Dorfprosa" heute
  27. Anna Achmatowas "Poem ohne Held"
  28. Sowjetische Lyrik 68
6 29. Novella Matwejewa und Sarah Kirsch
5
20 30. Deutsche und russische Lyrik im 20. Jahrhundert

IV. Die Stücke 10, 14, 19, 29 liegen bei. Zu 30 liegen verschiedene Teile vor, deren einer ebenfalls beiliegt. Die Stücke 6, 7, 8, 9, 15, 20, 24, 28 sind in Arbeit, werden bis Mitte 1969 abgeschlossen

7-

Aus dem Exposé »Essays zur russisch-sowjetischen Literatur« für den Aufbau-Verlag Berlin vom 7. Mai 1968

4

Um weiter zu kommen bedurfte es offenbar einer Anstrengung, die ich nie gescheut, bis dahin aber eher erhofft als unternommen hatte.

Gab es nicht, so lautete die wiederkehrende Frage, ein viel innigeres Verhältnis zu den Geschicken und Texten, die mich beschäftigten? Längst hatte Rainer Maria Rilke Boris Pasternak und Marina Zwetajewa zu seinen Gefährten erwählt, Brecht Tretjakow seinen Lehrer genannt, Paul Celan die »Niemandsrose« »dem Andenken Ossip Mandelstams« gewidmet und Johannes Bobrowski eine ganze Passage aus Babels Reiterarmee-Tagebuch in seine Erzählung »Ich will fortgehn« eingeschrieben. Heiner Müller war dabei, die Arbeiten der »Zement«-Aktivisten Gladkows mit denen der griechischen Heroen zusammenzudenken. Und die Begegnungen zwischen Amadeo Modigliani und Anna Achmatowa, Isadora Duncan und Sergej Jessenin, Asja Lacis und Walter Benjamin, Susanne Leonhard und Nathan Altmann, Simon Guttmann und Olga Katunal konnte man doch nicht einfach in einer Rezeptionsgeschichte unterbringen.

Ich suchte den Ort, an den ich mich zu begeben hatte, um die hier gewonnene Nähe nicht zu verlieren. Dieser Ort ist zum Zeitpunkt meines Eintritts in das neugegründete Literaturinstitut der Akademie der Wissenschaften genau benannt worden, bezeichnenderweise in einer der zahlreichen Debatten um die Strategie des Reclam-Verlags in der Mandelstam-Affäre. Es war im März 1969. Jürgen Teller, der Cheflektor, lud Rainer Kirsch, Hans Loose (der eben im Begriff war, als Westeuropa- und Lateinamerikakurier zum Ministerium für Staatssicherheit zu gehen) und Marga Leuner, Looses Nachfolgerin im Lektorat für Slawistik, zum Gespräch, ich beteiligte mich brieflich. Man einigte sich auf eine Formel, die die Fronten zensurgerecht beschrieb. Der Sprachregelung – Mandelstams Status als geduldete Randerscheinung in der sowjetischen Literatur – wurde sein wahrer Rang – die exponierte Stellung in der europäischen Moderne – beigesellt, wenn auch als zu vernachlässigende Größe: »Wichtiger wäre sein Platz in der Sowjetliteratur als in der Moderne des 20. Jahrhunderts«, schrieb mir

Teller. Immerhin, das Wort war heraus, das Wort von dem geistigen Ort, an dem ich mich nach Herkunft und Neigung zu Hause fühlen könnte, das Wort von der europäischen Moderne. Teller verlieh dem Verhandlungsergebnis ironischen Glanz, indem er seine Nachricht über das Leipziger Treffen mit einer Reminiszenz an antike Kriegskunst einleitete und mir in Abwesenheit die Funktion des pythagoreisch erzogenen Strategen von Theben zuwies: »Es war, als hätten wir die schiefe Schlachtordnung ohne Epaminondas erfunden.«

Mit der schiefen Schlachtordnung – *linker* Flügel der Phalanx durch einen tief gestaffelten Keil von Fußsoldaten für die Offensive verstärkt, *rechter* Flügel für den Defensiveinsatz zurückgehalten – hatte Epaminondas 371 vor Christi Geburt den entscheidenden Sieg über Sparta errungen. Unschwer zu erraten, wer über 2000 Jahre danach Theben und wer Sparta darstellen sollte.

Der Witz war, daß es tatsächlich so aussah, als sei ich 1969 dabei, den *linken* Flügel zu verstärken und den *rechten* eher in Reserve zu halten: »Links! Links! Links!«, die Revolutionschronik in Vers und Plakat, und »Sprache und Stil Lenins« befanden sich im Druck, die Vorarbeiten für die erste Tretjakow-Ausgabe, die 1972 herauskam, waren im Gange, der Zusammendruck von Gladkows und Heiner Müllers »Zement« stand bevor.

Doch es kam nicht auf die *linken* Gegenstände an, sondern auf den Gesichtspunkt. Handelte es sich bei den Vorgängen in der Sowjetunion um etwas so Avanciertes, daß es für den Rest der Welt Vorbild sein, gar verbindlich werden könnte? War die sowjetische Literatur die »Zwillingsschwester jenes Gespenstes Kommunismus, das seit Marx und Engels die bürgerliche Welt schreckte«, wie Harri Jünger das noch 1968 sah? Oder folgte sie nicht doch den Entwicklungslinien einer europäischen Moderne – und sei es als Sonderfall? Ein gravierender Unterschied.

Galt das avancierte Beispiel im Osten als verbindlich, dann erschöpfte sich alle Beziehung im Nacheifern. Galt es dagegen als vorläufig, dann konnte es nicht nur befragt, angezweifelt, verworfen, zumindest variiert werden – dann eröffnete sich auch die Aussicht auf eine wirkliche, wenn auch späte Mitarbeit an diesem Projekt der europäischen Moderne, mit deren Triumphen und Versuchungen ich ebenso lebte wie mit ihren Gefahren, Irrtümern und Zusammenbrüchen. Dann fände sich durch die Einzelheiten der vergleichenden Literaturforschung, durch die wechselnden politischen Interessenlagen nicht nur der Weg zurück zu gemeinsamen Ursprüngen, sondern auch voran zu den fälligen Verwandlungen. Dann bliebe endlich meine Arbeit nicht beschränkt auf das Stückwerk der Rekonstruktion, sondern genügte jener existentiellen Anstrengung, die ich versuchsweise Evokation nennen will. Nicht das Verabschieden, Ausschließen, Preisgeben wäre mein Teil, sondern das Aufrufen, die Anrede, das Anverwandeln.

Ossip Mandelstam hat bei dieser Suche nach meinem Arbeitsort 1967/68 eine entscheidende Rolle gespielt. In vier parallel entstandenen Texten bezog ich mich auf seine Poetik. »Lesefrüchte« nannte ich den frühesten Text, den ich im November 1967 in Prag den Russisten um Zdeněk Mathauser vortrug. Mandelstam war darin vertreten mit seiner Überlegung zur Natur der neuen Dichtung aus »Das Wort und die Kultur« von 1920: »Kompliziert und zuinnerst subtil, ist die heutige Poesie doch naiv ... Der synthetische Dichter der Gegenwart erscheint mir nicht als ein Verhaeren, sondern als ein Verlaine der Kultur. In ihm singen die Ideen, wissenschaftlichen Systeme, Staatstheorien ebenso wie bei seinen Vorgängern die Nachtigallen und Rosen.« Das zielte auf Welimir Chlebnikow und Boris Pasternak.

Kurz nach meinem Prager Aufenthalt knüpfte ich meinen Beitrag zum VI. Internationalen Slawistenkongreß an Mandelstams rigorose Verabschiedung des alten europäischen Romans, die auf die These hinauslief: Die eigentliche Roman-Nachfolge findet in der Lyrik statt. In seinem »Brief über die russische Poesie« (1922), an den ich im August 1968 auf einer Vormittagssitzung in der Karls-Universität erinnerte, hatte Mandelstam fünfzig Jahre zuvor geschrieben: »Die Achmatowa brachte die mächtige Komplexität und den ganzen Reichtum des russischen Romans des 19. Jahrhunderts in die russische Lyrik. Ohne Tolstois Anna Karenina, Turgenjews Adelsnest, den ganzen Dostojewski und manchem von Leskow gäbe es keine Achmatowa. Die Genesis der Achmatowa liegt ausnahmslos in der russischen Prosa, nicht in der Poesie. Ihre scharf ausgeprägte und höchst eigenartige poetische Form entwickelte sie mit Blick auf die psychologische Prosa.«

Noch im gleichen Jahr schlug ich in meinem Aufsatz »Deutsche und russische Lyrik im 20. Jahrhundert« vor, einen Satz aus Mandelstams Essay »Über die Natur des Wortes« zum methodischen Ausgangspunkt für unsere vergleichende Forschung zu machen. Mandelstam war auf Innokenti Annenski (1855–1909) zu sprechen gekommen, Dichter, Altphilologe, Lehrer von Anna Achmatowa und Nikolai Gumiljow am Lyzeum von Zarskoje Selo, Nachdichter der Griechen und Römer, aber auch Baudelaires, Verlaines und Rimbauds, und hatte dieses Bild entworfen: »Wenn die Europäer ihn einmal entdecken – nachdem sie demütig Generationen am Studium der russischen Sprache erzogen haben wie die früheren an den alten Sprachen und der klassischen Poesie – werden sie erschrecken über die Kühnheit dieses majestätischen Räubers, der ihnen Eurydike in den russischen Schnee entführte, den klassischen Schleier von den Schultern der Phädra riß und – wie es dem russischen Dichter gebührt – einem immer noch frierenden Ovid liebevoll den Pelz umlegte.«

Dieser freie Blick durch die Zeiten war es, der Mandelstam so verdächtig machte. Selbst wenn man die neue Literatur nicht gleich zur »Zwillingsschwester« besagten Gespenstes erkor, sondern sie als schlechthin vorbildlich hinstellte, mußte Mandelstams weitgreifendes Konzept Ärgernis erregen, wenn nicht als gefährliche Herausforderung wirken.

Damals widmeten wir uns in der dritten Generation dem Studium der russischen Sprache, noch war niemand über den majestätischen Räuber Annenski erschrocken in Europa. Dafür galt ein Diktum aus Harri Jüngers Berliner Antrittsvorlesung als Direktor des Slawischen Instituts vom 7. Januar 1971, der er, Schiller usurpierend, den verpflichtenden Titel gab: »Was heißt und zu welchem Ende studiert man Sowjetliteratur?« Von allen Literaturen habe »keine so reiche Erfahrungen aufzuweisen wie die sowjetische Literatur in ihrer über fünfzigjährigen Entwicklung des sozialistischen Realismus«.

Der Gegensatz konnte nicht größer sein.

Institutsmärchen

1

Zwölf Jahre meines Lebens, von 1969 bis 1980, verbrachte ich als wissenschaftlicher Mitarbeiter am Zentralinstitut für Literaturgeschichte (ZIL) der Akademie der Wissenschaften der DDR.

Die Voraussetzungen für den Eintritt in das neu geschaffene Institut waren denkbar günstig. In den zwölf Jahren davor hatte ich mich nach meinem Studium der Slawistik an der Berliner Humboldt-Universität auf allen Gebieten versucht, die einem Philologen offenstanden: Vorlesungen und Seminare gehalten, eine Maxim-Gorki-Biographie verfaßt, ein Dutzend Bücher übersetzt, kommentiert und herausgegeben, regelmäßig Rezensionen geschrieben, vor allem für Ernst Dornhof und Helmut Baldauf beim Deutschlandsender, an Literaturgeschichten mitgearbeitet, mehrfach zur Doktorarbeit angesetzt, in Moskau, Leningrad und Prag Archive und Bibliotheken besucht und auf zwei Internationalen Slawistenkongressen die Gegenstände meiner künftigen Arbeit zur Diskussion gestellt – 1958 in Moskau die deutsch-russischen literarischen Beziehungen und 1968 in Prag die russische Poesie des 20. Jahrhunderts. Auch kannte ich in »Dichters Lande« nicht nur die Metropolen; auf meiner »Russischen Reise mit georgischer Schleife« war ich bis in Michail Scholochows Wjoschenskaja am Don, Isaak Babels Odessa, Maximilian Woloschins Koktebel auf der Krim und Tizian Tabidses Tbilissi gelangt.

Zur Erfahrung im Beruf gesellte sich die Erfahrung mit den Apparaten. Daß ich der herrschenden Partei nicht angehörte, stand in einem merklichen Gegensatz zu den Gegenständen meiner Studien und Editionen. Ständig gab es da Theorien, Direktiven, Kritiken, Verurteilungen, Landesverweisungen, Todesurteile zu bedenken, deren Urheber in den sowjetischen Führungsapparaten sich auf weltpolitische Zwänge beriefen: Sie haben die russische Literatur tödlich getroffen.

Ich agierte in einer Philologie, die wie keine zuvor in Deutschland personell und konzeptionell politisiert war. Die enge personelle Verknüpfung von Partei- und Staatsapparat und Russistik kannte ich schon aus meiner Studienzeit. Edel Jakowlewna Mirowa-Florin, Tochter des Deutschlandfunktionärs der Komintern Jakow Mirow, die in Berlin Russische Literatur des 20. Jahrhunderts unterrichtete, war die Frau von Peter Florin, der in den fünfziger und sechziger Jahren die Abteilung Außenpolitik bzw. Internationale Verbindungen des ZK der SED leitete. Nyota Thun, bei der ich Seminare besuchte, war verheiratet mit Ferdinand Thun, damals Chef des Protokolls im Ministerium für Auswärtige Angelegenheiten der DDR. Emmi Wolf, die ebenfalls Seminare gab, war die Frau von Markus Wolf, der schon während meiner Studienzeit 1952–1956 der Hauptabteilung Aufklärung beim Ministerium für Staatssicherheit vorstand und zum Stellvertreter des Ministers berufen wurde. Die Erfahrung dieser für eine Philologie höchst ungewöhnlichen Nähe zur Exekutive, die die Atmosphäre nachhaltig prägte, sollte später von Nutzen sein, als es darum ging, das freundschaftliche Verhältnis des Majakowski-Kreises, Jessenins oder Babels zu den höchsten GPU-Beamten und Militärs darzustellen, von dem natürlich in den Vorlesungen der fünfziger Jahre nicht die Rede war.

Nach dem Studium hatte ich selbst ein Jahr in einem Apparat gearbeitet, im Apparat des Zentralvorstands der Gesellschaft für Deutsch-Sowjetische Freundschaft am Thälmannplatz in Berlin – als Referent für Vortragstätigkeit in der Abteilung Kulturelle Massenarbeit. Ich reiste durch die Republik, hielt mit zwei anderen aus dem Apparat Vorträge über Land und Leute der Sowjetunion und regte die Gründung von Vortragsgruppen nach unserem Modell an. Meine Parteilosigkeit hielt man hier für einen Mangel, der zu beheben sein würde. Als ich im Herbst 1957 ausschied und die Kaderabteilung der Humboldt-Universität eine Beurteilung erbat, um zu hören, wen sie als Assistenten einstellte, lautete der letzte Satz des freundlichen Bescheids:

»Es ist zu empfehlen, den Freund Mierau in den Kreis von Genossen zu geben, wo sein bei uns begonnener Erziehungsprozeß zum einsatzbereiten Staatsbürger unserer Deutschen Demokratischen Republik fortgesetzt wird.«

Der wesentliche Punkt war freilich die konzeptionelle Verquickung von Literatur und Politik – für beide Seiten so verlockend wie verhängnisvoll: Ging die eine Seite fehl, wurde jedesmal die andere mit hineingerissen. Erwünscht, solange die Allianz den im Moment geltenden kulturpolitischen Maximen der herrschenden Partei entsprach, wurde sie zum Ärgernis, wenn über ästhetische Befunde politische Korrekturen anzumahnen waren, oder umgekehrt – über politische Befunde ästhetische Korrekturen. Beobachtete die Politik auf Seiten der Literatur gar organisatorische Aktivitäten in einem Klub oder Gesprächskreis, die auf nichts anderes hinauslaufen konnten als einen Gegen-Apparat, dann schien der Tatbestand der Staatsgefährdung erfüllt.

Die Folgen hatten wir schon zweimal erlebt: 1956–1958 am Schicksal von Georg Lukács, Wolfgang Harich, Ralf Schröder und Jürgen Teller und 1968–1969 am Schicksal meiner Prager Freunde, der Russisten Zdeněk Mathauser, Miroslav Drozda, Vladimir Svatoň und Jiří Franěk; wegen ihres Engagements für Dubčeks »Sozialismus mit menschlichem Antlitz«, den sie aus ihrer Kenntnis alternativer Konzepte in den geistigen Kämpfen der frühen Sowjetunion zu unterstützen wußten, verloren sie ihre leitenden Stellungen an Akademie und Universität und mußten z.T. jahrelang als Eisenbahner und Fahrdienstleiter arbeiten.

Damit wurde in den fünfziger wie in den sechziger Jahren eine eben sich anbahnende Zusammenarbeit vereitelt. Einen Tag nachdem ich 1957 Ralf Schröder, damals schon der beste Kenner der russischen Literatur des 19. und 20. Jahrhunderts in der DDR, in seiner Leipziger Wohnung besucht hatte, um mit ihm meine weiteren Forschungen zu den deutsch-russischen literarischen Beziehungen nach den Revolutionen von 1917 zu besprechen, wurde er verhaftet und zu zehn Jahren Zuchthaus verurteilt. Ich bin ihm erst 1966 wieder begegnet, als er seine Tätigkeit als Lektor im Verlag Volk und Welt begann. Schröder wie Teller, der Cheflektor des Reclam-Verlags wurde, haben in den siebziger Jahren den entscheidenden Anteil am Aufbau einer Verlags-Slawistik gehabt, die mit ihren Editionen der Universitäts-Slawistik ein gutes Stück voraus war. Zdeněk Mathauser war 1968 im Begriff, einen internationalen Forschungskreis zu gründen, der sich der russischen Avantgarde in ihrem europäischen Kontext annehmen sollte; aus Moskau wollte er Sinowi Samoilowitsch Paperny dazu einladen, aus Berlin mich. Mit meiner Kritik am Einmarsch der Militärs des Warschauer Pakts und den Folgen für die Prager Russistik muß ich nicht hinterm Berge gehalten haben, denn dem operativen Vorgang »Literat« des MfS HA XX/3/III Nr. 349 von 1979 ist zu entnehmen, ich sei »bereits im Zusammenhang mit den konterrevolutionären Ereignissen in der ČSSR 1968 (mit einer feindlichen Verbindung) operativ angefallen«.

In ihrer Unangemessenheit, Infamie und Penetranz waren diese Aktionen gelegentlich nicht ohne Komik. Mit der wechselnden Begünstigung von Künstlern und Theoretikern, dem Hin und Her von Verhimmelung und Verteufelung – beides pompösen Zeremoniellen folgend –, mit dem Kompetenzstreit der Apparate und den Rivalitäten zwischen den Funktionären, mit den groß aufgezogenen Alibiunternehmen und Stellvertreterkämpfen mutierte die Kulturpolitik immer wieder zur Zauberschau, genauer noch zum Horrorstück des Grand Guignol mit rätselhaftem Verschwinden der Protagonisten, wie im Fall von Hans Koch, des Direktors des Instituts für Kultur- und Kunstwissenschaften an der Akademie für Gesellschaftswissenschaften beim ZK der SED.

Majakowskis Diagnose im »Schwitzbad« von 1928 mußte nichts hinzugefügt werden. Als ich in das neue Institut eintrat, war das schon weitere 40 Jahre so gegangen. Jüngst hatte es eine exemplarische Zaubernummer gegeben. Anfang Februar 1963 war im »Neuen Deutschland« unter der Überschrift »Notwendiger Meinungsstreit« die Übersetzung eines »Iswestija«-Artikels von Wladimir Jermilow erschienen, einem Kritiker, der schon im Kampf um Wsewolod Meyerholds »Schwitzbad«-Inszenierung eine unrühmliche Rolle gespielt hatte und sogar namentlich in Majakowskis Abschiedsbrief geraten war. Diesmal stellte Jermilow Alexander Solshenizyns Lagererzählung »Ein Tag im Leben des Iwan Denissowitsch«, die erste ihrer Art,

Ehrenburg als Vorbild hin. Grund: Bei Solshenizyn gebe es »keine inneren Widersprüche, die die Einheit des realistischen Werks, das fest mit den Traditionen der russischen Literatur verbunden ist, stören würden«. Während Solshenizyn der Poetik der Erzählung gerecht werde, indem er es vermeide »irgendwelche anderen Objekte der Wirklichkeit in die Sphäre der Schilderung einzubeziehen«, verletzte Ehrenburg die Genregesetze der Memoiren, berichte nicht nur, wie es ihm ergangen ist, sondern mische Elemente des Traktats in seine Erinnerungen.

In Wahrheit ging es bei diesem »Notwendigen Meinungsstreit« nicht um literarische Gattungen, sondern um politische Maßgaben. Nikita Chrustschow, der Erste Sekretär des ZK der KPdSU, hatte nämlich im Oktober 1962 persönlich den Druck von Solshenizyns Erzählung in Alexander Twardowskis »Nowy Mir« erlaubt, kurz darauf, am 17. Dezember, die usurpatorischen Absichten der »Führer modernistischer Richtungen« kritisiert. Ehrenburgs Memoiren, die einige Jahre zuvor in der gleichen Zeitschrift erschienen waren und inzwischen als Buch in 100 000 Exemplaren vorlagen, mußten nun dazu herhalten, Kubismus, Futurismus und Surrealismus erneut in Verruf zu bringen.

Jermilows Spruch genügte, um die Übersetzung der Memoiren Ehrenburgs bei Volk und Welt, an der ich beteiligt war, für zehn Jahre auf Eis zu legen. Weitere zehn Jahre später – 1984 – hatte sich das Blatt gewendet. Solshenizyn paßte längst nicht mehr als Vorbild und war aus der UdSSR ausgewiesen worden, wohingegen Ehrenburgs literarisches Porträt des »Modernisten« Ossip Mandelstam aus den Memoiren als willkommener Ersatz für mein Nachwort zur Auswahl aus Mandelstams Werk im gleichen Verlag Volk und Welt diente. Da ich nicht willens gewesen war, Mandelstams Stalin-Verse, die 1934 der Anlaß für seine Verhaftung waren, herauszunehmen, bevorzugte man dies als Alternative: Die »dicken Finger, fett wie Würmer« »Schabenschnurrbart«, um sich das »Pack dickhäutiger Führer«, »spielend mit der Gefälligkeit von Untermenschen«, wie »Eisen geschmiedet Ukas für Ukas«, jede »Hinrichtung für ihn ein Fest« – noch für die achtziger Jahre war das zuviel.

Mit diesem kuriosen »Meinungsstreit« war jeder, der in der

DDR schrieb, wohl vertraut. Zu dem Dutzend Bücher, das ich betreute, waren zwei Dutzend (oder mehr?) Gutachten gekommen. Die internen Urteile fielen manchmal derart konträr aus, daß ich weder im Tadel noch im Lob meine Bücher wiedererkannte. Der Maxim-Gorki-Biographie wurde – etwa zur Zeit des Jermilow-Artikels – von dem einen Gutachter (Wolf Düwel, 16 Seiten) der »marxistisch-leninistische Standpunkt« in kniffligen Passagen wie Gottsuchertum, Revolutionsverständnis, Gorkis Verhältnis zu Lenin abgesprochen und unter Hinweis auf die sonst zu erwartende »sehr harte und berechtigte Kritik« grundlegende Umarbeitung verordnet, von dem anderen (Harri Jünger, 2 Seiten) aber bescheinigt, sie gehöre zu dem besten, was in diesem »Genre in Deutschland über Gorki geschrieben wurde.«. Das Gutachten von Udo Birckholz (12 Seiten) zur Material- und Studienausgabe von Isaak Babels »Reiterarmee«, dem Auftakt eines neuen Editionstyps bei Reclam (1968) war auf eine wundersame Weise verklausuliert. Es verwies dankenswerterweise auf Azdak und Woyzeck als Parallelen zu Babels Figuren der Unteren, bedauerte die Kürze des Auszugs aus Walter Jens' Babel-Nachwort von 1960, in dem die Parallelen zwischen dem Juden Kafka aus Prag und seinem Moldawanka-Gefährten eine Rolle spielte, sah in dem Ganzen aber ein »dem Auge nicht ganz wohlgefälliges Gebäude, umwunden von den Ornamenten verschönerungskundiger Architekten« und warnte vor Babel-»Taumel«.

Den Umgang mit diesen eher äußeren Erfahrungen hat eine innere Erfahrung wenn nicht erleichtert, so doch ermöglicht. Sieglinde und ich, seit 1958 verheiratet und inzwischen für zwei Kinder verantwortlich, faßten und formulierten die innere Erfahrung in einer Sammlung von Gedichten, die wir, frei dem Erasmus folgend, »Lob der Torheit« nannten: Gedichte aus Pablo Nerudas »Extravaganzenbrevier« und Paul Eluards »Vom Horizont eines Menschen zum Horizont aller Menschen«, aus Whitmans »Hymnen für die Erde« und Leopold Senghors »Tam-Tam Schwarz«; dann Ludvík Kunderas »Versuch Charlie Chaplin zu loben« und Brechts »Ballade von der Hanna Cash«, Majakowskis »Wirbelsäulenflöte«, Arps »Kaspar ist tot«, Jessenins »Mann in Schwarz«, Kavafis »Die Seelen der Greise«, Adys »Erzkujon«, Mandelstams »Hufeisenfinder« und

James Joyce' »Schauspieler im Spiegel um Mitternacht«. Dazu Ältestes aus Babylonien, Irland, vom Kongo und von den Eskimos. Hätte ich, um das ganze Unternehmen vor Augen zu führen, nur einen einzigen Text zu wählen, ich wählte die Mittelstrophe aus Andreas Gryphius' »Dimitte me!«:

Was nutzt der hohe Stand? Der Tod sieht den nicht an!
Was nutzt mein Tun und Schreiben,
Das die geschwinde Zeit
Wird als den Rauch zertreiben?
O Mensch! O Eitelkeit!
Was bist du als ein Strom, den niemand halten kann.

Diese Gedichte sollten begleitet werden von einem »Lob der Torheit 1964«, das wir uns von Zeitgenossen einzuholen gedachten. Und so schrieben wir an Wieland Herzfelde und Arnold Zweig und baten, in des Erasmus Geist uns einiges von der Weisheit der Toren heute zu sagen: »Wisset, daß ich jene Wesen verächtlich finde, die immer gleich ›Dummkopf‹ und ›Unverschämter‹ schreien, wenn jemand sich selber lobt.«

Herzfelde war leicht irritiert, fing sich aber im Fortgang seiner Antwort, Zweig hatten wir ausgesprochen erschreckt. Doch noch die Abwehr des Ansinnens entsprach unseren Erwartungen.

ARNOLD ZWEIG   BERLIN-NIEDERSCHÖNHAUSEN
                  HOMEYERSTRASSE 13

9. 12. 1964

Sehr geehrter Herr Mierau !

Hoffentlich ist Ihnen inzwischen eingefallen, daß wir in unserer Sprache das "Lob der Torheit" nicht singen können, ohne des Dritten Reiches zu gedenken, das seine tausend Jahre in zwölfen durchgaloppierte. Der Leichenhaufen, den es hinterließ und die Witwen und Waisen, die dazu gehörten, machen es mir unmöglich, selbst bei so freundlichem Sonnenschein wie dem heutigen mehr zu sagen als diese Worte der Mißbilligung.

Womit ich verbleibe

Ihr ergebener

```
Prof. Wieland Herzfelde
Berlin N 4
Friedrichstr. 129 Block D          den 8. November 1964.


Frau
Sieglinde und Herrn Fritz   M i e r a u

B e r l i n  NO 55
- - - - - - - - - - - - - - -
Metzerstrasse 36


Liebe Sieglinde und lieber Fritz Mierau,

natürlich würde ich Ihnen gern den Gefallen tun und ein
"Lob der Torheit 1964" schicken.Leider kann ich das nicht.
Erstens halte ich den Begriff "Torheit" bereits für eine
lobende oder schmeichelnde Umschreibung des Wortes "Dummheit".
Zweitens kann man unter "Torheit" auch eine dumme Handlung ver-
stehen von einem Menschen, der eigentlich zu klug ist, sie
zu begehen. Dann kann man eine solche Handlung als Schwäche
bedauern oder verzeihen, aber gewiss nicht loben. Was aber
nun die von Ihnen erwähnte Weisheit der Toren angeht, so
habe ich ihrer 1913 in dem Gedicht "Der Geliebten" irgendwie
gedacht, vermutlich unter dem Einfluss von Franz Werfel.Was
das Selbstlob angeht, das ist eine andere Sache. Ich versuche
mich zwar an das Sprichwort "Eigenlob stinkt" zu halten, aber
es gelingt mir nicht immer. Ob das meine Bekannten und Freunde
als Torheit verzeihen oder als Egozentrik verurteilen, überblicke
ich nicht. Auf jeden Fall gebe ich mir auch Mühe, mich, wenn
ich mich bei einer Torheit erwische, zu tadeln, wie z.B. mit
dieser Zeile.

Es gut mir leid, Ihre Neugier nicht mehr befriedigen zu können.

                              Mit besten Grüssen!
                              I h r
```

Bei diesen beiden Antworten ist es geblieben. Wir haben niemanden weiter gefragt. Das »Lob der Torheit« ging bis Mitte 1968 durch alle großen Verlage der DDR, zuletzt unter den Titeln »Garten der irdischen Lüste« und »Karneval«, gegliedert nach den acht Leit-Bildern, die wir den Abschnitten voranstellten: Hans Grundigs »Karneval«, Brueghels »Turmbau zu Babel« und »Die Sprichwörter«, Chagalls »Engelsturz«, Henri Rousseaus »Apokalypse«, Pablo Picassos »Krieg und Frieden«, Gustav Dorés »Don Quichote«, Hieronymus Boschs »Der Garten der irdischen Lüste«. Als »sinfonische Dichtungsmontage von prachtvoller Subjektivität« (Hubert Witt) ist es gelobt, aber nicht gedruckt worden. Die einzigen, denen wir das Manuskript damals noch zeigten, waren Elke Erb und Adolf Endler und der

Eisenacher Maler Christian Butter, der schöne Zeichnungen zu einigen Gedichten machte. Als Gerit-Jan Berendse, der Chronist der »Sächsischen Dichterschule« und Biograph Adolf Endlers, das »Lob der Torheit« dreißig Jahre später zu Gesicht bekam, hat er es begeistert in sein hedonistisch-karnevaleskes Konzept für die DDR-Lyrik der sechziger Jahre eingegliedert.

Dieser »karnevaleske Hedonismus« unseres Buches war eine Rettung, Rettung aus einer Not mit vielen Gesichtern. Sieglinde hatte schon gleich nach ihrem Umzug nach Berlin 1958 ihre Stelle als Springlehrerin an der Carl von Ossietzky-Oberschule in Pankow verloren, weil sie in ihrem Deutschunterricht im Zusammenhang mit den Anfängen der deutschen Literatur auf die Christianisierung zu sprechen gekommen war, worin man einen Hinweis auf die geschichtliche Wirklichkeit Jesu Christi vermutete; sie arbeitete jetzt halbtags als buchhändlerische Hilfskraft und erfuhr als Deklassierte besondere Schikanen. Ich hatte Ende 1962 meine Assistentenstelle an der Humboldt-Universität aufgegeben, weil nach dem Mauerbau 1961 unzumutbare Kontrollen für die wissenschaftliche Arbeit eingeführt wurden, und schlug mich freiberuflich als Übersetzer und Herausgeber mit den bekannt mageren Honoraren durch. Bei Frau Brodmann im sozialistischen Kindergarten auf der Schönhauser Allee waren wir mit unseren verdächtigen Berufsbezeichnungen als Eltern nicht gerade gut gelitten, zumal wir manchmal selbst das wenige Kindergartengeld nicht bezahlen konnten. »Bin gewiß nicht mehr wie jeder Rupfensack«, entgegneten wir mit Brecht im »Lob der Torheit«:

> Viele Male bekam ich ins offne Gesicht einen Tritt
> Einen Schlag auf die Gabe, nur Hohn auf meine Bitt.
> Viele gingen von mir mit meinem Hemd davon
> Oder prellten mich um einen Schurkenlohn.
> Aber das, was sie mir immer zahlten
> Habe ich immer für Gnade gehalten.

2

Was mich am ZIL erwarten würde, ließ sich nicht absehen. Nur eins stand fest, als ich dem Gründungsdirektor zum ersten Mal gegenübersaß: Werner Mittenzwei gefiel mir. Er war ein Brecht-Mann und Brecht hatte im Berlin der fünfziger Jahre zu unserer »Gegen-Universität« gehört. Das war der Brecht der »Hauspostille«, der Keunergeschichten, der »Versuche«-Drucke im Aufbau-Verlag und der »Theaterarbeit«, vor allem aber der Brecht des Berliner Ensembles. Auf der zugigen Probebühne in der Reinhardt-Straße hatte ich ihn mit Ernst Busch und Angelika Hurwicz den »Kaukasischen Kreidekreis« proben gesehen. Sieglinde hatte während ihrer zweijährigen Lehrerzeit in Magdeburg mit Schülern »Die Gewehre der Frau Carrar« aufgeführt.

Sonst wußte ich nichts von Mittenzwei. Er erschien unternehmend, mit einem großen Begriff vom Ensemble der Künste, von Künstlergemeinschaften – Freundschaften, Schulen, Cliquen, Gegnerschaften –, polemisch versiert und entschlossen, aus dem politisch motivierten Auftrag zur Institutsgründung etwas Gedeihliches zu machen, sich zu »positionieren«, wie er gern sagte. Sein souveräner Umgang mit der Hierarchie der Entscheidungsebenen, in dem er sich mit dem ersten Parteisekretär des ZIL, dem Krauss-Schüler Hans Kortum, einig war, behagte meinem entschieden instrumentalen Staatsverständnis. Da war nichts endgültig, da konnte bis zur völligen Änderung alles variiert und abgebrochen werden – jedenfalls von meiner Seite aus.

Wie die Vorbehalte der Germanisten gegen den Theatermann, der kein richtiger Philologe war, fehlten mir auch die Liquidierungsängste mancher Slawisten, etwa Gerhard Ziegengeists, der angesichts des von ihm geleiteten wenig theoriebewußten Bereichs ständig Majorisierung befürchtete. Mit den Arbeiten der russischen Avantgarde, etwa der Formalen Schule, besonders den Arbeiten Jakobsons, Schklowskis und Tynjanows, oder Sergej Tretjakows, des Moskauer Lehrers Brechts, für dessen »Ästhetik der Operativität« ich mich mit meinem zweiten Buch in der Institutsreihe vehement einsetzte, war ich für Jahre im voraus mit Theorie versorgt.

Mittenzwei versuchte mich gleich zu überreden, endlich eine Dissertation einzureichen. Den Vorschlag, ein paar vorliegende Texte zur Geschichte der russischen Lyrik zusammenzufassen, fand er unklug. Wie stünde ich da, wenn ich, auf einem Kongreß von interessierten Kollegen gefragt, mit welcher Arbeit ich denn promoviert worden sei, antworten müßte: Mit einigen Aufsätzen. Besser doch ein richtiges Buch. Und so verdanke ich Mittenzwei meine Programmschrift von 1972 »Revolution und Lyrik«, mit der ich mein künftiges Arbeitsfeld absteckte. Sie eröffnete die Institutsreihe der Schriften zu Literatur und Gesellschaft, die Mittenzwei in einem nicht publizierten Vorwort vom Dezember 1971 als »Spielplan« unserer Forschung verstanden wissen wollte. Zur Verteidigung der Dissertation kam es freilich nicht. Mir fehlte eine Prüfung in Politischer Ökonomie. Es widerstrebte mir, sie so abzulegen, wie das mir von den Verantwortlichen geraten wurde. Danach hätte ich wenige Bücher durchzulesen und auf die obligaten Fragen der Prüfer rein formal zu antworten gehabt. Wenn schon, dann gründlich, aber das hätte gedauert und wer weiß, ob das Ergebnis meiner Studien den Erwartungen der Prüfer entsprochen hätte. Die Fristen verstrichen und alles blieb beim alten. Es ist aber diese Schrift gewesen, die meine Editionen bis weit in die achtziger Jahre hinein bestimmte: Alexander Blok und Demjan Bedny, Sergej Jessenin und Isaak Babel, Sergej Tretjakow und Fjodor Gladkow, Michail Sostschenko und Lew Lunz, Marina Zwetajewa, Ossip Mandelstam und Anna Achmatowa, »Frühe sowjetische Prosa« und »Die Lachküche« – eine Enzyklopädie in Karikaturen und Selbstzeugnissen. Das Fazit liegt in meinem Reclam-Büchlein »Konzepte« (1979) vor.

Was mir an Mittenzweis Stil weniger behagte, war sein didaktischer Furor. Kurz nach Gründung des Instituts hatte er sich ausgedacht, bei Gelegenheit einer Vollversammlung die neuesten Manuskripte der Institutsmitarbeiter in einer Ausstellung zu präsentieren. Bei mir war da keine Not. Mittenzwei mochte an eine Messe gedacht haben. Dennoch wirkte es in höchstem Grade peinlich, die erwachsenen Leute geniert in den Ausstellungsstücken blättern zu sehen. Den Höhepunkt brachte bald danach ein Akt, der es mir ein für alle Mal verbot, mich auch nur annähernd auszeichnungswürdig zu verhalten. Es war die

»Literaturdispute nach der Schicht«: Zu Gast bei meiner Partnerbrigade »Albert Einstein« in der Aromatenanlage des Petrolchemischen Kombinats Schwedt 1978. Vorstellung des Buches »Frühe sowjetische Prosa«

Zeit nach Lenins 100. Geburtstag, der mit einem Lenin-Aufgebot der FDJ groß begangen worden war. Meine Anteile für das Institutsprojekt »Weltliterarische Leistungen der Sowjetliteratur« waren geschrieben, »Links! Links! Links!«, eine Chronik der russischen Revolutionen und des Bürgerkriegs in Vers und Plakat, war erschienen, Rudolf Bahro hatte das Vorwort dazu in seiner Studentenzeitung »Forum« abgedruckt. Parallel hatte ich bei Volk und Welt und Hanser die Aufsätze der russischen Formalisten über Sprache und Stil Lenins herausgebracht. Ich galt, wie das in der Sprache der Zeit hieß, als »eine der leistungsfähigsten Forscherpersönlichkeiten des Bereichs« und sollte eine Leitungsfunktion bekommen. Tatsächlich hieß ich wenige Monate »wissenschaftlicher Arbeitsleiter« und mein Arbeitsgruppenleiter Edward Kowalski hielt sogar die Zeit für reif, den vermeintlichen »parteilosen Bolschewiken«, wie das ironisch in Moskau hieß, als Kandidaten für die herrschende Partei zu werben. Ich lehnte höflich ab. Mittenzwei schien mein Rang zu wenig beachtet zu sein und er kam auf die Idee, mich zum

*Mit dem Zentralinstitut für Literaturgeschichte
bei der Demonstration zum 1. Mai 1976 in Berlin.
Vorn mit Plakat Edward Kowalski*

Auftakt eines Institutsplenums zusammen mit Reinhard Weisbach ohne Vorwarnung ins Präsidium zu rufen, wo ich eine geschlagene Stunde als Ausstellungsstück zu bleiben hatte: zu den Manuskripten nun der Verfasser. In diese Verlegenheit würde mich nie wieder jemand bringen.

Meinem guten Verhältnis zu Mittenzwei tat das keinen Abbruch. Im Gegenteil. Gesprochen haben wir uns zwar selten, doch sandten wir uns unsere Bücher, er mir noch im Dezember 1977 die 750-Seiten-Dokumentation »Wer war Brecht« mit der Widmung »in alter Verbundenheit«. Dieses Verhältnis war ein Schutz, den ich nötig hatte. In unserer Familie ist soviel von diesem Mann die Rede gewesen, daß ihm eine besondere Auszeichnung zuteil wurde. Noch bevor unsere Kinder aus ebenso intensiver Begegnung freie Lissitzky-Adaptionen (nach seinen Prounen), eine weibliche Einhornpuppe als Gegenstück zu dem Einhorn auf dem Familienwappen in Andrej Belys »Petersburg« oder graphische Dekompositionen meiner frühen Manuskripte kreierten, wurde dem am meisten geliebten russischen

Teddybär der Name des Gründungsdirektors (später noch seines Nachfolgers) verliehen, so daß er fortan »Teddy Dicker Mittenzwei Krupskaja und Ziegengeist« hieß – alle drei Namen gleichsam ins Märchen rettend. Krupskaja, wie erinnerlich der Name von Lenins Frau, weist auf das möglicherweise Androgyne dieses Gesellen: zuzeiten trug er einen knöchellangen Rock. Kein Wunder, daß ich zur Feier von Werner Mittenzweis 70. Geburtstag darauf kam, ein »Institutsmärchen« zu schreiben, das leider über die ersten Sätze nicht hinausgedieh:

»Es war einmal ein Institut, das erforschte so gerne die Dichter. Von dem Wunsch erfüllt zu begreifen, was beim Lesen und Hören von Gedichten sich alles ereignet, strebte es danach, schon das Schreiben von Gedichten derart zu lenken, daß nur Erwünschtes sich ereigne. Dabei war bald herausgekommen, daß man nie wußte, woran man mit den Dichtern war, zumal sie über sich selber viel besser zu schreiben verstanden als alle am Institut. Nach mehreren bösen Überraschungen entschloß man sich, einen eigenen Dichter anzustellen, um mit ihm den anderen Dichtern auf die Schliche zu kommen. Da jedoch der Dichter kein richtiger Dichter war, geriet man vom Regen in die Traufe.«

Werner Mittenzwei hatte am Institut ein höchst gemischtes Völkchen versammelt. Germanisten der Scholz-Schule trafen auf Romanisten der Krauss-Schule, und die Slawisten erlebten staunend die theoretisch hochbewußten Debatten, an denen sie sich mangels Kompetenz nicht beteiligen konnten. Das änderte sich erst, als Klaus Städtke 1973 seine »Studien zum russischen Realismus des 19. Jahrhunderts« veröffentlichte, denen er eine große Arbeit über Georgi Plechanow nachsandte, ehe er begann, Juri Lotmans Aufsätze von 1964–1973 für den Band »Kunst als Sprache« (1981) zur Herausgabe vorzubereiten.

Im Kern ging es bei den Debatten um das Paradox meines unvollendeten Märchens: eingreifende Literaturwissenschaft. Die Eröffnungsschrift für das Institut, der von Werner Mittenzwei 1969 bei Reclam herausgegebene Band »Positionen«, schloß mit einem Beitrag von Karlheinz Barck, Manfred Naumann und Winfried Schröder »Literaturgeschichte als gesellschaftlicher Auftrag«, den die Verfasser in einen Satz ihres Lehrers Werner Krauss ausklingen ließen. Auf die Frage, was tun angesichts der Verwandlung von Literatur in ein »Massenkonsumgut«, hatte dieser geantwortet: »Nicht Vulgarisierung, sondern Klarifizierung! Mit einer klareren Herausarbeitung der Standpunkte, mit einer Vervielfältigung der praktischen Bezüge und der Exemplifizierungen, mit einer vereinheitlichten Begriffssprache und mit der Durchleuchtung des Sinnes jeder neu auftauchenden Fragestellung würde der Weg betreten, auf dem die Literaturwissenschaft nicht mehr ungerüstet einer grundstürzenden neuen Situation zu begegnen imstande wäre.«

Doch da lag das Problem. Wie sollte ein Institut, das gegründet war, um einer eingreifenden Literaturwissenschaft à la Budapest 1956, Leipzig 1957 und danach, Paris und Prag 1968 zu begegnen, in der Lage sein, sich für die »grundstürzenden« Situationen der siebziger Jahre zu rüsten? Es konnte nur immer das Nachsehen haben. Adolf Endlers Bruch mit der Germanistik 1971, die Ausweisung Wolf Biermanns und die Solidarisierung seiner Dichterfreunde 1976, der Ausschluß der Schriftsteller aus dem Berliner Verband 1979 – alles wie aus heiterm Himmel. In der Not der Überraschung hoffnungslos verspätete Reaktionen: Das Lyrik-Kolloquium vom April 1973 oder die Kapitulation vor dem Apparat mit den schmählichen Institutserklärungen von 1976 gegen die Biermann-Petition, die nur wenige am Institut nicht unterschrieben, oder der armselige Versuch, die Petitionisten zu spalten.

Wie hilflos das Institut reagierte, zeigte sich nach meiner Weigerung, Wolf Biermanns Ausbürgerung gutzuheißen – »als logische Konsequenz seines Verhaltens und als notwendiges Mittel, um eine Eskalation ideologischer Diversionsversuche vorzubeugen«, wie das in einer »Stellungnahme« meines Bereichs III vom 24. November 1976 hieß. Daß ich am 11. Januar 1977 den Brief der Petitionisten im Schriftstellerverband verteidigte und mich besonders gegen die Diffamierung von Sarah Kirsch wandte, erfuhr das Institut am 12. Januar von der Berliner Bezirksparteileitung. Am 13. Januar luden Partei-, Gewerkschafts- und Bereichsleitung mich zum Gespräch, und noch am gleichen Tag distanzierte sich mein Bereich von meiner politischen Haltung. Ein vierseitiges Protokoll hielt unter Punkt sieben fest: »Das politisch-ideologische Verhalten von F. Mierau in dieser Angelegenheit in den letzten Tagen rechtfertigt ein Disziplinarverfahren mit dem Ziel, ihm zu kündigen. Unseres Wissens ist F. Mierau der erste international bekannte Literaturwissenschaftler der DDR, der sich mit den Briefunterzeichnern solidarisiert.«Damit ich freilich nicht »völlig aus der Kontrolle der Partei« gerate, solle man mich vielleicht doch nicht entlassen. Das Institut sah sich außerstande, die Angelegenheit selbst zu entscheiden. Am 14. Januar 1977 meldete der Institutsdirektor Gerhard Ziegengeist mein »plötzliches Umkippen« an die Leiterin der Abteilung Kultur beim ZK der SED Ursula Ragwitz, äußerte die Vermutung, ich sei von Sarah Kirsch »seit Weihnachten faktisch ideologisch umgarnt« worden und bat um ein klärendes Gespräch.*

Sah sich das Institut in operativer Hinsicht mit Krauss' Auftrag überfordert, so genügte es ihm in emanzipatorischer Hinsicht sehr wohl und in hohem Maße. Man lese nur einmal die vom Institut in den siebziger Jahren verantworteten Bücher unter diesem Aspekt, es sei »Gesellschaft Literatur Lesen« (1973), »Dialog und Kontroverse mit Georg Lukács« (1975), »Künstlerische Avantgarde« (1979), »Literarische Widerspiegelung« (1981) oder die 1978 einsetzende Serie der Exil-Darstellungen – und man wird auf ein Emanzipationspotential stoßen, das seinesgleichen in der DDR sucht. Die institutionellen und persönlichen Konfrontationen mit anderen Strukturen und Konzepten in der Literaturwissenschaft, die Legitimationshilfen gegenüber Verlagen, Zensur und lesender Öffentlichkeit, besonders aber die ununterbrochene innere Auseinandersetzung der einzelnen Richtungen am ZIL (ich nenne als Beispiel nur Karlheinz Barcks Rezension zu Mittenzweis Lukács-Band) sammeln eine erstaunliche Energie, die über die schleichende Krise der achtziger Jahre hinaus von Bedeutung sein sollte. Der vorletzte Präsident des Ost-PEN Dieter Schlenstedt, der Chefredakteur von »Sinn und Form« Sebastian Kleinschmidt, der Gründungsdirektor des Potsdamer Zentrums für europäische Aufklärung Martin Fontius, der Bundestagspräsident Wolfgang Thierse, der Kopf des »Historischen Wörterbuchs ästhetischer Grundbegriffe« Karlheinz Barck, und die zur Erzählerin gewandelte Romanistin Brigitte Burmeister, ganz zu schweigen von mehreren

---

* Vgl. BStU. MfS 47299/92. S. 61-66

renommierten Slawistik-Professoren – es gab kein zweites Literaturinstitut auf der Welt, das ein vergleichbares Erbe hinterlassen hätte. Oder war das Land so klein und so zentralisiert, daß einigermaßen regsame Geister, die man nicht aus dem Auge verlieren wollte, unweigerlich dort landen mußten?

3

In der russischen Moderne hatte ich ein Medium, das es mir erlaubte, die potentielle Energie des Instituts zu nutzen, um unsere laufenden Konflikte zu benennen: Sie waren in Rußland mit größter Härte, bis zur tödlichen Konsequenz ausgetragen worden. Da stand ein geschichtlich wohlkonturierter Vermittlungsraum zur Verfügung – zeitlich weit genug entfernt, um schon durch Quellenpublikationen, Erinnerungen und Gegenerinnerungen dokumentiert zu sein, aber doch so nahe, daß Personen, Strukturen, Entscheidungen uns noch unmittelbar angingen. Ossip Mandelstams Schicksal etwa war so gegenwärtig, daß es nicht gelang, mein Kapitel über seine Dichtungen der dreißiger Jahre (Verbannung, Wahnsinn, Tod) in die von Harri Jünger geleitete »Geschichte der russischen Sowjetliteratur« (1973) hineinzubringen. Wurde Ossip Mandelstam hier wenigstens erwähnt, so kam er in Nadeshda Ludwigs »Handbuch der Sowjetliteratur« (1976) überhaupt nicht vor, obwohl inzwischen bei Reclam die zweisprachige Ausgabe seiner Gedichte (1975) erschienen war.

Im Nachhinein ist nicht zu übersehen, worum es bei meinen Ausgaben der siebziger Jahre immer ging: um die Einübung des Bruchs. Der »Zusammenbruch des Humanismus«, das »Erdgeist«-Erlebnis der Revolution bei Alexander Blok, Sergej Tretjakows »Kultur der Korrekturen«, Isaak Babels Bild vom Schriftsteller als dem »Fehler in der Literatur«, Anna Achmatowas und Ossip Mandelstams Selbstverleugnung und Wiedergeburt im Lob des »Biographienraubs«, der ein Leben von kultureller Rente ausschließt, Juri Tynjanows erbitterter Kampf um eine neue Sicht – alles handelte vom Bruch; da gebe es fruchtlose Erfolge, entschlossene Aufstände, Verhandlungen, Gefechte und Tode, sagte Tynjanow: »Und die Tode pflegen bei diesem Werk echt, nicht metaphorisch zu sein. Tode von Menschen und Generationen.«

Die einschlägigen Fragen zu unserer Situation hatte ich gelegentlich des Lyrik-Kolloquiums am Institut im April 1973 gestellt: »Steht uns die Phantasie nur für die Ungewöhnlichkeiten der eingetretenen Umbrüche zur Verfügung, nicht aber für die laufenden und zu erwartenden? Bleibt beim Anruf des einst Umwälzenden, nun Bewährten, die Bereitschaft zur Förderung des Bruchs auf der Strecke?«

Das Institut hat diese Einübung des Bruchs nach Kräften unterstützt. Entscheidende Zusprachen und Gutachten für meine Bücher und Editionen der siebziger Jahre verdanke ich Kollegen am ZIL: für die Tretjakow-Monographie »Erfindung und Korrektur« Hans Kortum, für meine Sammlung »Konzepte« Dieter Kliche, für die Mandelstam-Ausgabe Klaus Städtke, für den Zusammendruck der authentischen Frühfassung von Gladkows »Zement« mit Heiner Müllers Stück durch Mittenzweis Vermittlung Manfred Wekwerth, für die »Schwitzbad«-Ausgabe Gudrun Klatt, für die Franz-Jung-Ausgabe »Der tolle Nikolaus« Bärbel Schrader; als die Aufnahme meines Texts »Majakowskis Ausstellung und Tod« in den Akademie-Band »Künstlerische Avantgarde« Probleme bereitete, unterstützte mich Nyota Thun, und Karlheinz Barck war bereit, die Publikation »nötigenfalls durch ein solidarisierendes Junktim« (22.12.1977) zu verteidigen.

Brüche, Abschiede, Aufbrüche ins Unbekannte: keine literaturhistorischen Reminiszenzen, sondern ein Lebensstil. Sieglinde wandte sich nach fünf Jahren Buchhandel wieder dem Schwedischen zu, dolmetschte auf der Ostseewoche für die Liga für Völkerfreundschaft, arbeitete als Stadtführerin und bei den Festivals des politischen Lieds, gab in diesem Zusammenhang 1973 »Intersongs« heraus, eine Dokumentation für die Jahre 1970–1972, stellte für das ZIL eine analytische Bibliographie der von Nordahl Grieg herausgegebenen norwegischen Zeitschrift »Vejen frem« zusammen und widmete sich ab Mitte der siebziger Jahre dem schwedischen Naturforscher Carl von Linné: 1977 erschien die »Lappländische Reise« zusammen mit mehreren kleinen naturkundlichen Schriften, darunter die hinreißende »Rede von den Merkwürdigkeiten an den Insekten«. Engagements für Almqvist, Strindberg, Gunnar Ekelöf und Edith Södergran sollten sich anschließen.

Unsere Editions- und Übersetzungsarbeit wurde gespeist und gefördert durch einen ausgedehnten persönlichen und brieflichen Verkehr mit den vielen Freunden und Bekannten, die an unserem Leben Anteil nahmen. Die Dichtung der russischen Moderne steckte so voller geistiger Abenteuer, daß die Kraft einer ganzen Generation gebraucht wurde, um sie zu bestehen. Was Sarah Kirsch, Rainer Kirsch, Elke Erb, Adolf Endler, Bernd Jentzsch, Heinz Czechowski, Karl Mickel und Volker Braun in Nachdichtung und Essay beigetragen haben, den Blick für die Möglichkeiten der Poesie im 20. Jahrhundert (darin ihrer eigenen) zu weiten, ist wenig bedacht worden. Ebensowenig bedacht blieb das schmerzliche Paradox, das sich mit diesem großen Einsatz für die Russen verbindet: Wir gewannen die Dichtung der russischen Moderne deutsch, weil die deutschen Dichter an ihrer eigenen Arbeit gehindert waren. Und so gehören Sarah Kirschs Anna Achmatowa, Elke Erbs Marina Zwetajewa, Rainer Kirschs Ossip Mandelstam, Adolf Endlers Sergej Jessenin, Heiner Müllers Majakowski zur deutschen Literatur. Mein Arbeitsbuch zum Dialog der Dichter »Georgien und andere Landschaften« von 1974, das Nachdichtungen, Reisebilder und Essays zur Poetik versammelte, blieb Manuskript.

Wie zu den Dichtern unserer Generation, deren Stimmen wir zum ersten Mal 1962 bei Stephan Hermlins Lesung in der Akademie der Künste gehört hatten, um sie nie wieder aus dem Ohr zu verlieren, hatten wir in den siebziger Jahren eine innige Beziehung zu einem Kreis von Lesern, der seinesgleichen suchte. In Hoyerswerda, der Hauptstadt der Braunkohle, hatte Martin Schmidt, Theologe, Berg-Ingenieur und Volkswirt, heute Landesgeschäftsführer des Sächsischen Bildungswerks für Kommunalpolitik, 1969 im Kulturbundklub »Otto Grotewohl« einen Freundeskreis für Kunst und Literatur gegründet. Gemeinsam mit seiner Frau Helene, die auch Theologie studiert hatte und jetzt als Krankenschwester arbeitete, lud er Grafiker und Maler ein, ihre neuen Arbeiten zu zeigen, Hans Theo Richter machte den Anfang. Von den Altmeistern folgten Arno Mohr, Fritz Cremer und Herbert Tucholski, Elena Liessner-Blomberg,

Charlotte Pauly und Marianne Britze, von den Jüngeren blieben uns Paul Kuhfuss, Max Uhlig, Joachim John, Max Görner und Jürgen Böttcher in Erinnerung. Auch bedeutende Russen waren immer wieder vertreten, Anatoli Kaplan etwa oder Natalja Gontscharowa auf einer Ausstellung »Künstlerinnen aus Moskau und Leningrad«, die aus dem Fundus der sogenannten »Berliner Privatsammlung« kam, die dem ehemaligen Außenminister der DDR Lothar Boltz gehörte.

Zu den Ausstellungen kamen Lesungen. Der Kreis wirkte in seinem heiteren Ernst so ungewöhnlich, daß Hoyerswerda bald zum Gattungsnamen wurde. Als Franz Fühmann 1976 Christa Wolf einen Klub im anhaltisch-brandenburgischen Grenzstädtchen Genthin für eine Lesung ans Herz legte, tat er es mit Blick auf die »Chance, daß so eine Art Hoyerswerda werde«. Helene und Martin Schmidt haben zur Kunst regelrecht angestiftet. Zehn Mal, meist im Herbst oder Winter, stellte ich zwischen 1972 und 1981 in Hoyerswerda meine neuen Bücher vor. Sieglinde nahm Gespräche mit Martin Schmidt auf Tonband auf und las zur Nacht den Kindern der Familie aus ihrer Übersetzung des modernen Märchens vom »Pelle Schwanzlos« vor, dem tapferen kleinen schwedischen Kater, der als Gründer einer Katzenschule ständig mit einem bösen Rivalen kämpft, immer in der Gefahr, wegen seines natürlichen Mangels oder irgendeiner Ungeschicklichkeit gedemütigt zu werden.

Der 30jährige geistige Austausch mit Schmidts half uns leben, und die Briefe, die wir im Laufe der Zeit erhielten, stecken voller schmerzlicher Einsichten wie der in den blutigen Zusammenhang von französischer und russischer Revolution, einer Einsicht, der man die Richtung unserer Gespräche ablesen mag. »Ansonsten weile ich in den Zeiten der französischen Revolution«, heißt es im November 1979. »Eine erregende, sehr blutige, für unser Jahrhundert aber außerordentlich naheliegende Lektüre. Voll Staunen finde ich wichtige Abläufe vorgezeichnet, wenn nicht gar vorgelebt und vorgelitten. Allerdings auch hier wird spürbar, daß jener Revolution unmittelbar der Geist der Aufklärung mitgegeben war, mindestens in ihrem Anfang und dann unterschwellig im Gefühl der Menschen. Lassen Sie diesen Grundklang bei einer Revolution weg, dann fehlt ihr, scheint mir, das schlagende Herz. Es bleibt die Guillotine ...

Mit Martin Schmidt im Otto-Grotewohl-Klub in Hoyerswerda am 14.12.1973. Lesung aus Michail Sostschenkos »Himmelblaubuch«. An der Wand Aquarelle von Curt Querner

Aber darüber müßte man länger sprechen. Jedenfalls werden wir uns dem Thema ja spätestens in zehn Jahren stellen müssen.« Wir ahnten nicht, daß das Jahrhundertende mit dem 200. Jahrestag jener Revolution ein dramatisch verändertes Revolutionsverständnis bringen würde.

Art und Umfang der Unternehmen und die Freiheit, mit der ich mich bewegte, haben mir im Laufe der Jahre die widersprechendsten Namen eingebracht. Ich wehrte mich nicht dagegen, da sie partiell zutrafen und in ihrer Überspitzung und Unvereinbarkeit den Schutz eines Rätsels gewährten. Ich bin zur gleichen Zeit ein »preußischer Prinzipienreiter« und ein »Machiavelli« genannt worden. Ersteres weil ich mich weigerte, die Gegenerklärung des ZIL zu Hermlins Biermann-Petition zu unterschreiben, letzteres weil mein Einsatz für einander ausschließende ästhetische Positionen die Erinnerung an den Florentiner aufkommen ließ, der mit seinem Werk »Der Fürst« in der Schilderung der »Taten großer Männer« durch die »Mannigfaltigkeit des Inhalts und die Bedeutung des Gegenstandes zu gefallen« hoffte.

*Die russische Malerin Elena Liessner-Blomberg
an Christa und Gerhard Wolf, Kleinmachnow 1972*

Kleinmachnow Dienstag 19. XII. 1972

Liebe Wölfe

Das ist ungefähr Fritz Mierau (37)
der heute bei mir gewesen ist.
Wohnhaft in der Nähe von Alex
u. gebürtig in Breslau.
Und wir haben uns ganz
grossartig verstanden.
Wir sprachen über Moskau u. Leningrad
u. auch Odessa u. Isaak Babel.
Und es war so erstaunlich, dass man
sich darüber nur freuen kann, ohne weiteres
viele Worte. Er will Anfang Januar
wiederkommen.
Mit G. Gang war alles sehr schön.
Meinen Weihnachtsabend verbringe ich mit
Frau E. Linde. Bin aber sonst gerne
mal wieder Ihr Gast.
   Sehr herzlich Ihre Elena Bl.

← fast 2 Meter →

Ich hätte es gut, meinte einmal Jürgen Gruner, Verlagsleiter von Volk und Welt, ich dürfte mich ausschließlich mit den »Schmetterlingen« beschäftigen, während er und seine Mitarbeiter, gebunden an die ideologischen Vorgaben des obersten Verlagsrates der Staaten des Warschauer Pakts, die Kolosse von Pflichtliteratur, gewichtige staatstragende Romane meist, zu bewältigen haben. Es handelt sich dabei, schrieb mir kürzlich Ralf Schröder, um ein Drittel der Gesamtproduktion. Dieses »Freundschaftsliteratur« genannte Drittel »mußte verlegt werden, um die Möglichkeit zu erhalten, in einem weiteren Drittel des Verlagsplans eine ›andere Literatur‹ (etwa im Geiste von Trifonows ›Anderem Leben‹) einbringen zu können, die die Lektoren selbst veröffentlichen wollten. Deren ›Absicherung‹ diente vor allem auch das dritte Drittel der Verlagsproduktion, Bücher, die man nach künstlerischen Maßstäben vertreten konnte, nach ideologischer Vorplanung und auch nach dem anderen Anliegen aber nicht unbedingt machen mußte.« Das Absurde war, daß es bei dem geneideten »Schmetterling« um den kommunistischen Fabeldichter Demjan Bedny ging, den »Hans Sachs unserer Volksbewegung«, wie Pasternak ihn nannte, dessen krankhafte Körperfülle sich schlecht mit dem vorrevolutionären Pseudonym »Der arme Demjan« vertrug.

Diesen Hybriden aus Prinzipienreiter, Machiavellist und Schmetterlingssammler benannte Franz Fühmann 1981, wenige Wochen nach meinem Abschied vom ZIL, »für Chef S & F«, also »Sinn und Form« – »hängt nicht im akad. Apparat, kein sturer scheuklappiger Fachgermanist«. Auch die sonstigen Gründe für seinen Vorschlag an Günther Rücker sind höchst ehrend und ich habe mich bemüht, es die vergangenen zwanzig Jahre so weiterzutreiben, nur kann ich nicht versprechen, es noch einmal zwanzig Jahre zu schaffen, wie Fühmann das 1981 vermuten zu dürfen glaubte – »er könnt es noch 40 Jahre machen«.

Führten schon die Sichten von innen zu derart kapriziösen Bildern, die von außen taten es erst recht. Marjorie L. Hoover, die New Yorker Meyerhold-Forscherin, pries den marxistischen Kosmopolitismus meiner »Konzepte« (1979) und mich als »a man for both sides of our divided world«, denn »since the demise of Vladimir Nabokov, middlemen of Russian culture as urbane and provocative as Fritz Mierau have become all too few.« Zwei deutsche Beobachter haben dann diese Mittler-Existenz noch weit drastischer beschrieben. Marie-Luise Bott, Herausgeberin und Übersetzerin von Marina Zwetajewa, die an einer Geschichte der Berliner Hochschulslawistik arbeitet, zählt mich in ihrer hypothetischen Typologie von 1993 zu den »kompetenten Sonderlingen« und vermutet (ich denke zu Unrecht), daß »die osteuropäische Welt solch eine Existenz« mehr mittrug als die westliche, wo es nur die Alternative gegeben hätte: »entweder die dürre akadem. Laufbahn oder den kommerzialisierten freien Markt«. Wolfgang Kasack erhob mich in seiner Rezension zu meiner wohl ein Jahrzehnt durch die Verlage der DDR gewanderten Anthologie russischer Prosa des 20. Jahrhunderts, die endlich 1993 bei Reclam unter dem Titel »Adam. Exzentrische Geschichten aus Rußland (1906–1937)« erschien, in einen ganz und gar wunderlichen Rang. »Exzentrisch«, schreibt Kasack, werde hier als die bewegende Kraft verstanden, die außerhalb der zentralistischen Macht wirkte, als »das geistig Unabhängige, das sich dem kommunistisch zentralistisch regierenden System entgegenstellte«, und komponiert habe das ein »verdienter ›Exzentrischer‹ der DDR«.

Wie man aus dem Märchen weiß, hat dieses Namenraten seine strengen Regeln. Bei Strafe des Untergangs darf kein Vorteil daraus gezogen werden. In Erwartung eines Lohns »Wie heiß ich?« zu fragen, ist tödlich. Gewaltsam erraten, ist der Name seiner Schutzkraft beraubt. Tatsächlich wird nämlich der Name erst erraten, wenn sich der so Benannte nach geglückter Sezession längst außer Reichweite befindet und sich einen anderen Namen verdient, an dem künftig zu rätseln sein wird. 1977/1978 muß ich wieder in dieser Lage gewesen sein. Der neue Bruch kündigte sich – kaum überraschend – in drei Arbeiten über Wladimir Majakowski an und sollte zum Entwurf eines Projekts führen, das meine Arbeiten bis heute lenkt – der »Legende von den russischen Dichtern«. Als erste Arbeit entstand 1976 ein Text für den Reclam-Verlag über Majakowskis »Schwitzbad«: »Majakowskis letztes Stück«. 1977 folgte »Majakowski-Bilder. Neue Kenntnisse. Neue Fragen«, das Vorwort zur Übersetzung des Buchs der Leningrader Germanistin Bella Tschistowa »Majakowski in Deutschland«, das im Akademie-

Verlag erscheinen sollte. Anfang 1978 beschloß ich diese Serie mit »Majakowskis Ausstellung und Tod« für den Katalog der vom Moskauer Staatlichen Literaturmuseum rekonstruierten Ausstellung Majakowskis aus dem Jahre 1930, die 1976 in Paris und sieben weiteren französischen Städten gezeigt und 1978 von der Neuen Gesellschaft für Bildende Kunst nach Westberlin geholt worden war.

In allen drei Texten wurde die Korrekturbedürftigkeit des Majakowski-Bilds erörtert. Nach dem Erscheinen der fünfbändigen Majakowski-Ausgabe (1966–1973) von Leonhard Kossuth und der vielen anderen Veröffentlichungen aus dem Erbe der russischen Moderne mochte das zunächst als die fällige literarhistorische Besinnung hingenommen werden. Doch spätestens seit der Ausweisung Wolf Biermanns und dem Protest seiner Freunde, der zu den katastrophalen Verfolgungen aller bedeutenden Schriftsteller der DDR führte, wurde Majakowskis Schicksal, wurde sein Selbstmord erneut zum Menetekel. Sollte wieder einmal, um Roman Jakobsons Worte von 1930 aufzunehmen, eine Generation ihre Dichter vergeuden? Franz Fühmann hatte in einem Brief an Sigrid Damm vom August 1976 die Gefahr ins Auge gefaßt, als er auf die »allgemeine Selbstumjubelung« der Kulturpolitik zu sprechen kam: »Hinnehmen? Ich kanns nicht mehr und wills nicht mehr. Sie erwähnen mehrfach Majakowski. Er hat ja auch eine Möglichkeit gezeigt, gelle?«

Die Majakowski-Stücke der siebziger Jahre, etwa von Stefan Schütz und Joachim Seyppel, oder Heiner Müllers Bearbeitung der Tragödie »Wladimir Majakowski« – nichts davon in der DDR gedruckt – kreisen um Bewußtseinsreinigung, Gehirnwäsche, Selbstzensur, Persönlichkeitsspaltung, um den Giganten aus tausend Krüppeln. Resümierend hat Thomas Brasch 1982 die Modernität der existentiellen Anstrengung Majakowskis beschrieben: »Das Pathos, mit dem er den alten Staat einreißen und einem neuen auf die Sprünge helfen will, wirkt heute oft unverhältnismäßig. Das liegt aber eher daran, daß der Staat sich heute nicht mehr unverhüllt nackt in Tod und Geburt dem Auge deutlich macht, sondern sich versteckt in der Annahme, wir hätten ihn längst vergessen; und daran, daß wir gelähmt von den vergangenen stillen Zeiten und dem kommenden endlosen Alptraum die Arme nicht mehr hochbekommen, das einzig Nötige zu tun: jede staatliche Ordnung mit all ihren Wurzeln aus unserem Leben, unserem Beruf und unseren Herzen zu reißen. Denn nichts anderes tat die russische Revolution und ihr Sänger Majakowski.«

Symptomatisch war vor allem der jahrelange Streit um die »Schwitzbad«-Ausgabe. Seit 1973 gab es bei Reclam den Plan, Rainer Kirschs neue Übertragung von Majakowskis »Schwitzbad« mit Szenenfotos aus Sergej Jutkewitschs Puppentrickfilm nach dem Stück als großes Buch herauszubringen. 1972 hatte sie Werner Freeses Inszenierung in Magdeburg zugrundegelegen. Wir selber erinnerten uns noch lebhaft der Berliner Inszenierung von Nikolai Petrow an der Volksbühne 1959, die wegen der von Friedrich Luft genüßlich ausgemalten Ähnlichkeit von Franz Kutscheras Oberbürokraten Triumphanschikow mit Oberbürgermeister Friedrich Ebert nach wenigen Vorstellungen verboten wurde. So lag es nahe, die ursprünglich geplante Prachtedition in eine Material- und Studienausgabe für Reclams Universal-Bibliothek umzuwandeln, die parallel zum Stück entstandenen Verssatiren einzufügen, die Edition mit einer illustrierten Aufführungsgeschichte zu versehen und nach der Modernität des Stücks zu fragen. Die sollte sich im Widerstand der Zensur groß bestätigen.

Die von Majakowski böse diagnostizierten staatlichen Sprachregelungszwänge, der Sprachzirkus, die Begriffsakrobatik, die Seiltänzerargumentation, Bürokratismus als ein Sprachzuschnitt – alles wie vor fünfzig Jahren. Mit der Vorlage des Manuskripts im Frühjahr 1976 begann eine jener Zauberschauen der Zensur, die glatt ins »Schwitzbad« paßte.

Zunächst lehnte es der Leipziger Slawist Roland Opitz in einem Brief, den er nur für den inneren Gebrauch bestimmte, im September 1976 ab, die Ausgabe zu begutachten, weil er fürchtete, durch die Benennung der »erheblichen Schwächen« der Sache zu schaden. »Die ewige Vorsicht um das Stück muß ein Ende haben«, aber das Nachwort sei überfrachtet mit der Tempo- und Fristendebatte der Industrialisierungs- und Kollektivierungszeit, es fehle eine Würdigung des Massenheroismus. Auch dürfe die Chronik zum Stück nicht zur »Chronik der letzten Lebenstage des Dichters« werden. Als der Verlagsleiter

Hans Marquardt, der mit seinem Cheflektor Jürgen Teller die Edition verteidigte, mir den Brief schickte, wies ich vor allem das Konzept »Massenheroismus kontra Verfehlungen des Apparats« zurück: »Stalin war keine ›einzelne Person‹, sondern der Generalsekretär. Er hatte das Vertrauen der Volksmassen und war ihr Exponent.« In diesem Moment half Gudrun Klatt. Sie verteidigte das Vorhaben, bestand nur darauf, den Zusammenhang von Tempodebatte und außenpolitischer Situation der UdSSR genauer zu bestimmen, was sich durch einen kleinen Einschub machen ließ. Ende Oktober 1976 wurde das Ganze an den Stellvertreter des Ministers für Kultur, Klaus Höpcke, eingereicht, der es Anfang Dezember als unbefriedigend zurückschickte. Nun schrieb Eckhard Thiele dankenswerter Weise ein spezielles Gutachten über Rainer Kirschs neue Übertragung, die gegen den Verdacht verteidigt werden mußte, sie unterlaufe die alte von Hugo Huppert. Doch die Unzufriedenheit des Apparats blieb. Der Verlag entschloß sich im Februar 1977, den Antrag auf Druckgenehmigung zurückzuziehen. Im April kam es im Ministerium zu einem Gespräch zwischen Jürgen Teller und Vertretern der Hauptverwaltung Verlage, in dem die Dinge beim Namen genannt wurden: Faktenauswahl tendenziös, Siegeszug des Sozialismus nicht ausgedrückt, der Autor des Nachworts habe sich »an die Sprachregelung« zu halten, Satire – gewiß, aber auch »ein Stück für Heroismus«, gefährlich verzeichnend der Satz: »Die Anwendung außerökonomischen Zwangs leitete Verfahrensweisen ein, die ab 1937 zu Massenrepressalien führten.« Traditionslinien mit Tretjakow, Erdman, Platonow, Bulgakow, Lew Lunz bis Tendrjakow und Trifonow falsch gezogen und nicht eben glücklich das Motto des Nachworts.

Das Motto hatte ich Heiner Müllers Gladkow-Bearbeitung entnommen. »Herakles 2 oder die Hydra«, es verdient in Erinnerung gerufen zu werden:

»Vielleicht machte nur noch die Benennung einen Wald aus, und alle andern Merkmale waren schon lange zufällig und auswechselbar geworden, auch das Tier, das zu schlachten er diese vorläufig Wald benannte Gegebenheit durchschritt, das zu tötende Monstrum, das die Zeit in ein Exkrement im Raum verwandelt hatte, war nur noch die Benennung von etwas nicht mehr Kenntlichem mit einem Namen aus einem alten Buch.«

Am 9. März schrieb ich Marquardt: »Mittenzwei las inzwischen mein Nachwort und fand vom politischen Ordnungssinn her mit dem Einschub die nötige Nuancierung geleistet.« Am 29. März 1978 wurde die Druckgenehmigung erteilt mit der Maßgabe, das Nachwort in drei Punkten zu verändern: »Bürokratismus, Fristendebatte, Dialektik von Analyse und Synthese.« Nach Hans Marquardts entsprechender Mitteilung gab ich am 15.5.1978 auf: »Ich denke, wir beenden das Gerangel um das Nachwort. Es bleibt lediglich das 6. Kapitel als editorische Notiz hinten oder auch vorne und damit basta. Da sind wir um alles herum und ich kann meinen ursprünglichen Text bei nächster Gelegenheit drucken.« In einer Replik bedauerte Marquardt mein ungenügendes Vertrauen in seine »Verhandlungskünste«. Die Ausgabe erschien im Sommer 1978 mit Auslassungspunkten an Stelle der fünf fehlenden Kapitel. Ein »Skandal«, eine »Provokation« fand Karlheinz Barck. Kurz darauf lehnte ich es ab, in meinem Text für den Akademie-Verlag »Majakowski-Bilder« die Passagen über den gewaltsamen Tod Majakowskis zu tilgen und trat von Übersetzung und Herausgabe zurück.

Doch das war nicht alles. Auch die Zauberschau der Zensur ist erst perfekt, wenn das im Zylinder verschwundene Kaninchen wieder auftaucht. Im März 1978 begleitete ich Hans Marquardt auf seinem Besuch der Majakowski-Ausstellung in Westberlin – mit dem erklärten Ziel, einen umfangreichen Text-, Bild- und Dokumentenband zum russischen Futurismus genauer zu konzipieren, der schon seit einigen Jahren durch unsere Korrespondenz geisterte. Die Genehmigung war zweifellos eine Folge meines Protests beim Staatsratsvorsitzenden vom 17. November 1977, in dem ich den »Zustand einer permanenten Diskriminierung und Diskreditierung meiner Arbeit« beklagt hatte. »Die Einladungen nach Zürich (Mai 1975), Bielefeld (Oktober 1976), Westberlin (August 1977) und neuerdings Zagreb (November 1977) sind von der Akademie der Wissenschaften der DDR, bei der ich arbeite, oder vom Ministerium für Kultur entweder abgelehnt oder gar nicht erst bearbeitet worden. Die neueste Ablehnung – Zagreb: Kolloquium ›Literatur-Avantgarde-Revolution‹ –, die nach Auskunft meiner Kaderabteilung auf Intervention von Organen außerhalb der Akademie ausgesprochen wurde, führte dazu, daß eine neue Einladung nach Osnabrück (Februar 1978) gar nicht erst bearbeitet wird.«

Im Juni 1978 druckte »Sinn und Form« die »Majakowski-Bilder« unter der Überschrift »Majakowski lesen«, freilich ohne den Schlußverweis auf die günstigen »interphilologischen Allianzen am Zentralinstitut für Literaturgeschichte«. 1979 übernahmen Karlheinz Barck, Dieter Schlenstedt und Wolfgang Thierse »Majakowskis Ausstellung und Tod« in den Band »Künstlerische Avantgarde«. Im April 1980 druckte der Luchterhand Verlag Rainer Kirschs Übertragungen von »Die Wanze« und »Schwitzbad« mit Dokumenten und Materialien samt dem alten Nachwort unter der neuen Überschrift »War Majakowski voraus oder zurück?« Und 1982 relativierte der Reclam-Verlag den »Skandal« der Auslassungspunkte von 1978, indem er zwar nicht das ursprüngliche Nachwort, aber immerhin »Majakowskis Ausstellung und Tod« in die 2. Auflage des »Schwitzbads« setzte – diesmal mit meiner Widmung für Zdeněk Mathauser.

Angesichts der ständigen Versuche, Einzugsbereich und Arbeitskreis administrativ einzuschränken, half nur eins: beides geistig auszuweiten. Als Leonhard Kossuth, der leitende Lektor für sowjetische Literatur beim Verlag Volk und Welt, mich nach der Lektüre meines Aufsatzes »Majakowski lesen« Ende 1978 bat, doch einmal zu skizzieren, wie ich mir einen nächsten Editionsschritt vorstelle, schlug ich ihm das Projekt »Legende von den russischen Dichtern« vor: Den toten Punkt zu überwinden, an dem ich die Beschäftigung mit der russischen Poesie der Moderne angelangt sah, habe man sich der Dichterbiographien in ihren europäischen Verknüpfungen zu versichern; nur so werde man den Zusammenstoß und Zusammenbruch der russischen Europalegende und der europäischen Rußlandlegende als das bewegende Geschehen in der russischen Poesie des ersten Drittels des 20. Jahrhunderts begreifen. »Bevor die russische Lyrik des ersten Drittels unseres Jahrhunderts«, schrieb ich, »in einem mächtigen Schub die europäischen und amerikanischen Geister bewegte, hatte sie mit einer Kompetenz und Intensität ohnegleichen die Angebote der Weltpoesie vom Gilgamesch-Epos, von Euripides, Dante, Villon, Baudelaire und Rimbaud in sich aufgenommen.«

Entschlösse man sich nun, den Biographien der Dichter in ihrer europäischen Verankerung ernsthaft nachzugehen, so gewänne man die erforderliche Höhe für die neuen Unternehmungen. Dazu bedürfe es der »spezielleren Verknüpfung meiner eigenen Biographie mit der meiner Helden«. Der Reisende – kein Tourist, sondern der Professionelle, der Forscher wie der Betroffene, werde dem Ruhm der russischen Dichter des ersten Drittels des Jahrhunderts im letzten Drittel in Mailand, Venedig, Florenz, Rom, Neapel, Taormina, in Paris und Südfrankreich, in Genf und Dornach, in Wien, London oder Stockholm nachgehen, nachsinnen, mit seinesgleichen Nachdichtung, Herausgabe, heutiges Leben der russischen Poesie besprechen. Anschließend nannte ich die Westeuropa- und Amerika-Aufenthalte von 31 Dichtern (Anna Achmatowa bis Marina Zwetajewa), schilderte die erforderlichen Reisen und betonte, daß außer den Visa keinerlei Mittel erforderlich seien: Meine Freunde würden mich schon beherbergen. Kossuth versprach wohlwollende Prüfung.

In einer Arbeitsnotiz vom 7. April 1979 ging ich mit ziemlicher Selbstverständlichkeit davon aus, daß der Plan im Verein mit den sonstigen Vorhaben zu verwirklichen sein würde, obwohl oder gerade weil die administrative Verfolgung der Schriftsteller in den Ausschlüssen aus dem Berliner Verband seinem Höhepunkt zutrieb:

»*Über Arbeiten der achtziger und neunziger Jahre*
Nach dem Erscheinen der Blok-Ausgabe, des ›Schwitzbads‹, der Anthologie ›Frühe sowjetische Prosa‹ und der ›Konzepte‹ ist deutlich, daß die Arbeiten neu beginnen können.

Auftakt war ›Majakowskis Ausstellung und Tod‹ vom Januar 1978. Vor zwanzig Jahren hatte ich mit ›Begegnungen mit Majakowski‹ begonnen.

Folgen wird die Jessenin-Biografie, geschrieben aus der Erfahrung der fortdauernden Vakanz des ›Sängers‹, wie es Marina Zwetajewa nach Jessenins Tod empfunden hatte.

Vor 15 Jahren begannen diese Interessen mit der Herausgabe Jessenins bei Reclam.

Die Überlegungen zur Einbürgerung Welimir Chlebnikows haben jetzt dazu geführt, daß ich ein Lesebuch vorbereite, das neben die Texte des Dichters Vorgänger und Parallelen in der russischen und westeuropäischen Poesie, Biografisches und Kommentare, Interpretationen, Hypothesen setzt. Zu den Vorbereitungen gehört der Essay ›Tolstoi oder Chlebnikow?‹

Diese und andere Editionen, die die Material- und Studienbücher des Reclamverlags in immer neuer Weise variieren werden, sind konzeptionell zusammengefaßt durch den Plan für das Buch ›Legende von den russischen Dichtern‹, das die Auseinandersetzung der russischen Dichter mit Westeuropa zum Gegenstand haben und eine Synthese von Anthologie, Dokumentenbuch und Essay bieten soll. Vor fast zwanzig Jahren begannen die Vorarbeiten für die Anthologie ›Sternenflug und Apfelblüte‹, an denen mich Edel Mirowa-Florin beteiligte, und die Fragen aufwarfen, mit denen ich mich heute weiterhin herumschlage.

Zu der neuen Phase rechne ich ebenfalls die Franz-Jung-Ausgabe des Reclam-Verlags, der weitere folgen werden mit dem Ziel, für 1988, zum 100. Geburtstag des Dichters, eine Biografie vorzulegen.

Was sich aus den laufenden Literaturkämpfen ergeben wird, ist nicht abzusehen, zumal sie sich im Moment spürbar verschärfen und rasche Entscheidungen verlangen werden – bis zur völligen Umstellung des Programms.   7.4.1979«

Tatsächlich ist alles erschienen:

»Tolstoi oder Chlebnikow?« 1982 als »Welimir Chlebnikow in diesem Augenblick«, die »Legende« 1987 als »Russen in Berlin«, die Franz-Jung-Ausgaben 1980, 1988, 1991, 1996, die Jessenin-Biografie 1992 und die Franz-Jung-Biografie 1998.

1979 freilich ist die Irritation groß gewesen. Meiner These, die russische Poesie erreiche ihre Höhe, die wir noch immer bewundern, indem sie die westeuropäischen Ströme aufnahm und sich anverwandelte, begegnete Verlagsleiter Gruner im November 1979 mit der Frage: »Wollen Sie damit behaupten, daß jeder Dichterling vom Prenzlauer Berg, wenn er nur nach Paris und London käme, etwas Weltbewegendes zustandebringt?«

Als ich dies bejahte, war das Gespräch über die »Legende« beendet.

Ich wandte mich an das Ministerium für Kultur. Klaus Höpcke sah sich außerstande, etwas zu tun und verwies mich an das ZIL. Ein so umfangreiches und aufwendiges Projekt bedürfe zunächst einer gründlichen Debatte unter Fachkollegen und als Mitarbeiter des ZIL müßte ich mich ohnehin an die Akademie der Wissenschaften wenden. Gerade das ZIL aber hatte seine Machtlosigkeit in diesen Dingen eingestehen müssen, zumal inzwischen ein ganz anderes Ministerium tätig geworden war und seine Inoffiziellen Mitarbeiter (IM) aus dem Institut berichten ließ.

Wegen unseres Einsatzes für Franz Jung gerieten wir in den Vorgang »Literat« des Ministeriums für Staatssicherheit (MfS), der am 26. November 1979, Franz Jungs Geburtstag, eröffnet wurde. Mit dem Ziel, Jung-Ausgabe und Jung-Biografie vorzubereiten, hatten Sieglinde und ich 1977 mit Cläre Jung ein ausführliches Gespräch geführt, das ursprünglich die »Weimarer Beiträge« drucken wollten, dann aber ablehnten, so daß wir es mit meinem »Brief an Cläre Jung« zu »Sinn und Form« gaben. Daraufhin meldete sich der Verlag Der Morgen mit dem Vorschlag, Cläre Jungs Erinnerungen herauszugeben. In der Sorge, es könnten durch den in Cläre Jungs Archiv tätigen IM Texte und Dokumente herausgenommen werden (wie das dann tatsächlich geschah), hatten wir seit 1978 Einschlägiges fotografieren lassen. Das wurde nun kriminalisiert. Aus inoffiziellen Auswertungen sei bekannt, daß ich mich »gegen die ›offizielle‹ Literaturgeschichtsschreibung in der UdSSR und DDR« wende und »für einen Pluralismus in der Literatur« eintrete. Der sozialistische Realismus komme bei mir nicht vor, stattdessen »Expressionismus, Futurismus, Strukturalismus etc.« Auch hätte ich Kontakte zu dem »operativ-interess. DDR-Schriftsteller Heiner Müller«. Sieglinde und ich seien ernsthaft daran interessiert, »mit dem vermutlichen Ziel der Verleumdung und Schädigung der marx.-len. Ideen im Sozialismus sowie mit dem Ziel des kriminellen Vermögenserwerbs die im Nachlaß Franz Jungs enthaltenen antikommunistischen Theorien in der DDR zu verbreiten sowie an Personen des westlichen Auslands zwecks Veröffentlichung zu übergeben«. Im Januar 1980 legte der »Operativplan« die Korrespondenzkontrolle, konspirative Durchsuchungsmaßnahmen in den Wohnungen der Verdächtigen, Verhinderung weiterer Veranstaltungen und Verbindungsaufnahme mit dem Zuständigen an der Akademie der Wissenschaften fest. Anfang September 1980 wurde der Druck der Autobiographie von Cläre Jung durch das ZK der SED verboten. Proteste bei Kurt Hager änderten nichts. Am 22. September 1980 bat ich beim Zentralinstitut für Literaturgeschichte um die Auflösung meines Arbeitsvertrags. Ich hatte 12 Jahre dort gearbeitet, zuletzt mit einem Gehalt von 1.420 Mark der Deutschen Notenbank.

4

Zum Abschied wurde, gleichsam als Zugabe, ein letztes Zauberkunststück demonstriert: die Genehmigung für eine Studien- und Vortragsreise nach Karlsruhe zur Welturaufführung von Sergej Tretjakows Experimentalstück »Ich will ein Kind haben«. Eingeladen hatte das Badische Staatstheater; Regisseur Günter Ballhausen und Dramaturg Willi Händler waren 1979 mehrfach bei uns zu Besuch gewesen. Sie hatten zuvor in Kassel Peter Hacks' »Moritz Tassow« und Heiner Müllers »Die Bauern« auf die Bühne gebracht und planten für Karlsruhe Volker Brauns »Simplex Deutsch« und »Demetrius«. Dazwischen nun Tretjakow. Brecht hatte sich um 1930 für das Lehrstück interessiert und ich hatte die ihm seinerzeit bekanntgewordene Übersetzung in den Anhang meiner Tretjakow-Monografie von 1976 drucken lassen. Es gehörte in der ironisch-pathetischen Behandlung einer sowjetischen Agronomin, die nicht nur für gesunde Pflanzen, sondern auch für ein gesundes Kind sorgen will, indem sie sich einen klassenbewußten Proletarier zum Vater wählt, zu dem Umfeld von Majakowskis »Schwitzbad«. Im Unterschied zum »Schwitzbad« hatte Meyerhold es damals nicht mehr durch die Zensur gebracht. Zur Premiere im Frühjahr 1980 war mein Besuch nicht genehmigt worden, Karlsruhe hatte das öffentlich bedauert und die Einladung erneuert, wenn nicht zur Premiere, dann zur Derniere. Ich sah die letzten beiden Aufführungen der schaurig-komischen Utopie und nahm am 19. November an einer Disputation »Theater wider die Resignation« teil, zu der aus Moskau Tatjana Sergejewna Gomolizkaja, Tretjakows Tochter, aus Bochum die Slawistin Karla Hielscher und aus Berlin der Theaterwissenschaftler Eduard Ditschek angereist waren. Ditschek übrigens mit dem Plan, im Verlag von Renate Gerhardt, Berlin, eine Material- und Studienausgabe von Tretjakows Thesenstück vorzubereiten, eine Ausgabe, die leider ungedruckt blieb.

An den Tagen davor und danach fuhr ich nach Nürnberg, München, Heidelberg, Köln, Idstein und Aschaffenburg. In Nürnberg besuchte ich Godehard Schramm, Slawist und Schriftsteller, Verfasser einer Arbeit über Jewgeni Jewtuschenko, die er nächstens zu verteidigen gedachte. In München traf ich neben der Slawistin Rosemarie Tietze Artur Müller, Gefährte von Alfred Andersch im KZ Dachau, Trotzki-Biograf, Wiederentdecker der im Dritten Reich verbotenen und verbrannten Literatur als Lektor im Desch-Verlag, später Leiter der Abteilungen Dokumentation im Hessischen Rundfunk und Südwestfunk. Müller hatte den Dadaisten und Expressionisten Franz Jung in den fünfziger Jahren in Deutschland betreut. Von Idstein aus, wo ich bei meiner Schwester wohnte, machte ich einen Abstecher nach Keilberg bei Aschaffenburg, um den 87jährigen Christian Schad aufzusuchen, Dadaist, dann Maler der Neuen Sachlichkeit, dessen Retrospektive in Westberlin eben zu seiner Wiederentdeckung geführt hatte. Er war der engste Freund eines anderen Mannes gewesen, dem mein biografisches Interesse galt – Walter Serners, des entscheidenden Kopfes im Zürcher Dadaismus. In Köln kam leider ein Treffen mit Wolfgang Symanczyk, einem entfernten Verwandten von Franz Jung, der noch Manuskripte besaß, nicht zustande. Dafür stieß ich, unschlüssig über den Bahnhofsvorplatz schlendernd, auf Heinrich Böll, der an Krücken ging. Ich wußte, daß Lew Kopelew in diesen Tagen die Ausreisegenehmigung aus Moskau bekommen hatte und nach Köln kommen wollte, fragte also, als sei es das natürlichste von der Welt, ob nicht Kopelew, der mir vor Zeiten in Moskau seine Brecht-Biografie geschenkt hatte, zu erwarten sei. Ja, hier sei schon seine Frau und da komme er auch selbst: Raissa Orlowa begrüßte mich

Mit Lew Kopelew bei der Verleihung des Buchpreises zur Europäischen Verständigung in Leipzig 1996

und ich sah Lew Kopelew im Anorak und mit einem mächtigen Knotenstock in der Hand über den Platz gestapft kommen. Wir gingen zusammen in den Dom.

   In Heidelberg hielt ich auf Einladung von Bodo Zelinsky, der eben Lehre und Forschung zur russischen Avantgarde aufbaute, am 20. November meinen Vortrag »Biographienwechsel. Versuchung, Glanz und Tödlichkeit«, eine Interpretation von Anna Achmatowas Gedicht »Majakowski im Jahr 1913« (1940). Ausgehend von der dritten ihrer »Nördlichen Elegien«, in der sie den Verlust von angestammtem Platz und Namen beklagt, in der Rückschau auf das neue, fremde Leben aber nur neidisch werden kann, zeigte ich, wie Anna Achmatowa in ihr Majakowski-Gedicht ein Selbstbildnis einschrieb, darstellend einen Kampf auf Leben und Tod, dessen Unerhörtheit der des beschworenen Namens in nichts nachstand. Eingezeichnet in das Bild des Dichters fand sich ein Gegenbild, das, um es mit dem fremdesten Wort des Gedichts zu sagen, das »Signal« war für einen Biografienwechsel, dessen Folgen weit in unsere Zeit hineinreichen.

*»Mikado (1983–1987). Erinnerung an eine
DDR-Untergrundzeitschrift im Café Clara«, Berlin 1993:
V.l.n.r. Uwe Kolbe, Bernd Wagner, Lothar Trolle, Fritz Mierau,
Adolf Endler*

Majakowski und die Majakowski-Bilder waren deshalb zum Gegenstand beispielloser Anhänglichkeiten und Entzweiungen geworden (Pasternak als symptomatischer Fall), weil die Ungeduld, mit der er die Zeit anzutreiben meinte, für eine ganze Epoche stand. Als Majakowski, der reinste Verfechter dieses Aktivismus, aufgab, blieb eine Leere zurück, die niemand so genau beschrieben hat wie Roman Jakobson in den Schlußsätzen seines Essays »Von einer Generation, die ihre Dichter vergeudet hat«:

»Wir haben uns viel zu stürmisch und gierig in die Zukunft gestürzt, als daß uns eine *Vergangenheit* bleiben könnte. Die Zeit ist aus den Fugen. Wir lebten viel zu sehr von der *Zukunft*, wir dachten an sie, wir glaubten an sie, und jetzt gibt es für uns keine selbstgenügsame Tagessorge, das *Gegenwartsgefühl* ist uns abhanden gekommen.«

Diesem Verlust aller Zeiten setzte Anna Achmatowa den Gewinn aller Zeiten entgegen, nicht im Sinn einer chronologischen

Erreichbarkeit einzelner Ziele, sondern in der Anstrengung des Gedächtnisses, das sich weder des geistigen Reichtums der Vergangenheit schämt, noch den Gefährdungen der Gegenwart ausweicht, noch sich vor den Ungewißheiten der Zukunft ergibt.

Ich schloß den Vortrag mit diesen Sätzen, die für mich bis heute den Beschluß der siebziger Jahre bilden:

»Ob wir nun die Klage der ›Nördlichen Elegien‹ verstehen?

Vertraut, doch verloren das frühere Leben – fremd, doch gewonnen das neue – wäre es etwa eins?

Entbehrlich, von hier gesehen, im früheren Leben, beneidet, von dort gesehen, im neuen – wäre es etwa eins?

Ich weiß keine andere Antwort: Versuchung und Glanz des Biografienwechsels ist seine Tödlichkeit. Aber es bedurfte einer poetischen Zeitvorstellung wie der der Achmatowa, um seiner Tödlichkeit dieses neue, fremde Leben folgen zu lassen, dessen Schwelle sie im Majakowski-Gedicht betrat.

Doch gilt am Ende auch dies: Wenn Majakowski für sie und die Ihren mitgestorben ist, lebt er durch sie – ihr Leben gibt ihm und den Seinen lebendige Dauer.«

Als Lothar Trolle den Vortrag in das Heft III/83 des »Mikado« nahm, widmete ich ihn Christa Wolf.

Die Experten des MfS, die die hektographierten Alternativzeitschriften der späten DDR verfolgten, nahmen sich des Texts auf ihre Weise an: »Der Beitrag folgt wesentlich der antisowjetischen Interpretation des Verhältnisses zwischen Majakowski und der Achmatowa und der Kulturpolitik der KPdSU und des Sowjetstaates (J.W. Stalin). Die Vorwürfe bzw. Angriffe werden in der Form von ›Fakten‹ scheinbar sachlich, objektiv geschildert – eine bekannte Darstellungsweise Mieraus, die sich als ›wissenschaftliche Essay-Form‹ gibt. Der Grundgedanke ist die Stützung der trotzkistischen und reaktionär-bürgerlichen These, daß Kunst und Kommunismus unverträglich seien.«*

---

* Vgl. BSTU. MfS XX/9.601. S. 187

SAMMLUNG

Das Lächeln der Überlebenden

Als ich im Herbst 1958 nach Moskau kam, war die schlimmste Phase des Terrors vorüber, aber sein Ende noch weit. Die Nachläufer der Schau- und Geheimprozesse, nicht weniger mörderisch als ihre großen Modelle, gerieten freilich allmählich zur Farce. Wenn es gilt, daß der Kommunismus, wie Franz Jung sagt, »an dem Lachen der Hingerichteten ersticken« müsse, so gilt zugleich, daß er im Lächeln der Überlebenden verwunden wird. Der Zuschauer, heißt es bei Jung, erlebe das äußere Lachen in den Gesten der Verurteilten; nach innen schlagend wachse es zu einer Kraft von größter Intensität, die »Richter und Zuschauer gleicherweise verbrennen« werde. Seit man 1954 damit begonnen hatte, den Ermordeten und Verbannten Gerechtigkeit widerfahren zu lassen, wüteten die Sühnebrände des Gelächters im Land – fast unsichtbar. Umso sichtbarer war, was sich im geistigen Antlitz derer zeigte, die aus dem Untergrund der Lager, der inneren Emigration und der Mimikry hervortraten: das Lächeln der Überlebenden. Zaghaft zunächst und beinahe verschämt, immer schmerzlich, wurde es von Mal zu Mal wissender, gewisser, doch die Empfindung von einem Wunder ist nie daraus geschwunden. Ein Lächeln voll der Energie, die sich im Verborgenen gesammelt hatte. Dieses Lächeln der Überlebenden prägte mein Bild vom russischen Jahrhundert und leitete mich mit seiner Güte und seinem oft genug schwarzen Humor auf meinem Weg.

Der erste Russe, mit dem ich näher bekannt wurde und bis zu seinem Tod 1984 verbunden blieb, war ein Überlebender, ein älterer Herr, der sich in seiner Autobiographie als ein »Zeitgenosse des Jahrhunderts« verstehen würde. Er saß bei meinem Vortrag, den ich 1958 russisch auf dem IV. Internationalen Slawistenkongreß in einem der riesigen Auditorien der Moskauer

Lomonossow-Universität hielt, ganz vorn und erwies sich bei gut gefülltem Saal als der einzige, der mir wirklich zuhörte. Mit meinen 25 Jahren der jüngste Teilnehmer der DDR-Delegation und zum erstenmal auf einem Weltkongreß, hatte ich gar keine Resonanz auf das sehr spezielle Thema meines Beitrags erwartet, der sich der Rezeption der frühen sowjetischen Literatur in Deutschland widmete und dank Bielfeldts und Ziegengeists Zuspruch in das Kongreßheft der »Zeitschrift für Slawistik« und das Moskauer Kongreßprogramm aufgenommen worden war. Umso mehr erstaunte es mich, in dem Herrn, der mir mit einer ungewohnten, freudigen Förmlichkeit dankte, einen Kenner der Materie zu finden. Wie sich herausstellte, bewegte ihn etwas noch Spezielleres als mich, so daß einige Einzelheiten aus meinem Überblick erst in seinem Zusammenhang ihre Bedeutung bekamen. Es ging ihm um die westeuropäische Resonanz auf Wladimir Majakowskis Revolutionsspiel »Mysterium buffo«. In seiner zweiten Fassung hatte dieses clowneske Spiel vom Kampf der »Reinen« gegen die »Unreinen« auf einer neuen Arche Noah 1921 den »Theater-Oktober« des Regisseurs Wsewolod Meyerhold auf der russischen Bühne eingeleitet. Auch war es in einer zirzensischen Version, die an Alfred Jarrys »Ubu Roi« denken ließ, den Delegierten des III. Kongresses der Kommunistischen Internationale gezeigt worden.

Tatsächlich waren einige Nachrichten über Majakowskis revolutionäre Dramaturgie – »Massenkunst, die Kunst ist« – früh nach Deutschland gedrungen, wovon ich meinem Zuhörer wohl erzählte. Aber was bedeuteten diese Lesefrüchte angesichts des leibhaftigen Erscheinens eines Mannes, der, wie sich eher nebenher ergab, viele Jahre im Zentrum der russischen Moderne gearbeitet und den vernichtenden Angriff auf ihre Akteure überlebt hatte. Vor mir stand Alexander Fewralski – Absolvent der Theaterschule Meyerholds, dann sein wissenschaftlicher Sekretär, Mitstreiter der drei wichtigsten Dramatiker des Theaters – Wladimir Majakowskis, Sergej Tretjakows und Nikolai Erdmans. Sie alle waren untergegangen. Majakowski hatte sich 1930 erschossen, Tretjakow war 1937 und Meyerhold 1940 als Spion ausländischer Geheimdienste und Volksfeind erschossen worden und Erdmann hatte nach dreijähriger Verbannung und der Ächtung des Meyerhold-Theaters seine geistige Sicherheit eingebüßt.

Aus zwei Erklärungen Meyerholds an den Vorsitzenden des Rats der Volkskommissare Wjatscheslaw Molotow von Anfang 1940 weiß man, wie die ungeheuerlichen Selbstbezichtigungen als Trotzkist, Spion und Vaterlandsverräter zustandekamen, die er nun, einen Monat vor seiner Erschießung, widerrief. Meyerhold erinnerte Molotow an einen zynischen Satz, mit dem der Volkskommissar den Volkskünstler einst begrüßt hatte: »Na, immer noch so originell?!«

Mehrere Wochen sei er bis zu 18 Stunden hintereinander verhört worden: »Ich bin hier geschlagen worden, einen kranken sechsundsechzigjährigen alten Mann hat man auf den Boden gelegt, Gesicht nach unten, mit einem Gummiknüppel auf die Fußsohlen geschlagen und auf den Rücken, wenn ich auf dem Stuhl saß, von oben auf die Füße (mit aller Gewalt) und auf die Beine von den Knien an aufwärts.« Weigere er sich, an dem Aussageprotokoll weiter mitzuarbeiten, werde man nur den Kopf und die rechte Hand schonen, das »übrige in eine unförmige, blutige, zerstückelte Masse verwandeln«.

Intim mit dem Theater vertraut und in mehreren westeuropäischen Sprachen gut beschlagen, so daß Meyerhold ihn beim Besuch ausländischer Gäste zu dolmetschen bat, hätte Alexander Fewralski jederzeit ins Visier der Staatssicherheit geraten können. In Tretjakows Verhörprotokoll fungierte er 1937 als Gesprächspartner japanischer Theaterleute – ein schlechtes Omen bei der panischen Angst vor japanischen Spionen, die Tretjakow zum Verhängnis wurde. Bei meiner Begegnung mit Fewralski lag die Rehabilitierung Meyerholds keine drei Jahre zurück. Sie war mit Hilfe von Boris Pasternak, Ilja Ehrenburg, Dmitri Schostakowitsch, Nazim Hikmet und mehreren Meyerhold-Schauspielern durchgesetzt worden. Eben war man dabei, den von Sergej Eisenstein geretteten Nachlaß Meyerholds zu sichten und brauchte Fewralskis Kompetenz und seine akribisch geführte und sorgsam gehütete Sammlung von Meyerholdiana.

Es mag in dem kaum merklichen Lächeln, mit dem mir der fast Sechzigjährige damals entgegentrat, die Hoffnung gelegen haben, einen Adepten und Verbündeten bei der Erweckung seines Meisters zu finden. Ich enttäuschte ihn da nicht, wenn ich mich auch mehr den Favoriten Meyerholds zuwandte als dem Theatermann selber. Ganz sicher aber galt dieses Lächeln einer Gewißheit, die ich mit Fewralski teilte und die ich mit allen Überlebenden teilen würde. Der Gewißheit, daß es jenseits der Kämpfe um die reine Lehre des Leninismus und dessen soziale Experimente – von verschwindend kleinen Parteiminderheiten auf Kosten von Millionen Menschenleben geführt – einen Sinnüberschuß gebe.

Gesprochen wurde darüber nie. Wie hätte man auch über die Schranken von Alter, Neigung und Erfahrung hinweg schnell zueinander finden sollen. Aber eins war gewiß und da trog die erste Empfindung nicht: Der Sinnüberschuß lag in der Stärkung der Person. Aus den Versuchungen und Beschädigungen durch einen titanischen Kollektivismus war die Person gestärkt hervorgegangen. Diese Gewißheit beunruhigte bis zur Atemlosigkeit und schmerzte bis zur Pein. Beunruhigte, weil man ständig auf der Hut sein mußte, um den Gewinn an Selbständigkeit nicht zaudernd zu verspielen. Schmerzte, weil das Gefühl geistiger Waisenschaft nach dem Verlust der Gefährten sich in dem Maße steigerte, in dem ihr Erbe ans Licht kam.

Diese Gewißheit war es, die einen Bund von ungewöhnlicher Geschmeidigkeit und Fassungskraft stiftete, einen Bund, dem ich meinen Rückhalt in Rußland verdanke, und der nach 30 Jahren noch Pawel Florenski einschließen sollte, diese auf russischer Seite stärkste Kraft, wenn es gilt, den Titanismus der europäischen Moderne zu überwinden. Mein Freund Sinowi Paperny, der Kenner Majakowskis und Pasternaks, dem ich 1966 meinen Versuch »Die fünf Minuten des Isaak Babel« gezeigt hatte, sandte uns 1989 den Katalog der Florenski-Ausstellung mit einer Widmung von Florenskis Enkel Pawel Wassiljewitsch und beförderte so die geistige Sammlung, die das letzte Jahrzehnt des vergangenen Jahrhunderts für uns bereithielt.

Alexander Fewralski bin ich keine große Hilfe gewesen. Seine Autobiographie fand bei DDR-Verlagen keinen Anklang. Immerhin brachte die Wochenschrift »Sonntag« 1974, als der nun über Siebzigjährige Berlin besuchte und kurz bei uns wohnte, zum 100. Geburtstag Meyerholds einen Beitrag von ihm, der in einem Zitat aus der »Times« gipfelte: »Meyerhold did it all years ago.« Mit Lipsia-Katalogen und Briefmarken konnte man den passionierten Sammler beglücken, aber aus Unachtsamkeit versäumte ich es häufig mit Sondermarken zu frankieren und er mahnte: »Eine Bitte: wenn Sie mir nächstens schreiben, kleben Sie bitte keine Ulbricht-Marken: ich habe Hunderte von denen.« Gelegentlich war etwas zu besorgen. Das Herzmittel Valocordin ließ sich auftreiben, auch ein zusammenschiebbarer Reisekaffeebecher à 1,60 für seine georgische Frau Rudusana, wie er ihn sich im Centrum-Warenhaus am Alexanderplatz gekauft hatte. Schwieriger kam es mit den Stiefeln für seine Tochter Irina, eine Filmkritikerin. Er habe sich mit seinem Berliner Kauf blamiert, teilte er mit, und da er von »Damensachen nichts verstehe«, sollten wir ihm helfen, seine Ehre wiederherzustellen. Sehr hoher Absatz, dicke Sohle, weicher anliegender Schaft, braun oder perlmutt, beiliegend ein Foto des Traumstücks. Wir haben uns bemüht, aber was wir wählten, fand in Moskau keine Gnade. Verfinstert die freudige Zuversicht des Vaters, daß ihn »Irina hoffentlich amnestieren« werde.

So fruchtlos die Bemühungen aber auch sein mochten, sie setzten mit der sanften Gewalt der Häuslichkeit die imperialen Rituale außer Kraft, die die offiziellen Beziehungen bis zuletzt regelten. Die Annäherung an die Toten mündete im persönlichen Umgang mit den Lebenden, und die Nöte und Mängel der Gegenwart korrigierten die hochfliegenden, hochfahrenden Entwürfe der Vergangenheit.

Der alte Herr revanchierte sich nicht nur mit Briefmarken für unsere Kinder und einer ausgesuchten Höflichkeit, die uns verlegen machte, weil er bei seinem Besuch in Berlin jedesmal wenn Sieglinde bei Tische aufstand, um noch etwas nachzutragen, sich eilends auch erhob und so das Essen in eine Turnveranstaltung ausartete, revanchierte sich also nicht nur mit seiner irritierenden Zuvorkommenheit, sondern mit Empfehlungen an die Mitüberlebenden und seine ausländischen Meyerhold-Freunde.

Tretjakows Frau Olga Viktorowna und ihre Tochter Tatjana Sergejewna Gomolizkaja lernte ich auf diese Weise kennen, später auch Asja Lacis, eine der schönen Revolutionärinnen der zwanziger Jahre, Walter Benjamins bolschewistische Muse. Zu Tretjakows Schwestern fand ich dann selber.

Olga Tretjakowa war 1937 ebenfalls als Spion verurteilt worden – fünf Jahre Arbeitserziehungslager in Nordsibirien, wegen des Krieges verlängert bis 1946, zwei Jahre Ansiedlung in der Umgebung des Lagers, 1948 Aufenthaltserlaubnis für Orte in l00 km Entfernung von Moskau, wo sie zunächst in der Registratur eines Krankenhauses, später als Postbotin arbeitete. Zweite Verhaftung 1951, Verbannung nach Kasachstan. Die Bitte der Tochter in einem Brief an Stalin, die Tbc-kranke Mutter freizulassen, wurde abgeschlagen, sie kam erst 1954 frei.

Tatjana Sergejewna durfte nach der Verhaftung ihrer Eltern 1937 ihr Studium am Luftfahrtinstitut nicht fortsetzen, ging zunächst in einen Landmaschinenbetrieb, ließ sich dann als Krankenschwester ausbilden, bis sie dank ihrer Kenntnisse in Deutsch, Englisch und Französisch in der Presseauswertung eines Baubetriebs landete. Ihr erster Mann fiel im Krieg. Ihr zweiter Mann war Fotograf und Erfinder. Tatjana Sergejewna oder, wie wir sie bald nennen sollten, Tanja war mit den überlebenden Gefährten ihrer Eltern verbunden, so mit Jelena Semjonowa, der Avantgarde-Designerin, die noch mit Majakowski Industrie-Reklame entworfen hatte, oder mit Iwan Martowizki, einem ehemaligen Kolchos-Vorsitzenden, von dem Tretjakow Brecht geschrieben hatte, daß er »wirtschaftet wie Caruso singt«.

Als ich mich in den siebziger Jahren mit Übersetzungen, Ausgaben, Vorträgen und einer Monografie für den furiosen Streitgeist Sergej Tretjakow einsetzte, begleitete mich ein dankbares, aber erstauntes Lächeln.

Moskauer Lektüre war das nicht. Tatjana Sergejewna las neben der Zeitschrift »Nowy Mir« vor allem Samisdat, Zensurwidriges – Solshenizyn, Jewgenija Ginsburg. Von jener allgemeinen Beholfenheit im Alltag und einem artistischen Weltverkehr, wie das Tretjakow vorgeschwebt hatte, war man weiter denn je entfernt. Und so tauschte ich biographische Auskünfte, Erinnerungen und vor allem das Manuskript der ersten Fassung des Theaterstücks »Ich will ein Kind haben« von Tretjakow aus dem Jahre 1926 gegen schwarze Damenhosen (Größe 48, 4 Taschen, 108 cm Beinlänge) und schwarze Reißverschlüsse,

KULTURBUND DER DDR
Otto-Grotewohl-Klub Hoyerswerda

Ich will ein Kind haben

Gespräch mit
Tatjana Sergejewna Gomolizkaja-Tretjakowa, Moskau,
und Fritz Mierau, Berlin,
zu Sergej Tretjakows Schauspiel

Freitag, den 8. 11. 1974, 20 Uhr, Otto-Grotewohl-Klub WK VII
Gemeinsame Veranstaltung mit der DSF-Grundeinheit VEB Rationalisierung Braunkohle Spreetal

Tatjana Sergejewna Gomolizkaja-Tretjakowa in Hoyerswerda 1974 und Einladung zum Gespräch über Sorgoj Tretjakow gegen Jenaer Glaskrug, Pfefferkörner und Bimsstein, Fußsalbe Hepathromb, Shampoon, Dauerwellenpräparate und besonders Ohropax wider die barbarischen Fernseh-Manieren der Nachbarn in der kleinen Kommunalwohnung, die noch die gleichen Unzuträglichkeiten aufwies wie vor 50 Jahren in Tretjakows Stück, und die sie erst 1984 verlassen konnte.

»Ich will ein Kind haben« brachte die lettische Agronomin Milda auf die Bühne, die ihrem Wunschkind einen gesunden Proletarier vom Bau zum Erzeuger wählt, den aber weder als Vater noch als Mann behalten will. Ein Thesenstück, das dem chaotischen Alltag mit einem rationalen Standard-Leben zu Leibe rückte. Majakowski prophezeite dem für das Meyerhold-Theater geschriebenen Stück mit der provokant verfremdeten Liebes-Intrige die Wirkung eines zweiten »Panzerkreuzer Potjomkin«. Lissitzky baute eigens eine Bühne. Brecht ließ sich die zweite Fassung, die seinen Lehrstück-Vorstellungen entgegenkam, übersetzen. Eisenstein sollte für die Berliner Inszenierung gewonnen werden. Drei Jahre hintereinander in Moskau angekündigt, wurde das Stück 1930 endgültig verboten. Die ersten öffentlichen Lesungen fanden deutsch in Hoyerswerda, Jena, Erfurt und Weimar statt, Weltpremiere war 1980 am Staatstheater Karlsruhe. In Hoyerswerda und Karlsruhe war Tatjana Sergejewna zu Gast. Russisch wurde »Ich will ein Kind haben« bis heute weder gedruckt noch gespielt.

Außerhalb der Familie verlor das Lächeln über meine Anhänglichkeit an Tretjakow sein wohlwollendes Staunen. Man war peinlich berührt. Einmal lud mich Nina Sergejewna Pawlowa, eine Moskauer Germanistin, die sich dem deutschen Expressionismus zugewandt hatte, zum Essen. Sie hatte mich dem kleinen Kreis ihrer Gäste vermutlich als Puschkin-Übersetzer und Herausgeber von Isaak Babel und Ossip Mandelstam empfohlen. Um mir den Zugang zum Gespräch, das sich um Thomas Mann, Hermann Hesse und Rainer Maria Rilke drehte, zu erleichtern, fragte mich mein kleiner, runder, gütig blickender Tischnachbar leise, aber doch so vernehmlich, daß die Aufmerksamkeit auf die Antwort gezogen wurde: »Und womit beschäftigen Sie sich gerade?« Meine Antwort ließ das Gespräch für Sekunden stocken, denn sie lautete: »Mit Sergej Tretjakow.« So etwas tat man nicht, darauf konnte keiner eingehen. Da half es nichts, an Tretjakows Freundschaft mit Bertolt Brecht, John Heartfield, Hanns Eisler und Oskar Maria Graf zu erinnern oder den religiösen Horizont der Zeitungsarbeit Tretjakows ins Auge zu fassen, wie ihn Walter Benjamin beschrieben hatte. Von der »Rettung« des Wortes auf dem Schauplatz seiner »hemmungslosen Erniedrigung«, der Zeitung, zu sprechen, war angesichts des katastrophalen Zustands der sowjetischen Presse ein Unding. Es muß meinen Nachbarn sehr geschmerzt haben. Ein faux pas. Ich hatte meine Chance vertan. Aber – einen Freund gewonnen. Mein Nachbar war Solomon Apt, der Übersetzer Thomas Manns und Robert Musils; jüngst schickte er uns seine Übersetzung von Adalbert Stifters »Nachsommer«, die erste in Rußland, mit dem Nachwort unserer damaligen Gastgeberin Nina Pawlowa.

Die Russen lächelten, wenn die Rede auf das Überleben kam. Anfang Dezember 1966 besuchte ich Ilja Ehrenburg auf der Gorki-Straße: Im Flur an seinen Légers vorbei ins Zimmer – Picassos »Der Maler und sein Modell«, ein frühes Selbstbildnis von Chagall, Tyschler, Udalzowa, Sterenberg. Der 75-jährige Ehrenburg klein, schmal, raschen Schritts. Ich hatte ihn in einem Brief aus Berlin gefragt, ob er nicht für die Babel-Ausgabe bei Reclam ein Vorwort schreiben wolle. Um einen Anfang zu finden, richte ich Grüße von Rainer Kirsch aus, der zur gleichen Zeit in Moskau ein Buch abschließt und sich auf die Nachdichtung von Ossip Mandelstam vorbereitet. Das Gespräch kommt auf Stephan Hermlin, seinen wohl einzigen Freund in Berlin. Wem es bei uns überhaupt gut gehe? »Vielleicht Kurella!!« Der war einer der schärfsten Kritiker von Ehrenburgs Roman »Tauwetter« gewesen. Daß seine Memoiren in der DDR keine Druckgenehmigung bekommen, glossiert er mit dem Satz: Abgesehen von China und Albanien gebe es nur drei Länder, in denen das Buch nicht erscheint – Bulgarien, Rumänien und eben die DDR. Vom bevorstehenden Moskauer Schriftstellerkongreß erwarte er nichts: »Ein Trommelkongreß«. Zu dem Babel-Vorwort kam es nicht; es sei doch sehr gut, daß die Babel-Passage aus seinen Memoiren aufgenommen sei. Ich sollte mich aber unbedingt an Babels Frau, Antonina Nikolajewna Piroshkowa wenden, die noch in der alten Wohnung Babels, Nikolo-Worobinski-Gasse anzutreffen sei;

> MOSCOU, LE 11 AVRIL 1966
>
> CHER FRITZ MIERAU,
>
> JE SUIS CONTENT D'APPRENDRE QUE VOUS PRÉPAREZ LE LIVRE DE BABEL. LORSQUE VOUS SEREZ À MOSCOU, VENEZ ME VOIR ET NOUS VERRONS ENSEMBLE CE QUE JE PEUX FAIRE. EN CE MOMENT JE ME PRÉPARE POUR UN VOYAGE EN FRANCE. JE SERAI DE RETOUR LE 5 MAI.
>
> MES MEILLEURES AMITIÉS.

Brief von Ilja Ehrenburg, Moskau 1966

ein entscheidender Rat: Sie hat mir bei allen späteren Babel-Ausgaben auf das großzügigste geholfen. Was die Aufregungen des Augenblicks angehe, so müsse man sich schon ein paar Stufen über das »Chrustschow-Niveau« erheben; gleich begännen zwei wichtige Ausstellungen – Pablo Picasso und David Sterenberg, und ob ich nicht Alexander Tyschler besuchen wolle, hier sein Telefon. Im übrigen erinnere er an die Haltung von Anna Achmatowa. Was tat sie, als Andrej Shdanow, der Kunst-Experte des Imperators, sie 1946 eine »wildgewordene Gnädige« nannte, die »zwischen Boudoir und Bethaus pendelt«? Sie las Horaz.

So gelassen wie Ehrenburg es empfahl, war Lili Brik, die ich wenige Wochen später in ihrer Wohnung auf dem Kutusow-Prospekt traf, nicht. Auch hier Fernand Léger beim Eintritt, seine Arbeiten zu Majakowski. Ein paar Schritte weiter Niko Pirosmani, der georgische Naive. Dann Chagalls und Tyschlers

Ehrungen für Majakowski. Chagall zeigt den Dichter im Gespräch mit dem geschundenen Pferd – »... wir alle sind ein wenig Pferd...«, Tyschler ein sich aufbäumendes Pferd und in dem Tier den gekreuzigten Dichter. Lili Brik hatte nicht nur den Geliebten verloren, sondern auch ihren späteren Mann, Majakowski durch Selbstmord, Primakow durch Mord. Vitali Primakow, Stellvertretender Kommandeur des Leningrader Militärbezirks, war als erster der führenden Offiziere 1936 verhaftet und 1937 erschossen worden. 1933 hatte er die deutsche Generalstabsakademie besucht und wurde nun des Vaterlandsverrats bezichtigt. Jahrelang lebte Lili Brik in der Angst, verhaftet zu werden. Sie wußte nicht, daß Stalin eigenhändig ihren Namen aus der Verhaftungsliste gestrichen hatte: »Majakowskis Frau rühren wir nicht an.«

Unverändert ihre großen Augen wie auf Rodtschenkos Fotografien der zwanziger Jahre. Wie seit eh und je fühlt sich die 75jährige als Adressatin aller Gedichte Majakowskis: Hatte er ihr nicht die Ausgabe letzter Hand gewidmet? Bei dem Gedanken, daß Majakowski seinen Weg vom Futurismus zu Gorki gegangen sei, lächelt sie verächtlich. Umgekehrt, umgekehrt! Aber es sei höchste Zeit, über Majakowskis Begegnung mit Dostojewski nachzudenken, Chagall und Tyschler hätten es auf ihre Weise schon getan.

War einem bei dem Lächeln derer, die mit dem Schrecken davongekommen waren, schon nicht geheuer, so wurde einem, wenn es um den Mund der ehemaligen Häftlinge spielte, vollends unheimlich. Durfte man sie »danach« fragen? Oder rührte man lieber nicht »daran«? Versäumte dann aber die Mitleidsfrage nach der Wunde. Ohnehin hatte mich als jungen Mann Parzivals Klage tief getroffen. Erzogen, seine Zunge im Zaum zu halten und keine unnützen Fragen zu stellen, verbot er sich zu fragen und verlängerte die Leiden des Gralskönigs. Wie gelänge es wohl, über der Verantwortung für sein Selbst die Verantwortung für die anderen nicht zu vergessen? Immer war es das Lächeln, das einem aus der Verlegenheit half.

Der Philologe Igor Postupalski hatte allein wegen seiner halbpolnischen Abkunft zehn Jahre im nordostsibirischen Kolymá zugebracht; kaum einer meiner Besuche bei ihm verging, ohne daß er mir einschärfte, ich sollte, geriete ich in eine ähnliche Lage, mich unbedingt ins Bergwerk melden wie er. Unter Tage sei es auch im Winter warm, keiner seiner Kameraden über Tage habe die eisige Kälte überlebt.

Die Regisseurin Asja Lacis, die ich in Riga bei der Arbeit an ihren Erinnerungen fand, war wegen angeblicher Zugehörigkeit zu einer antisowjetischen lettisch-nationalistischen Organisation zu zehn Jahren Zwangsarbeit verurteilt worden und hatte sie in voller Länge in einem kasachischen Lager bei Karaganda durchgemacht. Den Bericht über ihre Theaterarbeit im Lager, der ihr das Überleben garantiert habe, schloß sie mit dem Appell: »Also junger Mann, üben Sie immer und überall Ihren Beruf aus!«

Einmal ist das Lächeln, das solche Ermahnungen begleitete, in all seiner Abgründigkeit erlebt worden. Da war einem Mann zu begegnen, in dessen Schicksal sich die Absurditäten des sowjetischen Imperiums noch über das Bekannte hinaus steigerten, dem Germanisten und Dichter Konstantin Bogatyrjow. 1951 mit 26 Jahren für einen Toast auf ein Rußland ohne Stalin, was als Versuch ausgelegt wurde, den Kreml zu sprengen, zum Tode verurteilt und zu 25 Jahren Zwangsarbeit begnadigt, kam er nicht nach dem Tod des Imperators 1953, sondern erst drei Jahre später frei. Die Gedichte Pasternaks, der ihm auch ins Lager schrieb, und die Gedichte Rilkes haben ihm überleben helfen. Von den Martern in der Untersuchungshaft und den Leiden der Lagerzeit war er gezeichnet durch zitternde Hände und ein schwer beherrschbares Gesicht. Über Gefängnis, Verhör und Lager erzählte er schroff, doch in einem eher sogar fröhlichen Ton, obwohl es für den erschrockenen und gebannten Zuhörer schwer war, sein Lächeln von der Grimasse des Nervenzuckens zu unterscheiden, das sein Gesicht entstellte. Als Bogatyrjow seine lang ersehnte Übertragung der »Neuen Gedichte« Rilkes fertig hatte, wurde er 1976 mit 51 Jahren vor seiner Moskauer Wohnung ermordet. Die Tat ist nie aufgeklärt worden.

Verbarg sich in jedem Lächeln die Grimasse? Gab es das – die Grimasse der Unrast, das innere Zucken, die Not eines nicht wieder gut zu machenden Versäumnisses? »Heute hab ich viel zu tun: ich muß / Vollends töten die Erinnerung / Und von neuem leben lernen nun ...« hatte Anna Achmatowa geschrieben, als sie am 22. Juni 1939 vom Urteil gegen ihren Sohn erfuhr – zehn Jahre Arbeitserziehungslager. War das der Preis für die Stärkung der Person – vom Wahnsinn gestreift worden zu sein und nun mit zwanghafter Besessenheit »von neuem leben lernen« zu müssen?

In den siebziger Jahren fand ich Igor Stefanowitsch Postupalski inmitten seiner 9000 Bücher völlig vernarrt in die Idee, sich am Ende seines Lebens noch der deutschen Dichtung des 20. Jahrhunderts zu widmen. Er kannte sich in der Dichtung der Russen und der anderen slawischen Völker gut aus, schrieb selber Gedichte auf russisch und polnisch und hatte sich nach den zehn Jahren Lager den Franzosen verschrieben. Seine Ausgaben von Leconte de Lisle und José Maria de Hérédia waren hochgeschätzt. Nun also die Deutschen. Postupalski schlug mir einen exzessiven Büchertausch vor. Er bat um George, Hofmannsthal, Heym, Trakl, Borchardt, Benn, Maurer und Arendt und bestimmt noch ein Dutzend weiterer und versprach mir aus der russischen Dichtung, was mein Herz begehrte. Einmal schickte er mir 48 Bücher, er trennte sich sogar von den Widmungsbüchern seiner Dichterfreunde. Auch vermachte er mir Hunderte von Zeitungsausschnitten aus den zwanziger bis sechziger Jahren und riet, sie ja nicht zu unterschätzen. Bei ihrer Durchsicht habe man sich mit der Geduld eines Goldwäschers zu wappnen. Ich beherzigte den Rat. Kürzlich stieß ich bei einer Wäsche auf den Majakowski-Gedenkartikel zum 15. Todestag in der Zeitung »Sowjet-Kolymá« vom 14. April 1945, dem Organ der sowjetischen Staatspolizei GPU, deren Botmäßigkeit der Häftling Postupalski unterstand. Der GPU-Journalist pries den Selbstmörder Majakowski von 1930 als Stalins Zögling und Günstling.

Die Besuche bei Postupalski gipfelten regelmäßig in der Umverteilung der Weltpoesie. Erhielt er die soliden Leipziger Teubner-Ausgaben der Lateiner – Vergil, Ovid, Lukrez und Catull, fielen mir die russischen Futuristen zu, besonders ihr legendärer Begründer David Burljuk, über den der 23jährige Postupalski die erste Monographie geschrieben hatte. Sie erschien 1930 im Verlag von Burljuks Frau Maria in New York, wo der Futurist nach einem Japan-Aufenthalt gelandet war.

Was Postupalski Sorge machte, war meine nicht nachlassende Aufmerksamkeit für den Futuristensproß Tretjakow. Weder als Dichter noch als Theoretiker rechtfertige er mehr als ein paar Fußnoten. Sein tragisches Schicksal? Das gebe es bei literarischer Leistung auch sonst zur Genüge. Wie wäre es mit Wladimir Narbut – Postupalskis Schwager. Über den wisse er viel. Bei dem Umfang meiner Interessen sei es völlig unverständlich, warum ich mich ausgerechnet an Tretjakow hänge, über den er mir so wenig sagen könne. Und so versuchte er mich mit einem guten Dutzend Namen auf einen anderen Weg zu locken. Favorit blieb der Symbolist Valeri Brjussow, ein großer Formkünstler und Stilist, Kenner der Antike und des deutschen Mittelalters, für den ich mich überhaupt nicht erwärmen konnte.

Begleitet wurden diese Einflüsterungen von massiven Attacken auf meine Figur. Einem russischen Auge erschien ich stets zu dünn. Bei der ewigen Rennerei nach Bescheinigungen, Zutrittserlaubnissen und Fahrkarten habe ich wohl auch nicht gerade wie das blühende Leben ausgesehen. Ich bin überall gut verpflegt worden und habe bei Antonina Piroshkowa Bärentatze mit Preiselbeerkonfitüre oder Krautpiroggen vom Blech gegessen, bei Tretjakows Schwester Jewgenija Michailowna Rote Bete, einen phantastisch trockenen Quark mit süßer Sahne und Buchweizengrütze mit Butter, aber so wie bei Postupalskis ist mir nirgends zugesetzt worden. Während Igor Stefanowitsch mir erzählte, wie Andrej Bely ihm kurz vor seinem Tod begeistert für sein Brjussow-Buch dankte und Boris Pasternak für die Verteidigung gegen einen läppischen Angriff von proletarischer Seite, während er mir in Aussicht stellte, einmal etwas über Majakowski mitzuteilen, was sonst niemand wisse, trug Galina Stepanowna gedünsteten Zander mit Salzkartoffeln auf, schob einen Teller mit zehn hartgekochten Eiern nach und war schon auf dem Sprung, noch zwei, drei Paar Würstchen warmzumachen, Kompott, Kuchen und der kachetische Weißwein verstanden sich von selbst. So als ob über der Opulenz des Mahls und der günstigen Veränderung meiner Figur jeder Gedanke an den eher asketischen Tretjakow vergessen gemacht werden sollte. Glaubt man mir, daß es nicht anschlug?

Als Igor Stefanowitsch dann den dreibändigen Alexander Blok sah und die zweisprachigen Ausgaben von Ossip Mandelstam und Anna Achmatowa, an denen ich parallel zum Tretjakow gearbeitet hatte, lächelte er versöhnlich. Insgeheim mag er aber doch gehofft haben, ich würde es seinem Lieblingsschüler nachtun – Konstantin Gerassimow in Tbilissi. Der war ein wirklicher Brjussow-Forscher und ein Dichter dazu, schrieb selber Sonette, kannte sich aus in der ästhetischen Philosophie des Sonetts und veranstaltete 1985 in Tbilissi eine Konferenz über das Sonett: »Harmonie der Gegensätze«. Noch kürzlich sprach er in Heidelberg und las dort seine Sonette.

Die Empfänglichkeit für das Lächeln der Überlebenden verfeinerte sich in dem Maße, wie Auge und Ohr die Wandlungen und Abwandlungen zu unterscheiden lernten. Es konnte unendlich traurig sein. So, als mir Ljudmilla Kuwanowa, die Seele des Handschriftenarchivs im Moskauer Gorki-Institut, vom Schicksal des Mannes erzählte, dessen Wohnung sie 1965 betreute. Es ging um den Schauspieler Stepun, einen Bruder des 1922 ausgewiesenen Philosophen Fjodor Stepun. 1937 wurde er zu 20 Jahren Lager verurteilt. Und was hatte dabei als Beweismittel gedient? Ein Szenenfoto, das Stepun als weißen Offizier in der Aufführung von Michail Bulgakows »Tage der Turbins« am Künstler-Theater Stanislawskis zeigte.

Sarkastisch konnte es sein. So als Sinowi Paperny mir den Grund für seinen Ausschluß aus der Kommunistischen Partei nannte. Er hatte 1969 eine kleine Parodie geschrieben, und zwar auf einen Roman gegen die gefürchteten geistigen Brückenbauer aus den USA und Italien, die die junge sowjetische Intelligenz zu ideologischer Koexistenz verführten. Das Buch hieß: »Was willst du eigentlich?« (Tschewo she ty chotschesch?) Durch die Hinzugabe einer einzigen Silbe machte Paperny daraus: »Was lachst du noch?« (Tschewo she ty chochotschesch?) Der Verfasser war blamiert und rächte sich.

Von stoischer Gelassenheit und tödlicher Nachsicht fand ich das Lächeln, das mir auf den Gesichtern der Besucher eines subtilen Vortrags begegnete. Eines Moskauer Winterabends in den siebziger Jahren sprach der Philologe Wjatscheslaw Iwanow im ungeheizten Kongreßsaal eines Gewerkschaftshauses über den literarischen Anreger von Anna Achmatowa und Nikolai Gumiljow. Weiß auf rot strahlte über der Bühne die Losung: »Partei und Volk sind eins.« Darunter saß der Vortragende an einem winzigen Tisch und behandelte »Das Todesmotiv in der Lyrik Innokenti Annenskis«.

Daß dieses Lächeln die großen symbolischen Witze der Zeit schuf, leuchtet danach sofort ein. Kommt ein Mann in die Parfümerie eines Warenhauses. »Guten Tag, Genosse!« – »Guten Tag, was wünschen Sie?« – »Hätten Sie bitte Rasierklingen, Genosse?« – »Nein, vielleicht morgen.« Am nächsten Tag ein neuer Versuch. »Guten Tag, Genosse!« – »Guten Tag! Sie wünschen?« – »Sind die Rasierklingen eingetroffen, Genosse?« – »Nein, vielleicht morgen. Aber eins sage ich Ihnen gleich: Wenn Sie mich noch einmal mit Genosse anreden, können Sie sich mit Hammer und Sichel rasieren!«

Das Lächeln der Überlebenden. Stiller und staunender, trotziger und ergebener als bei Asja Lacis ist es mir bei niemandem begegnet. In den vier Stunden meines Besuchs in Riga am 16. März 1976 glitt es von Nostalgie in Resignation, von Verwunderung in Aufbegehren. Ich befand mich auf einer Zweiwochenreise: Moskau-Riga-Tallinn-Leningrad. In Moskau hatte ich Igor Postupalski, Babels Witwe, Olga Tretjakowas Tochter, Meyerholds letzten Sekretär Alexander Fewralski und Freund Paperny besucht. Für den 16. März hält der Kalender fest: »Abend: Lacis.« Riga, Gorkistraße 145, Block I, Wohnung 15, Trolleybus 3 – Eingang vom Hof. Das Furchtbare war, ich hatte mich schwer erkältet. In der oberen Koje des Schlafwagens hatte es grauenhaft gezogen. Ich konnte kaum sprechen. Aus unserem Briefwechsel kannte ich ihre energische impulsive Art. Allen Ernstes hatte sie Majakowski der Untreue geziehen, weil er seine Kameraden von der Linken Front verlassen und der Proletarischen Literaturorganisation beigetreten war. Noch im Januar hatte mich ihre Postkarte mit den resoluten Sätzen erreicht: »Ich erwarte mit Ungeduld den Besuch in Riga. Das wäre sehr wichtig.«

Ich traf die 85jährige in Gesellschaft eines Mannes in Uniform, eines früheren Armeejournalisten, der ihr bei der Arbeit an den Erinnerungen »Die rote Nelke« half. Die 500 Seiten Manuskript lagen vor ihr auf dem Tisch. Doch ehe wir darauf zu sprechen kamen, wurde etwas zu meiner Gesundung getan – mit Hilfe jenes pechschwarzen und pechzähen Likörs aus 100 Heilkräutern, der »Schwarzer Balsam« heißt, und heißem Tee.

»Sie müssen sofort gesund werden!« Ich weiß nicht, ob es ihr starker Wille war oder die Wirkung des Gebräus – als ich die beiden verließ, war ich meine Erkältung los.

Die Gespräche drehten sich zunächst um Berlin, um die Kontakte der Berliner und Moskauer Avantgarde. Das besondere an Asja Lacis war, daß sie schon, als sie 1922 das erste Mal in Berlin auftauchte, die politische und die Kunstavantgarde in einer Person vertrat. In Lettland hatte sie mit den Gewerkschaften zusammen Theater gespielt, später in Orjol die Straßenkinder durch Theater gewonnen. Als Lettin aus Riga sprach sie wie die russischen Abkömmlinge Rigas auch – etwa Sergej Tretjakow und Sergej Eisenstein – gut deutsch mit dem charmanten baltendeutschen Einschlag, der Brecht 1923 in München so begeisterte, daß er sie in Feuchtwangers »Leben Eduards« mitspielen hieß. 1924 gewann Walter Benjamins Begegnung mit ihr einen so entscheidenden Einfluß auf seine Existenz, daß er sich zwei Jahre darauf entschloß, nach Moskau zu fahren, um sie zu einer engeren Verbindung zu bewegen und Möglichkeiten einer von ihr vorgeschlagenen Arbeit in Moskau zu prüfen, eventuell sogar in die Kommunistische Partei einzutreten. Alles scheiterte. 1928–1930 arbeitete Asja Lacis wieder in Berlin, diesmal im Regierungsauftrag an der Berliner Handelsvertretung der UdSSR für das Referat Stummfilm und Kinderfilm. Ihre lettische Abkunft bestimmte dann auch ihr Schicksal in den dreißiger und vierziger Jahren. In Moskau engagierte sie sich für das lettische Exiltheater und verkehrte in lettischen Exilkreisen. Die Letten waren angesehen, zumal wegen des Anteils der lettischen Schützen an der erfolgreichen Beendigung des Bürgerkriegs; viele hohe Funktionäre der GPU waren Exilletten. Der für 1938 geplante vierte Schauprozeß änderte die Lage von einem Tag auf den anderen. Neben Jossip Pjatnizki und dem Ungarn Bela Kun war der Lette Wilhelm Knorin der Hauptangeklagte. Alle drei waren ehemalige Sekretäre des Exekutivkomitees der Kommunistischen Internationale. Sie wurden der inneren Zersetzung der Organisation angeklagt. Georgi Dimitroff, der Generalsekretär der Komintern, notierte Stalins Äußerung während der Kundgebung am 7. November 1937: Knorin ist polnischer und deutscher Spion. Pjatnizki Trotzkist. Bela Kun geht mit den Trotzkisten. So gut wie alle Mitglieder des lettischen Theaters wurden verhaftet, auch Asja Lacis, die gute persönliche Beziehungen zu Knorin und Bela Kun unterhalten und auch Brecht mit ihnen bekanntgemacht hatte.

Asja Lacis hatte zuletzt schon ein sehr schwaches Augenlicht. Einmal, als wir aufgestanden waren, vielleicht, um eine von ihren 100 Arzneien zu holen, die seitlich auf einem ovalen Tisch sich drängten, oder das Buch, das sie mir an dem Abend schenkte – Texte von ihr und über sie – kam sie plötzlich auf mich zu, umfaßte mich leicht in der Höhe, die bei mir für die sehr kleine Frau erreichbar war, und sagte leise: »Sie sind so wie damals in Berlin.« Und wie war sie? Hätte ich von ihr sagen können, was sie von Vera Figner gesagt hat, die 20 Jahre im zaristischen Gefängnis gesessen hatte? »Den Kreisen der Hölle entronnen, strahlte sie Güte und Helle aus.« Eher kam sie mir vor wie die »Young lady of Riga« aus dem Limerick, einem dieser Fünfzeiler, die sich exotische Ortsnamen am Ende des ersten Verses zum Bezugspunkt der Aussage wählen, hier eben Riga:

> There was a young lady of Riga
> Who smiled as she rode on a tiger.
> They returned from the ride
> With the lady inside
> And a smile on the face of the tiger.

Hatte die Frau, die da vor mir stand, den Tiger am Ende doch überlistet?

Anders als die bewunderte Vera Figner hat Asja Lacis keine Erinnerungen an die zehn Jahre Lager veröffentlicht. Weder in dem deutsch erschienenen Buch »Revolutionär im Beruf« noch in der 1984 erschienenen gekürzten Fassung der »Roten Nelke« geht sie auf die Zeit ein. Ob sie sonst darüber etwas aufgeschrieben oder erzählt hat, weiß ich nicht. Einmal, in einem Brief an Konrad Wolf von 1972, in dem sie sich für ihren Lebensgefährten Bernhard Reich, den österreichischen Regisseur und Schriftsteller, Schüler Max Reinhardts, einsetzt, der 1943 verhaftet wurde und bis 1951 im Lager zugebracht hatte, gibt es eine vorsichtige Andeutung: »Selten kann ein Mensch so viel aushalten wie dieser schmale zarte Mann ertragen hat. Aber die

Neugier und Liebe zu den Menschen hat ihm geholfen, alles zu überstehen, diese Danteschen Höllenkreise zu durchstehen.« Was wird der Brief von Asja Lacis an Berija, den Chef des Geheimdienstes, vom Januar 1940 bringen, den kürzlich Wladimir Koljasin fand, der 1997 die Dokumente zur Verfolgung sowjetischer und deutscher Avantgardekünstler veröffentlichte? Hat sie selber der Geheimpolizei dienen müssen?

Eine ihrer Lagergeschichten aber habe ich in jener Märznacht in Riga zu hören bekommen. Ich war schon fast gesund, der Aufbruch stand bevor, man würde sich so bald nicht wiedersehen, da erzählte Asja Lacis von ihrem Empfang in Karaganda – in einer Märznacht des Jahres 1938. Gleich nachdem sie im Lager eingetroffen war, geriet sie in die Hände einiger wild aussehender Gesellen, die sie auf einem Einspänner in die Steppe entführten. Vor Angst wurde sie ohnmächtig. Als sie, gegen die Kälte dick in Schafpelze verpackt, wieder zu sich kam, traute sie ihren Ohren nicht. Sie hörte einen Tenor von der Kraft und dem Timbre Ernst Buschs. Ein Traum von Berlin oder von Moskau, wo Ernst Busch vor den Nazis Zuflucht gefunden hatte? Oder war der kommunistische Sänger auch im Lager gelandet? Doch sie träumte nicht. Der da sang war der Anführer der Gang, die sie in Empfang genommen hatte, ein Krimineller, ein anderer Mackie Messer, der hier seine Strafe verbüßte und mit seinen Gesellen den Überlebensposten eines Fuhrdiensts versah. In Asja Lacis' Lagertheater, dem sie ihr Überleben verdankte, avancierte der Lager-Busch bald zum besten Schauspieler. »Also, junger Mann, üben Sie immer und überall Ihren Beruf aus!«

Die sanfte Gewalt der Häuslichkeit, die ich in meinen russischen Begegnungen so stark erfuhr – im Büchertausch, im Essen, im Kurierterden, im Besorgen rarer Alltagsdinge oder im Rat für das Leben in Diktaturen – dieser aus dem Häuslichen wirkende Impuls ist selber meist nur am Rande erörtert worden. Sicher scheute man da das Gespräch, weil es die Verborgenheit, das Vertraute und Gemütvolle des Häuslichen durch voreilige Benennung gefährden könnte. Es bedurfte wohl eines geeigneten Mediums, um vorsichtig genug mit dem verletzlichen, flüchtigen Stoff umzugehen.

Mitte der siebziger Jahre lernten wir einen Moskauer kennen, der über dieses Medium verfügte. Georgi Knabe, Historiker, Kenner des Altertums. Die Bekanntschaft verdankten wir Gerhard Schaumann, mit dem ich lange an Harri Jüngers Literaturgeschichte zusammengarbeitet habe. Für eine Geschichte des Altertums schrieb Georgi Knabe gerade an seinem Kapitel über das Alltagsleben im Rom des 1. und 2. Jahrhunderts, wo ihn besonders Cornelius Tacitus beschäftigte, der große Geschichtsschreiber, der den einzelnen als verantwortlich für den Lauf der Geschichte ansah. In einer Vorarbeit, die er uns zur »Erinnerung an Berlin und die Gespräche in der Metzer Straße 36« schenkte, hatte er die Entscheidungszwänge in und nach einer Diktatur am Beispiel des »römischen Bürgers« Tacitus erwogen und ihn als einen Mann geschildert, der sich weder im »gedankenlosen Getümmel der Alltagsgeschäfte noch im süßen Bewußtsein prickelnden, aber ungefährlichen Opponierens« wohlfühlte. Zurück in Moskau notierte Georgi Knabe, worum sich die »Gespräche in der Metzer Straße 36« gedreht hatten und gab der sanften Gewalt der Häuslichkeit ihren Platz in der Geschichte: »Da ich überzeugt bin, daß die Geschichte in der Küche, im Badezimmer, kurz im Alltäglichen beginnt, sich konzentriert und sich konkretisiert, war es mir wichtig, ein bestimmtes historisches Material so bearbeiten zu können, daß diese Überzeugung aus einer allgemeinen und emotionalen These zu einem Forschungsinstrument werde.« In seinem jüngsten Buch über die Bedeutung des Altertums für Rußland vom 14. bis ins 20. Jahrhundert »Die russische Antike« hat sich Georgi Knabe unverändert von diesem Gedanken leiten lassen.

Willkommen in Utopia!

1

In den siebziger Jahren gefiel dem Leipziger Reclam-Verlag eine mythisierende Darstellung meiner ausgedehnten Tätigkeit. Der Globetrotter in den Weiten der Sowjetunion, der da geschildert wurde, erinnerte an einen wilden Skythen, der zu Pferde die Steppen Südrußlands durchsprengt. Davon konnte bei einem Aeroflot-Reisenden wie mir nicht die Rede sein. Eine Verwechslung offenbar mit einigen meiner Vertrauten: Alexander Blok, Isaak Babel und Sergej Tretjakow waren tatsächlich geritten. Eins aber stimmte an dem Bild: das Wilde.

Als Philologe ohne eigentlichen Lehrer angetreten, der meine ersten Schritte hätte lenken und mich zähmen sollen, war ich, was Thema und Methode meiner Bemühungen anlangte, nicht gebunden – akademischer Wildwuchs.

Gewisse Wegleitungen gab es natürlich doch. Die eine war methodischer Natur und kam von drei schulbildenden Lehrern des Nachkriegs – Ernst Bloch, Werner Krauss und Hans Mayer. Sie waren keine Slawisten und saßen obendrein in Leipzig. In Berlin bot sich aber die einzigartige Gelegenheit, sie in Peter Huchels Zeitschrift »Sinn und Form« selbdritt zu vernehmen. Bei aller Besonderheit in Stil und Diktion traf ich da auf einen häuslichen Diskurs, der den Liebhaber im Experten nicht verleugnete und die Schreiber selber, ihre Lebensführung, ihr Schicksal bedeutend werden ließ.

Was ich von ihnen nahm, war vielleicht nicht aus der Mitte ihrer Arbeiten gegriffen, bestärkte mich aber in meinem wilden Umgang mit dem russischen Jahrhundert. Bei Ernst Bloch hörte ich das Lob der Kolportage, der »gärenden Farbenwetter der Kreatur«, das er den frühen Russenfilmen spendete, etwa Eisensteins »Panzerkreuzer Potjomkin«, in dem er die »Sonne Lederstrumpfs« leuchten sah. Bei Werner Krauss fand ich die Empfänglichkeit für die Verschiebungen im literarischen Gattungsgefüge und für die Pfadfinderarbeit der kleineren Autoren, der »autores minores«. Bei Hans Mayer bestach die Kunst des weltliterarischen Vergleichs und der illusionslose Blick auf das mühselige Alltagsgeschäft der Literatur: Opulenz ist immer die Ausnahme.

Die andere Wegleitung war kulturtypologischer Natur und kam von Leo Matthias, Franz Jung und Robert Müller, drei frühen Beobachtern der russischen Revolution. Was ich bei ihnen las, mag ich als Zweiundzwanzigjähriger nicht in allen Konsequenzen begriffen haben, aber meine Arbeiten hat es wesentlich geprägt, wenn nicht überhaupt ins Leben gerufen.

Leo Matthias verglich in seinem Reisebuch »Genie und Wahnsinn in Rußland« (1921) Lenin mit Stefan George. Sie seien »von Grund aus untragisch« und stünden damit im tiefsten Gegensatz zu ihrer Zeit, die George wie Lenin »als ihre Richter haßt oder als ihr Vorbild liebt«. Der Unterschied: »Ist Lenin nämlich *frei* von Tragik, so ist George gegen sie *gehört*. George hat den Leidensweg der Erkenntnis hinter sich – Lenin ist ihn niemals gegangen. Lenin bringt daher nicht den Gegensatzcharakter unseres Lebens zum Ausdruck: tiefste Erkenntnis und tiefsten Willen. Lenin kann daher für einen Westeuropäer als Politiker eine Erlösung sein, nicht aber als Persönlichkeit.«

Franz Jung verglich in seiner Monographie »Das geistige Rußland von heute« (1924) den Puritanismus in Rußland mit dem der englischen Revolution: er habe den »Grundstein gelegt zu dem englischen Weltreich«, »die Energien der heranwachsenden Generation freigemacht, die Früchte der Revolution in weltpolitische Kräfte umzusetzen«. So nun auch in Rußland.

Am weitesten ging Robert Müller in seiner typologischen Sicht auf die Revolution in Rußland »Bolschewik und Gentleman« (1920). Der aktuelle Bolschewismus sei nicht mehr bloß eine soziale nachmarxistische Bewegung, sondern ein politisches Gebilde wie damals das paulinische Christentum. Der Bolschewik als »Typ der Schwingung« steige über den Gentleman, den »von der Zivilisation geschaffenen rassigen Typ« empor. Die Perspektive: »Der Bolschewike wird irgendwo mit dem Gentleman, der Forderer mit dem Verfeinerer zusammentreffen, zusammenfallen müssen.«

So merkwürdig es klingt: Besser als auf diese Weise hätte ich für meinen Weg nicht gerüstet sein können. Um das russische Jahrhundert zu gewinnen, mußte ich nämlich einen Raum aufsuchen, der, traute ich seinem Ruf, eher der Schatzhöhle des Märchens glich als einem Ort der Geschichte. Märchenhaft nicht allein die Schätze, märchenhaft vor allem die Gefahren, die dem Unbefugten drohten. Eine falsche Bewegung, eine vorwitzige Geste, ein selbstsüchtiger Gedanke und du bist dem Untergang geweiht. Doch einem unbefangenen, arglosen Wildling wie mir wurde der Zugang nicht verwehrt. Im Gegenteil. In meinem Wildwuchs schien ich willkommen und es dauerte nicht lange, bis mir aufging, wohin ich da geraten war: in die Werkstatt jener untragischen, puritanischen Gentlemen-Bolschewiken.

Der Anblick war überwältigend. Im Vordergrund wurde an den mächtigen Zaubermaschinen zur Welterlösung gearbeitet. Majakowski hantierte an seiner Neuen Arche Noah, die nach der Sintflut der Revolution ins Gelobte Land steuerte und entwarf nebenher die Zeitmaschine, die dich – moderner – in den Kommunismus schleudert.

Jewgeni Samjatin konstruierte das Raumschiff »Integral«, das die Botschaft vom Einzigen Staat und seinem Obersten Wohltäter in das All tragen würde.

Bescheidener daneben Andrej Platonow, das Streitroß »Proletmacht« sattelnd, dessen Reiter ausziehen soll, die Ehre seiner fernen Geliebten Rosa Luxemburg zu verteidigen.

Wenn die Akteure gelegentlich aufsahen, lasen sie an den Wänden die großen Weisheiten der Zeit: »Schlaf schneller, Genosse!« – »Ich muß noch härter arbeiten.« Und: »Wer vorsichtig badet, ertrinkt seltener!«

Weiter vordringend stieß man auf ganze Szenerien:

eine Partie aus Eisensteins »Montage der Attraktionen« im »Panzerkreuzer Potjomkin« – den endlos die 193 Granitstufen der Odessaer Hafentreppe hinabrollenden Kinderwagen;

die schräg in die Höhe ausfahrbare Lenin-Tribüne El Lissitzkys, unter ihr ganz klein eine Schar russischer Philologen, die Lenins am Latein geschulte raffinierte Rhethorik studiert;

eine echte Baugrube, ausgehoben für das proletarische Gemeinschaftshaus einer Provinzstadt, das eine Vorahnung vom künftigen »Turm des Weltganzen« geben soll;

und dann Andrej Tarkowskis »Zone« aus seinem Film »Stalker« – Sperrgebiet um einen Ort, an dem die verwegensten Träume des Menschen in Erfüllung gehen könnten.

Im Hintergrund die intimeren Gelasse:

das eine Gelaß dekoriert mit dem Oberschenkelknochen einer Hexe, dem Horn eines Einhorns, Aschenputtels schiefgetretenem Schuh und einem von Paris' drei Äpfeln; hier versammelte Alexej Remisow seine »Große und Freie Affenkammer«, einen aus schreibenden Kollegen gebildeten Rat von Ordensrittern, und beriet mit ihnen, wie die schändliche menschliche Heuchelei aus der Welt zu schaffen sei;

ein anderes Gelaß als Künstlerkeller hergerichtet, ein Reich der Boheme, ein Cabaret artistique, die berühmteste Adresse der russischen Moderne – »Der streunende Hund« von Petersburg;

in einem Spiegelkabinett Sergej Jessenin, seinem Spiegelmenschen gegenüber, einem Mann in Schwarz, einem Banausen, Zyniker und Provokateur, den er mit seinem Spazierstock erschlägt;

in einer schwach erleuchteten kahlen Zelle Boris Pasternak, Ossip Mandelstam und Michail Bulgakow mit Stalin im Gespräch über Leben und Tod;

und täuschte man sich nicht, so unterhielten sich in einem Winkel gleich nebenan Leo Trotzki, André Breton und Diego Rivera über Kunst und Politik;

völlig verborgen und vor lauter Laboratoriumsgerät kaum zu sehen – der ans Eismeer verbannte Priester und Naturforscher Pawel Florenski, wie er mit schlechter Feder der Familie seine Algenforschungen beschreibt und gelegentlich eine dieser farbenprächtigen Wasserpflanzen mit Aquarellfarben malt.

Unheimlich war nicht die Fülle der Gestalten und Bilder, unheimlich war die Stille in dem unübersehbaren Raum. Keine Stimme, kein Werksgeräusch. Als ereigne sich alles hinter dicken Glaswänden. Doch die Stille trog. Bei einem meiner Besuche drang plötzlich ohrenbetäubender Lärm aus einer entfernten Ecke der Schatzhöhle, für Sekunden, so daß ich nicht sicher feststellen konnte, woher er rührte. Später bemerkte ich in der Tiefe des Raums eine Tür. Blitzschnell schlug sie auf und zu. Es war ein Hinein- und Heraushuschen. An der Tür stand groß »Lachküche« und klein eine Losung, die die schlimmsten Befürchtungen weckte:

> Hier wird das Lachen fabriziert.
> Kein Tier entwischt. Es wird erjagt und eingelocht.
> Dies Schauspiel hat noch jeden amüsiert.
> Es sei denn, er wird grad verkocht.

Dies mußte das berüchtigte Lokal sein, vor dem ich immer wieder gewarnt worden war. Hier werde alles verulkt, was Rang und Namen hat, hieß es. Und da nicht jeder das sozial förderliche Lachen beherrsche, habe man sich vor einem Besuch peinlich zu hüten. Selbstzufriedenes, sattes oder allgemeinmenschliches Einzel-Lachen schicke sich nicht und sei schädlich. Richtig gelacht werden könne erst ab 15 Mann und auch dann nur unter Aufsicht eines erfahrenen Leiters. Ich schlug die Warnungen in den Wind, wartete, bis die Tür wieder aufflog, schlüpfte hindurch und wurde hineingerissen in das Pandämonium der russischen Schrift- und Schaustellerei.

Mit knapper Not entging ich einem kurzsichtigen Kentauren, der in vollem Galopp angesprengt kam. Ich rettete mich zu einem vor Arbeitseifer mehrfach aus der Haut gefahrenen spindeldürren Aktivisten, der einen Traktor molk, sich dabei fotografierte und diese Tatsache, diesen »Effekt-Fakt«, wie er mir stolz erklärte, in seinem Notizbuch dokumentierte. Allerdings wurden wir von einem in schwerer Stahlrohrrüstung daher wankenden Industrieritter belästigt, der den melkenden Faktographen wegen seines Dilettantismus zur Rede stellen wollte.

Nachdem ich dem Mummenschanz eine Weile zugesehen hatte, erkannte ich die Kostümierten: in dem Pferdemenschen den Odessaer Juden aus Budjonnys Reiterarmee – Isaak Babel, im Kollektivierungsenthusiasten den überzeugten Urbanisten Sergej Tretjakow und im Rittersmann den Mittelschullehrer Fjodor Gladkow, der das Buch »Zement« geschrieben hat. Ich mußte mich in der Tat vorsehen, in dem losen Treiben von Mischgestalt und Zauberwesen, dem blutrünstigen Tumult literarischer Waffengänge niemandem in die Quere zu kommen.

Wie leicht hätte ich zwei Kritikern die Tour vermasseln können, die ein Bumerang-Duell austrugen, wer mit den wenigsten Würfen sich selbst zur Strecke bringt. Und wenn ich nicht rechtzeitig dem blind voran tappenden Koloß Majakowski ausgewichen wäre, der ächzend ein zentnerschweres Monument schleppte, hätte mich der Dichter mit seinem eigenen Denkmal erschlagen.

Dichter-Championate, pompöse Empfänge, Zuschauer-Gerichte nach Theateraufführungen – alles war gleichermaßen riskant. Doch das größte Risiko erwartete mich auf dem Höhepunkt der Raserei, der Inszenierung eines ganzen Schriftstellerkongresses mit anschließender Riesenflugparade vor Millionenpublikum und bolschewistischer Parteiprominenz. Hier drohte auf Schritt und Tritt die Gefahr, den Schlägen des Konkreten, der Last des »Effekt-Fakts« zu erliegen. Und solltest du den Seelen-Ingenieuren im Sitzungssaal glücklich entgangen sein, so traf dich auf dem Flugfeld, wo du vielleicht aufatmen wolltest, die Wucht des Konkreten ganz bestimmt. Der Himmel verdunkelt von meterhohen Stalinporträts. Dazwischen das Propagandaflugzeug »Maxim Gorki«, das die neueste Parteizeitung an Bord druckte und abwarf. Als Fallschirmspringer vom Himmel regnend Bauern mit all ihren Kälbern und Schafen, Hühnern, Hunden und Katzen, begleitet von einer ebenfalls aus der Höhe herabschwebenden Jazz-Kapelle. Von wem möchtest du lieber erschlagen werden?

Als ich in einem günstigen Moment der Lachküche entschlüpfte, sah ich, was es mit dem Hin und Her an der Tür auf sich hatte. Man wechselte die Sphäre, glitt aus der Stille des Statuarischen draußen in den Tumult drinnen und umgekehrt.

Sank nicht eben draußen Alexander Blok in Apathie, die zerschlissene Fahne gesenkt, die er drinnen Christus seinen zwölf fluchenden und mordenden Räubergesellen von 1918 hatte vorantragen lassen? Und stürzte nicht Andrej Bely hinein, um sich von der zermürbenden Quälerei mit den Worten zu erholen und endlich den »Tanz des sich verwirklichenden Denkens« nach Herzenslust zu tanzen? Selbst Pawel Florenski soll gesehen worden sein, wie er sich von seinen Algenstudien losriß, sich ein Algenkostüm überstülpte und die Sphäre wechselte: als Zar des Weißen Meeres dem unterseeischen Algengarten entstiegen mit dichten schwarzen Zottelhaaren, einem tief herabhängenden roten Schnurrbart und ellenlangen grauen Kinnbart, alles original aus Algen gefertigt und wohl befestigt mit dem von ihm entwickelten Algenkleber.

Panoptikum oder Pantheon, Requisite oder Arsenal? Vielleicht kam es auf die Wünsche des Besuchers an. Ich gewöhnte mich an die Schatzhöhle. Sie erinnerte immer mehr an die Einweihungshöhle im Döbelner Russenwaggon und es gibt unter den hundert Büchern, für die ich im Laufe der Zeit verantwortlich war, wie unter den weiteren hundert, aus denen nichts geworden ist, keins, das seine Existenz nicht meinen Höhlenbesuchen verdankte.

Manche wußten von meinen Besuchen in der Schatzhöhle, und hin und wieder kam jemand bei mir vorbei, den ich in die Höhle mitnahm:

Anfang der siebziger Jahre suchte Volker Braun für das Vorspiel zu seinem Stück »Lenins Tod« eine »Kunstform«, wie er sagte. Er vermutete sie in den inszenierten Gerichtsverhandlungen, die umstrittene Entscheidungen der russischen Revolution auf der Bühne durchspielten. So das »Gericht über Kronstadt«, von dem ich in meiner Sammlung revolutionärer Verse und Plakate berichtete. Nach diesem Muster könnten vielleicht die Ereignisse konfrontiert werden, auf die es ihm ankam: der von den Bolschewiki niedergeschossene Kronstädter Aufstand und der wirtschaftliche Rückzug vom Kriegskommunismus.

Heiner Müller nahm vor meinen Augen den eisenstarrenden Industrieritter Gladkow auseinander, räumte die Eisenteile beiseite und gesellte den Helden von »Zement« ihre eigentlichen Partner zu: Gleb – Prometheus, Herakles und Odysseus, Dascha – Medea.

Elke Erb lockte die Sehnsucht nach dem Sujet Petersburg in die Höhle. Vielleicht ließe sich eine Bilderfolge über die Zeit Alexander Bloks herstellen: »... kahles Newaufer, Auge zum Meer oder so ähnlich, gewisse Erstürmungen und Denkmal, Dostojewskifenster, Gogols abendliche Gruppengespräche, bei denen er an Menschen Naturstudien trieb, Tolstois dieses Haus, jenes Haus, gewisse Himmelsröten, in sich steigend, sonst ja kaum noch was, außer den Freitreppen oder Innentreppen, die um den Tisch stolzierenden Persönlichkeiten im Eßzimmer,

Papa, den der Sohn ärgert, indem er seine Stellung rufschädigt, der Salon, die Beamtentintenfässer, Mantelschöße, der Arienbariton...«

Was dem einen recht ist, ist dem andern billig. Adolf Endler steckte Sergej Tretjakow, als Sänger des »Effekt-Fakts« Bloks Widerpart, in seinen surrealistischen Zauberkasten und gewann sich einen Gewährsmann für seinen phantasmagorischen Unterhaltungstatsachenroman »Die Exzesse Bubi Blazezaks im Fokus des Kalten Krieges«: »... und über die Schulter blickt ihm mit knäbischer Oma-Brille auf kilometerweit schallendem Lautsprecher-Ohr, blickt züngelnd gleich spitzem Zirkel kein anderer als *Sergej Tretjakow*, während auf einem Moskauer Bahnhofsbahnsteig Sergej Tretjakow dem soeben eingetroffenen *Romain Rolland* die ahnungslose, vollkommen uninformierte Begrüßungshand drückt, während der grausame König Jossif, mein Kind, aus sämtlichen Wochenschauen seit Lumière jedes noch so kleine Stückelchen Sergej Tretjakow und Tretjakow-Glatze schnippschnapp herausschneiden läßt, während man im Rjasanschen seit Jahrhunderten schwört, daß dieser Name *Sergej Tretjakow* der einer Fabelgestalt aus einem uigurischen Volksmärchen ist, während Sergej Tretjakow weiterhin konsequent behauptet *Fakt gewesen zu sein, Fakt, Fakt, Fakt*...«

Bernd Jentzsch kam regelmäßig vorbei, um die russischen Hefte seiner Reihe »Poesiealbum« vorzubereiten: Sergej Jessenin, Novella Matwejewa, Marina Zwetajewa, Welimir Chlebnikow.

Und auch die aus dem Lande Gejagten ließen sich sehen, wo man doch für die Schatzhöhle kein Visum brauchte. Als der Bürgerrechtler Oleg Stus starb, hörte ich Sarah Kirsch, die schon lange am Eiderdeich in Tielenhemme wohnte, in der Höhle sagen: »Stus ist tot, und eigentlich sollte ich froh darüber sein, weil sie ihn jahrelang geschunden haben, da er der Pfahl in ihrem Fleisch war, und Majakowski und Jessenin erwarteten ihn mit einem Trommelrevolversalutschuß, und anschließend erschossen sie sich wieder und wieder, und sie haben wie Pferde im Ersten Weltkrieg gelacht und mit Stus auf den Planeten heruntergesehen, tief ins verschneite Sibirien rein, wo er die jahrhundertealten Wegspuren der Gefangenen leuchten sah, und das gab ein verwirrendes gleißendes Muster, und Anna und Marina, aber auch Edith Södergran, alle haben sie zu seiner Begrüßung ein Poem von Puschkin auf ihren zuckenden Lippen gehabt und nannten Stus Herzweh.«

Bei passender Gelegenheit spielte Tilo Müller-Medek eine seiner neuen russischen Kompositionen, etwa zu Alexander Bloks Dichtung »Die Zwölf«, zu Ossip Mandelstams Kindergedichten oder Passagen aus seiner Babel-Oper »Einzug«.

1974 legte ich dem Verlag Volk und Welt eine Sammlung von Dichter-Dialogen vor, zu der ich außer den sechs genannten Besuchern noch Rainer Kirsch, Heinz Czechowski, Karl Mickel und Jürgen Rennert eingeladen hatte. Vom Umgang mit den russischen, georgischen, armenischen Kollegen werde die Rede sein, vom Reisen in fremdes Land, vom Nachdichten. Komponisten und Graphiker könnten dazugebeten werden. Auch lag mir daran, die Arbeit von Oskar v. Törne vorzustellen; seinen sorgfältig erläuterten Interlinearübersetzungen von Tausenden von Versen verdanken es die Dichter meiner Generation, daß sie sich, als sie selbst nur wenig veröffentlichen durften, der russischen Poesie nähern und von ihr nähren konnten.

Bei dem Gutachter Roland Opitz stieß meine Auswahl auf soviel Skepsis, daß der Verlag das Projekt um Jahre verschleppte und 1976 anläßlich von Stephan Hermlins Biermann-Petition, der sich die meisten der hier versammelten Dichter anschlossen, ganz sterben ließ.

Während es bei den Besuchen der Dichter in der Höhle ganz still blieb, erhob sich bei anderen Besuchern ein Rumor, den ich zunächst nicht deuten konnte. Bald anschwellend, bald verebbend drangen Stimmen auf uns ein, vor allem aus der großen Halle der Welterlösungsmaschinen, Stimmen, deren Ton zwischen amüsiert, gereizt und höhnisch variierte. Galt der Rumor den Besuchern oder ihren Gesprächsgegenständen?

»Willkommen in Utopia! Willkommen in Utopia!« murmelte und flüsterte es immer wieder. Die Begrüßung galt einigen Philologen, die nach 1968/1969 aus ihren Universitätsseminaren aufgebrochen waren, um die Grenzen ihrer gelehrten Fachgespräche zu sprengen. Kein Wunder, daß ihr Blick auf die Spielart des Gentleman-Bolschewiken fiel, denen die Künste als Werkzeuge des Sozialingenieurs dienen mußten. Der Besuch in der Höhle war dringend geboten und brachte reiche Ernte.

Nachdem 1970 parallel bei Volk und Welt, Berlin, und Hanser, München, meine Edition zur Analyse der Lenin-Sprache erschienen war, die die Essays der Philologen aus der russischen formalen Schule vereinte, kamen bei Hanser in schneller Folge die Grundschriften der Künstler des social engineering heraus:

Hans Günther und Karla Hielscher veröffentlichten 1972 Boris Arwatows Entwürfe für eine proletarisch-avantgardistische Ästhetik und 1973 Dokumente zu der literaturtheoretischen Kontroverse »Marxismus und Formalismus«.

Rosemarie Tietze stellte 1973 Wsewolod Meyerholds revolutionäre Theaterarbeit in den Jahren 1917–1930 vor, und Hans-Joachim Schlegel begann mit seiner sechsbändigen Edition der Schriften Sergej Eisensteins.

1974 brachte der Suhrkamp Verlag unter Godehard Schramms und Hans-Jürgen Schmitts Regie den Band »Sozialistische Realismuskonzeptionen« heraus, die Dokumente des Ersten Sowjetischen Schriftstellerkongresses von 1934.

Nebenher lief die Sichtung der sowjetischen Literaturpolitik durch Karl Eimermacher (1972) und der »Proletkult«-Bewegung durch Peter Gorsen und Eberhard Knödler-Bunte (1974).

Vorbereitet und flankiert wurden diese Editionen von Veröffentlichungen in den Zeitschriften »Alternative« und »Ästhetik und Kommunikation«.

Die Bemühungen zielten darauf, revolutionäre Theorie und Praxis wiederzugewinnen. Krönung und Ende des Unternehmens bildete ein Band über die Kunstdebatten in der Sowjetunion zwischen 1917 und 1934, den Hubertus Gaßner und Eckhardt Gillen 1979 für Dumont zusammenstellten. Krönung, weil hier eine kritische Zusammenschau vorlag, Ende, weil das karge Taschenbuch des Anfangs dem voluminösen Prachtband (560 Seiten Kunstdruckpapier) gewichen war.

Mehrere meiner Bücher paßten in dieses Programm. Als erstes die Tretjakow-Ausgabe bei Reclam Leipzig, die der Frankfurter Röderberg Verlag 1972 mitdruckte. Als zweites mein Buch »Revolution und Lyrik«, das der Münchner Damnitz-Verlag zu Majakowskis 80. Geburtstag 1973 als Band 1 seiner

Lesung aus »Russen in Berlin« in der Majakowski-Galerie am Kurfürstendamm 1988 mit Wolfgang Unterzaucher, Christine Prober, Fritz Mierau, Oskar Wehling

Theorie-Reihe herausbrachte. 1979 erschien im Röderberg Verlag parallel zur Reclam-Ausgabe mein Band »Konzepte«, eine Sammlung von Essays zur Herausgabe sowjetischer Literatur. Und 1980 übernahm der Luchterhand Verlag von Reclam meine Material- und Studienbücher zu Wladimir Majakowskis »Wanze« und »Schwitzbad« und zu Isaak Babels »Reiterarmee«.

Nach vielen Besuchen und Gesprächen begann 1977 eine engere Zusammenarbeit mit den Philologen, Kunsthistorikern und Theaterleuten aus der Bundesrepublik. Die früher eher sporadischen Kontakte mündeten in einen regelmäßigen Austausch. Damals brachte Christiane Bauermeister die Rekonstruktion der berühmten Ausstellung nach Berlin, die Majakowski kurz vor seinem Tod arrangiert hatte: Rechenschaft über 20 Jahre Arbeit eines Gentleman-Bolschewiken. Veranstalter war die Berliner Neue Gesellschaft für Bildende Kunst, deren Präsidium Ulrich

Roloff-Mommin, Otto Schily und Jürgen Egert bildeten. Der von Eckhardt Gillen redigierte Ausstellungskatalog vereinte Zeugnisse der Zeitgenossen mit Kommentaren der Nachgeborenen: Karla Hielscher beschrieb Majakowskis Arbeit mit Meyerhold, Hans-Joachim Schlegel Majakowskis Filmfaszination, Hubertus Gaßner den futuristischen »Aufstand der Dinge«, Dietger Pforte die revolutionären comic strips der Russischen Telegraphen-Agentur ROSTA – satirische Bildkommentare zum Zeitgeschehen – und Christian Borngräber ein Majakowski-Happening im Rotterdam des Jahres 1974. Während hier nach den Impulsen eines revolutionären Aufbruchs gefragt wurde, deutete ich in meinem Text Majakowskis Ausstellung und Tod als eine generelle Wende. Eine Wende, die die Lebens- und Kunstregeln des Gentleman-Bolschewiken in Frage stellte, korrigierte und am Ende aufgab.

Was uns aber einte, war unser Engagement. Meine zehn oder fünfzehn Jahre jüngeren Freunde suchten die Erfahrungen und Werkzeuge jenes Aufbruchs mit der gleichen Hingabe zu gewinnen, mit der ich sie in den fünfziger Jahren aufgenommen hatte. Doch das war zwanzig Jahre her und obwohl wir im Prenzlauer Berg bei Apfel- oder Pflaumenkuchen beieinander saßen, wurde ich das Gefühl nicht los, daß unsere Begegnungen eigentlich alltagslos, ortlos waren. Dies erklärt nun auch den Rumor beim Auftauchen unserer Freunde in der Schatzhöhle. Die Kehrseite der Gründlichkeit, mit der sie verfuhren, bildete ihre Einlinigkeit. Sie präparierten heraus – Rekonstruktion hieß das suggestive Wort dafür –, was dem Augenblick ihrer Revolte entsprach und zogen sich damit das »Willkommen in Utopia!« zu.

Wenn ich länger mit ihnen in der Höhle war, legte sich der Rumor, verlor zumindest alles Höhnische. Ursprünglich dachte ich, ich verdanke diese Gunst meinem wilden Denken, das alle Einlinigkeit von vornherein ausschließt und den geistigen Bezug und Zusammenhang noch in Haltungen findet, die sich auf das Empfindlichste stören. Jetzt weiß ich, daß es eine viel vertrautere Beziehung war, die mich der Schatzhöhle angenehm machte: die Beziehung des Tages meiner Geburt zu einigen furchtbaren Ereignissen der Zeit, die im Rückblick wie ein Jahrhundertkürzel anmuten.

Am 15. Mai 1939 – ich war fünf Jahre alt – wurde Isaak Babel von der GPU verhaftet. »Sie haben mich nicht zu Ende schreiben lassen«, sind seine letzten Worte gewesen.

Am 15. Mai 1956 – ich war zweiundzwanzig und schloß gerade mein Studium ab – schrieb Lidija Tschukowskaja, eine Freundin von Anna Achmatowa, in ihr Tagebuch: »Ljowa ist zurück. Fadejew hat sich erschossen.« Ljowa, Lew Gumiljow, Anna Achmatowas Sohn aus ihrer ersten Ehe mit dem Dichter Nikolai Gumiljow, ein Asienwissenschaftler, war 1949 zum dritten Mal verhaftet und zu zehn Jahren Zwangsarbeitslager verurteilt worden. Der Vorwurf lautete immer: Terror gegen die Führer von Partei und Regierung, doch es war kein Geheimnis, daß Lew Gumiljow für sein »literarisches Erbteil« bestraft wurde. Sein Vater war 1921 wegen angeblicher Verbindung mit einer konterrevolutionären Vereinigung von der Tscheka erschossen worden und seiner Mutter hatte man in einem ZK-Beschluß vom 14. August 1946 bescheinigt, sie stehe »auf den Positionen des bürgerlich-aristokratischen Ästhetizismus«. Alexander Fadejew, Mitglied des Zentralkomitees der Kommunistischen Partei von 1939–1956 und Generalsekretär des Sowjetischen Schriftstellerverbandes von 1946–1954, war der Inbegriff eines durch unkontrollierte Macht korrumpierten Gentleman-Bolschwiken. Jahrelang hatte er in seiner exponierten Funktion die Verhaftungsanweisungen für Schriftsteller gegenzuzeichnen. Auch Anna Achmatowa mußte sich wegen ihres Sohnes an ihn wenden. Wenige Tage nach dem XX. Parteitag der KPdSU, auf dem Nikita Chrustschow im Februar 1956 die Verbrechen des Großen Terrors zugegeben hatte, schrieb Fadejew einen Brief an die Staatsanwaltschaft, in dem er bat, Lew Gumiljow als unschuldig zu entlassen. Vielleicht war das Fadejews letzter Versuch, seine Schuld zu sühnen, aber er muß gewußt haben, daß er dem Blick seiner aus den Lagern zurückkehrenden Kollegen nicht würde standhalten können. »Zwei Rußland blicken einander in die Augen«, schrieb Anna Achmatowa damals, »eins, das einsperrte, und eins, das eingesperrt wurde.«

Diese über meinen Geburtstag beglaubigte Vertrautheit mit dem russischen Jahrhundert mußte gelegentlich zu unverhofften Reaktionen führen, Reaktionen anderer auf mich, Reaktionen meinerseits auf andere. Mitte der siebziger Jahre ereignete sich etwa zur gleichen Zeit das folgende.

Auf einer der denkwürdigen vielstündigen Vollversammlungen des Zentralinstituts für Literaturgeschichte, die sich langatmig mit dem künftigen Kollektivprojekt »Das Gemeinsame und das Besondere in den Literaturen sozialistischer Länder« befaßte, bekam ich überraschend einen Zettel zugeschoben. Absender war Hans Kortum, Schüler von Werner Krauss, Kenner der französischen Aufklärung, augenblicklich Parteisekretär des Instituts, also verantwortlich für politische Führung und Sicherheit. Wenn auch in einer für mich ganz fremden Sprache brachte er mir die treffendste Deutung meiner Bemühungen. »Wenn Sie mit der französischen Aufklärungsforschung zu tun hätten, hätten Sie sich bestimmt den ihre mechanisch-materialistische Begrenzung eschatologisch und antirationalistisch Sprengenden zugewandt. Einige davon gehörten neben den reaktionären aristokratischen Emigranten auch zu den ersten Bewohnern Odessas.« Ich las es als Zuspruch.

Führte der Umgang mit meinen russischen Vertrauten in diesem Fall zu einer kuriosen Allianz, so in dem anderen Fall zu einer kuriosen Entzweiung. Einer der Besucher in der Schatzhöhle, der Slawist Thomas Rothschild, schien mir in seinen Berichten aus Moskau, u.a. über einen Besuch bei Babels Witwe Antonina Nikolajewna Piroshkowa, die er für die »Frankfurter Rundschau« schrieb, allzu skeptisch zu formulieren und ich lehnte seinen Vorschlag, sich nächstens wieder zu treffen, brüsk ab. Er hat die Geschichte, wie nebenstehend zu sehen, später im Wiener »Extrablatt« veröffentlicht. Als er mich Jahre danach fragte, ob ich aus Staatsräson so reagiert hätte, konnte ich das nur verneinen. Vermutlich fühlte ich mich für meine Russen persönlich getroffen.

2

Es gab auch ein Echo des höhnischen »Willkommen in Utopia!«, das außerhalb der Höhle zu vernehmen war. Am deutlichsten habe ich es in zwei Berliner Kreisen gehört, im Kreis um Cläre Jung und im Kreis um Ralf Schröder. Das waren

Extrablatt

Österreichs illustriertes Magazin für Politik und Kultur

Fritz Mierau ist Mitarbeiter am Zentralinstitut für Literaturgeschichte der Deutschen Akademie der Wissenschaften in Berlin (DDR). Er ist einer der besten Kenner der Sowjetliteratur in Deutschland und hat in seiner Heimat als Herausgeber und als Autor für sowjetische Schriftsteller eine Menge getan, was auch Mut kostete. Er beschäftigt sich seit Jahren mit Isaak Babel. Dieses Interesse brachte uns in Kontakt. Seit mehr als zehn Jahren korrespondiere ich mit Mierau, 1970 traf ich ihn zu einem langen, guten Gespräch in Berlin, besuchte ich mit ihm eine Probe zu Babels „Marija".

1974 schrieb er mir: „Inzwischen habe ich in die 2. Auflage des ‚Reiterarmee'-Dokumentationsbuchs bei Reclam einen Auszug aus Ihrer Babel-Arbeit aufgenommen."

1975 kündigte ich einen Besuch in Berlin an: ob man sich nicht sehen könne. Fachlich, so meinte ich, gäbe es allerlei zu besprechen. Mieraus Reaktion – ein Brief im Zeitalter der Entspannung:

„Lieber Thomas Rothschild,
Ihre letzten (journalistischen) Arbeiten fand ich antisowjetisch.
Ich weiß nicht, worüber wir uns im Augenblick unterhalten sollten.
Beste Grüße
                  Fritz Mierau"

Was blieb mir übrig, als die Absage zur Kenntnis zu nehmen. Zu einem Zeitpunkt immerhin, da sich Breschnew offenbar mit dem gewiß nicht prosowjetischen Ford unterhalten konnte. Und auch Mierau unterhält sich bei Slawistenkongressen mit Herren – darunter ehemaligen Nazis –, die allenfalls auf diesen Kongressen ihre nicht nur antisowjetische, sondern auch antisozialistische Haltung unterdrücken.

Ich finde es eigentlich interessant und anregend, mit Leuten zu sprechen, die andere Ansichten haben als ich selbst. Ich halte es für bedauerlich, wenn man die Möglichkeit eines sachlichen Gesprächs zu einer Gesinnungsfrage macht. Ich dachte, die Zeit der Konfessionskriege sei vorbei. Aber für Fritz Mierau heißt der Schluß: Ich sei antisowjetisch, also könne man sich mit mir nicht unterhalten.

THOMAS
ROTHSCHILD

Ost-West-Dialog

Unlängst war ich in Ost-Berlin. Ich kaufte mir die 2. Auflage der „Reiterarmee"-Dokumentation. Darin ist kein Auszug aus meinem Aufsatz, er ist nicht einmal in der Bibliographie genannt. Ich kann das schon aushalten. Bloß: mein Aufsatz ist immer noch ebenso schlecht oder gut, wie er damals war, als Mierau noch nicht beschlossen hatte, daß ich antisowjetisch sei, und ihn abdrucken wollte. Der Schluß also geht weiter: Wer antisowjetisch ist, darf nicht gedruckt werden – was immer er auch geschrieben haben mag. Wie gesagt: ich halte das schon aus. Bloß: mit Sozialismus hat das nichts zu tun.

offene Kreise, in denen höchst unterschiedliche Neigungen und Kalküle aufeinanderstießen. Ich habe in beiden über 25 Jahre verkehrt und bin mit ihren führenden Köpfen befreundet gewesen. Eine förmliche Gründung der Kreise war bei der panischen Angst der herrschenden Partei vor Gruppenbildung undenkbar. Man traf sich, wie es die Arbeitsumstände erforderten, freilich am Ende doch in politisch so auffälliger Runde, daß der Staatssicherheitsdienst einschritt.

Cläre Jung hatten Sieglinde und ich im Sommer 1958 kennengelernt, als sie noch mit Elsbeth Bruck, einer Reinhardt-Schauspielerin und Aktivistin der Friedensbewegung seit dem Ersten Weltkrieg, in der Pankower Damerowstraße 46 wohnte. Damals ging es um die Rußland-Bücher Franz Jungs. Sie waren in den Bibliotheken schwer zu bekommen. Cläre Jung, Franz Jungs zweite Frau, lieh sie uns mit Freuden aus ihrer Bibliothek und erzählte eher beiläufig, daß sie 1921–1923 mit Jung in Rußland gearbeitet hatte und dort mit Nikolai Bucharin und Karl Radek zusammengetroffen war, Männern, die Stalin in den dreißiger Jahren als Konterrevolutionäre vor Gericht stellen ließ. Im Mai 1958 schrieb ich an Sieglinde: »Wir kamen auch auf Vertrauen und Haltung der führenden Genossen zu sprechen. Früher sei es alles offener gewesen, man war allgemein freundlicher, hilfsbereiter, opferbereiter. Über all die großen Idealisten der frühen kommunistischen Bewegung ging es: Mühsam, Pfemfert, Herrmann-Neiße, viele Unbekannte, die jetzt nicht genannt werden können.«

Cläre Jung half, wie sie seit vierzig Jahren Hilfesuchenden geholfen hatte. Mit Zuneigung, Herberge und Geld. Einst versteckte sie Revolutionäre, betreute den Psychoanalytiker Otto Gross. Erich Mühsam und Hanns Eisler haben bei ihr gewohnt. In der Nazizeit ermöglichte sie jüdischen Bekannten, den Schwestern Nehab, die Flucht aus Berlin. Die Zeugnisse dieser vielen persönlichen Bindungen verwahrte sie in einer einzigartigen Sammlung, die sie so zärtlich-bescheiden wie wissentlich untertreibend »mein kleines Archiv« nannte. Als wir später ihre alten Freunde fanden, die 1958 »nicht genannt werden« konnten, hörten wir als erstes das Lob ihrer Hilfsbereitschaft.

Aus Haifa antwortete Paul Guttfeld (Pegu), der Cläres dankbar gedachte, weil sie ihn nach seiner Desertion im November

1917 eine Woche bei sich aufgenommen hatte, um ihn dann nach Bayern weiterzuschleusen: »Franz und Cläre Jung brachten mich mit Blumen familiär zum Zug nach München und winkten noch lange, um mir einen familiären Anstrich zu geben.« Der siebenundneunzigjährige Simon Guttmann, Freund Georg Heyms und Ludwig Kirchners, Mitbegründer des Neopathetischen Cabarets 1910, bestand 1989 in London darauf, als Erkennungszeichen bei unserer ersten Begegnung auf dem Bahnhof King's Cross Cläre Jungs Erinnerungen »Paradiesvögel« auf dem Schoß liegen zu haben. »Waren Sie«, lautete seine erste Frage, »bevor Sie Cläre Jung kennenlernten, schon einer Kommunistin begegnet?«

Was wir bei Cläre Jung fanden, war eine geistige Herberge. Wir durften in ihrem Archiv arbeiten, und sie zögerte nicht, als 1965 bei meinem Eintritt in den Deutschen Schriftstellerverband Rainer Kirschs Bürgschaft nicht ausreichte, mir eine zweite zu schreiben, die ihre Wirkung tat. Bei dieser Kommunistin – nun Mitglied der Sozialistischen Einheitspartei – trafen wir Menschen, denen wir sonst nie begegnet wären:

Jungs Verleger Wieland Herzfelde und seinen Bruder John Heartfield, mit dem Franz Jung den Berliner Dada aufgezogen hatte. Noch lebten auch einige ehemalige Mitglieder der Kommunistischen Arbeiterpartei, einer räteorientierten Abspaltung, die Jung mitbegründet hatte.

Einer von ihnen, Arthur Wille, schenkte mir einen ganzen Koffer kommunistischer und antikommunistischer Aufklärungsliteratur, darunter übrigens das Buch »Der verratene Sozialismus« von Karl Albrecht. Noch bevor ich die Bücher von Margarete Buber-Neumann und Susanne Leonhard fand, las ich bei Albrecht, der bis zu seiner Flucht aus Moskau als hoher Funktionär in der sowjetischen Forstwirtschaft gearbeitet hatte, Ausführliches über die Straflager des GULAG, auch über das auf den Solowki-Inseln im Nördlichen Eismeer, dessen grausige Wirklichkeit uns dreißig Jahre später im Schicksal Pawel Florenskis nahekam.

Regelmäßig an runden Geburtstagen und, als Cläre Jung dann über achtzig war, an jedem Geburtstag, erschien neben den alten Freunden eine ganz besondere Spezies von Gratulanten – mächtige fleischige Gestalten in zu eng sitzenden schwarzen

Anzügen, ausgerüstet mit Gerbera oder Nelken. Es waren die Abgesandten von der Veteranenkommission beim Zentralkomitee der SED. Neben den Glückwünschen der Parteiführung überbrachten sie der kleinen, immer weiter zusammensinkenden Kommunistin den fälligen Orden. Nach unzähligen vorbereitenden Medaillen und Ehrenzeichen erhielt Cläre Jung so in aufsteigender Folge den Vaterländischen Verdienstorden in Bronze, in Silber und in Gold.

Finanziell war Cläre Jung gut versorgt, so gut, daß ihr Bankguthaben die Phantasie ihrer wechselnden Haushälterinnen lebhaft beschäftigte. »Glanzstück« war ein Autokauf. Der Sohn einer ihrer Haushaltshilfen erwartete ein neues Auto und überredete die 84jährige Cläre Jung ihm sein nun überflüssiges altes für 6.500 Mark abzukaufen. Sie sollte nicht immer so zu Hause sitzen. Es bereitete größte Schwierigkeiten, das teure Vehikel wieder loszuwerden. Angesichts solcher Machenschaften war es ziemlich schwer, von Cläre Jung etwas anzunehmen. Was wir gern geschenkt bekommen hätten, schenkte sie uns nicht: eine frühe Ausgabe der Schriften des Biosophen Ernst Fuhrmann. Sie konnte den Mann nicht leiden. Schließlich verfielen wir auf einen Kassettenrecorder, der immer noch funktioniert.

Völlig neue Bewegung kam in den Kreis, als in den siebziger Jahren junge Leute aus den Berliner Universitäten auftauchten. Zunächst drei aus der Freien Universität, die Cläre Jung, obwohl ein Mädchen dazugehörte, bald liebevoll »meine Jungs« nannte: Helga Karrenbrock, Walter Fähnders und Martin Rector. Sie interessierten sich für den stark vernachlässigten, nun ganz aktuellen Zusammenhang von »Linksradikalismus und Literatur«, wie dann auch ihre bei Rowohlt 1974 erschienene zweibändige Monographie hieß. Bedeutend war, daß die drei auch die Jung-Edition wieder belebten, anfangs noch beim Luchterhand Verlag, dann in der Edition Nautilus.

Über Walter Fähnders lernten wir Wolfgang Storch kennen, der künftig in alle seine Theater-, Ausstellungs- und Buchprojekte Franz Jung hineindenken würde.

Nach Mitte der siebziger Jahre stießen einige aufsässige Studenten der Humboldt-Universität hinzu, die Philosophiestudenten Peter Ludewig und Peter Finger und die Germanistin

Auf der Feier des 85. Geburtstages von Cläre Jung im Berliner Club der Kulturschaffenden »Johannes R. Becher« 1977: In der Mitte Cläre Jung, links Fritz und Sieglinde Mierau, rechts Wieland Herzfelde

Andrea Czesienski. Ihr Interesse an Jung war unserem näher verwandt als das der »Jungs«. Wie uns hat Franz Jung ihnen geholfen, sich aus einer Zwangsgemeinschaft zu lösen, die mit den verlockendsten Argumenten versprach, niemanden allein zu lassen. Der Interessengegensatz wirkte aber so anregend, daß Franz Jung plötzlich wieder ganz gegenwärtig war: Franz Jung – der Initiateur und Lastträger, der Feuerkopf und unerbittliche Analytiker. Es vibrierte nur so in Cläre Jungs Wohnung auf der Prenzlauer Allee 113. Sieglinde nahm das gesamte Archiv auf – 240 Seiten Manuskript. Ich sah alle vorhandenen Papiere für die Chronik der ersten Jung-Ausgabe der DDR durch. Peter Finger und Dietmar Hochmuth fotografierten Texte, Briefe und Dokumente. Peter Ludewig dachte über eine Edition der Theaterstücke im Henschel-Verlag nach. Der Aufbau-Verlag war neugierig auf die proletarischen, der Kiepenheuer-Verlag auf die expressionistischen Romane Jungs. Der Verlag Der Morgen bot an, Cläre Jungs Erinnerungen herauszubringen. Der Hessische Rundfunk bereitete einen Dokumentarfilm über Franz Jung vor.

Gipfelpunkt war zweifellos der Abend im Club der Kulturschaffenden zum 90. Geburtstag von Franz Jung im November 1978, auf dem es zu einem bedeutenden Auftritt kam. Nach der Lesung meldete sich Wieland Herzfelde zu Wort und hielt eine ergreifende kleine Rede über Jung, den »Mann mit den vielen Stockwerken«. Es wirkte wie eine Abbitte, denn er war es ja gewesen, der in den drei Auflagen seiner Heartfield-Biographie Franz Jung hatte immer böser werden lassen, zuletzt erschien er sogar als Usurpator des Malik-Verlags. Nun räumte er ein, daß es doch wohl Franz Jung gewesen sei, der aus seinem Bruder Helmut Herzfeld den Künstler John Heartfield gemacht habe – Jung, der Geist hinter den Kulissen, der Kopf des Berliner Dada.

Ahnte man an diesem Abend, daß Jungs Schriften ein regelrechtes Autodafé bevorstand? Ein Autodafé im inquisitorischen Sinne eines »actus fidei«, eines Glaubensgerichts. Irgendwann zu Anfang des Jahres 1979 muß den Spähern und Spitzeln vom Ministerium für Staatssicherheit die Unruhe um Jung zu groß geworden sein. Ohnehin waren unruhige Zeiten nach der Ausbürgerung Wolf Biermanns, nach Reiner Kunzes, Sarah Kirschs und Bernd Jentzschs Abschied von der DDR, erst recht dann nach dem Ausschluß der neun Schriftsteller aus dem Schriftstellerverband am 7. Juni 1979.

In der langen Geschichte der Verfolgung und Ermordung von Schriftstellern ist die Beschlagnahme ihrer Texte den Häschern immer eine besondere Genugtuung gewesen. Noch an einem Toten, dessen man zu Lebzeiten nicht hatte habhaft werden können, kühlte man sein Mütchen. Typoskripte, Briefe, Fotos, persönliche Dokumente müssen dazu herhalten, um das Exempel zu statuieren, das an ihrem Urheber und Eigentümer nicht zu statuieren war.

Sechzehn Jahre nach Jungs Tod eröffnete das Ministerium für Staatssicherheit der DDR, Hauptabteilung XX/3/III, einen Operativen Vorgang, dem es durch Namen, Datum und Wahl des Inoffiziellen Mitarbeiters (IM) eine zentrale Bedeutung in ihrer Überwachung der Intellektuellen zuwies. Mit dem Namen »Literat« stand der geringe Rang des Angegriffenen von vornherein fest. Mit dem Eröffnungsdatum 26. November 1979, dem Geburtstag Franz Jungs, seinem 91., traf das MfS den ganzen Mann. Und mit der Wahl des IM »Komin« (für »Kommunistische Internationale«) bekräftigte es seinen Urteilsanspruch in einer Sache, in die sich der »Literat« ungebührlich eingemischt hatte – der des Weltkommunismus.*

»Komin«, der Historiker Erwin Gülzow, seit 1958 invalidisiert und schon mit der Medaille für treue Dienste in Gold bei der Abwehr feindlicher Akte gegen die DDR ausgezeichnet, eignete sich gut für den Einsatz bei Cläre Jung, weil er sich als alter Freund einführen konnte. Vor Jahren hatte er eine Dissertation über Elsbeth Bruck geschrieben und sie nach ihrer Antikriegsarbeit im »Bund Neues Vaterland« gefragt. Nun fiel ihm zu, konkret festzustellen, »welche Teile des Nachlasses von Franz Jung zur Interessenschädigung und Diskriminierung der ges. Verhältnisse in der DDR geeignet sind«. Erklärtes Ziel der Aktion war, Cläre Jung die praktische Verfügungsgewalt über ihr Archiv noch vor ihrem Tod zu entziehen und uns auf diese Weise den Zugang zu verwehren.

»Komin« bereitete den Coup in zweierlei Hinsicht vor. Zum einen löste er die Cläre Jung vertraute Ordnung, die sie wegen zunehmender Sehschwäche nur noch ertastete, durch eine Umsortierung auf. Aus den gewohnten Schnellheftern steckte er die Papiere in DIN-A4-Umschläge und sortierte bei dieser Gelegenheit die gefährlichen Teile aus. Vernichtete er damit Cläre Jungs Lebensgrundlage, so zielte seine andere Maßnahme auf die Kriminalisierung unseres Vertrauensverhältnisses zu Andrea Czesienski, Peter Ludewig und Peter Finger. Dies war »Komins« Befund:

»Man kann sicher ohne Übertreibung sagen, daß die genannten Personen eine ›verschworene Gemeinschaft‹, eine mit konspirativen Mitteln arbeitende und organisierte Gruppe sind, die hinsichtlich ihrer Ziele sich gegenseitig informieren, abstimmen, Material zukommen lassen und Absprachen über ihre Aktivitäten treffen.« – »Sie vertrauen einander, haben gleiches Interesse an Franz Jung (Cläre Jung ist nur Vorwand) und vertreten eine gemeinsame negative Haltung zur DDR.«

* Vgl. BSTU. MfS. HA XX, Nr. 349, S. 1-62; MfS 7993/61. Bd. 6, S. 5-109

b) Operative Maßnahmen zur Vorbereitung bzw. Schaffung
von günstigen Voraussetzungen für die Durchführung von
konspirativen Durchsuchungsmaßnahmen in den Wohnungen
der Verdächtigen.

- Peter Ludewig, Bln.-Mitte, F.-Heckert-Str. 14
- Fritz Mierau, 1055 Bln, Metzerstr. 36

verantw.: Oltn. Reizmann
Termin: 31. 03. 1980

1.5. Erarbeitung von subjektiven Fakten zu den Verdächtigen,
die unmittelbar mit der Tat zusammenhängen.

a) Weitere inoffizielle Aufklärung der Persönlichkeitsmerkmale, wie soz. Herkunft, pol. Vergangenheit, physische
und psychische Eigenschaften, pol.-ideolog. Grundhaltung
etc.

verantw.: Oltn. Reizmann
Termin: laufend

b) Aufklärung der subjektiven Ziele und Motive hinsichtlich
der vermutlichen ungesetzlichen Weitergabe und Verbreitung relevanter, gegen die soz. Gesellschaftsordnung
gerichtete Materialien von F. Jung an interessierende
westliche Personen, Herausgeber, Verlage etc. zwecks
Veröffentlichung.
In diesem Zusammenhang ist die vermutliche bewußte Entscheidung zum tatbestandsgemäßen Handeln auf der Grundlage
einer Zielvorstellung, einer Motivation der Handlung (gem.
§ 6 StGB) nachzuweisen.

verantw.: Oltn. Reizmann
Termin: laufend

c) Erforschung der Ursachen, die der vermutlichen Straftat
zugrunde liegen.
D. h. allseitige Aufklärung der Umstände und Bedingungen,
die die vermutliche Straftat begünstigen und Ermittlunge
der Ausgangspunkte für die Positionen und für die Gesellschaftsgefährlichkeit.

- In diesem Zusammenhang ist die gesellschaftspolitische
Entwicklung der Clara Jung, insbesondere während der Nachkriegszeit (noch 1945) und darüber hinaus ihre Stellung
in der DDR zu ermitteln.
(Überprüfung der Parteiunterlagen bei der zuständigen Kreisleitung der SED und bei der VVN, inoffizielle Auswertung
von pers. Materialien der Cl. Jung, die Aufschluß über ihre
soziale Entwicklung geben)

verantw.: Oltn. Reizmann
Termin: 30. 03. 1980

Aus dem Operativen Vorgang »Literat«, Berlin 1980

Um uns zu testen und zu verunsichern erfand »Komin« zwei Briefe, die uns zugespielt werden sollten. Der eine Brief (an mich zur Übergabe an Cläre Jung) bezog sich auf Franz Jungs Kontakte zur Umgebung von Canaris; er käme von Verwandten eines in den USA verstorbenen ehemaligen Mitarbeiters des Reichssicherheitshauptamtes, der von Jungs Aktivitäten während der Nazizeit gewußt habe (Tagebuchaufzeichnungen, Jungs Aufenthalt in Ungarn betreffend). Der andere Brief verfolgte die Absicht, »Komin« als einen Mann darzustellen, der in dem Sinne arbeite, wie er ihn unseren Bemühungen unterstellte. Er teilte Internes aus dem Cläre-Jung-Kreis mit und suggerierte, an einen Kontaktmann gerichtet zu sein, der sich in einem Institut der Bundesrepublik für Stimmungen und Personen in der DDR interessiert. Der Durchschlag des Entwurfs zu diesem Brief sollte wie aus Versehen in Cläres Archiv zwischen die Papiere geraten sein und unsere Neugier wecken.

Tatsächlich wurde Cläre Jungs Archiv, das erst nach ihrem Tode an das Märkische Museum gehen und wie bisher jedermann zugänglich sein sollte, in einer Überraschungsaktion am 6. Juni 1980 ohne Übergabeprotokoll abgeholt. Angeblich bereitete das Museum eine Franz-Jung-Ausstellung vor. In Wirklichkeit wurde das Archiv unter Verschluß genommen und auch unter Verschluß gehalten, nachdem es 1987 auseinandergerissen und der Franz-Jung-Teil dem Zentralen Parteiarchiv im Institut für Marxismus-Leninismus »geschenkt« worden war, erneut ohne Übergabeprotokoll. Nach zwei Jahren stellte man dort fest, daß der Jung-Nachlaß da gar nicht hingehöre und übereignete ihn der Akademie der Künste der DDR, wo er seit Oktober 1990 dank der Aufnahme durch Martina Hanf über ein Findbuch zugänglich ist (8264 Blatt, 12306 Seiten, zuzüglich neuester Nachträge).

»Komin« hatte ganze Arbeit geleistet. Einer seiner letzten Aufträge vom 10.10.1981 lautete: »Sortierung und Zusammenstellung aller beim IM befindlichen Originaldokumente aus dem Franz JUNG Archiv zwecks Entscheidung zur Übergabe an das Märkische Museum oder zur Vernichtung.« 138 der einbehaltenen Stücke – Briefe von und an Jung, Ausweise, Fotos usw. – sind 1997 beim Bundesbeauftragten für die Unterlagen des Staatssicherheitsdienstes der DDR wieder aufgetaucht. Von den 83 Briefen waren 25 zerrissen, sie wurden aus den 333 Schnipseln in Nürnberg wieder zusammengeklebt. Mit dem Verschwinden der Dokumente sollten entscheidende Einzelheiten und Zusammenhänge in Franz Jungs politischer Biographie gelöscht werden, im Visier speziell seine Arbeit gegen Hitler während des Aufenthalts in Budapest und die Nachkriegszeit in Italien und den USA. Aber auch die kommunistische Frühzeit sollte diskreditiert werden. Weiterhin fehlen die Originale der Gefängnisbriefe aus Hamburg und Breda.

Ihres Archivs beraubt, ist Cläre Jung am 25. März 1981 gestorben. Wenige Monate zuvor war im Reclam-Verlag Leipzig die von ihr und mir herausgegebene Franz-Jung-Auswahl »Der tolle Nikolaus« erschienen und wenige Monate danach begann mit »Feinde ringsum« die zehnbändige Jung-Ausgabe der Edition Nautilus Hamburg. Der Verlag hatte sich noch kurz vorher von Cläre Jung die Rechte geben lassen. Der Brief des Verlegers Lutz Schulenburg, in dem er um meine von Reclam abgelehnte Franz-Jung-Chronik bat, schloß mit einer vorsichtigen Passage: »bitte würden sie uns umgehend eine nachricht zukommen lassen, selbst wenn dieser brief nicht gerade dazu angetan ist eisberge zum schmelzen zu bringen, in seinem etwas märkischen ton. nur wer weiß, wer weiß mehr bei diesen entfernungen, die so sagt man ganze epochen ausmachen sollen.«

Gab es im Kreis um Cläre Jung noch Einbrüche von Alltäglichkeit, einfach weil sie nach dem Tod ihrer Freundin Elsbeth Bruck Haushälterinnen brauchte, die aus anderen sozialen Sphären kamen, auch weil sie am Ende der Pflege bedurfte, so war der Kreis um Ralf Schröder in unübertrefflicher Weise alltagslos, ortlos. In Hunderten von Gremiums-, Lektorats- und Beiratssitzungen anwesend und ständig zu Vorträgen unterwegs, lebte Ralf Schröder in Wirklichkeit in einer anderen Welt, deren Lockungen man sich nur schwer entziehen konnte. Er sah sich als Figur in einem weltgeschichtlichen Ideendrama oder am Weltfeuer der Geschichte, in das jeder sein Reisig werfe. Wie immer er mich begrüßte, wenn ich sein Zimmer im Berliner Verlag Volk und Welt betrat – Glinkastraße 13-15, fünfter Stock – jedesmal klang es wie: »Willkommen in Utopia!«

Obwohl wir uns sehr fernstanden, ja ein größerer Gegensatz

als der zwischen uns nicht denkbar schien, waren wir auf eine merkwürdige Weise miteinander verbunden.

Vierzehn Tage nachdem Ralf Schröder verhaftet worden war und damit seine Stelle als wissenschaftlicher Assistent am Slawischen Institut der Leipziger Karl-Marx-Universität verloren hatte, trat ich am gleichnamigen Institut der Berliner Humboldt-Universität meinen Dienst an. Ich bin einer der letzten gewesen, der ihn auf dem Leipziger Turmweg 4 vor seiner Verhaftung besuchte. Frau Mirowa, seine und meine Lehrerin, hatte es mir empfohlen. Er allein könne mir bei meinen Studien zur sowjetischen Literatur der zwanziger Jahre weiterhelfen. Das war Ende August 1957. Schröder wußte, daß er von der Staatssicherheit wegen seiner aktiven Entstalinisierungsarbeit beobachtet wurde, die sich im Fachlichen gerade auf die Rehabilitierung der unter dem Imperator verfolgten und umgebrachten Schriftsteller bezog. Er habe sich, erzählte er später, mir gegenüber bewußt reserviert verhalten, um mich nicht in seine Angelegenheit hineinzuziehen.

Tatsächlich wurde Ralf Schröder am 7. September 1957 verhaftet. Das Urteil vom 23. Dezember 1958 lautete auf zehn Jahre Zuchthaus wegen Staatsverrat. Wie in Berlin Wolfgang Harich und Walter Janka hatte Ralf Schröder mit Erich Loest und einigen Parteifreunden in Leipzig und Halle versucht, nach der Aufdeckung der Verbrechen Stalins auf dem 20. Parteitag der Kommunistischen Partei der Sowjetunion im Februar 1956 in der DDR die Entstalinisierung zu befördern und sich dabei der Kritik Leo Trotzkis an der Bürokratisierung der neuen Gesellschaft bedient. Trotzki, in Stalins Auftrag in Mexiko ermordet, hatte auf die Erneuerung der Rätepraxis gesetzt.

Als Ralf Schröder, 1964 amnestiert, 1966 verantwortlicher Lektor für sowjetische Literatur im Verlag Volk und Welt wurde, begann ich meine Arbeit an der Akademie der Wissenschaften. Ein Angebot der dortigen Slawisten zu freier Mitarbeit hatte Schröder ablehnen müssen, weil es wegen des eben wiederentdeckten Michail Bulgakow zu grundsätzlichen Meinungsverschiedenheiten gekommen war. Bulgakows moderner »Faust«-Roman »Der Meister und Margarita« als das zentrale Ereignis der dreißiger Jahre – das hätte das Gebäude der sowjetischen Literaturgeschichte zum Einsturz bringen können.

Auch später, nach der Gründung des Zentralinstituts für Literaturgeschichte, kam es zu keiner gedeihlichen Allianz. Wie ein »nebelhaftes kafkaeskes Schloß« sei ihm das ZIL erschienen, in das er zwei Jahre vergeblich zu gelangen versucht hatte, bis er einsah, dort könne er seiner Aufgabe nicht gerecht werden.

Umso intensiver gedieh unsere außerinstitutionelle Zusammenarbeit. Seit meinem ersten Vorschlag, der 1969 an ihn kam, nämlich eine Ausgabe der erzählerischen und essayistischen Prosa Ossip Mandelstams ins Auge zu fassen, haben wir alle meine Editionen in seinem Verlag diskutiert – Isaak Babel, Alexander Blok, Juri Tynjanow, besonders die, die nicht zustande kamen, wie die Anthologie russischer Meistererzählungen des 20. Jahrhunderts unter dem Titel »Adam« und »Die Legende von den russischen Dichtern«.

1982 bürgte ich für Ralf Schröder bei seiner Aufnahme in den Schriftstellerverband der DDR und empfahl ihn als einen kompetenten »Lehrer und Partner junger Schriftsteller«. 1988 hielt er die Laudatio für mich bei der Übergabe des Heinrich-Mann-Preises der Akademie der Künste. Glasnost vor der »Glasnost« geübt zu haben, sei an mir zu loben. »Glasnost«, weiß man es noch?, war Michail Gorbatschows Zauberwort für die Überwindung aller Erinnerungs- und Denkzensur gewesen. 1990 schrieb ich für Walter Killys Literaturlexikon den Artikel über Ralf Schröder, in dem ich ihn im Hinblick auf sein Buch »Maxim Gorkis Erneuerung der Faust-Tradition« (1971) den Begründer der vergleichenden Betrachtung der russischen und deutschen Literatur in der DDR nannte.

Gemeinsam aufgetreten sind wir nie. 1988 gab es zwar ein Angebot aus Salzburg, doch das zerschlug sich. Mitte 2000 hatte Franz Rump, der langjährige verantwortliche Redakteur des »Journals« der Gesellschaft für Deutsch-Sowjetische Freundschaft in Westberlin, die Idee, uns beide zu einem öffentlichen Gespräch einzuladen, das Klaus Völker leiten sollte. Schröder, Völker und ich waren über Jahrzehnte mit Literaturkritiken in dem »DSF-Journal« vertreten gewesen. Den Titel »Mein russisches Jahrhundert« abwandelnd sollte das Gespräch »Unser russisches Jahrhundert« heißen. Es wären alte Bekannte zusammengekommen. Klaus Völker war ich vor vierzig Jahren begegnet, als nach dem 13. August 1961 eine Westberliner Studentendelegation, dem allgemeinen Boykott wegen des Mauerbaus trotzend, nach Moskau und Leningrad fuhr und ich sie auf Einladung der DSF als Dolmetscher begleitete. Völker, Dramaturg und Theaterhistoriker, inzwischen Rektor der Schauspielschule »Ernst Busch«, vertrat 1961 für Deutschland das Pariser Collegium Pataphysicum, eine Alfred-Jarry-Gesellschaft, die die »Wissenschaft der imaginären Lösungen« unter die Leute brachte. Seit dem Zusammenbruch der DDR und der Sowjetunion völlig zurückgezogen lebend, wollte Schröder aber nicht eher an die Öffentlichkeit, bis er das Buch, an dem er arbeitete und von dem er mir zwischendurch schriftlich Nachricht gab, abgeschlossen hätte. Sein Tod Ostern 2001 hat diesen Plan vereitelt.

Es gab nun aber außer der unmittelbaren Begegnung eine mittelbare, und ich weiß nicht zu entscheiden, ob sie uns stärker verband oder stärker trennte. Zum einen fand diese Begegnung in den Akten der Staatssicherheit statt, zum anderen in den Annalen der Slawistik der DDR.

Die Staatssicherheit hat zweimal versucht, mich als Experten für die Münchner Publikationen der russischen Emigranten zu gewinnen.* Ansatzpunkte waren das erste Mal meine Verbindungen zu Klaus Völker, damals Dramaturg in Zürich, und Hans-Joachim Schlegel in München. 1970 konfiszierte man einen Brief von Völker, in dem er sich für meine Revolutionschronik »Links!Links!Links!« bedankte und 1971 einen Brief von Schlegel, der mich um Rat für seine Arbeiten zur sowjetischen Literatur der zwanziger Jahre bat. Im »Schatten des Zeitmangels«, heißt es im Bericht vom 5. Oktober 1971, hätte ich versucht, mich »von einer aktiven Unterstützung des MfS zurückzuhalten«: »Er ist von sich eingenommen und hinterläßt den Eindruck eines überheblichen und alles besser wissenden Menschen.« Zwar glaubte Oberleutnant Biehl, der sich mir als »Beil« vorgestellt hatte, bei dem zweiten Treff mit dem Kandidaten »Fritz« eine Wandlung zu seinen Gunsten feststellen zu können, aber da ich Sieglinde die ganze Geschichte erzählt hatte und bald herauskam, daß Schlegel, heute der beste Kenner

---

* Vgl. BSTU. MfS AP 652/73, S. 5-54; MfS 47267/92. HA XX/OG, S. 40-159

der osteuropäischen Filmavantgarde des 20. Jahrhunderts, der Deutschen Kommunistischen Partei angehörte, wurde die Akte geschlossen.

Das zweite Mal fiel ich dem MfS auf, als ich Rudolf Bahro, den Reformkommunisten, der mich am 22. August 1977 besuchte, das Manuskript seines Buchs »Die Alternative« nicht abnahm, weil ich ihn für einen Spitzel hielt. Ich hatte Bahro einmal in der Redaktion der Studentenzeitung »Forum« gesehen, als er 1970 mein Vorwort zu »Links!Links!Links!« abdrucken wollte. Im April 1978 wurde meine Ablehnung bekannt und als »parteiliches Verhalten« gewertet, was mich für eine neuerliche »Kontaktaufnahme« prädestinierte. Das operative Material »Herausgeber« konnte schon am 9. Mai 1978 in der Abteilung XII des MfS archiviert werden, da dieser »Herausgeber« erklärt habe, daß er »seine Persönlichkeit nicht teilen könnte« und jede andere Arbeit, wie auch eine Unterstützung des MfS für ihn »eine Ablenkung von seinen eigentlichen Aufgaben« darstelle.

Fiel es mir als Parteilosem vergleichsweise leicht, die Anträge des MfS auszuschlagen, so war das für Ralf Schröder so gut wie unmöglich. Aus der Partei ausgeschlossen, nach sieben Jahren Haft bei den eigenen Genossen Kommunist geblieben und von der Korrekturfähigkeit der bisherigen sozialistischen Experimente überzeugt, hegte er zugleich keinerlei Illusionen über die Macht des MfS. Und selbstverständlich war Ralf Schröders Anstellung im Verlag Volk und Welt 1966 nur nach Absprache von Verlags-, Kader- und Lektoratsleitung mit dem MfS zustandegekommen.*

Als nun der Abgesandte des Ministeriums, Hauptmann Gütling, Anfang 1970 bei Schröder auftauchte, war auch die Erinnerung an ein furchtbares Versprechen wieder da, das er während der Vernehmung 1957 hatte geben müssen: Wenn »Gelegenheit zur Wiedergutmachung« gegeben sei, diese wahrzunehmen. Offenbar war der Zeitpunkt da. Am 6. Mai 1970 erklärte Ralf Schröder, über seine »freiwillige Unterstützung« des MfS der DDR »im Interesse der Republik und des Sozialismus auf der Grundlage gegenseitigen Vertrauens Stillschweigen ge-

* Vgl. BSTU. MfS AIM 9202/91, I/1, S. 7-352 und II/1, S. 8-261

gen jedermann zu wahren«. Die Unterstützung erstrecke sich auf seine Arbeitsgebiete als Lektor und Literaturwissenschaftler mit dem Vorbehalt: »... die Möglichkeiten werden letztlich nach meiner Einschätzung bestimmt.« Inwieweit »Karl«, so sein Deckname, Herr der Lage blieb, ist kaum mehr festzustellen. Die Treffberichte, zum Teil rabiate Auskünfte »Karls« über Stimmungen und Haltungen im Verlag Volk und Welt, besonders des Lektors und Übersetzers Thomas Reschke, auf den er speziell achten sollte, müssen seine Auftraggeber einigermaßen von der »Ehrlichkeit« ihres Informanten überzeugt haben. Dennoch ist Hauptmann Gütling den Eindruck nicht losgeworden, daß sein inoffizieller Mitarbeiter »Karl« ihn an der Nase herumführe. Er ließ ihn seinerseits durch mehrere IM systematisch überwachen, am gründlichsten durch IM »Jürgen«, den Außenlektor Herbert Krempien.

Nach zehn Jahren Zusammenarbeit ist Gütling mit »Karl« höchst unzufrieden, weil der offenbar aus Gründen der »Rückendeckung« für seine eigentlichen Aufgaben mit dem MfS zusammenarbeitet, die »Treffs meist zu philosophischen Grundsatzdiskussionen« zu nutzen sucht und außer den Stimmungsberichten »kaum operativ auswertbare Informationen« liefert. »In politischen Diskussionen werden beim IM ›Sozialismusvorstellungen‹ sichtbar, die eine Mischung von realem Sozialismus, Trotzkismus, ›demokratischem‹ und ›jugoslawischem‹ Sozialismus darstellen. Im Gegensatz dazu tritt er offiziell stets als ›Marxist-Leninist‹ auf.«

Das Ministerium für Staatssicherheit hatte allen Grund zur Irritation. Ralf Schröder war zweifellos auch als IM »Karl« der Partisan geblieben, als der er mit seinem antistalinistischen Engagement 1956 angetreten war, ein Partisan, wie ihn Georg Lukács 1963 in seinem Text »Zur Debatte zwischen China und der Sowjetunion« genau beschrieben hatte:

»Der subjektivistische Dogmatismus der Stalinschen Periode mit seiner widerspruchsvollen Einheit von Mißtrauen und Leichtgläubigkeit, von verborgenem Defaitismus und zur Schau gestelltem ärarischen Optimismus usw. kann... nicht die bloß rechtlichen Zwangsbedingungen in ethische Selbstverpflichtungen hinüberwachsen lassen. Er wird vielmehr die Tendenz haben, sowohl die gesellschaftlich überlieferte wie die neu entstehende Moral durch die Permanenz bürokratischer Sanktionen in ein Rechtsverhältnis zurückzubilden. (Hier wie überall ist von typisch wirksam gewordenen Grundtendenzen die Rede, die die Stalinschen Methoden notwendig ins Leben rufen. Daß der sozialistische Charakter des gesellschaftlichen Seins auf ethischem, ästhetischem usw. Gebiet auch Anderes, Entgegengesetztes produziert, ist selbstverständlich. Solche Gegentendenzen wurden aber bestenfalls geduldet. Wenn sie ans Tageslicht gelangten, geschah dies meist in einer halblegalen Partisanenform.)«

Wirklich war dem Partisanen Ralf Schröder manches gelungen. Zusammen mit Thomas Reschke schleuste er in die deutschen Übersetzungen von Michail Bulgakows »Meister und Margarita« und Juri Trifonows »Zeit und Ort« wesentliche Passagen ein, die die sowjetische Zensur in den russischen Ausgaben gestrichen hatte. Als Erich Loest im April 1981 mit einem Dreijahresvisum in die Bundesrepublik ging, kam es zu einem bedeutenden Abschiedsgespräch in Loests Leipziger Wohnung, in dessen Verlauf Ralf Schröder gleichsam die Aufgaben verteilte: Loest habe mit einem neuen Buch »den ganzen Mechanismus« des realen Sozialismus aufzudecken, den »Erdrutsch« auszulösen, und er, Schröder, inzwischen »hier ›Solidarność‹ vorzubereiten«. Gehörte der Pakt mit dem Teufel zur Taktik des Partisanen? Ich erinnere mich, wie Ralf Schröder reagierte, als wir einmal auf den Slawisten Norbert Randow zu sprechen kamen, der, weil er Pasternaks »Dr. Shiwago« verborgte, zu drei Jahren Gefängnis verurteilt worden war, im Gegensatz zu Schröder aber eine Amnestierung mit den entsprechenden Auflagen abgelehnt hatte: »Randow spielt Christus. Der will reinbleiben.«

Nicht weniger verborgen und mittelbar als meine Begegnung mit Ralf Schröder in den Akten der Staatssicherheit ist die in den Annalen der Slawistik. Es ist die Begegnung über akademische Mittelspersonen, die ihren Weg als Professoren der DDR gemacht hatten und mit denen ich es dauernd zu tun bekam, eine Begegnung über Betroffene, die bei stärksten Differenzen untereinander eines vereinte: ihre Reserve gegenüber dem Mann, der, einst der glänzendste unter ihnen, nun stigmatisiert war. Sie waren Schröders Kollegen gewesen und zum Teil als Zeugen in seinem Prozeß verhört worden.

Von der Lehrtätigkeit an den Universitäten ein für allemal ausgeschlossen, ist Ralf Schröder auch als Lehrbuchautor inakzeptabel geblieben. Weder zu Nadeshda Ludwigs »Handbuch der Sowjetliteratur« (1975), noch zu Harri Jüngers »Geschichte der russischen Sowjetliteratur« (1977), noch zu Wolf Düwels »Geschichte der russischen Literatur« (1986) ist er gebeten worden. Der einzige akademische Versuch, ihn zu beteiligen, endete mit einem Fiasko. Klaus Städtke lud Ralf Schröder ein, das Gorki-Kapitel für den Band »Positionsbestimmungen« zu schreiben: »Mein eingereichtes Manuskript wurde nicht angenommen. Ich sollte ein zusätzliches ›absicherndes‹ Kapitel schreiben. Und ich tat es deshalb, weil ich mit einem Testat der Akademie: ›ideologisch ungenügend selbst für Gorki-Interpretationen‹ auch meine gerade erst schwer errungene Berufserlaubnis als Nachwortautor durch Angst des Verlages und Beschluß der Zensurbehörde wieder hätte verlieren können. Wegen meiner Nachworte, besonders zu Bulgakow, Ehrenburg und Aitmatow (zu Trifonow, Okudshawa, Tendrjakow erst später) war ich nach Presseangriffen (besonders scharf in der ›Ostseezeitung‹, die eine versteckte ideologische Diversion bei mir ausgemacht hatte) auch bei der ZK-Abteilung Literatur wieder in den Ruf geraten, meine früheren ›trotzkistischen Fehler‹ zu wiederholen ...« Selbst an die großen DDR-Ausgaben der russischen Klassiker – Lew Tolstoi (Eberhard Dieckmann und Gerhard Dudek), Fjodor Dostojewski (Wolf Düwel) und Maxim Gorki (Eva Kosing und Edel Mirowa-Florin) ließen die Herausgeber Ralf Schröder nicht heran; die einzige Ausnahme bildete sein Nachwort zu Maxim Gorkis Roman »Foma Gordejew«. Bis in die Träume hat ihn das verfolgt, zuletzt noch in einen Gorki-Traum: Schröder hetzt zu einem der peinigenden Zensurgespräche in den Verlag Volk und Welt, wo er von einigen milden Damen wegen seiner forcierten Originalität kritisiert wird; Maxim Gorki aber, der ihm hager, abgehärmt, doch zuversichtlich erscheint, bestätigt ihn in seinem Konzept und macht ihm Mut.

Schröders gefürchtete Originalität (hatte nicht Molotow vor Zeiten Meyerhold in gleicher Weise attackiert?!) war freilich nichts anderes als sein selbständiges Urteil und seine

Juri Trifonow im Gespräch mit Ralf Schröder (links)

Weniger als grübelnder (gleich gar nicht als stiller) Gelehrter denn als temperamentvoller Praktiker stellt sich uns der Slawist und Lektor-Kollege Dr. RALF SCHRÖDER dar. Das liegt sicher zuerst am Gegenstand seiner vorzüglichen Forschungen und Publikationen: der heutigen multinationalen Sowjetliteratur. Wie brisant und widersprüchlich (der Widerspruch ist die Wurzel aller Lebendigkeit, sagt Hegel) es da zugeht, wie exemplarisch poetische Produktivität mit Realitätstreue und kommunistischer Perspektive sich verbindet, davon hätten wir gewiß viel weniger Ahnung, wenn Ralf Schröder nicht wäre. Wenn dieser — manchmal bis zur Provokation — anregende und aufregende, vor lauter neuen Ideen übersprudelnde Entdecker nicht ständig neue Publikationen aus jener ungeheuren Mannigfaltigkeit in petto hätte, an denen auch Reclam seit anderthalb Jahrzehnten dankbar und erfolgreich partizipiert. Daß nicht alle Blütenträume reiften, liegt an der Fülle und eben auch der Brisanz. Wer das Licht vor unseren Füßen klar erfassen, das Gleichzeitige genau bestimmen will, riskiert alle Schwierigkeiten der Wahl und Interpretation. Ralf Schröder hat sie nie gescheut, Vorschnelles passiert da schon mitunter. (Auch deshalb ist er im Vortrag noch besser als im Schreiben.) Nichtsdestoweniger erweist sich der Praktiker gleichfalls als eigenwilliger Theoretiker, der große Zusammenhänge zeichnet und beschlagen ist in den Themen der Weltliteratur, vermittels deren er die Tragfähigkeit zeitgenössischer Werke gern prüft. Auch hier Provokation: man muß sich ihr stellen und lernt dabei. Die Weite des Blicks bewährt sich allemal an der Tiefe: Ralf Schröders Vorliebe für Fjodor Dostojewski, aus dessen Werk er eine Reihe originell erläuterter Editionen im Reclam-Verlag vorlegte, ist ein Maßstab dafür.

Als eine Art Globetrotter in den Weiten der Sowjetunion muß man sich FRITZ MIERAU vorstellen, und in der Tat ist er häufig durch das große Land gezogen. Gewiß nicht ziellos, denn die derart gesammelten anschaulichen Erfahrungen schlugen bei diesem gleichermaßen sprühenden wie gründlichen Geist allemal zu Buche, und unser Verlag hat seit fast zwanzig Jahren einen schönen Anteil daran. Ein durchaus unkonventioneller Literaturhistoriker, der, Mitarbeiter unserer Akademie der Wissenschaften, ohne akademische „Würden", aber auf einzigartige Weise produktiv ist. Immer dem Neuen auf der Spur, dem Neuen besonders in der Vergangenheit, die freilich unabgegolten ist und frisch wie am ersten Tag: Fritz Mierau ist hierzulande unbestreitbar der beste Kenner und Analytiker der hinreißenden Anfänge sowjetischer Literatur. Gibt es da nicht Widersprüche? Oh, ja, Widersprüche, die er erregt und, wo sie in der Sache liegen, fruchtbar macht. Das unerledigt Vergangene findet er genauso bei Puschkin wie bei den deutschen revolutionären Schriftstellern der zwanziger Jahre — wir ersparen uns die Aufzählung der von ihm edierten oder vorbereiteten Reclambände. Nicht dagegen die Feststellung, daß er einen neuen Editionstyp für unser Taschenbuch eingebracht hat: die Studien- und Materialausgabe, welche die zeitgenössische und spätere Rezeption mittels der wichtigsten Kontexte dokumentiert. Über allem aber danken wir ihm seine eigenen Interpretationen, nüchternscharf, im Stil akurat, leidenschaftlich von der Sache durchwirkt und engagiert.

Fritz Mierau

»Das Reclam-Buch«, Leipzig, Herbst 1978, Heft 52, Sonderheft
»150 Jahre Verlag Philipp Reclam jun. Leipzig«

Kunst, inmitten der Zensurbürokratie seine andere Welt zu errichten.

Wie mögen wir uns gegenübergesessen haben? Er der Partisan im Zentrum der Macht, ich der exzentrische Sonderling. Beide irregulär arbeitend, beide geduldet, beide überwacht, beide entschlossen, die DDR nicht zu verlassen. War das alles an Gemeinsamkeit? Wie Literaturgeschichte zu schreiben sei, darüber sprachen wir so gut wie nie. Obwohl wir füreinander »stützende« Gutachten verfaßten, blieben hier die Gegensätze unüberwindlich. Schröder liebte es, Schneisen zu schlagen, ich bevorzugte, um im Bild zu bleiben, die Orientierung im Urwald. Für ihn gab es nur den geschichtsphilosophischen, den polyphonen Bewußtseinsroman, dessen Variationen von Dostojewski über Andrej Bely, Gorki und Bulgakow bis zu Trifonow, Aitmatow, Tendrjakow und Okudshawa er mit einem Spürsinn ohnegleichen zu erkennen wußte – bis er am Ende selbst zu einem Roman ansetzte, seinem »Roman mit der russischen Literatur«, eigentlich mit dem russischen Roman. Stilistisch wollte er ihn an die Form seiner Vorlesungen anlehnen, die er 1973–1990 vor Schriftstellern und Übersetzern am Leipziger Literaturinstitut gehalten hatte.

Im Mittelpunkt standen für ihn die »Faust«-Metamorphosen und »Doppelgänger«-Modelle im russischen Roman, und er hat sogar das Fazit seiner Gefängniszeit aus dieser Sicht gezogen: »Ich brauchte sieben Jahre inneren Dialog in Klausur-Zellen, ehe ich das Faust-Karamasow-Kryptogramm russischer Romane ergründet hatte.« In dem entworfenen »Roman mit dem Roman« dürfte seiner eigenen Wette mit der politischen und akademischen Bürokratie eine bedeutende Rolle zugedacht gewesen sein. Seinen Weg überdenkend schrieb er mir im Sommer 2000:

»Im Reclam-Verlag wurde meine Anstellung offenbar wiederholt erwogen. Bereits bevor ich zu Volk und Welt ging. Für mich aber war, da damals eine Rückkehr zur Wissenschaft ausgeschlossen war, Volk und Welt die einzige Alternative. Dort boten sich mir die besten editorischen Voraussetzungen für mein literaturgeschichtliches Programm und ›kulturpolitisches Wettsujet‹, das zunächst nach meiner Freilassung vor allem darin bestand, jene Autoren und Werke durch Editionen zu legalisieren und gesellschaftlich wirksam zu machen, für deren Propagierung an der Karl-Marx-Universität ich 1957 aus dem Verkehr gezogen wurde.«

Ralf Schröder hat seine Wette gewonnen. In den zwölf Nachworten aus den siebziger und achtziger Jahren, die er unter dem Titel »Roman der Seele, Roman der Geschichte« 1986 in einem Reclam-Band zusammenfaßte, liegt uns in »punktierter Linie«, wie er mit einem Wort Juri Trifonows gern sagte, jene russische Literaturgeschichte des 20. Jahrhunderts vor, die er 1956 zu schreiben plante. Und die »Literaturgeschichtlichen Anmerkungen« zur 13-bändigen Bulgakow-Ausgabe ergeben seine Bulgakow-Monographie.

Mit meinen Orientierungsgängen im Urwald der Literatur muß ich ihm häufig wirklich sonderbar vorgekommen sein. Jahrelang konnte ich mich Schriftstellerkarikaturen, Plakatversen und Pamphleten, avantgardistischen Wortmontagen widmen oder den Spuren russischer Dichter in Europa nachgehen. Mehr als ihre Weltkonstruktionen im Roman fesselte mich an den Russen die Kunst, bei aller Welterfahrenheit ein häusliches Dasein zu führen. Die geistigen Strahlungszentren suchte ich aufzufinden, die Literatur vor der Literatur. Das konnte ein Cabaret sein wie der Petersburger »Streunende Hund« oder der Berliner »Blaue Vogel«, eine Dichterkolonie wie Koktebel auf der Krim oder ein verspielter Geheimbund wie Alexej Remisows »Große und Freie Affenkammer«.

Wie mögen wir uns gegenübergesessen haben?

Ernste, ruhige Männergespräche sollen wir geführt haben, schreibt eine Zeugin. Das ist denkbar, denn ich erinnere mich keiner größeren Aufregungen. Einmal allerdings muß ich Ralf Schröder an einer empfindlichen Stelle getroffen haben. Das war Mitte der siebziger Jahre. Er sprang auf, lief in äußerster Unruhe seinen Klausur-Zellen-Schritt: ein paar Schritte vor, ein paar Schritte zurück. Es ging um eine scheinbar rein verlagstechnische Alternative: Ob ich erst für ihn das Manuskript der dreibändigen Blok-Ausgabe abschließe oder für den Akademie-Verlag das Manuskript meiner Tretjakow-Monographie »Erfindung und Korrektur«.

Zu seinem größten Leidwesen zog ich Tretjakow vor. Schröder hing an Alexander Blok wegen seines romantischen Zeitbegriffs, der Kalenderzeit von musikalischer Zeit schied. Musikalische Zeit meinte ein Leben jenseits des eintretenden Kalendertags. Hier konnte der Partisan seine Vorstellung von den »Zwischenzeiten« unterbringen, in denen unterirdisch zu arbeiten sei und Botschaften höchstens per Flaschenpost versandt werden könnten.

Im Grunde folgten wir beide Blok, nur lockte ihn die Musik der Geschichte, mich die Musik des Alltags, die bei Sergej Tretjakow so deutlich zu vernehmen war. Der artistische Weltverkehr eines für die Musik des »Weltorchesters« empfänglichen Künstlermenschen, den Blok sich herausbilden sah, schien in Tretjakow den energischsten Anwalt gefunden zu haben. Dieser Mensch – soll ich sagen dieser Gentleman-Bolschewik? – möge sich, so Tretjakow, in weltgeschichtlichen Konstellationen mit der gleichen Befugnis zu bewegen verstehen, wie er es versteht, ohne anzurempeln durch die Straßen zu gehen, in eine Straßenbahn zu steigen oder ohne andere zu behindern einen Saal zu verlassen. »Ist es nötig, daß ein Mensch den Postverkehr als Heldentat erlebt, daß er nicht einfach die Straße pflastert, sondern sich im Opferfeuer des Straßenpflasterns verzehrt?«

Als ich Ralf Schröder fünfundzwanzig Jahre später eine Notiz von Novalis sandte, die Bloks Überlegung von 1919 vorzeichnete, war er glücklich. In seinen »Materialien zur Enzyklopädistik« hatte Novalis im Herbst 1798 unter dem Stichwort »Historik« geschrieben: »Die bloße Geschichte (Bewegung, Bildung) ist musicalisch und plastisch. Die musicalische Geschichte ist die Philosophie. Die plastische Geschichte die *Kronick* – die Erzählung – die Erfahrung. Jede Materialien Masse ist *Kronik* – Jede Beschreibung ist Erzählung. Erst dann, wenn der Philosoph als Orpheus erscheint, ordnet sich das Ganze in regelmäßige gemeine und höhere gebildete, bedeutende Massen – in ächte *Wissenschaften* zusammen.«

Das war ganz nach seinem Geschmack. »Bloks Novalis-Rezeption«, schrieb Schröder, »ist natürlich ein eindrucksvolles Beispiel, wie abgebrochene alternative Literaturanläufe unter ganz anderen Umständen nach fast einem Jahrhundert fruchtbar wurden. Auch das Beispiel bestätigt: Die Geschichte kennt keine Sackgassen, sondern ›nur‹ immer neue Zwischenzeiten, häufig sehr langwierige, bleiern lastende.« Die Zeit nach 1990 verstand er als triumphierende neue Zwischenzeit.

Lebensgroß

Doch wenn ich lach dann hört es Ninive.
Adolf Endler, *Hohnlachen,* 1972

Keiner im näheren Umkreis hat, um seiner habhaft zu werden, eine so monströse Figur aufgebaut wie Adolf Endler. Am liebsten alle sieben Todsünden auf einmal – zwanzig, fünfundzwanzig, dreißig Jahre, länger:»Ja, mit einundachtzig ist der alternde Belletrist, vorzüglich der einundachtzigjährige Lyriker zu *jeder Schandtat bereit,* auch ohne Biermann zu heißen.« Jetzt ist er siebenundsechzig.»Zigeunergeiger, grund-melancholisch«, Django-Reinhardtsch, oder»Mich laß die Rattenschnauze die hier meine hissen«oder»Tarzan am Prenzlauer Berg«,»Irrer Fürst«und»Sichdenberghinunterrollenlasser«– zu klein! Zu klein?»Bubi Blazezak«am Ende auch? Wird er sich je erreichen?

Die Ausgangslage war denkbar ungünstig. Kriege und Revolutionen nicht mitgemacht, keine Lagerhaft, keine Resistance, kein latein-amerikanisches Exil. Und statt der Stalinschen Großbauten des Kommunismus mit ihren Millionen rohrlegender, wüstenbewässernder Häftlinge, statt Maos Großem Sprung, statt Klima verändern und ein Milliardenvolk sattmachen nur diese trockengelegte Wische, 350 Quadratkilometer altmärkischer Niederung – ein rüstiger Wanderer umkreist sie leicht in ein, zwei Tagen. Schilda läßt grüßen, die Lalen proben die Weltverbesserung. Wie soll da einer sich erreichen!

Da ficht kein »Erzkujon« mit dir den »wüsten Zweikampf ohne Ende« wie mit Endre Ady: »Wir kämpfen seit Babylons

Zeiten /... / Seitdem ist Erzkujon mein Vater / Mein Gott, mein Kaiser und Kumpan.« Da tastet sich kein »Emgion«, Gunnar Ekelöfs kurdischer Grenzfürst, »Hund genannt von Römern wie Seldschuken«, geblendet durch die Welt zwischen Orient und Okzident – und saß doch einst »auf einem Hengst aus Shammar-Geblüt mit einem Stammbaum zurück bis in die Zeit des Propheten«. Kein Gedanke an die blasphemischen Wildheiten der Russen: an Majakowskis Schreimaul Zarathustra, an Bloks Christus unter der roten Fahne, an Jessenins Rebellen Pugatschow, der – »Tamerlans Schatten« – vor die Tore Moskaus tritt. Kein Eurasien zur Verfügung, keine zwei Amerikas, nicht einmal das eigene Land ganz.

Doch da war eine Chance. Es gab ein mächtiges Terrain, das so gut wie unbesetzt geblieben war, obwohl es ständig von jedermann durchquert werden mußte. Eine unheimliche Gegend zweifellos, die man lieber verließ als betrat. Niemandsland so gut wie öffentlicher Ort. Daß es hier nicht geheuer war, hing mit der Energiekonzentration zusammen, die jeden unvorsichtigen Schritt tödlich enden lassen konnte. Es war das Terrain des Kalten Krieges. Dieses Terrain mit seinen phantasmagorischen Organen und Nomenklaturen, mit seinem Sprachgebaren, Brauchtum und exzessiven Registraturwesen, dieses Pandämonium unseres Jahrhunderts hat Adolf Endler mit immer subtileren Methoden systematisch erkundet, beschrieben und – rekultiviert. Hier hat er seine monströse Selbst- und Weltbemächtigungsfigur angesiedelt. Sie agiert nirgends anders als auf dem ehemaligen Terrain des Kalten Krieges: Sie bannt die Dämonen. Wann die Sondierung dieses Terrains für den Aufbau der Figur begann, wird nur annähernd festzustellen sein. Immer sind es minimale semantische Verschiebungen, feinste Änderungen in den sprachlichen Mischungsverhältnissen, die das neue Unternehmen vorbereiten. Kein Kalkül am Anfang, eher ein Unbehagen. Daß er sich nur lachend sicher auf dem explosiven Terrain bewegen könne und lachend Freiheit (Lebensgröße?) gewinnen, dürfte den Dichter nicht überrascht haben. Mochte ihm 1961, als Schilda sich wie eine asiatische Despotie gebärdete und eine Mauer zwischen sich und die Welt setzte, das Lachen noch im Halse stecken geblieben sein – lange kann es nicht mehr gedauert haben, bis es sich zu dem Gelächter erhob, dem als Ohr nur Ninive genügte – die versunkene Hauptstadt der Welt, einst Stätte chaldäischer Weisheit, des Propheten Nahum mörderische Stadt, der ihre mächtige Mauer nichts genutzt hatte.

»Eingeflogen dieser schlüsselfertige Delikat-Text mit unserem gelblichen Militärhubschrauber X_{34} Strich80Strich30 am zwanzigsten Neunten dem Geburtstag Eddi ›P‹ Endlers aus Anlaß des siebenjährigen Jubiläums eines im Wettbewerb SCHÖNER UNSERE STÄDTE UND GEMEINDEN zwischen den Zähnen zu feinem Goldstaub zermahlenen fettaugenreichen Geheimnisverrats (Es meldete der Oberkommandierende Gefreiter André Breton bitte Uhrenvergleich)«

Kasper ist Kaiser

Er muß mir durch seinen Schritt aufgefallen sein. Jahre, bevor wir uns anredeten oder kleine Mitteilungen schrieben. Unter so vielen Stiefelnden endlich ein Wanderer: Lothar Trolle.

Ob er damals schon seine Lederjoppe trug, weiß ich nicht mit Bestimmtheit zu sagen. Es war denn erst viel später, in der von Jürgen Scharfe besorgten Hallenser Lissitzky-Ausstellung 1982, als uns die Joppe Trolles Anwesenheit anzeigte. Ein edles Stück, es steht von allein und trägt die Mütze des Dramatikers, stammt vermutlich noch aus den zwanziger Jahren und stellt in Material und Schnitt das liberale braune Wildlederjäckchen wie das aktivistische schwarze Chromlederjackett weit in den Schatten. Miteinander gesprochen haben wir wohl auch in Halle noch nicht. Aber unter ein Dach geraten waren wir durchaus schon früher. Unter das Dach des »Geländewagens I«. Diesen Wagen hatte Wolfgang Storch für Januar 1979 ersonnen, um Heiner Müller zu seinem 50. Geburtstag ein paar Berliner Nachrichten zu bringen. Von Trolles die Nachricht vom Tod seines Nachbarn Otto Linke und von mir die Nachricht vom Tod der Dagny, der Tochter von Franz Jung.

Wenn man zehn Jahre auseinander ist, kommt man freilich selbst unter einem Dach nicht so leicht ins Gespräch. Als dann geredet wurde, half die Gegenwart des Wanderers. Wir waren auch bis hinauf in Stifters Oberplan gezogen und hatten uns am Ortseingang von dem mürrischen Alten das Geburtshaus zeigen lassen. Südböhmen. Ostböhmen. Mähren. Sachsen. Thüringen. Harz. Altmark. Von diesem Wanderer war etwas zu erfahren.

Dann stellte sich heraus, daß sein Großvater einen Edeka-Laden gehabt hatte, wo doch alles, was mit dieser Einkaufsgenossenschaft DEutscher KAufleute zu tun hat, das Abenteuer meiner sächsischen Jugend berührt. Als dann noch die Russen ins Spiel kamen, da verwandelten sich unsere zehn Jahre Altersunterschied aus dem Abstand im Raum in die Verbindung in der Zeit.

Ich lernte zwar, auf Empfehlung meines Vaters, schon russisch, als Trolle noch im Kinderwagen saß, dafür hatte er in seinem Dorf Brücken am Kyffhäuser einen alten Mann gekannt, einen Russen, den sie Puschkin nannten und dem sie Doswidanja nachriefen und dem Trolle, als er gestorben war, das Kreuz vor seinem Sarg hertrug. Ich stand bei Stalins Tod mit einem Luftgewehr in der grauen Uniform der Gesellschaft für Sport und Technik (voller Riemen aus Kunstleder) an einem Bild des Generalissimus im Flur des Berliner Slawischen Instituts Ehrenwache, als Trolle neunjährig in den Obstplantagen der Goldenen Aue tollte; dafür hatte er die Freiheit, ein Stück über die Versuchung des Genossenschaftsbauern Greikemeier durch die Sieben Todsünden des Sozialismus zu schreiben. Ein Stück, in dem im Juni 1953 Stalins Geist umgeht und erschüttert ist durch den Vorsatz eines LPG-Vorsitzenden, der »hier direkt vor Ihren Augen durch das qualvollste Martyrium unseres Jahrhunderts marschiert, denn heute noch will er in seinem Inneren den ganzen Stalinismus überwinden und endlich begreifen, daß jetzt Irrtum ist, was dreißig Jahre lang als Wahrheit galt.«

Wer so etwas erfinden kann, ist unentbehrlich für den Transport der Russen nach Europa und so hat Trolle seine schöne Bearbeitung von Daniil Charms' »Jelisaweta Bam« für den Henschel-Band »Russische Stücke« gemacht und interessiert sich brennend für Ilja Sdanewitschs »Ein Esel zu vermieten«. Dann kannte er den Weg zu einem Russen, der in der NS-Zeit mit dem Genetiker Timofejew in Berlin-Buch zusammengearbeitet hatte, von dem Daniil Granin in seinem berühmten Roman erzählt. Und in dem Zusammenhang erfuhr ich auch, daß Oleg Zinger, ein Maler aus Timofejews Berliner Kreis und Granins Gewährsmann, in Paris lebt. In Zinger trafen wir im Herbst 1988 das russische Berlin im russischen Paris. Aber nicht genug damit. Als mir einmal nicht einfallen wollte, wie es am besten zu erzählen sei, daß kurz vor Andrej Belys Tod und Ossip Mandelstams erster Verhaftung 1934 die ursprüngliche Rivalität zwischen dem Symbolisten und dem Akmeisten sich in innige Zuneigung wandelte, da machte mir Trolle einen Vorschlag, der die Sache wirklich in Gang brachte:

»Ich habe übrigens eine Idee für einen Dialog zwischen Andrej Bely und Ossip Mandelstam. Also, er findet statt im Jahre 1985 in Berlin. Bely befand sich auf Einladung des Aufbau-Verlages zu einem Messegespräch in Leipzig und Mandelstam kam in die DDR, um sich in Berlin mit einem Lektor vom Kiepenheuer-Verlag zu treffen, der eine Ausgabe seiner Prosatexte vorbereitet. Bely wohnt im Hotel ›Stadt Berlin‹ und Mandelstam, der auf private Einladung mit gewissen Schwierigkeiten nur kommen konnte, wohnt bei einer Frau, die sehr entfernt befreundet ist mit der Frau Lermontow aus Weimar. Beide trafen sich zufällig im Centrum-Warenhaus, wo sie für sich und ihre Freunde etwas einkaufen wollten und haben sich verabredet, sich abends zu treffen, um das echte Berliner Kneipenleben einmal kennenzulernen, und wollen sich dabei einmal aussprechen, um etwaige Feindschaften, unausgesprochene Vorwürfe usw. zu klären. Natürlich ist es Freitagabend und sie finden lange keine Kneipe, wo noch Platz, bis sie schließlich in der HUTZENSTUBE in der Prenzlauer Allee landen. Dort finden sie es aber sehr schön, trinken Bier, sehen sich die Deutschen an und klären an Hand des Problems, wie ihre Literatur bei den Deutschen ankommen wird, ihre verschiedenen Positionen. Und der Dialog endet damit, daß am Schluß noch Mierau auftaucht, der wieder einmal vom Verlag zu spät benachrichtigt wurde, daß Bely und Mandelstam in Berlin sind und die beiden schon den ganzen Abend gesucht hat. Mierau greift in den Dialog noch ein, versöhnt die feindlichen Positionen oder benennt ihre unterschiedlichen Positionen und ladet die beiden ein, mit ihm in eine richtige Kneipe zu kommen und geht mit ihnen in den HACKEPETER oder in die GRÜNE HÖLLE, aber da sitzt Endler und das weitet sich dann zu einem Roman-Essay aus.«

Daß sich kein Theater an den »Greikemeier« (1969–1974), die »Szenen zwischen Himmel und Erde« heranwagte, läßt sich denken. Wie da der fortschrittlichste Mensch der ganzen DDR um den 17. Juni 1953 durch die Sieben Todsünden des Sozialismus ummontiert wird in den faulsten, egoistischsten, habsüchtigsten, übermütigsten, herrschsüchtigsten, genialsten und reaktionärsten Menschen der DDR, das ist so komisch, daß es größter Souveränität bedarf, um damit umzugehen. Mit Mühe wird man eben mit Heiner Müllers Tragödie des 17. Juni fertig. Die schwierigere Arbeit wird die Aufführung von Trolles Komödie sein. Der 17. Juni gar als Kasperlestück, das kommt in fünf Jahren, meint Trolle. Aber selbst vom Druck der Texte war keine Rede.

Vor fünfzehn Jahren schrieb Trolle ein autobiographisches Gedicht »Walter Ulbricht und ich«, dies ist der Schluß:

Als am 4. Mai 1968
Walter Ulbricht in Jena den Grundstein legte für ein neues Zeiss-Zentrum,
hatte ich mein erstes Theaterstück geschrieben
und traf mich in der Kantine des Deutschen Theaters mit einem Regisseur,
der mir versprach, sich sofort bei mir zu melden,
wenn er mein Stück bei der Leitung des Hauses durchgesetzt hätte.
Und jetzt wird Walter Ulbricht bald 80 Jahre alt
und fliegt morgen nach Moskau zum XXIV. Parteitag der KPdSU,
und ich bin Philosoph ohne Hochschulabschluß,
habe 2 1/2 Theaterstücke, 1 Erzählung und 4 Gedichte geschrieben
und gehe auch schon auf die 30 zu.

Bei den vier Gedichten ist es geblieben. Die Prosa hat leicht zugenommen. Stücke gibt es jetzt wohl zwei Dutzend. Sie erschienen zunächst im »Mikado« (1983–1987), dessen Herausgeber Trolle gemeinsam mit Uwe Kolbe und Bernd Wagner war. So »Acht Szenen aus dem Leben eines Buchhaltergehilfen« (nach Tschechow), »Verfolgt« (ein Hamlet-Clownsspiel), »Das Klassenfenster« (nach Charms), »Gezwitscher und die Stimme der Sonne«, »Das Kind« (aus »Weltuntergang II«).

Auf der Suche nach einer erfrischenderen Form des Zusammenlebens, die hinausgeht über trostloses Zusammensitzen in Kneipen, über unnützes Herumdiskutieren hinter verschlossenen Türen, stiftete der »Mikado« einen neuen geistigen Zusammenhang. Das war ganz im Sinne der deutschen und russischen Neigungen von vor siebzig Jahren, in denen ich die stärksten utopischen Kräfte des Jahrhunderts beschlossen sehe. Wenn es noch eine Schranke gegeben haben sollte, nun war sie gefallen. Und wie im »Geländewagen« Jung, so geriet hier im »Mikado« Serner (immerhin Dadas stärkste Köpfe) nach den vielen irrigen Zuweisungen der Literaturhistoriker wieder in eine lebendige Gesellschaft.

Und nun gab es auch allerhand Versuche, Trolles Stücke aufzuführen. Gera, Schwerin, Berlin: Volksbühne und Theater unterm Dach, wo Corinna Harfouch in den »34 Sätzen über eine Frau« zeigte, wie Trolle zu spielen wäre, mit Hingabe unseren Alltag zerlegend in die kleinsten gestischen und sprachlichen Elemente, bis einem in den Wiederholungen vor Schönheit und Grauen in eins Hören und Sehen vergeht. »Jozia, die Tochter der Delegierten oder Die heilige Johanna in der Wohnküche« hatte im Funk eine schöne Aufführung mit Sylvie Ebelt. »Terre des Hommes« heißt der Preis, den die Produktion bekam.

In diesem Augenblick entschloß sich der Henschel-Verlag, dem Manuskriptdruck von 1985 (»34 Sätze über eine Frau«, Clownsspiele, Kasperle-Trilogie) eine Buchausgabe der Texte in der Dialog-Reihe folgen zu lassen. Am 29. März 1988 schrieb ich Trolle dazu diesen Brief:

Lieber Herr Trolle,
danke für die Einladung zu den 34 Sätzen.
Corinna und der Kleiderbügel war natürlich exzellent.
So Ihre Stücke gespielt: lächelnd und sinnend, kräftig und doch leise – da wäre man froh. Aber wer kann das?
Henschel wollte einen Text von mir, da schrieb ich ihnen:
›Humor ist selten in Deutschland.
Die DDR hat aber gegenwärtig sogar zwei große Humoristen. Adolf Endler in der Prosa und Lothar Trolle auf dem Theater.
Das ist kein Wunder. Der Sozialismus ist in seinen utopischen wie in seinen realen Anstrengungen von bislang unbegriffener/uneingestandener Komik. Vor Angst belacht zu werden, bleibt uns das Lachen im Halse stecken.
Es geht da wohl um zwei Dinge: um die vermeintliche Unansehnlichkeit und die vermeintliche Absurdität einer Gesellschaft, in der KASPER KAISER ist. Gegen beides hilft man sich mit heroisierenden Sprachregelungen und... potenziert die Komik.
Das ist Trolles Augenblick. Ganz sicher gewinnt er seinen Figuren einen Gestus, der sie frei zeigt von den Einschüchterungen durch das vermeintlich Unansehnliche und das vermeintlich Absurde. Wenn das Komische die künstlerische Entladung vom Ekel des Absurden ist – Trolle beherrscht es. Daß die Naivität seiner Figuren so gut gearbeitet ist, daß man wenig von Kunst merkt, ist eine weitere Seltenheit in Deutschland.
Der Henschel-Verlag sollte es sich nicht entgehen lassen, so etwas Seltenes als erster herauszubringen.‹
Ich denke mir ja immer, was Sie machen, ist so selten, weil Sie zwei Sprachen zueinanderbringen, die im Deutschen weit voneinander weg liegen, die von Stifter und die von Hans Arp. Aus der Ferne grüßen selbstverständlich die Lalen von 1597. Und kein Zufall, daß Sie zwei russische Verbündete haben: Daniil Charms und Andrej Platonow.
Sehen wir uns nach Ostern?
Herzlich Ihr Mierau.

»Wo zu Gast und wo zu Haus?«

Ein russischer Maler schreibt in Frankreich seine Erinnerungen – deutsch. Fünfundzwanzig Jahre hat er in Deutschland gelebt, die meiste Zeit in Berlin. Er ist zwölf, als er 1922 mit den Eltern aus Moskau kommend in Berlin eintrifft, achtunddreißig, als er 1948 die zerbombte Stadt mit seiner ersten Frau Tatjana und dem elfjährigen Sohn Alexander verläßt, um nach Paris zu gehen.

Ein Russe in Berlin. Der einzige Russe, der das von seinen Landsleuten in allen Tonarten geschmähte schreckliche, zugige, unwirtliche, unnütze, lächerliche Berlin, das wahnsinnige Berlin liebt. Sein Deutsch ist dennoch nicht nur gespeist aus dem Berliner Idiom der zwanziger und dreißiger Jahre. Süden, Osten und Norden sind ihm nicht weniger vertraut. Der Knabe ist in Freiburg im Breisgau zur Schule gegangen, der junge Maler hat in Pommern und Schlesien gearbeitet. Von den ausgedehnten Sommeraufenthalten an der pommerschen Ostsee stammen die prägnanten kleinen Porträts seiner Freunde aus dem Kaiser-Wilhelm-Institut in Berlin-Buch; und Bilder aus Schlesien, aus Polgsen bei Wohlau, wo er 1943 bei seiner Mutter lebt, bilden das Gros seiner ersten Ausstellung 1946 in Wolff's Bücherei, Berlin, Kaiserallee 133. In Freiburg begegnet er in den sechziger Jahren im Kreise seiner Schulfreunde Nanny Müller Bellinghausen, einer gebürtigen Hamburgerin, mit der er seit 1972 in Garches bei Paris lebt.

So in Deutschland zu Haus, ist Oleg Zinger den wechselnden Dämonisierungen der Deutschen, wie sie bei den Russen im Schwange sind, glücklich entgangen. Allerdings war da schon das Beispiel des Elternhauses gewesen. Wenn die eigene Mutter, Schauspielerin an Stanislawskis Künstler-Theater, auf dem ersten deutschen Bahnhof in Ostpreußen entzückt ausruft:

»Bier! Richtiges deutsches Bier!« und sich mit der Familie auf Wiener Würstchen mit Senf stürzt – was bleibt da von dem Schreckbild des ewig Würstchen essenden, Bier trinkenden stumpfen Deutschen?! Aber auch das Münchner Gegenbild vom Mysterium des Biers, wie Andrej Bely es vor dem Krieg entworfen hatte, ist im Nu verweht: Die dionysischen Mysterien, die die russischen Symbolisten nur in kleinsten Freundeskreisen erlebten, seien dort Wirklichkeit für Millionen. Jeder Deutsche sei ein wenig ein Genie, wenn er Bier trinkt und seine Pfeife raucht, nur daß es ihm an Worten gebreche, seine Seele zu offenbaren. Hier blieb der Russe immer der Gast.

Es gibt ein Buch, das dieser exotischen Gast-Existenz der Russen in Deutschland in so betörend schönen Bildern den Stempel der Gefangenschaft mit all ihrer Fremdheit und ihrem Verlorensein aufdrückt, daß niemand sich dem Reiz dieses suggestiven Lamentos zu entziehen vermag: Viktor Schklowskis »Zoo. Briefe nicht über die Liebe«, geschrieben im Jahr der Ankunft der Zingers in Berlin – in eins gesetzt eine verbotene Liebe, das vergebliche Dasein der Russen in Berlin, Trauer und Tod der Tiere im Zoo. Ob Oleg Zinger »Zoo« je gelesen hat, weiß ich nicht, aber als wir ihm vor einigen Jahren in Garches begegneten, trafen wir in dem fast Achtzigjährigen einen Mann, der wie die Widerlegung des Emigrantenbilds vom armen ungeliebten Zoo-Tier wirkte. Ein »Weltkind« trat da auf uns zu, ein Weltkind in des Wortes schönster Bedeutung, wie Goethe es einmal bewundert hatte:

»Es wirkt so angenehm erheiternd, ein wohlgesinntes, in seiner Art frommes Weltkind zu sehen, welches den Widerstreit im Menschen von Wollen und Vollbringen auf das anmutigste darstellt.«

Verdankte er es nun dem jugendlichen Alter bei seiner Abreise aus Rußland, seiner holländischen Herkunft (gewisse verwandte Gesichtszüge entdeckten wir auf dem Porträt eines Groninger Bürgermeisters aus dem 15. oder 16. Jahrhunderts), der feinen Mischung aus der Künstlerschaft seiner Mutter und dem Gelehrtentum seines Vaters oder war es einfach die Mitgift des geborenen Malers, jedenfalls fanden wir Oleg Zinger frei vom Spleen der Emigranten, der sie so häufig zum Spielball ihrer

Illusionen und Vorurteile macht und zu einem Inselleben im Gastland verdammt.

In Garches trafen wir den Maler mit seiner Frau Nanny in einem kleinen Atelierzimmer inmitten seiner Insekten, Krebse, Schneckenhäuser und Steine und waren gleich eingewoben in ein Gespräch über Gottesanbeterinnen, Skorpione und Taschenkrebse, die präpariert und gemalt überall zu sehen waren. Beinahe wären wir noch Jacques begegnet, dem hellen Skorpion aus Spanien, der lange im Hause Zinger gelebt hatte.

Noch das Jahr zuvor, als ich auf der Suche nach Marina Zwetajewa und Nikolai Berdjajew durch Meudon und Clamart zog, um mir eine Passage meines Buches »Legende von den russischen Dichtern« zu erwandern, das den Spuren der Russen in Europa folgen sollte, ahnte ich nicht, daß wenige Kilometer nördlich, jenseits des großen Parks von St. Cloud, Oleg Zinger wohnte, der mir etwas über das russische Berlin der zwanziger, dreißiger und vierziger Jahre hätte erzählen können, was nirgends sonst zu erfahren war, und über die Russen in Paris und Rom dazu. Nun saßen wir ihm gegenüber.

Es war ein heimlicher Philosoph, der da erzählte und je hartnäckiger er versuchte, sich als einen Banausen, Analphabeten und russischen Clochard hinzustellen, desto sicherer verriet er sich. Wir meinen ihn zu kennen. In Deutschland führt er seit Eichendorff den Namen Taugenichts. Wie jener seine Weltweisheit im Liede birgt, so dieser im Bilde – beide in die Welt geschickt und beiden die Wunder gewiesen »in Berg und Wald und Strom und Feld«.

Weltkind, Philosoph und Taugenichts: Wie die drei zusammengehen oder sich ins Gehege kommen, lesen wir in Zingers Erinnerungen. Er schrieb die deutsche Version in Garches für Frau Nanny, eine Liebeserklärung, der er nach dem Gemälde von Watteau den Titel »Einschiffung nach Cythera« gab. Das rätselhafte Bild – eine Fassung im Louvre, eine Fassung im Schloß Charlottenburg – zeigt eine zahlreiche Gesellschaft, die sinnend zur Ausfahrt rüstet, Verharren eher als Aufbruch, ein unendliches Zögern, träumerische Nachdenklichkeit. Cythera meint eines der antiken Heiligtümer der Aphrodite, Watteaus Landschaft aber ist früh als die des Parks von St. Cloud unweit von Garches erkannt worden.

Für die russische Version seiner Lebenserzählung, die Jahre später entstand und auf viele Deutschland-Passagen verzichtete, wählte der Maler die geheime Frage, um die sich in der Gesellschaft von Watteau wohl alles dreht: »Wo zu Gast und wo zu Haus?« Die Orte sind weder geographisch noch psychologisch aufzufinden. Moskau, Berlin, Paris sind Chiffren wie Cythera und der geliebte Berg Palikaster auf der Krim. Antwort auf die bange Frage geben allein Oleg Zingers Bilder. Die Muscheln und Steine, Ölbaum und Zeder, provencalischer Wiedehopf, Taschenkrebs und Gottesanbeterin – sollen wir sie nicht als Botschaften sehen aus einem Reich, in dem ohnehin selten einer zu Gast sein darf, wieviel weniger zu Haus. Einem Reich, in dem der Mensch ganz bei sich ist.

Späte Ausfahrt

Italien. Eine Stippvisite

Meinem Sinn und meinen Jahren nichts angenehmer als diese Stippvisite im Herbst 1986: ausgeschlossen die Dauer der Bildungsreise, ausgeschlossen die Gemächlichkeit des Altersreisens. Jene hat die Arbeit vor sich, dieses sie hinter sich. Die kurze, starke Berührung ist die Berührung der Arbeitenden.

Ich nahm es als Arbeitsreise. Was aber heißt in diesem Falle Arbeit? Zunächst sah es so aus, als sollten das Beiträge zu Gesprächen über russische Symbolisten sein, in Pavia und in Bergamo, Universitätsstädten südlich und nördlich von Mailand. Von Berlin aus schien das einleuchtend, zumal die beiden Texte über Wjatscheslaw Iwanow und Andrej Bely mein neues Buch »Legende von den russischen Dichtern« eröffnen würden, in dem vom geistigen Auftrag der Russen in Europa die Rede sein soll. Doch schon in München sah man das anders.

Vor Münchens Toren, an der alten Handelsstraße zwischen Italien und Deutschland, liegt Murnau und dort, jenseits der Bahn, das Gabriele-Münter-Haus. Wenn je ein Ort deutsche und russische Geistigkeit am Werke sah, dann dieser. Hier fand Wassili Kandinsky mit der Münter, mit Alexej Jawlensky, Marianne Werefkin und Franz Marc 1908, 1909, 1910 die neuen Arbeitsweisen, und »Der blaue Reiter,« die bedeutendste europäische Programmschrift des Jahrhunderts, die im Mai 1912 erschien, ist durch und durch murnauisch. Und so zog ich das kleine Häuschen und seinen Garten und den Blick auf die Kirche und die Votivbildchen, deren manche den »Heiligen Georg« zeigen und dem »Blauen Reiter« Pate standen, zog das Murnauer Moos und seine Schafe dem durchaus ersehnten Gemäuer von Pavia einen Augenblick vor und war auf meinem Weg.

Jeden Tag würde es nun so sein.

Die Fledermäuse zu Gustav Mahlers Mitternachtslied im Mondlicht des etruskischen Volterra und neben mir einer, der einen Nibelungenfilm ersinnt.

Die blitzsauberen Ratten an der glühenden Felsenmole von Neapel, die meine Pfirsichkerne wegtrugen und in meinem Kopf der Schrecken des Russen vom zauberischen Neapel: Andrej Bely sah 1910 alles in Wagners Sinn – Neapel ist Klingsor, der Amfortas/Palermo mit der entwendeten heiligen Lanze verletzt; selber Amfortas, wartet Bely auf seinen Erlöser Parzival. Wie sicher Bely war: Er – Amfortas. (Tschernobyl bedacht – wer ist da Versucher, wer Opfer, wer Werkzeug, wer Erlöser; die einschlägigen Analysen der KPI trug ich seit dem Mailänder Pressefest der Unità für einen Berliner Freund bei mir.)

Die Ameisen und Eidechsen auf den im Mittagswind leicht staubenden Straßen von Pompeji und am verlassenen Ende der Strada dell Abbondanza, der Straße des Überflusses, der eine einsame Feigenbaum, der mich nährte.

Von den Bauern in Volterra gefragt, was mein stärkster Eindruck von Italien sei, erklärte ich unumwunden: die Größe des Basilikums. Man weiß, daß dieses königliche Kraut heilt und heiter, gelöst und fröhlich macht und wenn ein Land das büscheweise hervorbringt ... Angesichts meiner Länge stand gleich der Unterschied zwischen Deutschland und Italien fest. In Deutschland sind die Leute groß und das Basilikum ist klein, in Italien umgekehrt. Folgte das Rezept eines Geist und Leib kräftigenden Elixiers:

1 Liter reiner Alkohol
1 Liter Wasser
500 g Zucker
50 Blätter Basilikum
Saft von 3 Zitronen
2 Stunden ziehen lassen und durch 1 Filter pressen

Das herzustellen schaffte ich nicht, kochte aber in Volterra ausgiebig Feigen-, Brombeer- und Pflaumenkonfitüre und konnte, als ich in Venedig in den Räumen der Futurismus-Ausstellung doch noch Schinken mit Feigen aß, neben der Gigantomanie von Freund Marinetti (Dutzende von Tagebüchern in Folio!) auch die vorzügliche Qualität der fichi kennerisch genießen.

Wer so reist, verpaßt viel. Von der berühmten Reiterpalio in Siena, einem Pferderennen auf der schräg abfallenden Piazza, sah ich tags darauf nur noch den Lehmbelag auf dem Steinboden.

Von dem Gespräch über Wjatscheslaw Iwanow, der 1926 zur Katholischen Kirche übergetreten war und seine späten Jahre in Pavia verbracht hatte, erwischte ich in Pavia nur noch das Plakat, wo ich doch wenigstens mit seinem Sohn Dmitri Wjatscheslawowitsch unsere Ausgabe der philosophischen und kunstkritischen Essays des Vaters besprechen wollte.

Florenz gar mit Frau Laura Rasparini auf der Suche nach Söckchen durchstreift.

In Neapel stand eine Ausstellung über die neapolitanischen Hegelianer bevor, Mittelpunkt: Staatsauffassung. Labriola, Gramscis und Togliattis Lehrer, war Neapolitaner. Auch sollte Neapel einen Monat später endlich die Rockoper vom Hl. Franz von Assisi zu sehen bekommen, ein Gegenstück zu »Jesus Christ Superstar«.

Schließlich: Ich kam nicht bis Palermo, Sizilien blieb weit weg. Der Ausgangspunkt Friedrichs II., des Staufers, nicht erreicht. Wagners und Andrej Belys »Parzival«-Ort nicht betreten. Das Geheimnis des zerrissenen Lächelns, zerrissen in die Grimasse des Gelächters und die des Schmerzes, das Bely dort beschlossen glaubt – unberührt.

Aber kann man so etwas verpassen? Wer eine welterfahrene Häuslichkeit lebt, wie sollte er sie leben, wenn er die Häuslichkeit nicht in der Welt erfährt?

Mit Klaus Wagenbach bei der Durchsicht des Umbruchs für die Zwetajewa-Ausgabe »Vogelbeerbaum«, Chiusi 1986

In Mailand saß ich zwei Abende stundenlang bei einer Flasche Soave vom Adige in den Passagen zwischen Dom und Scala, der Galleria Vittorio Emanuele II, wo man wie durch ein universales Café spazierengehen, radfahren und rollschuhlaufen kann und wo selbst noch der gemessene Schritt der Stadtwachen mit Degen und feiner Mütze einer raffinierten Choreographie folgt. Gezeichnet und kommentiert fand ich das am Ende der Reise auf der Futurismus-Ausstellung in Venedig wieder: Carlo Carràs 13 introspezioni seines Rapporto di un Nottambulo milanese von 1914.

In der Toscana dann doch zwei Palios. In Volterra Fahnenspiele von Gruppen aus Bologna, Ferrara, Asti. In Pomarance, nah am Mittelmeer, lebende Bilder aus Ortssage, Othello, Boccaccio. Alles in heftiger Erregung der Städtchen ausführlich zelebriert und im Stile von Fußballreportagen angesagt. In Volterra glaubte ich für einen Augenblick die Wildheit mancher etruskischen Terrakotten in den Gesichtszügen einer Bäuerin zu sehen, die uns bewirtete, diese ganz anderen Maßverhältnisse zwischen Stirn, Nase, Mund und Kinn, die leicht häßlich genannt werden – waren das damals doch Porträts gewesen?

In Neapel kam ich zurecht zum Fest des Hl. Gennaro, des Patrons der Stadt. Der Handel tobte auf den abendlichen Straßen und stieg von der Domstraße die Stufen zum Dom hinauf mit Luftballons, Vogelstimmen, Bonbons, Schleifen, Glastierchen bis an die Tore von San Gennaro, wo der Erzbischof mit einer Wucht predigte, die mit Stimme und Gesten die Inbrunst aller seiner Schutzbefohlenen draußen und drinnen überstieg.

In Rom die gewaltige Leiblichkeit der Weltschöpfung und des Jüngsten Gerichts von Michelangelo in der Sixtinischen Kapelle. Kurz nach Petersdom und Vatikanischen Museen aber die erstaunlichste Begegnung meiner Reise. Auf dem Borgo St. Spirito in der Mittagshitze, kein Mensch auf der Straße. Ich versuchte, in eine höhergelegene schattige Gegend zu gelangen, um von dieser Seite des Tiber auf Rom zu sehen. Der Fußsteig schmal, gelegentlich eine Treppe herab aus einem Palast, eben wieder, der Rest des Fußsteigs nur noch eine Stufe breit. Da erreicht von der Gegenseite ein anderer die Treppe, ein Mönch. Wir weichen einander aus, er den Schritt auf die Straße, ich den Schritt auf die nächste Stufe. In der vollkommenen Leere der Gegend Grund genug, einander anzusehen: ein Lächeln, das unmöglich mir allein gilt, zumindest der ganzen Welt mit und wie zur Linderung meines Staunens das Wort: »Francescano – io.« – »Ich bin Franziskaner.«

Es gab, und dies zum Schluß, noch ein anderes Wort, das mich die ganze Zeit begleitete. Bevor ich fuhr, hatte ich wieder den »Briefwechsel zwischen zwei Zimmerwinkeln« gelesen, die Korrespondenz zweier Russen in einem Moskauer Zimmer von 1920. Wjatscheslaw Iwanow hatte darin seinem Zimmergenossen Michail Gerschenson den Umgang mit den überkommenen Kulturen mit einem Vers von Leopardi angenehm machen wollen:

> E il naufragar m'è dolce in questo mare.
> Und süß in diesem Meere zu versinken.

Als ich in Volterra Leopardi las, fand ich auch das Gedicht wieder, das mit diesem Vers schließt: »L'infinito« – »Das Unendliche«. Iwanows Demut, dienstbereit aus dem Willen zum Gedächtnis: Die Arbeitenden wissen sich in der kurzen, starken Berührung in dieser Welt zu Hause.

Ist dies dann vielleicht der Beginn der »Legende«?

Paris: streng; diskret

Paris führt sich auf. Die Straße gibt das Schauspiel, sagt Blaise Cendrars. Stimmt das, dann wehe dem, der sich nicht zu situieren weiß.

Feierlicher Ernst beherrscht die Szene, man ist geschäftlich, ohne ins Geschäftige zu geraten: aggressiv die singenden Catcher-Kolosse auf dem Humanité-Fest im Park La Courneuve; zornig der Kunde auf einer stillen Post am Bahnhof Montparnasse, der nach einer Minute vergeblicher Geduld am Schalter seinen dreistufigen Pfiff gellen läßt; reißerisch der Feuerspeier, Kettendrücker und Scherbentreter draußen vor dem Centre Pompidou und reißerisch das »Messer-Schiff« innen drin – aufgeklappt sei es 24 Meter lang, der Korkenzieher 9, gezeigt wird die Schlußphase einer vielgerühmten Performance auf der Lagune von Venedig vor zwei Jahren, nach Madrid und New York nun in Paris – Klingen und Korkenzieher wie Masten aufgerichtet, ein Dreimaster; »Deux express', deux« ruft der Kellner in meinem Café am Châtelet alle paar Minuten mit sichtlichem Genuß an der männlichen Kadenz der Formel und das ist von der gleichen Eindringlichkeit des Auftritts wie das »Versailles est à vous«, das vor den Toren von Paris zu einer historischen Evokation aus Musik, Laserlicht und Fontänenspiel lädt und für Stunden glauben macht, Versailles könnte doch dein und mein und unser sein.

Wie, wenn diese Stadt 1987 immer noch der Schauplatz des ungeheuren Zweikampfs wäre, den einst Balzac geschildert hat und den er ihr selber ankündigt, als er – ein Jüngling – die großen Gräber auf dem Friedhof von Montmartre sieht: »Und jetzt – wir zwei!«

Die Bedingungen sind verführerisch. Die Kenntnisse der Welt werden dem Anwärter in enzyklopädischer Fülle geboten und er wird über den Zustand der Welt nicht im Unklaren gelassen. Er erlebt, wie die Dritte Welt Paris kehrt, vom Müll freihält und vom Ruß reinigt; er sieht im Louvre, im Musée d'Orsay und im Centre Pompidou Skulptur und Malerei exemplarisch vertreten und geordnet; in der Bibliothèque Nationale liest er, was sein Herz begehrt, an numeriertem Platz mit persönlicher Bedienung.

Wenn nun aber einer doch nicht mitmacht? Wenn er die Verborgenheit dem Auftritt vorzieht, seine Personnage nicht aufbaut und keinen Geschmack findet am enzyklopädischen Furor? Dann trifft ihn mit voller Wucht, was er so früher nie bezeichnet hätte: Diskretion.

Rücksicht erfährt er und Billigkeit, er lebt seinem Belieben und ist im Augenblicke frei, frei für einen eigenen Entwurf. Er wohnt in der Mansarde über den Dächern des XV. Arrondissements: Jardin du Luxembourg, Boulevard Michel und St. Germain, Notre Dame alles leicht zu Fuß zu erreichen, auch Rue du Château am schon stark postmodern durchsetzten Montparnasse, wo Emil Szittya wohnte (Wendeltreppe, 2. Stock), der Chronist der europäischen Boheme, Freund von Franz Jung aus unvordenklichen Zeiten, dessen Frau Erika heute seine Texte und Bilder hütet, aber gerade verreist ist.

Er geht unter den Platanen von Paris und neben ihm in den Straßenrinnen rauscht ständig das Wasser, nicht gerade das der Erkenntnis (wie in Tarkowskis »Stalker«), aber das der Reinigung doch: Paris ist hüglig und aus den vielen Hydranten zu ebener Erde sprudelt in Abständen ein Schwall, der den Dreck in den tiefer gelegenen Gully ein paar Meter weiter schwemmt.

Er sieht das Leuchten der Fünfundsiebzigjährigen, die die Kathedrale von Chartres erklärt, »unsere Kathedrale«, sagt sie, weil sie als Tochter des bedeutendsten Kenners dort aufwuchs und noch ihre Kinderfreude darüber mitteilt, daß die Revolutionäre vor 200 Jahren hier in Chartres den Heiligen nicht die Köpfe abschlagen durften wie anderswo. Am Abend über Versailles das scharfe grün-violette Licht, wie es die allerletzten Minuten des Sonnenuntergangs begleitet. Und nach Mitternacht die beleuchtete Leere der Boulevards zwischen Eiffel-Turm und Rue de Vaugirard.

Er faßt das wirkliche Jugendstilgitter der Metro, Pasteur z.B. oder Sentier. Picasso gefällt ihm als der Zeichner der flötenden

Faune, Malewitsch als der Maler des laufenden (flüchtenden?) Bauern, Rodin als der Mann, dem es gelang, Mann und Frau in Gottes Hand als eins entstehen zu zeigen.

Er sucht in der Hitze in Meudon und Clamart und Vanves, draußen vor Paris im Südwesten, die Wohnungen von Marina Zwetajewa, vier-, fünfstöckige Mietshäuser, zeigt sich, aus Natur- und Backstein, solide, aber das vorletzte Quartier in Vanves, ehe sie in ein billiges Hotel Boulevard Pasteur zog, schon so baufällig, daß nichts mehr da ist. Die Leidenschaften der alten russischen Emigration, ihre Neigungen und Entzweiungen mögen allmählich schwer verständlich geworden sein, aber »glasnost et perestroïka«, wie das auch hier heißt, geben der russischen Literatur im Ausland einen anderen Rang. Man kann gespannt sein auf die Zwetajewa-Monographie von Véronique Lossky, und es ist kein Zweifel, daß die großen Debatten, die um den »Bolschewismus, Europa und Rußland« oder später um kleinere Gegenstände in den »Französisch-Russischen Unterhaltungen« geführt worden sind, ihre Kenner längst haben.

Genauso habe ich es also gemacht, hatte freilich einen großen Vorsprung. Ich konnte Paris zwischen Sachsen und Sizilien setzen. Aus Sachsen, dem daleminzisch-meißenschen Sachsen, will ich genauer sagen, komme ich und nach Sachsen gehe ich. Und von Sizilien ruft Palermo, Grenzort Europas, zu einer Welt-Unterhaltung über die russischen Revolutionen. Ich habe dort darüber zu sprechen, wem ich meine Freiheit in Paris verdanke, der Text wird heißen:

»Welterfahrene Häuslichkeit – gelebte Utopie in Rußland.«

Hausbauen in London

London baut. Liverpoolstreet-Station dröhnt unter den Schlägen der Preßlufthämmer und das British Museum schickt in lebensgefährlich kurzen Abständen mit betäubendem Donner Schutt aus der oberen Etage durch die bebenden Stahlröhren. Die Docklands im Osten sind stiller; es ist Abend; der größte Kulturbau-Platz Europas mit seinen Glaspalästen im Neoruinen-, im Kaskaden- oder Ozeanriesenstil liegt tot unter der Trasse der Highlight-Railway nach Island Gardens. Man schwebt über Gründen und Klüften um die Häupter mächtiger Massive und keine Stimme warnt einen vor dem drohenden Sturz in die Tiefe wie im harmlosen Fall der Underground, etwa »Bank« oder »Embankment«, wo mit der leidenschaftslosen Endgültigkeit apokalyptischer Rede ein schauerliches »Mind the gap ... Mind the gap ... Mind the gap ...« auf den Passagier niederfährt. Da ist allerdings nichts mehr zu bauen: Auf kreisförmigen Stationen klafft die Lücke zwischen Bahnsteigkante und Zug tödliche zwanzig Zentimeter. Die Docklands sind noch nicht fertig. Wer weiß, was einem da einst entgegenschallen wird.

Selber mit einem Bau beschäftigt, waren Sieglinde und ich 1988 von der Londoner Bauwut wohl zu verwunden, aber doch nicht zu treffen. Im Gegenteil. Wir hatten kaum den kürzesten Weg zum British Museum von Waterloo Station über die Footbridge, Embankment Gardens, Strand kreuzend und weiter nach Norden zur Great Russell Street heraus, als sich im kleinen und größeren Zirkel um das Museum und den Reading Room der Library die lindernden Häuser der Lehrer fanden: Swedenborg-Hall, Rudolf Steiner Bookshop, School of Oriental Studies, wo Ekelöf Arabi las, Linnean Society, Royal Academy mit der Henry-Moore-Ausstellung und Tate-Gallery mit Turner, Teilhard-Centre etwas weiter weg. Dazwischen Franz Jungs Häuser, das County-Hotel, heute noch in Betrieb, wo er 1924 bei großer Not an billigen Unterkünften mit mehreren in einem Zimmer wohnte. Torrington Square, das Haus gehört jetzt zur Universität.

In dem Baufieber Londons traten alle diese Häuser, Hall und Shop und Centre, Society, School und Gallery, in eine heikle Beziehung zu den beiden Extremen unserer täglichen Wahrnehmung, den homeless people, die auf den Brücken und in den Straßen der Stadt bettelten und wohnten, und zu unserem abgelegenen self-catering flat im südlichen Vorort Motspurpark, das uns als ein real english home begegnete. So, eingedenk der Vorläufigkeit unserer Behausung und das Verlangen der Welt nach Wärme im Ohr und vor Augen, entstand unser Bau.

Ein Bau aus Texten, dessen Grundriß uns im Sommer bei unserer Rückkehr aus Sachsen eingefallen war und der »Die Geburt der Noosphäre« heißen sollte und in einer ersten Deutung

»Rußlands welterfahrene Häuslichkeit«. Die Noosphäre, die denkende Schicht der Erde, hatten fast gleichzeitig und sich auf frühere Begegnungen stützend, zwei Männer als die Leistung und Aufgabe der Menschen als einer Erdengröße definiert: der Paläontologe Pierre Teilhard de Chardin 1939 in Peking und der Geophysiker Wladimir Wernadski 1941 in Moskau. Als wir entschieden, woraus der Bau zu errichten wäre, stellte sich heraus, daß nur das Handliche, Stoff von Menschenmaß in Frage kam. Es war ein anderer Russe, ein Freund Wernadskis, der Priester und Mathematiker Pawel Florenski, der Anfang der zwanziger Jahre den Versuch unternahm, die Schlüsse aus den Entwicklungen in den Naturwissenschaften zu ziehen, die außer durch die Noosphäre-Denker durch Einstein, Niels Bohr und Werner Heisenberg bei uns vertreten sein sollten. Sein Text heißt »Bilanz«.

Wir fanden den Text in London und übersetzten ihn dort und bei jeder Gelegenheit später in anderen Weltgegenden, ja der Abschluß der Übersetzung auf der Reise von Göttingen nach Berlin beschloß überraschend auch die Arbeit an dem Bau, der sich nun als nichts anderes erwies denn als die Reise selber. Kern dieser Bilanz, um die sich dann leicht alle Erfahrungen mit Kollektivmenschheit, Lebensangst, Parasitärem, menschlicher Wärme, Melos und welterfahrener Häuslichkeit von Fuhrmann und Franz Jung, Wjatscheslaw Iwanow und Nikolai Berdjajew, Rudolf Steiner, Josef Hauer und Joseph Beuys sammeln, sind diese Sätze von der riesigen Wohnmaschine der modernen Zivilisation, von der man gemeint hatte, sie sei die Gewähr für die Einheit der Menschen:

»Es ist, als hätte man ein Haus auf Dutzenden von Quadratkilometern errichtet mit kilometerhohen Zimmern und ebensolchen Einrichtungsgegenständen darin. Was für einen Nutzen hätten wir von Gläsern, die hundert Eimer fassen, von Türklinken wie ein Schiffsmast lang, von Stühlen wie ein Glockenturm hoch und von Türen, die möglicherweise nur mit Hilfe einer kolossalen Mechanik zu öffnen wären, wofür man vielleicht Jahre brauchte.«

Wie wir dabei sind, diese Maschine zu verlassen und unsere eigenen Häuser zu bauen, sollte jeder erzählen können. Dann wird er erleben, daß die Angst, die man ihm einzujagen versucht mit dem Gespenst der Vereinzelung, des Rückzugs auf sich selbst nichtig ist. Die kleinen Häuser, in deren zu langen Gesprächen verführender Sammlung Ernst Fuhrmann die menschliche Wärme wieder zunehmen sah, sind nicht aus der Welt.

Wie wir in Kew Gardens mit Bettina Schad, Linné auf den Lippen, Kräuter und Gewürze kosten, das erweist sich als der wahre Zusammenhang von Haus und Welt. Und wir haben uns später gefragt, als wir mit Bettina Schad in Aschaffenburg und mit Erika Szittya in Paris zusammensaßen und draußen die Hagelstürme und Gewitterregen tobten, ob da nicht die Mächte am Werke waren, die die monströse Wohnmaschine errichtet haben, um Rache zu nehmen für die Niederlage.

Warum London uns bauen ließ und warum uns die zürnenden Mächte erst auf dem Kontinent entdeckten, ist schließlich auf unerwartete Weise ans Licht gekommen. Es war unser Dilettantismus, wir waren schlecht zu identifizieren, wenn nicht gar unkenntlich, jedenfalls schwer einzuordnen. Beweis: unsere Fotografierkünste. Den entscheidenden Film, auf dem wir unseren Weg vom Waterloo zum Museum aufnahmen, belichteten wir zweimal. So zog die Stadt in unseren Leib. Der Leib war das Haus, Kopf und Brust auf den Säulen des British Museums. Eine ganze Straßenkreuzung auf dem linken Oberarm. Das Gasthaus »Lamb and Flag« als Beinpartie, Bedford Street unterm rechten Ohr und den ganzen Rudolf Steiner Bookshop auf dem Rücken über die Footbridge getragen. Das riesige Museumsgitter von einer Stirn hoch überragt. Der Weg vom Embankment bis zum Museum auf ein Bild zusammengezogen.

Wo ist da London? Wo sind wir?

Die unsichtbare Prägung
Mit Franz Jung und Pawel Florenski in Rom

Zur Jahreswende 1989/90 lud uns Elisabeth Wolken für drei Monate nach Rom in die Villa Massimo ein. Hier traf es sich, daß wir zwei Arbeiten voranbrachten, die uns besonders am Herzen lagen: die Biographie von Franz Jung und die Übersetzung der Autobiographie Pawel Florenskis. Es schien der fremde Ort zu sein, der die beiden auf den ersten Blick so ungleichen Männer einander nicht stören ließ, nachdem ein anderer fremder Ort sie kurz zuvor zusammengeführt hatte: London. 1988 waren wir ausgezogen, die Londoner Spuren Franz Jungs zu suchen und hatten die Pawel Florenskis gefunden. In der British Library lasen wir in einer Pariser russischen Zeitschrift neben dem Text »Bilanz« zum erstenmal Passagen aus seiner Autobiographie »Meinen Kindern«. Doch hielt nun Rom mehr bereit als die gegenseitige Duldung der beiden am fremden Ort.

Aus Neigung wäre weder Franz Jung noch Pawel Florenski nach Rom gegangen. Der Schriftsteller Jung, Katholik aus Neisse, dem »schlesischen Rom«, wurde als fast Sechzigjähriger Ende des Zweiten Weltkriegs nach Rom verschlagen und befand sich hier am tiefsten Punkt seines Lebens. Kein Wunder, daß seine Beschreibung der römischen Zeit mehr als mißvergnügt ausfällt. »Trümmer gab es und gibt es überall.« Und die blühenden Mimosenbäume im Nomentana-Viertel (wo wir in der Villa wohnten) behagen ihm ebensowenig. Der Schwarze Markt an der Piazza Vittorio Emanuele mit seinen Zehntausenden von Händlern kommt am besten weg – provinziell dagegen die Moskauer Sucharewka nach der Revolution oder die Flohmärkte in Paris und London. Die Sandsackwerfer am linken Tiberufer gegenüber der Engelsburg imponieren ihm, moderne Wegelagerer, der Ausgang des Schleudertricks meist tödlich, die Ausgeraubten landen im Tiber. Er sei nicht so ungebildet, daß ihm nicht auch einige Barockkirchen aufgefallen wären: »Ich hätte hineingehen sollen und dort im Halbdunkel sitzen und meditieren. Aber ich war nicht in der Stimmung dazu.«

Florenski, der orthodoxe Priester aus Moskau, dem nach Byzanz »Dritten Rom«, Florenski, für den als Reiseziel außerhalb von Rußland allein Griechenland in Frage kam, das er nie erreichte, hatte mit Rom immer die schmerzende Wunde der Christenheit vor Augen – ihre Spaltung. Am nächsten kam ihm Rom in Gestalt einer in Rom beringten Möwe, die im Mai 1935 auf den Solowki-Inseln im Weißen Meer gefangen wurde, wo Florenski das zweite Jahr seiner Lagerhaft verbrachte.

Zwei Umstände sind es gewesen, die es ermöglichten, den Männern am fremden Ort Rom näher zu kommen als irgendwo sonst und flüchtigen Blicks vielleicht sogar zu gewahren, was sie aufdringlichem Forschen nicht preisgegeben hätten.

Zum einen hatten wir mit Jungs literarischem Debut und Florenskis Kindheitserinnerungen die beiden in ihren frühen und frühesten Jahren vor uns und es war hier etwas zu sehen, was nicht nur vor ihren späteren Verletzungen lag, sondern sie dieser Verletzungen dann auch Herr werden ließ.

Zum anderen erreichten uns während des römischen Aufenthalts so bedeutende Zeugnisse ihrer verwandten Prägung, daß unsere gleichzeitige Beschäftigung mit ihnen, die zunächst praktischen Zwecken folgte, sich als geistig zwingend erwies.

Was uns in Rom bald auffiel, war ihrer beider Neigung zum Verbergen, das Verlangen nach Verborgenheit, ein Verlangen, das in einem krassen Gegensatz zu ihrer zeitweiligen Exponiertheit zu stehen schien. Obwohl sie beide an dem vermessensten Unternehmen des Titanismus der Moderne, der beschleunigten, terroristischen Industrialisierung Rußlands, beteiligt waren – Jung als Organisator der Internationalen Arbeiterhilfe und als Werkleiter, Florenski als Forscher und Ingenieur für elektrotechnische Materialkunde – hat sie nie die Empfindung verlassen, daß ihre Existenz im 20. Jahrhundert ein Mißverständnis sei und daß sie von hier so bald wie möglich verschwinden müßten.

Florenski sah sich in seiner Suche nach einer überpersönlichen ganzheitlichen Weltanschauung als ein Denker des russischen 14. und 15. Jahrhunderts oder als um 50 oder gar 150 Jahre zu früh gekommen. Jung war, kaum als Autor aufgetaucht, um nichts so sehr bemüht wie sofort wieder unterzutauchen und er hat noch in seiner Autobiographie »Der Weg nach unten« betont, er sei in die soziale und politische Bewegung wie in die literarischen Gruppen vor und nach dem ersten Weltkrieg nur zufällig mit verwickelt gewesen. Was er schreibe sei auch nicht die Geschichte dieses Franz Jung, es sei mehr ein Zufall, daß er diesen Namen verwende. »Ich könnte auch einen ganz anderen herausgegriffen haben aus dieser Zeit, für mich war nur Jung am naheliegendsten, weil ich diesen Jung am besten zu kennen glaube.« Es war die tiefe Skepsis gegen sich als den Urheber seines Lebens, die ihn gegen sich als Autor so mißtrauisch und gelegentlich haßerfüllt angehen ließ.

Den eigentlichen Grund dieser Skepsis gegen jegliche Autorschaft hat Florenski in dem Kapitel »Natur« beschrieben, das wir in Rom als eines der ersten übersetzten. Er spricht von seiner kindlichen Schüchternheit, die er nicht als eine persönliche Eigenschaft, sondern als das »Gefühl für das Rechte« empfand, wenn das Kind dies auch mit diesen Worten nicht hätte sagen können: »Das Sein ist im Grunde ein Geheimnis, und es will nicht, daß sein Geheimnis im Wort entblößt werde. Die *Oberfläche* des Lebens, von der zu sprechen recht und erlaubt ist, ist sehr dünn; dem anderen, den Wurzeln des Lebens, dem vielleicht wichtigsten, gebührt das unterirdische Dunkel. Freilich lockt es einen, es zu erkennen, aber das geht nur mit einem flüchtigen Blick und nicht mit einem aufdringlichen Starren.« Zum Unbekannten vorzudringen bedürfe es eines illegitimen Denkens wie Plato es im »Timaios« von der Erkenntnis des Urdunkels sage, keinesfalls aber eingängiger Schlüsse.

Was haben wir als erstes gemacht in Rom? Wir sind nach Fregene gefahren, wo Jung Kuchen gebacken und öffentlich verkauft hat. Eine knappe Stunde mit dem Bus von der Metropolitana Lepanto. Erst fährt man eine Weile durch die müllige Peripherie, dann kommt man durch Maccarese, ehemals Mussolini-Staatsgut in trockengelegten Sumpfgebieten. Immer mal wieder eine Casa contadina. Fregene ist heute eine langgezogene Badesiedlung. Alles ziemlich neu. Ein hinkender Schäferhund schlich durch den völlig ausgestorbenen Ort und erinnerte an das traurige Schicksal dieser kleinen Brüder der Menschen, wie Jessenin sagt: Damals, zu Jungs Zeiten, verkaufte eine polnische Militäreinheit die Hunde als nicht mehr erwünscht im Dienst. Heute, lasen wir in der Zeitung, machen die DDR-Grenzkommandos dasselbe. Ein Russe, fällt mir ein, muß eine Geschichte über einen Lagerhund geschrieben haben, der sich schwer umgewöhnen kann. Also wir stapften bald durch einen sehr grobkörnigen, graubraunen Sand, der nun, nach Ende der Saison, so verdreckt ist, daß man sich nicht vorstellen kann, wie er wieder reingewaschen oder -gesiebt werden soll. Der Strand ist verbarrikadiert durch größere und kleinere Verschläge, Betonetablissements, Einzäunungen, wahrscheinlich Versuche, einigermaßen der Verschmutzung zu wehren. Wir schlugen uns zwischen den Zäunen durch zum Meer, das wunderbar war, türkis leuchtend am Dezembernachmittag.

Das war ganz nach unserem Geschmack – arbeitend in den großen Städten, träumend durch die übermächtigen Zeichen hindurch. Und so haben wir San Pietro gebraucht, um unsere Erschöpfung zu mildern nach langem Fußweg und haben dort die Messe zur Eröffnung des akademischen Jahres gehört und in San Giovanni in Laterano waren wir zur Orgelweihe, die Orgel heißt »Luca Blasi« und ist wieder fein restauriert. Das überraschendste in dem steinernen Rom: Die Bäume sind so groß wie die Häuser, Pinien und Zypressen überragen immer wieder die Tempelruinen, Paläste und Kathedralen, Palmen auch, und man hat hier so viel Stein doch die vertraute Nähe des Holzes.

Initiation nicht durch Sandsackwerfer, wohl aber durch Taschendiebe. An einem der ersten Tage ließen wir uns noch auf das Metro-Gewühl ein. Man wurde von hinten hineingedrückt in den Wagen und diesen allgemeinen Druck nahm der Künstler wahr und drückte mich auf besondere Weise, so daß ihm mein Kalender- und Adressenbüchlein ganz von allein aus der rechten Hintertasche meiner Hose entgegensprang, Knopf auf und schon hatte er es in der Hand, sicher enttäuscht. Später, am Colosseum, waren es zwei Zigeunerkinder, die mit einer uralten Zeitung über dem Arm etwas zu erbetteln vorgaben, das Mädchen hielt die Zeitung seitlich über meine linke Jackentasche, und während ich es mit der linken Hand abzuwehren trachtete, glückte das eigentliche Manöver; der kleinere Junge zog mir meinen Romplan aus der Tasche, etwas schäbig schon, aber irgend etwas bringt er sicher noch.

Kurz vor dem Scheitelpunkt unseres römischen Aufenthalts packte uns plötzlich das Entsetzen: so lange hier und so wenig gesehen und getan. Weder in den etruskischen Städten gewesen, Cerveteri und Tarquinia, noch auch sonst in der Umgebung, außer gerademal Castel Gandolfo – eine unvergeßliche Allee uralter Steineichen entlang und über dem Lago Albano zwei Männer »Stille Nacht Heilige Nacht« singen hören im braunvioletten Nachmittagslicht. Keine Leute gesehen hier – außer den Sohn von Wjatscheslaw Iwanow, dem russischen Symbolisten, der 1924 hierherkam und bis in die enddreißiger Jahre auf dem Campidoglio wohnte. Als Mussolini entschied, es habe da der feierlichen Größe wegen niemand Heutiger zu wohnen, zog er auf den Aventin, wo ganz in der Nähe der heute über siebzigjährige Sohn das Archiv des Vaters hütet und für einen Brüsseler Verlag die schon auf vier Bände angewachsene Werkausgabe betreut. Keine Museen – außer den Vatikanischen und dort eigentlich auch nur die Sixtinische Kapelle mit den ungeheuren Michelangelos. Aber nun sollte es zu unserer Beruhigung doch noch etwas weitergehen: vom Hauptbahnhof Termini Ausflug nach Olevano, wo eine Malerbehausung aus der gleichen Stiftung wie die Villa Massimo steht. Finden wir da die Wälder, nach denen wir immer Ausschau halten?

Paolo Chiarini kommt zu Besuch, Professor für Germanistik, unser Mann in Sachen Expressionismus und Franz Jung. Endlich haben wir auch eine Bibliothek gefunden, die unseren Vorstellungen entspricht, die Bibliothek des Pontificio Istituto Orientale, des Ostinstituts des Vatikans, 1917 gegründet, 1987 von Papst Johannes Paul II. neu inspiriert. Dort sitzen wir und lesen Pawel Florenski. Und wie wir da sitzen, beugt sich eine ältere Leserin über eine englische Florenski-Monographie, die bei uns auf dem Tisch liegt und macht ein Zeichen, daß sie auch etwas mit ihm zu tun habe, holt einen Sonderdruck herbei, und es stellt sich heraus, es ist Nina Kauchtschischwili aus Bergamo, der ich vor drei Jahren meine Italien-Einladung verdankte und die eben ein Florenski-Symposium veranstaltet hatte. Unsere Jung-Suche fand eine ebenso unverhoffte Unterstützung, indem die Wiener Stadt- und Landesbibliothek 40 unbekannte Briefe von Jung an Oskar Maurus Fontana als Kopie schickte, die u.a. von Jungs italienischem Aufenthalt 1945–1948 handeln. Meine Jung-Biographie ist schon fast vierzig Seiten lang, das erste Kapitel heißt »Vorarbeit«.

Über die DDR-Dinge lasen wir die hoffnungsvollen Berichte in der »Süddeutschen Zeitung«, dort wurde zwar über die Regierungsschwierigkeiten eifrig geschrieben, über das eigentliche Ausmaß besonders der geistigen Zerstörungen äußerte sich niemand, das wollte keiner wissen, das war so unansehnlich, quälend und ernst. Dann lasen wir das mit einem Monat Verspätung aus Berlin eintreffende »Neue Deutschland«, dieses tagtägliche Zurückweichen, diesen Offenbarungseid, dieses Eingeständnis, sich nichts dabei gedacht zu haben, sonst müßte doch einem von den ehemals Regierenden ein Wort zur Verteidigung einfallen.

In der Villa Massimo waren wir mit wohl einem Dutzend Leuten aus der Bundesrepublik zusammen, meist Malern, Fotografen, Architekten. Auch einem echten Schriftsteller, Bodo Kirchhoff, der uns gestand, er habe den Osten nie vermißt. Als Seniorgast trafen wir Oswald Andrae mit Frau, einen Dialektdichter aus Jever im Holsteinischen mit Vorfahren im Thüringischen. Seine Gedichte werden aus dem Platt ins Italienische übersetzt, einmal eine Lesung deutsch und italienisch. Von ihm stammt eine Übersetzung von Marina Zwetajewa ins Plattdeutsche. Etwas links, Verfolgter des Naziregimes, beschwor uns immer, ja nicht zu viel Sozialismus fahren zu lassen.

Wir hielten uns sehr fern, anfangs freilich kam man um eine Vorstellung nicht herum. Gelegentlich ein kleiner harmloser Stehempfang im Haupthaus, da gab es – im Dezember zumal – einiges Aufgeregte über Deutschland. Man hätte als Wende-Erklärer hier leicht seine ganze Zeit verbringen können, weil es doch alles von großer Exotik war, aber wie alle Exotik auch etwas unanständig – so etwas macht man eigentlich nicht.

Rom war ein guter Gegen-Ort für die Zeit der Zerfaserung und Auflösung in Berlin, doch wenn man nicht das Verlangen nach Sammlung mitgebracht hätte, wäre man hier noch gründlicher zerstäubt worden als dort.

Und das nun alles vor dem Hintergrund, nein, in dem Körper des antiken, des christlichen, des zeitgenössisch hastenden Rom. Immer mal zur Piazza Venezia, weil da gleich um die Ecke eine Diskussion über Jessenin ist, einen aus der »Generation, die ihre Dichter vergeudete«. Oder in Richtung Pyramide, wo das Zelt des Theaters »Spaziozero« steht, in dem ein Jessenin-Spektakel italienisch lief, Jessenin als Opernheld, aber gut und engagiert. Ich erbat mir Fotos für meine Jessenin-Biographie, die auf diese Weise Zuspruch bekam. Oder in den Park um die Villa Borghese, wo die etruskische Sammlung der Villa Giulia zu besehen war. Und die nächsten Wochen so weiter ins Unübersehbare und Unerschöpfliche – bis wir am 28. Februar Richtung Florenz zurückfahren werden, Station in Volterra machen, um Freund Wolfgang Storch zu besuchen, vielleicht einen Abstecher nach Marina di Pisa, wo Anna von Meißner gewohnt hatte, Franz Jungs letzte Frau. Weiter dann über Mailand nach Bern, wo noch Jung-Akten einzusehen sind und über München zurück nach Berlin in den Prenzlauer Berg.

Im Februar 1990 verließen wir Rom in der Gewißheit, eine Stärkung erfahren zu haben, noch ohne zu wissen, wie dringend wir ihrer bedürfen würden. In Berlin spürten wir dann sofort, daß der Fall der Mauer den Kräftehaushalt der Europäer völlig verändert hatte. Das Ende der Mauer war nicht nur das Ende einer Spaltung, sondern auch das Ende einer Einheit. Einer erzwungenen, militärisch garantierten, einer imperialen Einheit, der Einheit einer Legion, hätte Wjatscheslaw Iwanow gesagt. Spätestens seit 1968 hatten wir einen großen Teil unserer Kräfte darauf verwandt, dieser falschen Einheit zu begegnen und sie aufzulösen. Aber erst als wir uns klarmachten, daß das Ende der Berliner Mauer das Ende der russischen Reichsidee war, wurde uns das ganze Ausmaß der Verschiebungen deutlich.

Daß es Jung und Florenski waren, die uns diese Einsicht bestätigten – nicht jeder für sich, sondern in der eigentümlichen Gemeinsamkeit des römischen Augenblicks – kann ich nur eine glückliche Fügung nennen. Sie gaben dem Geschehen jener Jahreswende eine geistige Rechtfertigung, wie sie sich in den differierenden wirtschaftlichen, militärischen oder ideologischen Argumenten nicht finden ließ. Entscheidend war da nicht einmal ihr frühes Verständnis für die Aussichtslosigkeit des titanischen Experiments, sondern die Art und Weise, wie beide mit dem so verlockenden wie schreckenden Gemeinschaftswahn in Berührung gekommen waren: gerade soweit nämlich, daß sie darin sehr wohl die uralte Sehnsucht nach der Überwindung der Eingeschlossenheit des Einzelnen in sich selbst erfuhren, soweit hingegen nicht, daß sie – Zeugen und Opfer seiner mörderischen Konsequenzen – das Scheitern des Experiments ihrer Lebensgrundlagen beraubte. In die Instabilität und Unruhe des Jahrhundertbeginns geboren, die man bald als die Auflösung der Renaissancekultur, als den Zusammenbruch des Humanismus begreifen würde, hatten beide versucht, Halt wieder in der kleinsten Beziehung zu finden, Florenski in der Freundschaft, Jung in der Kameradschaft. Die Selbsterkenntnis, die Selbstzucht, die Askese, die diese Beziehung braucht, war bei Florenski von der orthodoxen Liturgie, bei Jung von den katholischen Exerzitien geprägt, aber das Ergebnis war das gleiche. In der gewonnenen Nüchternheit waren Jung und Florenski immun gegen die beiden großen Versuchungen des Jahrhunderts, gegen die Versuchung, in dem heraufziehenden Kollektivismus die Befreiung des Menschen zu feiern, wie gegen die Versuchung, in diesem Kollektivismus die Fesselung des Menschen anzuklagen. Die künftige kollektive Dienstbarkeit würde ohne Zweifel schmerzlichste Beschränkungen bringen, da kam es darauf an, einen hohen Begriff vom Dienen zu gewinnen. Nicht einem Staat, einem Führer, einer Partei, einer Idee würde in Liebe zu dienen sein, sondern immer dem Einzelnen neben sich, dem Freund, dem Kameraden.

Die zunächst befremdliche Art, in der sich die beiden in den diktatorischen Systemen Rußlands und Deutschlands bewegen, erklärt sich aus ihrem Epochenverständnis. Sie verweigern die Emigration, sie scheinen sogar eine Zusammenarbeit nicht auszuschließen, sie riskieren, auf das gröbste mißverstanden zu werden. Es sieht so aus, als hätten sie ohnehin jederzeit ihren Untergang erwartet und als hätte sie die Steigerung der Gewalt an der Schwelle zur Epoche kollektiver Dienstbarkeit nicht sonderlich überrascht. Beide haben noch als Gefangene ihrer Regimes weitreichende Vorschläge für die wirtschaftliche Umorientierung ihrer Länder vorgelegt – Florenski 1933 vor allem hinsichtlich der Dezentralisierung der Produktions- und Führungsstrukturen Rußlands, Jung Anfang der vierziger Jahre hinsichtlich der Einbeziehung Südosteuropas in ein ökonomisch und finanzpolitisch gegründetes europäisches Sicherheitskonzept, Vorschläge, die bis zur Jahreswende 1989/90 nicht nur bedenkenswert geblieben waren, sondern unmittelbar die weltpolitische Konstellation nach dem Fall der Berliner Mauer betrafen. Als Verkündern und Vorarbeitern der neuen Epoche war freilich beiden das Titanische der ersten Staatspraktiker dieser Epoche wie der Widerstand ihrer Gegner so fremd, daß sie den einen wie den anderen verdächtig erscheinen mußten.

Pawel Florenski wurde nach fünfjähriger Lagerhaft im Fernen Osten und auf den Solowki-Inseln im Weißen Meer am 8. Dezember 1937 erschossen – die Familie erfuhr es erst 52 Jahre danach, zur Zeit unseres römischen Aufenthalts. Franz Jung, der nach kurzer Haft Ende 1936 nach Wien, Genf und Budapest ausgewichen war, blieb für den Rest seines Lebens ein Gehetzter, ein Geächteter, ein gerade von seinen Anhängern Mißverstandener.

In Rom stießen wir auf einen der letzten Briefe Florenskis von den Solowki-Inseln an seine Familie, in dem er, das tragische Los der Größe bedenkend, die Unausweichlichkeit der Konflikte des Wissenden beschrieb. Anlaß war die hundertste Wiederkehr von Puschkins Tod in einem Duell, dessen intime und öffentliche Beweggründe Rußland seitdem unaufhörlich beschäftigt hatten.

»Man könnte Befriedigung empfinden«, schrieb Florenski am 13. Februar 1937, »wenn man die reine Tatsache der Aufmerksamkeit für Puschkin bedenkt. Für unser Land ist es nicht wichtig, was man über ihn sagt, sondern daß man überhaupt von ihm spricht; Puschkin wird schon für sich selber sprechen und alles nötige sagen. Aber in die Befriedigung mischt sich Bitterkeit, eine unvernünftige Bitterkeit über das Schicksal Puschkins. Ich kann mich davon nicht befreien. Und doch nenne ich sie unvernünftig, weil sich an Puschkin nur das Weltgesetz vollzieht, nach dem man die Propheten steinigt und ihnen, wenn sie erschlagen sind, Grabmäler errichtet. Puschkin ist nicht der erste und nicht der letzte: Das Los der Größe ist Leiden, das Leiden an der äußeren Welt und das Leiden innen an sich selbst. So war es, so ist es und so wird es sein. Warum das so ist, ist völlig klar; es handelt sich um einen Phasenunterschied: der Gesellschaft gegenüber der Größe, des Selbst gegenüber der eigenen Größe, um ein ungleiches, unverhältnismäßiges Wachstum, und Größe ist der Abstand zu den charakteristischen Mittelwerten der Gesellschaft und zu der eigenen Beschaffenheit, soweit sie von der Gesellschaft geprägt ist. Aber wir sind mit der Antwort auf die Frage ›warum?‹ nicht zufrieden und verlangen eine Antwort auf die Frage ›wozu?‹. Es ist klar, die Welt ist so eingerichtet, daß man ihr nicht anders etwas *geben* kann, als indem man mit Leiden und Verfolgungen zahlt. Je uneigennütziger die Gabe, desto härter die Verfolgungen und desto grausamer die Leiden. Das ist das Gesetz des Lebens, sein Axiom. Im Inneren weiß man, daß das unabänderlich und allgemeingültig ist, aber wenn man mit der Wirklichkeit zusammenstößt, wird man in jedem einzelnen Fall immer wieder wie von etwas Unerwartetem und Neuem getroffen. Dabei weiß man, daß man nicht recht hat mit seinem Wunsch, dieses Gesetz umzuwerfen und an seine Stelle die stille Hoffnung des Menschen treten zu lassen, seine Gabe der Menschheit darbringen zu können, eine Gabe, die nicht durch Denkmäler und Lobreden nach dem Tode noch durch Ehrungen oder Geld zu Lebzeiten entgolten wird. Im Gegenteil, für die Gabe muß die Größe mit ihrem Blut zahlen. Die Gesellschaft scheut keine Anstrengung zu verhindern, daß diese Gaben dargebracht werden. Und keiner der Großen hat je zu geben vermocht, wozu er fähig gewesen wäre – er ist daran mit Erfolg gehindert worden, von allen, von seiner ganzen Umgebung. Gelingt es nicht mit Gewalt und Verfolgung, dann schleichen sich Schmeichelei und Bestechung ein und versuchen, ihn zu entstellen und zu verderben.«

Braucht die Welt das Opfer – Florenskis Märtyrertod im Gleißen der sozialistischen »Neuordnung Rußlands« und Jungs Niedergang im Zwielicht der nationalsozialistischen »Neuordnung Europas« –, um die Vorauseilenden von dem Vorwurf befreit zu sehen, sie seien nur darauf aus gewesen, ihre eigene Haut zu retten? Beiden wäre es bei ihrer geistigen Beweglichkeit und ihren Verbindungen wenn nicht leicht, so doch im Prinzip möglich gewesen, sich den drohenden Verfolgungen zu entziehen und in der Emigration eine bedeutende Rolle zu spielen. Jung war noch kurz vor 1933 in London, um neue Wege der Wirtschaftsberichterstattung zu erkunden, und für Florenski lag 1934 sogar das Angebot der Tschechoslowakischen Republik vor, ihn durch Verhandlungen aus der fernöstlichen Verbannung freizubekommen und nach Westeuropa einzuladen. Florenski berief sich bei seiner Ablehnung des Vorschlags auf den Paulus-Brief an die Philipper: »… denn ich habe gelernet, bei welchem ich bin mir genügen zu lassen. Ich kann niedrig sein und kann hoch sein; ich bin in allen Dingen und bei allen geschickt beides, satt sein und hungern, beides, übrig haben und Mangel leiden.« Jung würde später in der Autobiographie seinen Zustand als den einer unüberwindlichen Apathie beschreiben.

Dem römischen Aufenthalt verdankten wir nun den Einblick in Sphären, die uns sonst verschlossen geblieben wären, deren Kenntnis aber die zunächst befremdliche Bewegungsart und Handlungsweise unserer imaginären Begleiter verständlicher zu machen versprach. Wir begegneten Anna von Meißner, mit der Franz Jung in den vierziger Jahren in Ungarn und Italien gelebt hatte, und wir begegneten im Erbe Wjatscheslaw Iwanows der geistigen Hinterlassenschaft eines russischen Dichters und Denkers, der einst Florenskis erwünschter Gesprächspartner war. Heikle Begegnungen beide, denn wir trafen im Partner immer auch den Widerpart, größte Nähe bei größter Distanz.

Der Umgang mit den einstigen Gefährten Franz Jungs war uns seit langem etwas Vertrautes. Über zwanzig Jahre hatten wir Cläre Jung gekannt, seine zweite Frau. Sie hatte dafür gesorgt, daß der unbequeme Mann in der DDR nicht völlig vergessen wurde und zum 90. Geburtstag Jungs 1978 sogar Wieland Herzfelde, seinen Verleger in den ersten Jahren der Weimarer Republik und späteren Kritiker, dazu gebracht, dem ungeliebten Autor mehr Gerechtigkeit widerfahren zu lassen.

Nach und nach hatten wir dann so viele von Jungs Bekannten aus seinen wechselnden Kreisen gefunden, daß eine höchst seltsame Runde zusammengekommen war. In London – Simon Guttmann, der Jung noch vor dem ersten Weltkrieg bei seiner aufsehenerregenden Befreiungsaktion für den Psychoanalytiker

Otto Gross behilflich gewesen war. In Haifa – Pegu, Paul Guttfeld, der die von Jung 1931 gegründete Zeitschrift »Gegner« redaktionell betreut hatte. In München – Franziska Violet, Alexander Schwabs Tochter, die sich an die Verhaftung ihres Vaters und Jungs 1936 erinnerte. In Berlin – Hanns Grunert, einen Bekannten von Jungs Tochter Dagny, ihrer Mutter Margot Jung und Dagnys Verlobtem Hansjörg von Meißner. In Budapest – Dezsö Keresztúry, Feuilletonredakteur des »Pester Lloyd« in Jungs ungarischer Zeit 1939–1944. In New York – Eva Marcu, eine der wenigen, die Jungs Autobiographie von 1962 sofort als ein bedeutendes Buch verstanden hatte. In Paris – Erika Szittya, Emil Szittyas Frau, die Jung in der Pariser Zeit der sechziger Jahre kannte. In Gröbenzell bei München – Artur Müller, der auf Karl Ottens Empfehlung Jungs Rundfunkarbeit in seinen letzten Jahren ermöglichte. In Minusio endlich – Ellen Otten, von der wir das Entscheidende über Ottens kameradschaftliche Hilfe bei der Vollendung von Jungs Autobiographie »Der Weg nach unten« erfuhren.

Am undeutlichsten waren dem Forscher die zehn Jahre in Ungarn und Italien geblieben, was würde Rom bereithalten? Als wir von unseren ersten Spaziergängen Anfang Dezember, auf denen uns der Storchschnabel an der Mauer zum Gianicolo und die kleinen Astern an der Tibermauer begrüßten, in unsere Nomentana-Gegend zurückkehrten, fanden wir an den Mauern der Villen handkopierte Einladungszettel zu einer »Pellerinaggio a Padre Pio« angeklebt. Die Pilgerreise gehe in das Gargano-Gebirge nach San Giovanni Rotondo und zur Grotte des Erzengels Michael. Der Termin war schon verstrichen, die blassen Xerokopien nahmen sich gegenüber den riesigen Farbplakaten von Michail Gorbatschow, der gerade auf Italienbesuch war, oder den antihegemonialen Aufrufen der rechten »Fronte della Gioventù«, den Mauerfall als Signal für ein unabhängiges Großeuropa zu verstehen, ziemlich klein und verloren aus. Uns aber bewegte die Nachricht stark, denn dieser stigmatisierte Pater war es gewesen, der im Schicksal Jungs und seiner letzten Gefährtin eine so entscheidende Rolle gespielt hatte. Wir wußten von dem Pater aus einem Text Jungs von 1948, den er »Sylvia« überschrieben hatte: So nannte er Anna von Meißner und so unterschrieb sie ihre Briefe an ihn.

»Der Pater blutete jeden Freitag die Wunden Christi am Kreuz ... Sylvia war hingefahren, um sich von dem Pater die Lebenszukunft weissagen und sich gleichzeitig für die Zukunft beraten zu lassen. Sie wird das Schicksal in die Hand des Heiligen legen ... Ich bin nie persönlich in San Giovanni Rotondo gewesen. Aber ich habe nach den vielen Beschreibungen Sylvias ein sehr genaues Bild davon. Auf dem Platz vor der kleinen weißen Kirche, die zum Kloster der Kapuziner gehört, staut sich eine nach Hunderten zählende Menge. Die Kirche selbst ist schon überfüllt, abgesperrt durch Carabinieri und eine Kette, die von der Schutzgarde aus der Bürgerschaft gebildet ist. Drinnen wird die Freitagsmesse gelesen. Der Heilige selbst ist krank. Er kann schon seit Jahren nicht mehr die Zelle verlassen. Er läßt alle segnen, die zu ihm gekommen sind und die die Messe besuchen an dem Tage, da die Merkmale der Wunden Christi am Kreuze sich an dem kranken Körper erneut manifestieren. Die Menge wartet. Als die Wandlung sich durch Glockenzeichen ankündigt, das bis nach außen dringt, geht ein Aufatmen der Erlösung durch die Wartenden. In Demut werden so viele Wünsche erfüllt und so viele Hoffnungen neu belebt.

Nach Süden dämmern nach dem apulischen Hügellande die grauen Olivenwälder in Silberstreifen, mit dem lichtdurchfluteten Horizont sich verwischend.«

1961 fuhr Jung doch ins Gargano-Massiv und fand Anna von Meißner todkrank, ihre Knochentuberkulose schien unaufhaltsam fortzuschreiten. »Es ist eine entsetzliche Prüfung zu sehen, wie das Ende naht – helfen kann ich ihr kaum, obwohl sie selbst sich die ganzen Jahre über mit einer ungeheuren Energie und mit an Wunder grenzenden Fähigkeiten hat über Wasser halten können. Es besteht eine äußerst dünne Grenzlinie zum Ausbruch des religiösen ›Wahnsinns‹ hin, dessen sie sich selbst wohl bewußt ist. Sie hat eine Gesellschaft zur Verehrung des Erzengels Michael gegründet, vertreibt Broschüren und hat auch selbst welche geschrieben und drucken lassen. Ich selbst trage in ihrer Meinung die ›Uniform des Satans‹.« Seit Jungs Tod zwei Jahre nach diesem Besuch hatte niemand mehr etwas von ihr gehört. Würde man sich in San Giovanni Rotondo ihrer noch erinnern?

Ob wir schon in diesen ersten Tagen, die uns immer wieder an den Einladungen vorüberführten, daran dachten, in das Gargano-Gebirge zu fahren, weiß ich nicht zu sagen. Sicher ist, daß von diesen Tagen an die geistige Sphäre Jungs in einer Weise zugänglich war, wie wir dies nie zuvor erlebt hatten. Zu einem Teil war das natürlich auf den vertrauenswürdigen Ort unseres Aufenthalts zurückzuführen. Mit Rom und der Villa Massimo verkehrte es sich leichter als mit Ost-Berlin und dem Prenzlauer Berg. Und so telefonierten auch wir leicht mit New York und Haifa und hörten die Stimmen der einstigen Vertrauten Jungs. Bestellung und Empfang der in Wien liegenden Briefe Jungs an Fontana machten nicht die geringste Schwierigkeit. Zumal uns Bettina Schad großzügig die Kopierrechnung bezahlte. Wären solche Dinge bei besserer verbindungstechnischer und finanzieller Ausstattung vielleicht auch von Berlin aus zu arrangieren gewesen, so bedurfte es zweifellos des anderen Ortes, um die Verbindung zu Peter Jung zu gewinnen, Franz Jungs Sohn aus seiner dritten Ehe mit Harriet, die er in Budapest Annas wegen verlassen hatte. Unsere frühen Versuche, Peter Jung in Amerika zu erreichen, waren alle gescheitert, nun nahmen wir seinen ersten Brief unter den ermutigendsten Umständen entgegen.

Es war Ende Januar 1990. Wir hatten eben die Pförtnerloge der Villa passiert und waren mit der Post aus Florida so beschäftigt, daß es auf der Treppe beinahe zu einem Zusammenstoß gekommen wäre. Barbara König, die Erzählerin, gerade in der Villa eingetroffen, kam uns entgegen, und um unsere Unaufmerksamkeit zu entschuldigen, wollten wir etwas über die Bemühungen um Jung und Frau Harriet vorbringen, aber wir hatten kaum den Namen Franz Jung ausgesprochen, als sie schon sagte: »Ich weiß Bescheid, ich war Harriets beste Freundin und habe Peter gut gekannt.«

Barbara König hatte in Bad Nauheim mit Harriet bis zu deren Tod im Januar 1950 bei der von den Amerikanern gegründeten Deutschen Nachrichtenagentur gearbeitet. Harriet war aufgefallen durch ihre Belesenheit. »Wir Jungen lasen damals wie verrückt, weil so viel nachzuholen war, aber Harriet kannte vieles, das es in Deutschland nicht zu lesen gab, mindestens seit 1938, Kafka, Joyce, Proust, vielleicht auch Hemingway,

Faulkner. Sie lachte viel und gerne, war auch oft ironisch und genoß jede Art von gutem Witz, besonders den jüdischen, Tucholsky, Polgar.« Obwohl sie ihren Übersiedlungsantrag in die USA offiziell mit der Wiederverheiratung begründet hatte, war ganz klar, daß Harriet nur ihres Sohnes Peter wegen hinüberziehen wollte, mit Jung wollte sie nicht mehr zusammensein. Daß wir später mit Peter Jung und seiner Frau Joyce persönlich bekannt werden und große Sympathie füreinander empfinden sollten, war in der Villa nicht abzusehen, hier zählte die unverhoffte Nähe der Gemütsstürme, der furchtbaren Entzweiungen von vor vierzig und fünfzig Jahren, hier war Jungs römische Pönitenz zu spüren und es ist wohl diese Berührung gewesen, die uns am Ende bestimmte, nach San Giovanni Rotondo zu fahren, um uns den mächtigen Buß- und Gnadenkräften zu stellen, die Franz Jung dort walten sah.

Der einzige, mit dem wir in Rom über Padre Pio sprachen, war Dmitri Iwanow. Er war als Junge mit seinem Vater 1924 aus Rußland nach Italien gekommen und wie seine Schwester Lydia dem Vater gefolgt, als diesen sein Weg in die katholische Kirche führte. In der Schweiz erzogen, hatte Dmitri Iwanow jahrzehntelang als römischer Korrespondent für eine Pariser Zeitung gearbeitet und war, wie sich im Gespräch herausstellte, Padre Pio auf der Rückreise von einem Sizilienbesuch bei einer kleinen Audienz begegnet. Auch zu seinem Begräbnis war er nach San Giovanni Rotondo gefahren. Damals hätten die Einwohner erzählt, als Padre Pio aufgebahrt lag, sei er im Fenster seiner Klosterzelle als deutlicher Schatten erschienen und habe, wie es seine Gewohnheit war, ins Tal hinaus geschaut. »Ein Starez«, beendete Dmitri Iwanow seinen Bericht, und beschrieb Padre Pio mit dem russischen Wort für die weisen Priestermönche, deren geistige Freiheit Pawel Florenski für die bewegende Kraft des orthodoxen Kirchenlebens ansah. »Wenden Sie sich an Padre Pernitzki, er wird Ihnen weiterhelfen.«

San Giovanni Rotondo erreicht man von Rom aus in wenigen Stunden. Der Schnellzug bringt einen nach Foggia, in die Lieblingsresidenz des Staufenkaisers Friedrichs II.; weiter ins Vorgebirge des Gargano hinein geht es mit dem Bus, der auf 500–600 Meter Höhe San Giovanni Rotondo erreicht. Am frühen Nachmittag trafen wir ein, fanden bald ein Hotel, das

»Pace« auf der Viale Cappuccini, und gleich das erste Gespräch mit der Wirtin veränderte unsere Lage von Grund auf. »Anna von Meißner?« Natürlich kenne sie Signora Anna, habe sie allerdings lange nicht gesehen. Sie verkaufe doch immer ihr Buch über den Heiligen Michael. Nur der Ingenieur Rossi, in dessen Haus sie gewohnt habe, sei schon lange nicht mehr in der Stadt, sondern wohl nach Foggia gezogen.

Wir waren gekommen, um die geistige Atmosphäre der Gegend zu spüren, in der Franz Jung Anna von Meißner besucht und eine Weile gelebt hatte – nun würden wir ihr vielleicht gegenüberstehen.

Die Begegnung mit Anna-Sylvia in Budapest und die gemeinsame Zeit in Italien 1945–1948 hatten Jung so stark beschäftigt, daß er sich ihr bis zu seinem Tod immer wieder zuwenden mußte. Er war es gewesen, der aus seiner Freundin Anna Radnoti Anna von Meißner werden ließ. Zum Schein verheiratete er sie mit dem Verlobten seiner Tochter Dagny, Hansjörg von Meißner, und stürzte damit die jung Verlobten in tiefste Verwirrung. Der Verheiratete floh und ist nie wieder aufgetaucht. Jungs Tochter geriet in schwere Depressionen. Ende 1944 wurde sie in die psychiatrische Abteilung des Allgemeinen Wiener Krankenhauses eingeliefert, wo sie eines gewaltsamen Todes starb. Jung war überzeugt, daß sie bei der Flucht der Nazis aus Wien 1945 durch Injektion getötet wurde.

Die erste Begegnung mit Anna-Sylvia hatte Jung noch 1944 in Budapest in der Novelle »Die Verzauberten« zu erzählen versucht – als soziologische Analyse einer Liebesgeschichte; er glaubte damals sogar, sie in Deutschland veröffentlichen zu können. In Italien, wo Jung nach seiner Flucht aus Budapest von der Gestapo ins KZ gesperrt und erst von den Amerikanern befreit worden war, bemühte er sich, in Briefen an Sylvia mit der Beziehung fertig zu werden. Als Jung 1948 in die USA übersiedelte, blieb Sylvia in Italien. Jung schrieb einen neuen Text, der die gemeinsame italienische Zeit mitbedachte und den »Sylvia«-Abschnitt in seiner Lebensbilanz »Der Weg nach unten« prägte. Anna-Sylvia, die lebenstüchtige Frau: »Dame und zugleich ein Schulmädchen«. In Budapest im Barbetrieb des mondänen »Arizona«, später Grundstücksmaklerin, in Rom bzw. Fregene Pächterin eines Fremdenheims, in San Giovanni

Rotondo Verfasserin einer Schrift über den Erzengel Michael. Wie würden wir die inzwischen 74jährige antreffen?

Daß wir es versuchen sollten, sie zu finden, stand außer Frage. Aber wie stellte man das an? Die Information in der Wallfahrtskirche Santa Maria delle Grazie, der Kirche von Padre Pio, war zunächst geschlossen. Im Clarissenkloster kannte man Signora Anna nicht und verwies uns auf das aus Spenden errichtete hochmoderne Krankenhaus gegenüber der Wallfahrtskirche. Vielleicht sei sie einmal krank gewesen und erfaßt. Doch dort war sie ebenfalls unbekannt. Die nun wieder besetzte Kircheninformation zeigte sich abweisend. Padre Pernitzki, der etwas sagen könnte, sei auswärts. Eine zufällig anwesende Frau meinte, Padre Paolino, der deutsch spreche, wisse eventuell Bescheid, aber auch er war abwesend.

Mit dem Abend kam der Regen. Es goß in Strömen, als wir in der Information der Padre-Pio-Gebetsgruppen die Nummer des Hauses in der Via San Elia di Pianini erfuhren, dessen Bau Signora Anna finanziere. Doch in der Straße wußte niemand etwas von der Bauherrin. Endlich wandten wir uns an die Vigili urbani, die Schutzleute, auf dem Platz vor der Kirche und die rieten uns etwas sehr Einleuchtendes: Fragen Sie doch den Taxifahrer. »Signora Anna? Ja, die habe ich mehrfach gefahren.« Sie wohne Richtung Monte San Angelo und beherberge ungarische Pilger, die zum Heiligtum des Erzengels Michael ziehen. Morgen komme sie sicher in die Stadt. Telefon habe sie nicht. Das sei doch auf dem Land: »In campagna.« Tatsächlich lasse sie hier ein Haus bauen, wohne aber nicht da. »Soll ich es Ihnen zeigen?« Als wir von der Besichtigung des unfertigen Baus zurückkehrten, fragten wir, ob es weit sei zu Signora Anna. Zwanzig Kilometer. Unser Geld würde reichen. Ob er uns in der Dunkelheit jetzt noch hinfahre. Er zögerte, überlegte, entschied sich: »Andiamo.«

Unterwegs nahm er noch einen Freund mit. Das Wasser spritzte meterhoch, als wir die Kurven durchs Gargano-Vorgebirge nahmen. Wir landeten an einem verschlossenen Tor. Im Dunkel erkannte man einen flachen Barackenbau mit vielen Türen auf einem von Maschendraht umzäunten Gelände. Unser Chauffeur stieg aus und rief: »Signora Anna! Signora Anna!« Licht. Eine kleine Frau mit Regenschirm erschien in Begleitung zweier junger Schäferhunde. Ich stieg aus dem Auto, und durch den Zaun, durch den sie mir zur Begrüßung ihre Hand reichte, kam es unter Regenschirmen zu diesem Gespräch:

»Sind Sie Anna von Meißner?« – »Ja.« – »Ich schreibe eine Biographie über Franz Jung ...« – »Das ist falsch, was in dem Buch steht über mich. Ich bin keine ... wie sagt man ... von der Straße, ich bin eine Lehrerin ... Manche behaupten, ich sei schon gestorben, alles Lüge ... Auch in San Giovanni sind alle gegen mich ...« Ja, sie baue das Haus, die Casa bianca in der Stadt, wohne nur vorübergehend hier, werde bestohlen. Empfangen könne sie niemanden, kein Platz, zu beengt mit den Hunden. Aber morgen um 11 Uhr komme sie zur Messe in die Wallfahrtskirche. Dann verabschiedete sie sich und ging in die Baracke zurück.

Am nächsten Morgen zehn nach zwölf verließ Anna von Meißner die Kirche Santa Maria delle Grazie. Über dem Mantel ein grünes Umschlagtuch, Wollmütze, sehr schmal. Raschen Schritts ging sie zu der Statue von Padre Pio, der 1968 gestorben war, umrundete sie, bekreuzigte sich, wandte sich dann zurück zur Kirche, sprach kurz mit einem Taxifahrer und eilte die Viale Cappucini hinunter. Wir standen auffällig an der Straße. Sie möchte uns offensichtlich doch nicht treffen.

Wir beschlossen, mit dem Bus nach Monte San Angelo zu fahren und sahen nun bei Tageslicht das Anwesen besser: eine kleine Kapelle, angebaut einige Unterkünfte, von den fünf Türen eine offen, der Schornstein rauchte. Signora Anna war zu Hause. Im Vergleich zu den anderen Gebäuden am Wege wirkte alles neu. Monte San Angelo empfing uns mit Sturm. Morgens habe es gehagelt und geschneit. Aus der Grotte des Heiligen Michael schrieben wir Signora Anna einen Gruß und auf dem Rückweg über Manfredonia an der Küste tranken wir auf ihr Wohl. Im letzten Augenblick fanden wir auch ihr Büchlein über den Erzengel, den sie als ihren Schutzengel verehrte – Erinnerung an seine drei Erscheinungen in der Grotte und Gebete zu ihm. Eine Schrift von 156 Seiten, die sie 1960 herausgegeben hatte und die 1987 in siebenter Auflage erschienen war. Unter all den Devotionalienhandlungen verkaufte nur die Libreria Santa Maria delle Grazie das Büchlein. In diese Buchhandlung ließ Signora Anna auch ihre Post kommen.

Unsere römische Reise endete, wie sie begonnen hatte. Je weiter wir uns vom apulischen Süden entfernten, desto unwirklicher erschien uns nicht nur dieser letzte Ausflug, sondern das ganze Unternehmen. Die Einladung nach Rom, die wir schon im Mai 1989 erhielten, überforderte das Kulturministerium, an das wir uns zuständigkeitshalber wandten. Da die Villa Massimo dem Bundesinnenministerium untersteht, war auf Seiten der DDR das Außenministerium gefordert; noch gab es zwei deutsche Staaten. Im August kam von dort der ungewöhnliche Bescheid: »Sollen sie in Gottes Namen fahren!« Nur kosten durfte es nichts. Das war bekannt. Wir wissen bis heute nicht, wessen Anregung wir Elisabeth Wolkens Einladung verdanken. So statten wir unseren Dank auf diesem Wege ab. Und fügen gleich noch einen anderen Dank hinzu. Den Dank an Klaus Metzger, damals Dramaturg an der Berliner Schaubühne. Für unsere Mitarbeit an der Inszenierung von Franz Jungs »Heimweh«, die in der Zeit des Mauerfalls Premiere hatte, brachte er uns ein willkommenes Honorar an den Zug, das uns dann in Rom den und jenen zusätzlichen Ausflug erlaubte, auch den nach San Giovanni Rotondo.

Zuger Dialoge

Die Dialog-Werkstatt Zug lud zum Gespräch. Eben war ihr höchst respektabler Übersetzer-Preis für 1997/98 vergeben worden, mit 40.000 Schweizer Franken einer der höchstdotierten der Welt, und nun erwartete man sich einige anregende Begegnungen in der Atmosphäre der Werkstatt: dem Fach verpflichtet bis ins intim Philologische und doch offen genug, um den allgemeiner Interessierten an dem Abenteuer des Übersetzens teilhaben zu lassen.

Sonst eher skeptisch gegen dergleichen Unterhaltungen, da sie sich leicht auf Technik, Kommerz und Status des Übersetzens beschränken, stimmten mich Programm und Besetzung diesmal hoffnungsvoll. Andrej Bely, James Joyce und William

Shakespeare sollten zur Rede stehen. Die Preisträgerin Gabriele Leupold würde Proben ihrer neuen Übersetzung von »Petersburg« vorlegen, Fritz Senn Auskunft über seine »Ulysses«-Kommentare geben und Christa Schuenke ihre Übertragung der Shakespeare-Sonette präsentieren, für die sie den Wieland-Preis erhielt. Mit von der Partie auch Annelore Nitschke, die sehr erfahrene Übersetzerin aus dem Russischen, der wir vor allem die deutsche Fassung der Bücher des 1982 in die Bundesrepublik emigrierten Dichterphilosophen Boris Chasanow verdanken. Ilma Rakusa und Fritz Senn, beide Mitglieder der Zuger Jury, fiel das Amt zu, die kleine Schar miteinander und mit dem Publikum ins Gespräch zu verwickeln. Wie könnten sich da Liebhaber der russischen Literatur nicht angesprochen fühlen.

Zweierlei kam begünstigend hinzu. Zum einen hatte sich Andrej Bely in diesen Tagen nachdrücklich in Erinnerung gebracht. Zum anderen hatte sich das Problem des Übersetzens in einer viel weiteren Sicht bei einigen laufenden biographischen Arbeiten gestellt.

Andrej Belys Einmischung sah so aus: Weiter mit der Übersetzung der Lagerbriefe Pawel Florenskis befaßt, waren wir auf eine Passage über den einstigen Freund des Priesters gestoßen, die sich wie eine Wegleitung nach Zug las. Die Nachricht vom plötzlichen Tod Andrej Belys im Januar 1934 hatte Florenski schon im Lager erreicht und einen ganzen Strom von Meditationen über den Dichter ausgelöst, den er als einen der großen Mythenschöpfer des russischen Symbolismus schätzte. Am 23. August 1935 schreibt er an seine Tochter Olga: »In seinen besten Zeiten erschien mir Andrej Bely wie Ariel, der Geist der Luft, gewebt aus den Klängen der Äolsharfe, seine Wahrnehmung der Welt war von unergründlicher Tiefe. Andere Menschen, fein und tief auf ihre Weise, umwehte er wie ein Bergwind, allen sich hingebend, von keinem aufzuhalten.« Dann hatte uns Taja Gut, der Züricher Dichter, bei einem Besuch in Berlin sein Buch über die Begegnung von Andrej Bely und Rudolf Steiner, Symbolismus und Anthroposophie, geschenkt – eine Begegnung, die für die gedankliche und sprachliche Struktur von »Petersburg« von entscheidender Bedeutung war – und angekündigt, er werde nach den Zuger Dialogen in Zürich daraus lesen. Und als sollte auch noch durch ein Entlegenstes für Andrej Bely und Zug gesprochen werden, stand die kürzlich eröffnete Gedenkausstellung für den lange vergessenen Maler und Lebensreformer Iwan Mjassojedoff in Vaduz gleichsam im Zeichen Andrej Belys. Mjassojedoffs »Argonauten«-Zyklus ist ohne die Moskauer Argo-Bruderschaft um Andrej Bely und ohne Andrej Belys Gedicht »Das Goldene Vlies« gar nicht denkbar. In Uwe Grünings Übersetzung:

> Glutbrände am Himmelshang rasen ...
> das Horn des Entfliegens, o hört!, tönt zum Flug, geblasen
> von Argonauten,
> den Panzer legt an aus Sonnengewebe. (1903)

Dies zum einen. Zum anderen ging es um jenen weiteren Begriff von Übersetzung, der kultureller Überlieferung überhaupt zugrundeliegt. Der gesamte Vorrat an Wissen muß auch innerhalb einer Sprache ständig neu übersetzt werden, um ihn gegenwärtig zu halten. Und da war in unserem Fall, fast schon am Ende zwanzigjähriger biographischer Bemühungen um Franz Jung endlich zu begreifen gewesen, was die ganze Arbeit eigentlich trieb: Es war der Versuch, Jung aus der Kriegs- und Bürgerkriegszeit, aus dem Beginn der zwanziger Jahre, wo er immer noch und immer wieder in die Käfige der historischen Avantgarden eingesperrt wird, in die achtziger und neunziger Jahre zu übersetzen, aus dem Bombenwerfer, Bürgerschreck und Klassenkämpfer in den hellsichtigen Analytiker der Unruhe und Überhebung des Menschen unseres Jahrhunderts.

Auf diese Weise mochte jeder in der kleinen Schar seine besondere Wegleitung nach Zug erfahren und seine jüngsten Neigungen und anhaltenden Besessenheiten mitgebracht haben. Leider erfährt man davon meist wenig. Aber das wenige, was in Zug bekannt wurde, gab der Phantasie reichlich Nahrung. Annelore Nitschke arbeitete an einer deutschen Version des Textes der beiden Moskauer Konzeptualisten Paul Pepperstein und Sergej Anufriew zu ihrer Installation »The Last Russian Novel«, die nächstens in Zug erwartet wird. Ilma Rakusa, die Dichterin mit der sechsfachen Sprachenkompetenz, übersetzte eben den neuen Roman des Ungarn Imre Kertész »Ich, ein anderer«. Fritz Senn sammelt – schöner Hintergrund für seine Joyce-Kommentare – Homerübersetzungen aus allen Sprachen. Und Christa Schuenkes Shakespeare-Neigung hat überhaupt mit der Sammlung der deutschen Sonett-Übersetzungen begonnen. Seit ihrem sechzehnten Lebensjahr sammelte sie die 39 Fassungen, ehe sie dann selber die vierzigste dichtete.

So gerüstet, begab sich unsere Schar kühn auf die große Fahrt, als die Martin Heidegger im »Heraklit« (1943) das Übersetzen beschrieben hat: »Hier wird das Über*setzen* zu einem *Über*setzen an das andere Ufer, das kaum bekannt ist und jenseits eines breiten Stromes liegt. Da gibt es leicht eine Irrfahrt und zumeist endet sie mit einem Schiffbruch.« Ganz so ernst war es freilich in der Zuger Werkstatt nicht. »Petersburg« ist noch in Arbeit, »Ulysses« und die Shakespeare-Sonette liegen vor. Der entscheidende Punkt, an dem es heißt: Hier ist der Text, hier übersetze! war schon passiert oder würde noch zu passieren sein. Für diesmal blieb es beim Probieren, Vergleichen, Träumen, und nur wenn man genau hinhörte, konnte man manchmal die Ruderschläge der Übersetzenden hören. Beistehen kann man dem anderen ohnehin nicht. Jeder überquert den Strom allein. Höchstens daß man sich gegenseitig wünschte, vor dem »verhören des seelen-tones« bewahrt zu werden, wie Stefan George dies anläßlich seiner Übertragungen der Shakespeare-Sonette gehofft hatte.

Für Andrej Belys »Petersburg« wünsche ich das seit langem. Dieser böse Zauberton geistiger Zerrüttung, der dem Roman entsteigt, war trotz dreier Versuche (1922, 1962, 1982) noch nie wirklich getroffen worden. Allgemein wird zwar vermutet, es läge daran, daß bisher immer nur die vom Autor um fast ein Drittel gekürzten späteren Fassungen berücksichtigt worden seien. Ihnen fehle viel von der wuchernden zauberischen Klangornamentik der Urfassung von 1913/14. Andrej Bely selber hielt den frühen Text für ein Produkt der Hast. Ich glaube eher, daß jüngste Erfahrungen unser Ohr für den »seelen-ton« von »Petersburg« erst geschärft haben. Das grauenerregend gestöhnte »*u-u-u*«, das Andrej Bely nach der ersten russischen Revolution 1905 über Rußland vernahm und das dann von den Namen seiner Protagonisten her – der Stadt Petersb*u*rg, der Senatorenfamilie Able*u*chow und ihrem terroristischen Gegenspieler D*u*dkin – den gesamten Vokalismus des Texts bestimmt, das »*u-u-u*«, das noch bis vor kurzem als ein sublimes poetologisches Spielzeug bewundert werden konnte, dieses »*u-u-u*« ist uns ganz nahe gekommen in der dumpfen Wut, dem ohnmächtigen Aufruhr angesichts eines säkularen Zusammenbruchs. Der Senator, der Terrorist, der geistige Provokateur und die Bombe – die Konstellation ist seit hundert Jahren die gleiche. Seit hundert Jahren wird das Heil von einem alles verändernden Schlag erwartet, er sei ein Attentat, ein Umsturz, die Ausrottung einer Rasse oder einer Klasse, ein Bombenabwurf, ein »großer Sprung« oder eine Gen-Manipulation. Seit hundert Jahren schlägt das fehl und nach jedem Fehlschlag erschallt das grauenhafte »*u-u-u*«. Andrej Bely hat diesen Zusammenbruch der Erlösungsillusionen in seinem visionären Buch als die »Tragikomödie des Trugs« erzählt. Überall ist »Petersburg«.

Vor Jahren hatte mir ein Arbeitsbuch zu »Petersburg« vorgeschwebt mit all den Überlegungen des Autors, der Zeitgenossen und der Nachgeborenen zu diesem Jahrhundertroman, zumindest eine reich kommentierte Ausgabe, wie sie Fritz Senn so glücklich für das »Hades«-Kapitel des »Ulysses« vorgelegt hat. Nun verwirklichte man das dank der Zuger Initiative in einem Medium, das Andrej Bely für das einzig angemessene gehalten hat: Man sprach, man hörte. Er habe, schrieb der Dichter 1930, seine Bücher erklopft, ermurmelt. Vers und Prosa seien gleichermaßen ersungen, und erst in den späteren Stadien gewönnen die Verse streng metrische Formen, die Prosa finde sich als freie melodische Weise, als Rezitativ. Deshalb könne er sich seine künstlerische Prosa nicht ohne die Sprechstimme denken und bemühe sich auf jede Weise, die »Intonation eines bestimmten Erzählers zu unterlegen, der dem Leser den Text vorträgt«. Da ist ein Spielmeister am Werk, der die wechselnden Tempi, die aggressiv vibrierende Rhythmik, die Einflüsterungen der Leitmotivik, deren Quellen zwischen Wagner, Nietzsche und dem frühen Kino gut beschrieben sind, exzellent beherrscht. »Die Seelen sind gestimmt wie Instrumente und geben ein Konzert.« – »Die Menschen als Klaviatur, auf der die flinken Finger des Pianisten alle Schwierigkeiten meistern.«

Dem bösen Zauberton lauschend murmelten, deklamierten und sangen auch wir bald vor uns hin und die »Zuzugszugerin« Gabriele Leupold, wie Fritz Senn sie freunschaftlich vorstellte (»Da haben Sie die ›u-u-u‹, die Sie brauchen!«), konnte in mehreren Proben ihr übersetzerisches Ingenium beweisen. Viel hat nicht gefehlt und Andrej Belys Stimme wäre uns erklungen. Wie hatte Rudolf Steiner in seinem Vortrag »Das Alphabet – ein Ausdruck des Menschengeheimnisses« gesagt? »Wir tragen also in unserem physischen Leibe unbewußt einen Abglanz der Welten-Konsonanz, und in unserem ätherischen Leibe einen Abglanz des Welten-Vokalismus.«

Daß unsere von Jürg Scheuzger und Christa Kamm fürsorglich betreuten Zuger Werkstattdialoge diese bewegende Intimität gewannen, verdanken sie nicht zuletzt dem Mitgehen der Besucher. Wie wir Übersetzer hatten auch sie ihre Wegleitungen nach Zug erfahren, die einem naturgemäß erst recht verborgen bleiben. Zwei aber wurden uns zu unserer großen Freude und Verwunderung doch offenbart.

Matthias Müller, Klarinettist und Komponist, erkundigte sich in der Diskussion nach dem, was wir recht allgemein als den »Ton« eines Textes bezeichnet hatten, den es in der Übersetzung zu treffen gelte. Der Dialog, der sich beim Abendessen fortsetzte und bald um die Interpretation in der musikalischen Aufführungspraxis und beim Übersetzen kreiste, mündete für beide Seiten überraschend in unserer Frage: »Kennen Sie Josef Matthias Hauer?« Hauer, der Wiener Komponist und Denker, der neben Arnold Schönberg den Rang der atonalen Musik begründet hatte, war uns über sein von Christian Schad gemaltes Porträt begegnet und mit seiner Schrift »Deutung des Melos« ganz nahe gekommen, ohne daß wir je sonst ihn hätten erwähnen hören. Matthias Müller aber zog lächelnd das Programm des Musik Forums Zug für 1997/98 »Blick zurück nach vorne« hervor, das mit einem Konzert »Der Russische Symbolismus in Musik und Wort« (Skrjabin, Gubaidulina, Andrej Bely) in Zug, Zürich und Dornach eröffnet und im Juni 1998 mit Aufführungen von Schönberg und Hauer beschlossen wird: »Gleichberechtigung der Magischen Zwölf«, jeweils mit Matthias Müllers Einführungen. Das Schönberg-Hauer-Konzert und ein weiteres mit Schönbergs »Pierrot lunaire« finden im

Rahmen des »Dialogs mit der Moderne« statt, einer Ausstellung mit Werken aus der Privatsammlung Kamm im Kunsthaus Zug. Ein weiter Kreis, doch Hauer hielt ihn an diesem Abend in Zug mühelos zusammen: »Erst derjenige, der hört, kann auch erkennen, deuten, denken, sprechen, erfassen, begreifen.« – »Der Mensch singt also immer, wenn er spricht, und, umgekehrt, er hört die Melodie aus der Sprache, den ›Ton‹ der Rede.«

In dem anderen Fall waren wir nicht die Fragenden, sondern die Gefragten. Aber um den rechten »seelen-ton« ging es auch. Im Anschluß an den kleinen Bericht über die Schwierigkeiten beim Übersetzen von Florenskis Lagerbriefen wurden wir gefragt: »Kennen Sie den Schweizer Mystiker Maurice Zundel?« Wir kannten ihn nicht. Es war Alois Odermatt, der fragte, Theologe und Historiker, heute Geschäftsführer der Römisch-Katholischen Zentralkonferenz der Schweiz. Anläßlich der Hundertjahrfeier für den Denker in Frankreich und in der französischen Schweiz hatte er sich am Beispiel zweier Bücher, nämlich »Liturgie als Dichtung« (1926–34) und »Innerliches Evangelium: Das Problem des Bösen« (1936) mit der Qualität der bisherigen deutschen Übersetzungen Zundels beschäftigt. Leider verfehlen sie die Kühnheit des mystischen Realismus Zundels, die dem Denker zwanzig Jahre Exil in London, Paris und Rom einbrachte. Seine »Liturgie als Dichtung«, so schrieb Zundel im Vorwort, »soll dem Leser, so ungläubig er auch sein möge, diese Überzeugung nahebringen, daß *Religion das Leben schlechthin* ist, das Leben in all seinen natürlichen und übernatürlichen Entfaltungen. Deswegen wird so oft in diesen Seiten auf Kunst und Wissenschaft, auf Politik und Geschichte, auf Gewissen und Gefühl hingedeutet.« Hören wir nicht Florenski sprechen, den Florenski der Anthropodizee, der Rechtfertigung des Menschen, der »Philosophie des Kults«? Die Seienden sind geschaffen, »damit sie *Dasein haben*«, sagt Zundel im »Innerlichen Evangelium«, und damit sie handeln, »indem jedes im Maß der Eigenkraft, zu der es fähig ist, an der Entwicklung seiner selbst und des gesamten Alls mitwirkt«. Es mag der verborgenste, der innigste Dialog von Zug gewesen sein, der Dialog der beiden Mystiker Zundel und Florenski, ein Dialog, in dem Über*setzen* als *Über*setzen seine äußerste Sinnfülle als Grund aller Kultur offenbarte.

Nachhall und Ausklang der Zuger Dialoge: Mehrere anschließende Besuche boten die willkommene Gelegenheit, die sehr besonderen Interessen der Werkstattgespräche ins Allgemeinere zu überführen, ohne doch die geliebte Sache gleich fahren zu lassen. In Minusio im Tessin trafen wir Ellen Otten, die das Erbe ihres Mannes Karl Otten betreut. Otten ist es, dem wir Franz Jungs Autobiographie »Der Weg nach unten« verdanken. Ohne Ottens kameradschaftlichen Beistand, ohne sein unbeirrbares Werben beim Luchterhand-Verlag wäre diese schonungslose Selbstanalyse eines Menschen unseres Jahrhunderts nicht zustandegekommen. Nun war Ellen Otten als Dolmetsch ihres Mannes unermüdlich. Am frühen Nachmittag gekommen, schieden wir fast gegen Mitternacht.

Am nächsten Tag ging es Richtung Norden nach Vaduz zur Zwiesprache mit dem »Argonauten« Mjassojedoff, nachmittags zurück nach Zürich. Abends in Taja Guts bewegender Interpretation die Begegnung von Andrej Bely und seiner Frau Asja Turgenjewa mit Rudolf Steiner und seiner Frau Maria von Sievers – ein west-östlicher Dialog von unverminderter Gegenwärtigkeit.

Am letzten Tag das Treffen mit Bettina Schad in der großen Schad-Ausstellung, die dann nach München und Emden gehen würde. Nicht nur ein lang erwünschtes, sondern ein für Zürich erwünschtes Wiedersehen, denn hier war es doch, wo 1916 Schads Begegnung mit Walter Serner stattfand, der ich wiederum meine Begegnung mit Christian Schad verdanke. Als ich mich 1980 für Franz Jungs Verbindung mit Walter Serner interessierte, empfahl mir Renate Gerhardt, die Berliner Verlegerin, Serners Freund Schad in Keilberg bei Aschaffenburg zu besuchen. Unser Gespräch im Spätherbst 1980 knüpfte außer an die Russen in Zürich vor allem an Jungs »Weg nach unten« an, den Schad schätzte. Im Kunsthaus Zürich betrachteten wir nun wieder die suggestiven Porträts aus den Berliner Jahren, eines den Komponisten Josef Matthias Hauer zeigend, von dem wir zuerst von Schad gehört hatten. Schad und Hauer hatten sich gemocht und auch eine kleine Korrespondenz geführt. In seiner Bildlegende zum Porträt Hauers überliefert Christan Schad eines ihrer Berliner Gespräche Ende der zwanziger Jahre, das hier als Ausklang der Zuger Dialoge stehe:

»Er erzählte mir, wie er durch spielende Kinder, die am Straßenrand selbstvergessen vor sich hin summen, auf vieles aufmerksam geworden sei von dem, was Töne eigentlich sind. ›Vielleicht Grenzpfähle, zwischen denen der leere Raum, das Unsichtbare durch die Begrenzung sichtbar wird‹, meinte ich. Das entzückte ihn ...«

Marbacher Verknüpfungen

Am 28. Juni 1999 wurde im Deutschen Literaturarchiv Marbach mein Buch »Das Verschwinden von Franz Jung« aus der Hamburger Edition Nautilus mit dem eben gestifteten Karl-Otten-Preis bedacht. Als Karl Otten vor achtzig Jahren in einer Adresse an französische Kameraden die »zarte und heimliche Gemeinschaft der Brüder des Geistes der Versöhnung« beschwor, war nicht auszudenken gewesen, daß diese Gemeinschaft einmal Pate eines Preises seines Namens werden könnte.

»Und wenn wir nur zehn sind oder drei«, hatte Otten 1919 geschrieben, und: »Wir sind wenige und wie ein Mann fast.« Jahrzehnte später, als die Gedichte der »Menschheitsdämmerung« wieder herauskamen – Bilder expressionistischer Erhebung – war Otten, der sie zeitlebens als einen »Aufstand des Geistes« verstand, mit Kurt Pinthus' Worten von 1919 erneut auf den kleinen Kreis zu sprechen gekommen, auf die diesmal »23 ›sehnsüchtigen Verdammten‹«, einen Kreis, dem auch er angehörte.

Nun, in Marbach, entwarf Direktor Ulrich Ott namens der Jury das Bild der Acht: Vier Paare seien es, deren Begegnung und Gegenüber man das Buch vom »Verschwinden« verdanke – die Paare Jung und Mierau, Otten und Schöffler. Denke man sie sich in einem Achteck vereint und die je gegenüberliegenden Ecken miteinander verbunden, so finde sich in der Mitte der Raum des Buchs.

Tatsächlich ist dieses Buch und ist dieser Preis der Ausdruck mannigfaltig verzweigter persönlicher Verhältnisse, deren »zarte und heimliche« Natur mehr als Andeutungen nicht verträgt, die aber in dem Maße, wie sie im Bau des Buchs zur Sprache kommen, Öffentlichkeit nicht scheuen müssen.

Der Oberschlesier Franz Jung und der Rheinländer Karl Otten, beide in katholischer Geistigkeit wurzelnd, aber nach Naturell und Gemüt einander durchaus nicht nahe: Fünfzig Jahre sind seit ihren Studien in München vergangen, da stoßen sie wieder aufeinander und ermutigen sich gegenseitig, ihre gewagten persönlichen Lebensformen als das Ergebnis einer nie abgeschlossenen Auseinandersetzung mit den zwei großen Erschütterungen des Jahrhundertbeginns darzustellen – mit der Psychoanalyse und dem Kommunismus, die mit ihren Denkfiguren und lebensgefährlichen Experimenten, ihrer heiklen Allianz und ihrem Zwist am Ende des Jahrhunderts die Gemüter immer noch erregen.

Jung und Otten erzählen in ihren letzten Büchern das Abenteuer ihres Lebens – oder soll man Jungs Deutung des Abenteuers folgend sagen: das Wunder des Lebens? – mit dem ungläubigen Staunen von Überlebenden großer Katastrophen. Wer Psychoanalyse und Kommunismus samt ihrer epigonalen Usurpation durch den National-Sozialismus übersteht (von heil überstehen kann keine Rede sein), wer ihnen entkommt, der kann in einer noch weitgehend von ihren Folgen regierten Welt nur als Unikum, Sonderling, lebendes Fossil gelten, als ein Gezeichneter. Rechtfertigung ist hier fehl am Platz. Trifft den Überlebenden Schuld?

Beide Bilanzbücher, Karl Ottens autobiographischer Roman »Wurzeln« und Franz Jungs Autobiographie »Der Weg nach unten« (nämlich zu den Wurzeln), bedienen sich nicht der vermeintlichen Gewißheiten der Gesellschafts- und Seelenanalyse. Nichts mehr von der »inselhaften Einsamkeit« des Revolutionärs »unter Freunden und Gefährten«, der »von der Zukunft her« auf seine Sendung orientiert ist, der »das revolutionäre Geheimnis der Erlösung« weiß und der »für den Umsturz alles jetzt Bestehenden und für den Kampf und die entfesselte Gewalt, vielleicht dem Willen einer ganzen Welt entgegen, die Verantwortung auf sich selbst zu nehmen« bereit ist – wie sie das der Psychoanalytiker Otto Gross, ihr geistiger Führer seit

München, gelehrt hatte und wie das bis in unsere Tage in verschwörerischer Exklusivität und Untergrundwahn widerscheint. Nichts mehr von dem politischen Gemeinschaftsrausch, von der materiellen Gewalt, zu der die Idee werde, wenn sie die Massen ergreift. Nichts mehr von der Entfesselung der »Großen Initiative« schöpferischer Gemeinsamkeit, wie sie von Marx und Lenin vorausgesagt worden war. Statt dessen finden wir bei Jung und Otten einen gelassenen Personalismus, der den Einzelnen in der Zuwendung zu seinem Nächsten wieder als Ursache seiner Zustände sieht. Einen Personalismus, der sich nicht versteckt, doch wohlweislich verborgen hält: Präsenz im Verschwinden. Es lohnte sich, den Quellen und Zuflüssen von Pascal bis Teilhard de Chardin nachzugehen.

Kein Führerwissen, kein Auftrag von der Zukunft her, keine Unterwerfung unter eine fiktive kommende Gemeinschaft. Die Gemeinschaft lebt allein von der gegenwärtigen, der augenblicklichen Lebensfähigkeit der Einzelnen. Im April 1959 – die Arbeit an den »Wurzeln« und am »Weg nach unten« war noch in vollem Gange – schrieb Otten aus Locarno an Jung nach San Francisco: »Ich stecke bis über die Ohren in unserer Vergangenheit. Aus dieser Perspektive muß ich immer wieder betonen, welche Wichtigkeit um der Opposition willen ich Ihrer Arbeit beimesse, wobei ich mich genau wie Sie irren könnte, wäre mir nicht jene gewesene Gegenwart so gegenwärtig, ja mehr so als alles, was sich da als solche aufdrängt und die es doch nur bis zu einem Dabeisein bringt. Und zwar grade jetzt mehr als je zuvor. Ich habe grade kurz den elementaren Gegensatz zwischen ›Berufsrevolutionär‹ und ›dichterischem Revolutionär und Träger des Mythos‹ charakterisiert, zu dem ich durch abermaliges Nachdenken über Freud – Adler – Otto Gross gelangte, die uns damals die Mittel in die Hand gaben, dem Geschehen den wahren Sinn und Akzent zu verleihen, was die Werke der Dichter so aus der Flut des sagen wir mal ›politischen Theaters‹ herausnimmt und in das noch heute Gültige versetzt und darüber hinaus erhöht. Also als ›Das Moderne‹ beweist, das auch noch in hunderten von Dekaden etwas zu sagen haben wird.

Ich nähme das Maul voll? Dann aber voll des Guten.

Ja, mein Lieber, Mut machen ist ja die Bestimmung und der

Sinn jeder Freundschaft. Also weshalb davon reden? Ich wäre sehr verdrossen, wenn es mir nicht gelingen würde, Sie bei der Stange zu halten. Ich bin gespannt auf ›Russland‹, da ich mich ja an dieses Abenteuer gut erinnere wie ja überhaupt sehr viel in meiner Erinnerung lebt, wovon Sie kaum etwas ahnen mögen. Weshalb ich ja auch der berufene Empfänger Ihrer Botschaft bin, ein sehr merkwürdiges Zusammentreffen übrigens, da ich wohl der Letzte gewesen sein dürfte, an den Sie in diesem Zusammenspiel gedacht haben.

Wichtig ist auch, daß wir durch die aufgezwungene Trennung je in ein magisches Licht gerückt sind und wir deshalb nur von unserer Existenz wissen als lebende Kräfte etwa oder dergleichen immaterieller Substanz, einem Kraftfeld etwa, das mathematisch verwendet werden könnte, um größere Arbeiten anzuregen oder zu erhellen.«

Einzelne sind es gewesen, die vierzig Jahre danach im Literaturarchiv zusammenkamen, um diese beiden Männer im Geiste in den Kreis der Acht zu rufen. Die Konstellation konnte nicht günstiger sein. Tag und Stunde luden zur Sammlung ein. Der 28. Juni war der 80. Geburtstag von Ellen Otten, die zwar krank in der Fondazione Varini in Locarno lag, aber doch telefonisch zu erreichen war und ihre Kraft des Gedenkens der unseren hinzugab. Die Abendstunde überließ uns ihren frühsommerlich weiten Grenzraum, in dem Tagwelt und Nachtwelt einander berühren: »Was der Tag verschweigt wird nachts offenbart«, sagt Karl Otten in einem Gedicht von 1961.

Zur Gunst des Tages und der Stunde kam die Gunst des Ortes. Wenn es auch kaum erlaubt sein dürfte, Vermutungen darüber anzustellen, was es bewirkt hat, daß jenes Land um das sächsische Leisnig, in dem ich seit meiner Kindheit zu Hause bin, Mitte der fünfziger Jahre des 12. Jahrhunderts, kurze Zeit bevor es reichseigen wurde, unter Herzog Friedrichs des Schwaben, des späteren Kaisers Herrschaft stand, so sei doch wenigstens gestreift, daß 800 Jahre später Schiller und eine Schwäbin aus Ulm, Schwester Else, eine Diakonisse des Johanniterordens, Sieglindes Erzieher im nördlichen Sachsen-Anhalt waren. Mag also einstweilen nicht genau auszumachen sein, was wir den »Lieben, hellen *Sommerwesten*« verdanken, als die Mörike seine gottesfürchtigen, gemütsstarken Landsleute preist, eins ist mit Bestimmtheit zu sagen: Im Archiv ist unserem Interesse am Schicksal Franz Jungs und dem wechselnden Kreis seiner Freunde und Gegner stets ein Wohlwollen entgegengebracht worden, das alles gebotene Professionelle aufhob in ein frei gewährtes Persönliches.

Keine geistige Regung war so verklungen, als daß nicht ein schwaches, ein schwächstes Echo hier vernehmbar gemacht werden konnte. Und bald hieß es auch für uns: Alle Wege führen nach Marbach. Es war, als sollte das Entzücken Ottens, der für seine Edition expressionistischer Dramen Jungs Stück »Saul« von 1916 in der »Schiller Nationalstiftung zu Marbach am Neckar« gefunden hatte, ungemindert uns erreichen: »Und da soll man sagen«, schreibt er 1958 an Jung, »die Deutschen liebten Sie nicht!«

Zwei Umstände mögen unseren Weg nach Marbach erleichtert haben. Zum einen unsere Freundschaft mit Cläre Jung, zum anderen die Vertrautheit mit den europäischen Aspekten der russischen Moderne. Cläre Jung hütete in Ost-Berlin nicht nur ein reiches Franz-Jung-Archiv, das sich unter unseren Augen um Jungs Briefe und Manuskripte aus San Francisco, Paris und Stuttgart erweiterte, sondern war selbst eine bedeutende Gestalt des expressionistischen Aufbruchs und eine Zeugin für den idealistischen Anfangsimpuls kommunistischer Erneuerungssehnsucht. Auch war sie mit Jung in Sowjetrußland gewesen und hatte dann seinen Wirtschaftskampf gegen den Nationalsozialismus von Berlin aus unterstützt. Sie war mit Wieland Herzfelde und John Heartfield verbunden, mit George Grosz und Erwin Piscator, mit Erich Mühsam und später der Tochter seines Cousins Paul, Else Levi-Mühsam, mit Otto Gross, den sie in ihrer Berliner Wohnung beherbergt hatte.

Gewährte uns der Anschluß an Cläre Jung Einblick in den innersten Beziehungsraum der künstlerischen Avantgarde Deutschlands, so sicherte die Kenntnis der russischen Moderne den Überblick über die Verknüpfungen der deutschen mit den russischen Vorstößen.

Vor unserem ersten Besuch in Marbach 1988 war gerade mein Buch »Russen in Berlin« bei Reclam Leipzig und Quadriga Weinheim/Berlin erschienen, das die Zeugnisse einer kulturellen Begegnung zwischen 1918 und 1933 vereinte. Hier im

Archiv, wo das geistige Erbe so vieler großer Protagonisten deutsch-russischer Begegnung bewahrt wird – es sei nur auf Harry Graf Kessler und Siegfried Kracauer verwiesen – fand die Dokumentation eines immer noch nicht verstummten Dialogs nicht nur Anklang und Widerhall, sondern bald auch eine unverhoffte Fortsetzung ins Gegenwärtige. Wir stießen auf den Briefwechsel zwischen Boris Pasternak und dem Verleger Kurt Wolff aus den Jahren 1958–1960, in dem es vor allem um die Poetik des »Doktor Shiwago« gegangen war. »Ob es den Himmel oder die Erde beträfe«, schrieb Pasternak am 10. Oktober 1958, »die Poesie der Glaubenserbschaft oder das reelle durch Kriege und Aufstände aufgewühlte Jahrhundert – einmal mußte man nicht da stehenbleiben, wo die politischen od. ästhetischen Bräuche und Möglichkeiten steckenzubleiben gewohnt und gezwungen waren, einmal sollte man sich die Mühe gegeben haben, einen weiteren Schritt zu tun. Z.B. Malte Brigge ist doch verfeinert und genial und der schildernden Mittel Höhepunkt. Es ist aber eine Sehnsucht nach einem Roman und kein Roman. Da war also Raum genug auch zu einer volleren Leibwerdung und Verkörperung zu schreiten, die fünfzig Sturmjahre dürsteten auch nach einer Inkarnation.«

Kurt Wolff, dem Verleger der deutschen Expressionisten, war die amerikanische Ausgabe des »Doktor Shiwago« zu danken, die in seinem New Yorker Verlag Pantheon Books Inc. herausgekommen war. Bernhard Zeller, der nach dem Tod Kurt Wolffs 1963 die Korrespondenz von Helen Wolff als Stiftung für das Marbacher Archiv entgegengenommen hatte, war sofort bereit, die Einführung zu einer in Reichweite gerückten Ausgabe der Briefe zu schreiben, doch blieb die Edition leider unverwirklicht. Glücklicherweise findet sich ein Teil dieses Austauschs in der von Ellen Otten und Bernhard Zeller 1966 herausgegebenen Sammlung »Kurt Wolff. Briefwechsel eines Verlegers«, so daß wir, wenn uns auch der volle Laut noch fehlt, einen Eindruck von diesem brieflichen Gespräch erhalten. »Wir haben nie so schöne, tiefe, persönliche, herzliche Briefe von einem Autor bekommen wie von Boris Pasternak«, gestand Kurt Wolff 1962.

Auf nicht minder bewegende Weise wurde die deutsch-russische Begegnung des ersten Jahrhundertdrittels mit dem Eintreffen des Nachlasses von Paul Celan fortgeschrieben, das in die Zeit unserer ersten Aufenthalte Ende der achtziger Jahre fiel. Da kamen auch die Konvolute mit seinen Vorarbeiten und Entwürfen für die Übertragungen aus der russischen Lyrik des 20. Jahrhunderts, aus Alexander Blok, Sergej Jessenin und Ossip Mandelstam, aus Majakowski und Chlebnikow, deren Herausgabe mir seit den sechziger Jahren besonders am Herzen gelegen hatte. »Bruder Ossip« hörten wir Celan sagen und:

> Kyrillisches, Freunde, auch das
> ritt ich über die Seine,
> ritts übern Rhein.

Kraft des Gedenkens kam am Abend des 28. Juni 1999 wirklich der Geist der Acht über unsere kleine Gemeinschaft – der Acht, die Ordnung, Kosmos, Versöhnung und Wiedergeburt ist, Verbindung und Bund von Mann und Frau, Band zwischen den Lebenden und den Toten, das Ganze und darin das Böse auch.

Bernhard Zeller rief die Begegnung von Karl und Ellen Otten mit Heinz und Micheline Schöffler auf, an deren Zusammenarbeit bei der zweiten Geburt des Expressionismus in der Frühzeit des Luchterhand-Verlags der Preis im besonderen erinnert. Jochen Meyer las meine verschämte Huldigung an das Archiv und sein »gedämpftes Dasein«; sie heißt »Luftschiff über Marbach«. 1989 hatte ein Luftschiff, das wir eines Abends von Erdmannhausen her im Westen über Marbach schweben sahen, zu der Frage gereizt: »Ob so das Archiv zum Schweben zu bringen wäre?« Dieses kostbare Behältnis mit all seinen Manuskripten, Totenmasken und Asservaten aus Dichterhaushalten plötzlich aufgehoben – leicht, anmutig, leuchtend? Und es war wie eine beherzte Antwort auf die bange Frage von damals, als Micheline Schöffler, unsere Gastgeberin in der alten Cafeteria des Archivs die Geschichte der Karl-Otten-Medaille des rheinischen Kreises Viersen erzählte, die sie uns mit herzlichen Grüßen von Ellen Otten schenkte.

»Vor reichlich einer Woche«, hörten wir, »Samstagnacht fiel mir ein kleiner Gegenstand ein, der, seit er nicht mehr bei den Otten-Büchern im Regal lag, abhandengekommen schien. Zu tun hat er mit Karl Ottens Heimat am Niederrhein. Daß ich den Gegenstand ohne langes Suchen fand, war eine Freude.

Sonntagmorgen rief ich Ellen an. Sie schien guter Dinge. Ich bat sie um Zustimmung, Fritz und Sieglinde Mierau das kleine Ding vom Niederrhein, mit Grüßen von ihr, Ellen, am 28. Juni schenken zu dürfen. Sie stimmte freudig zu und fuhr fort: ›Wie seltsam, unsere Gedanken müssen sich nächtens am Niederrhein begegnet sein.‹ Ihr seien Thelens eingefallen, und sie habe über den Mädchennamen von Vigoleis' Frau gegrübelt.

›Beatrice Burckhardt – Burckhardt mit -ck, -dt, die feine Schweizer Familie, worauf Vigoleis in der 'Insel des Zweiten Gesichts' hinweist.‹

Stätten der Erinnerung kamen uns in den Sinn. Niederrhein, Exil Mallorca, Exil London. Dort waren Moritz und ich Ottens zum erstenmal begegnet, 1956. (Wir hatten unser kleines Auto auf dem Campingplatz vom Crystal Palace abgestellt, fuhren im Doppeldecker nach Hampstead, und in Swiss Cottage empfing uns Karl Otten. Ob wir, die Kampierer, ein heißes Bad wollten?)

Ottens planten damals die Rückkehr auf den Kontinent. Nicht nach Deutschland, – in die Schweiz, ins Tessin, an den Lago Maggiore, wo deutsche Schriftsteller eine neue Bleibe gefunden hatten. Ostern 1957 kamen sie zunächst zur Wohungssuche. Sie mieteten in Ascona, in der Casa Cappalo, zu ebener Erde ein Appartement. Uns boten sie die Wohnung im Ersten Stock an. Thelens lebten, etwas weiter vom See entfernt, im Haus einer begüterten Südamerikanerin. Dort hatten sie in der Badewanne Schlangen zu hüten. Sie kamen zum Tee herüber.

Wir saßen in der Casa Cappalo, und die beiden Dichter vom Niederrhein begannen zu erzählen, Karl Otten von seiner Kindheit in Niederkrüchten, Vigoleis Thelen von seiner Heimatstadt Süchteln. Sie redeten, griffen Stichwörter auf, fabulierten drauf-zu. Sangen sie? Ich glaube schon, in der Mundart ihrer Jugend. Wir vier lauschten stumm. Wir haben so etwas wohl nie wieder gehört.

Übers Telephon fügte Ellen hinzu: ›Der Stadtrat von Niederkrüchten wollte Karl zum Ehrenbürger machen. Doch dann fanden sie, er sei Atheist, und sie ließen's bleiben.‹

Viersen aber, die Kreisstadt, gab eine Gedenkmedaille heraus. Recto: Ottens Enface-Bild, im Kreisrande die Lebensdaten. Verso: Über dem Stadtwappen ›Kreis Viersen‹ und das Prägejahr 1987.«

Soviel Beherztheit löste auch uns die Zunge und wir erzählten von einigen merkwürdigen Begegnungen auf dem Weg nach Marbach. Wir waren auf die Anwesenheit im Archiv auf das schönste vorbereitet worden.

Schon als wir am Wochenende vor dem Marbacher Montag die Ausstellung deutscher, zumeist expressionistischer Grafik von 1900–1950 zum Werk Fjodor Dostojewskis im thüringischen Altenburg besichtigten und alle die Raskolnikows, Karamasows, Myschkins, die Spieler und Großinquisitoren, die Sanften und die Sonjas betrachteten, war Karl Otten unser Führer: »Man mußte Dostojewski entweder radikal ablehnen oder seine Gestalten und das in ihnen aktiv gewordene Ressentiment des Christen und des Armen annehmen. Die deutsche Jugend nahm es an und wählte Dostojewski zu ihrem Verkünder und Propheten.« Zum Beispiel Franz Jung: Hatte er sich als Gymnasiast mit seinem nicht erhaltenen (oder nie geschriebenen?) Roman an Dostojewskis »Idiot« nur anlehnen wollen, so schrieb er mit dem »Trottelbuch« eine wirkliche deutsche Antwort auf Dostojewski.

Von Altenburg ging es weiter in den Südharz, nach Limlingerode, in das Dörfchen, in dem Sarah Kirsch geboren ist. Sie zu hören, finden alljährlich die »Limlingeröder Diskurse« statt, die ihrer Stimme immer noch die Stimmen ihrer Dichterfreunde aus der näheren und weiteren Umgebung zugesellen, diesmal die Joachim Schädlichs und Christoph Wilhelm Aigners, aus größerer Ferne die der Russin Anna Achmatowa, das nächste Mal wird Else Lasker-Schüler aus der Ferne zu vernehmen sein. Es ging um Tausch und Bruch und Raub der Biographien in Exil und innerer Emigration und um die Beschwörung von Gegenwart gegen den Sprachverlust in dem, was bei Sarah Kirsch »Das simple Leben« heißt:

»Ja es gab sie die Lesereise im Frühjahr, bei der ein Vogel und geöffnete Türen vorherrschend waren. Jeden Abend an verschiedener Stelle, und andere Vögel, andere offene Türen, dabei das eigene Gedicht vom einsetzenden Regen, dem entsprechenden Vogel, der hin und herschlagenden Tür und wie hinreißend es war wenn das Gedicht und die Wirklichkeit zusammenfielen während ich laut diesen Text las, vor einem Publikum so wie Sie jetzt eines sind, ich hörte meine Stimme wie ich sie jetzt hören kann in diesem im heutigen Raum, ich hörte den einsetzenden Regen wie vorher die Amsel, und die Tür die wirklich vorhandene nach draußen geöffnete Tür sie schlug an der Stelle von der hin und her schlagenden Tür hin und her so wie jetzt und ich las über das Publikum hin, über eines wie Sie es auch sind, und ich konnte es so lange tun wie es die Verbindung nach draußen gab, die reale geöffnete hin und her schlagende Tür und den Regen und die Amsel oder den Zaunkönig den Brachvogel und der letzte ist mir der liebste.«

Weil es »ewig grün« hält, wie es im Gedicht heißt, wanderten wir, rostigen Stacheldraht am Wegrand vorsichtig umgehend, den »grünen Junipfad« entlang, von Limlingerode bis an die ehemalige Grenze, und ahnten nicht, daß die drei Dichter dieses Diskurses längst den Weg nach Marbach weitergewandert waren: »Vorlaß« heißt – mit einem im »Duden« nicht verzeichneten Pendant zu »Nachlaß« – die Überlassung von Papieren an ein Archiv zu Lebzeiten. Aus Sarah Kirschs »vorgelassenen« Stücken würde Jochen Meyer gleich mein »Luftschiff über Marbach« hervorzaubern, das vor zehn Jahren von dem »üblichen starken Südwest« ins nördliche Tielenhemme getragen worden war.

Daß unser Ausgang von Marbach am Morgen nach dem Abend der Acht die Gunst des Ortes nicht weniger genoß als unser Eingang mag nach alldem nicht verwundern. Wir mußten mit unseren Verlegern von der Ostfilderner edition tertium die Ausgabe der Lagerbriefe des russischen Naturphilosophen und Ingenieurs Priester Pawel Florenski besprechen, die sie uns vor Jahren bei einer denkwürdigen Begegnung in Marbach vorgeschlagen hatten. Damals glaubten wir uns außerstande, diese Berichte über einen Biographienraub, den Anschlag auf die Familie Florenski, übersetzen zu können. Uns ist aber aus den Briefen und aus der Begegnung mit dieser Familie soviel Kraft zugewachsen, daß wir in fünf Jahren einen Anfang schafften.

Es bedurfte einer Freiheit gegenüber diesem Schicksal, die uns ursprünglich fehlte. Wie immer war sie nur aus der genauen Anschauung des Schicksals zu gewinnen. Da half uns auch die frühe Bekanntschaft mit einem Fragment von Florenski über »Die pythagoräischen Zahlen«, das von der Befugnis und dem Vermögen des Einzelnen handelt und das in seinem Zentrum auf Schillers Gedicht von der Freiheit des Denkens »Archimedes und der Schüler« weist. Wir hatten den Text vor zehn Jahren in unserem Marbacher Domizil auf der Silcherstraße übersetzt. Florenski geht es hier um den diskreten Charakter von Wirklichkeit, um die »individuelle Abgrenzung einer Wirklichkeit von der Umgebung«, um »Gestalten der Sonderung«, um die »individuelle Gegliedertheit der Welt, ihre Zählbarkeit«. Erst Bruch schaffe Form: »Wo Diskontinuität ist, suchen wir das Ganze, wo das Ganze ist, wirkt Form...«

Über alle fachlichen Folgerungen hinaus ist der Abschied vom Prinzip der Kontinuität von größter allgemeiner Bedeutung. Er befugt, er befähigt zur Diskretion – zu Sonderung, Unterscheidung, Abstand, zu »zarter und heimlicher Gemeinschaft« – und hilft den Schrecken angesichts der Biographienbrüche überwinden. Um die Zahl pythagoräisch als einen »klugen Urorganismus«, als Prototyp und Idealschema, als »Primärkategorie des Denkens und des Seins« beschreiben zu können, hatte Florenski zwei Verse in eigener teils freier Übertragung zitiert, die ihm in einem Gedicht des Mathematikers C. G. J. Jacobi aufgefallen waren:

»Was du im Kosmos erblickst, ist nur der Göttlichen Abglanz. In der Olympier Schaar thronet die ewige Zahl.«

Die Verse stammten aus der Paraphrase von Schillers Gedicht »Archimedes und der Schüler«, die Jacobi einem seiner Briefe an Alexander von Humboldt voransetzte. Für Jacobis Geschmack unterschätzte Humboldt »die Süßigkeit der mathematischen Ideen«, wenn er ankündigte, er wolle die Verdienste der Mathematik um die Berechnung der Gesetze der Himmelskörper recht würdigen und dafür um genauere Auskunft bat. Jacobi war so erregt, daß er Humboldts Wort von den beiden »Astralgeistern« Plato und Aristoteles als »Astralgewitter« las und in seinem Brief von der Jahreswende 1846 zu 1847 meinte, Humboldt dürfe sich nun nicht wundern, wenn Plato donnere. Mit der Schillerparaphrase setzte das Gewitter ein. Göttlich die Mathematik, »bevor noch sie den Kosmos erforscht,

Ehe sie herrliche Dienste der Sternenkunde geleistet, Hinter dem Uranos noch einen Planeten entdeckt...«

Humboldt mochte das an empfindlicher Stelle treffen, da fünfzig Jahre zuvor, kurz nachdem das Gedicht entstanden war, Schiller Humboldt »keinen Funken eines rein objectiven Interesse abmerken« konnte, wie er am 6. August 1797 an Ch. G. Körner schrieb, und tatsächlich wenn nicht Humboldt so den in ihm vermuteten Typus traf: »Es ist der nakte, schneidende Verstand der die Natur, die immer unfaßlich und in allen ihren Punkten ehrwürdig und unergründlich ist, schaamlos ausgemessen haben will...«

Wir aber wollen auch Jacobis Schiller-Paraphrase getrost den »zufälligen Verwendungen« zurechnen, die den Mathematiker so in Rage brachten, und Schillers Gedicht hören, das in der »göttlichen Kunst« der Mathematik die reine Zuneigung rühmt. Die Sambuca, die Schiller als Inbegriff der Profanierung einführt, war eine Sturmbrücke, die den Belagerern einer Stadt auf die Mauern zu gelangen half, benannt nach einem dreieckigen Saiteninstrument von scharfen, schneidenden Tönen.

Zu Archimedes kam ein wißbegieriger Jüngling.
    »Weihe mich«, sprach er zu ihm, »ein in die göttliche Kunst,
Die so herrliche Frucht dem Vaterlande getragen
    Und die Mauern der Stadt vor der Sambuca beschützt.« –
»Göttlich nennst du die Kunst? Sie ist's,« versetzte der Weise;
    »Aber das war sie, mein Sohn, eh sie dem Staat noch gedient.
Willst du nur Früchte von ihr, die kann auch die sterbliche zeugen;
    Wer um die Göttin freit, suche in ihr nicht das Weib.«

Abbildungsverzeichnis

32 Lessing-Oberschule, Döbeln 1952
48 Mathematik bei Erich Hantzsche
51 Mit Majakowski im Park Monrepos
59 Vortrag von Georg Mierau
65 Meine Lehrer am Slawischen Institut
67 Assistent am Slawischen Institut
79 Irina Viktorowna Nowak mit Sohn, Schwiegertochter und Enkelin
85 Boris Nishegorodow mit seiner Tochter
100 Mit Sascha auf der Krim
110 Mit Reso Karalaschwili in Berlin
121 Brief von Sarah und Rainer Kirsch
140 Aus dem Exposé »Essays zur russisch-sowjetischen Literatur«
151 Brief von Arnold Zweig
152 Brief von Wieland Herzfelde
156 »Literaturdispute nach der Schicht«. In: »Kulturelles Leben« H. 2, Berlin 1978
157 Mit dem Zentralinstitut für Literaturgeschichte bei der Demonstration zum 1. Mai 1976
165 Mit Martin Schmidt im Otto-Grotewohl-Klub
166 Brief der russischen Malerin Elena Liessner-Blomberg. In: Christa Wolf / Gerhard Wolf, »Unsere Freunde, die Maler«, Janus press Berlin, 1996, S. 22
179 Mit Lew Kopelew. Foto: Gaby Waldek (Leipziger Buchmesse 1996)
180 »Mikado« (1983–1987). Foto: Lothar Deus, 1993
191 Tatjana Sergejewna Gomolizkaja-Tretjakowa
191 Gespräch über Sergej Tretjakow im Otto-Grotewohl-Klub
194 Brief von Ilja Ehrenburg
215 Lesung aus »Russen in Berlin«
219 »Extrablatt« Nr. 4, Wien, April 1978
223 Auf der Feier des 85. Geburtstages von Cläre Jung
226 Aus dem Operativen Vorgang »Literat«. BStU. MfS - HA XX, Nr. 349. OV »Literat«, S. 17
236 »Das Reclam-Buch«, Leipzig, Herbst 1978, Heft 52. Sonderheft »150 Jahre Verlag Philipp Reclam jun. Leipzig«
254 Mit Klaus Wagenbach

Personenregister

Achmadulina, Bella 97, 115, 120
Achmatowa, Anna 64, 134ff, 140f, 143f, 155, 161, 163, 174, 179ff, 194, 196, 198f, 213, 217, 296
Adelheim, Pawel 50
Adenauer, Konrad 56
Adler, Alfred 290
Ady, Endre 150, 240
Ästhetik und Kommunikation 214
Aigner, Christoph Wilhelm 296
Aitmatow, Tschingis 235, 237
Akademie-Verlag 168, 172, 238
Albrecht, Karl 221
Alexander (Freund von Iwan Kiuru) 113f
Almqvist, Carl Jonas Love 163
Alternative 214
Altman, Nathan 141
Andersch, Alfred 178
Andrae, Oswald 267
Andrejew, Juri 131
Andrejew, Leonid 63, 133, 140
Annemarie d.i. Annemarie Weber
Annenski, Innokenti 144, 200
Anufriew, Sergej 282
Apt, Solomon 193
Arabi, Muhammad Ibn 251
Archimedes 298f
Arendt, Erich 197
Aristoteles 298
Armeejournalist d.i. Joel Aronow
Aronow, Joel 200
Arp, Hans 150, 247
Arwatow, Boris 214
Ashajew, Wassili 134
Assejew, Nikolai 134
Aufbau-Verlag 139, 154, 223

Babel, Fanja (Mutter von Isaak Babel) 130
Babel, Isaak 30, 64, 90, 129-135, 137, 140f, 145f, 150, 155, 161, 166, 188, 192ff, 205, 209, 213, 217, 219, 230
Babel, Jewgenija (1. Frau von Isaak Babel) 130
Babel, Natalja (Tochter von Isaak Babel) 130
Bachmann, Ingeborg 104

Bahro, Rudolf 156, 232
Baldauf, Helmut 145
Ballhausen, Günter 177
Balzac, Honoré de 256
Barck, Karlheinz 158, 160, 162, 172f
Barlach, Ernst 128
Barnasch, Helmut 33
Bashan, Mikola 134
Baudelaire, Charles 144, 174
Bauermeister, Christiane 215
Baumhauer, Margarethe 53
Becher, Johannes R. 138, 223
Becker, Alexander 53
Bedny, Demjan 155, 167
Beethoven, Ludwig van 104
Beier, Peter 49
Bek, Alexander 134
Beketow, Andrej (Großvater von Alexander Blok) 137
Beketowa, Jelisaweta (Großmutter von Alexander Blok) 137
Beljajew, Alexander 87
Bely, Andrej 63, 130, 135, 157, 198, 210, 237, 244, 249, 251ff, 280-287
Benjamin, Walter 140f, 190, 193, 201
Benn, Gottfried 197
Berdjajew, Nikolai 250, 260
Berendse, Gerit-Jan 153
Berija, Lawrenti 107, 203
Berliner Börsen-Courier 63
Beßler, Dr. 24
Besson, Benno 77
Beuys, Joseph 260
Biehl 231
Bielfeldt, Hans-Holm 50, 53, 55, 63, 65, 107
Biermann, Wolf 114, 122, 159, 165, 169, 213, 224, 240
Birckholz, Udo 150
Das blaue Heft 63
Bloch, Ernst 67, 69, 103, 205
Blok, Alexander 63, 97, 132, 136f, 140, 155, 161, 174, 198, 205, 210-213, 230, 238f, 241, 294
Bobek, Anna 53
Bobrowski, Johannes 141

Boccaccio, Giovanni 254
Böhringer, Christian 46
Böll, Heinrich 104f, 178
Böttcher, Jürgen 164
Bogatyrjow, Konstantin 196
Bohr, Niels 260
Boltz, Lothar 164
Borchardt, Rudolf 197
Borngräber, Christian 216
Bosch, Hieronymus 152
Bott, Marie-Luise 168
Bräuer, Margit 133
Brasch, Thomas 169
Braun, Volker 163, 177, 211
Brecht, Bertolt 30, 65, 99, 104, 109, 128, 140f, 150, 153f, 177f, 190, 192f, 201f
Bredel, Willi 105
Breshnew, Leonid 219
Breton, André 208, 242
Brik, Lilja 194f
Britze, Marianne 164
Brjussow, Valeri 198f
Brodmann (Kindergärtnerin) 153
Bruck, Elsbeth 220, 225, 228
Brueghel, Pieter 152
Buber-Neumann, Margarete 221
Bucharin, Nikolai 220
Buchheim, Inge 47
Buchwald, Eberhard 41
Budjonny, Semjon 129, 209
Büchner, Georg 150
Bulgakow, Michail 64, 132, 135, 137, 171, 199, 208, 229, 234f, 237f
Burckhardt, Jacob 38, 45
Burljuk, David 197
Burljuk, Maria 197
Burmeister, Brigitte 160
Busch, Ernst 78, 154, 203
Butor, Michel 104
Butter, Christian 153
Byron, George Gordon Noël 77

Canaris, Wilhelm 227
Carrà, Carlo 254
Caruso, Enrico 190
Catull 197
Celan, Paul 132, 141, 294
Cendrars, Blaise 256
Chagall, Marc 82, 152, 193ff
Chamisso, Adelbert von 122
Chaplin, Charlie 128, 150
Charms, Daniil 243, 246f
Chasanow, Boris 281
Chiarini, Paolo 266
Chlebnikow, Welimir 49, 63, 137, 140, 143, 175, 212, 294
Chrustschow, Nikita 56, 149, 194, 217
Cocteau, Jean 128

Cooper, James Fenimore 206
Cremer, Fritz 163
Czechowski, Heinz 163, 213
Czesienski, Andrea 223, 225

Damm, Sigrid 169
Damnitz-Verlag 214
Dante Alighieri 174
Desch-Verlag 178
Deus, Lothar 301
Dieckmann, Eberhard 235
Di Lucido, Francesco 14
Dimitroff, Georgi 201
Ditschek, Eduard 178
Dombeck, Bertha (Tante Bertha) 29, 57
Dombeck, Franziska (in 1. Ehe Völker, in 2. Ehe Hoffmann; Großmutter mütterl.) 16, 20
Dombeck, Paul (Bruder der Großmutter mütterl.) 57
Doré, Gustave 152
Dornhof, Ernst 145
Dorster, Woldemar 53
Dostojewski, Fjodor 66, 96, 98, 129, 143, 195, 211, 235, 237, 296
Drescher, Herr 10
Dresen, Adolf 30
Drozda, Miroslav 53, 129f, 147
DSF Journal 230
Dubček, Alexander 147
Dudek, Gerhard 235
Dürrenmatt, Friedrich 103
Düwel, Wolf 53, 150, 235
DuMont-Verlag 214
Duncan, Isadora 141
Durow, Wladimir 126
Durowa, Teresa (die Tochter des vorigen) 126

Ebelt, Sylvie 246
Ebert, Albert 104
Ebert, Friedrich 170
Edition Nautilus 222, 228, 288
edition tertium 297
Egert, Jürgen 216
Ehlers (Rittergutsbesitzer in Ostpreußen) 21
Ehrenburg, Ilja 58, 63ff, 81, 118, 126, 140, 149, 187, 193f, 235
Eichenbaum, Boris 139
Eichendorff, Joseph Freiherr von 250
Eimermacher, Karl 214
Einstein, Albert 156, 260
Eisenstein, Sergej 140, 187, 192, 201, 206f, 214
Eisler, Hanns 104, 193, 220
Ekelöf, Gunnar 163, 241, 259
Else d.i. Else Taute
Eluard, Paul 150

Endler, Adolf 134, 136, 152f, 159, 163, 180, 212, 240ff, 245, 247
Engels, Friedrich 142
Epaminondas 142
Erasmus von Rotterdam 151
Erb, Elke 152, 163, 211
Erb, Marga geb. Leuner 133
Erdman, Nikolai 64, 171, 186
Euripides 174
Exter, Alexandra 82
Extrablatt 218

Fadejew, Alexander 130, 134, 217
Fähnders, Walter 222
Faulkner, William 276
Fedin, Konstantin 134
Feltrinelli, Giacomo 130
Fengler, Arthur 22
Feuchtwanger, Lion 201
Fewralskaja, Irina (Tochter von Alexander Fewralski) 189
Fewralskaja, Rudusana (Frau von Alexander Fewralski) 189
Fewralski, Alexander 185-189, 200
Figner, Vera 202
Filippov, Boris 132
Finger, Peter 40, 222f, 225
Fink, Georg 58
Fischer-Verlag 107, 132
Fischer, Peter 40
Flake, Otto 58
Flaubert, Gustave 129
Florenskaja, Olga (Tochter von Pawel A. Florenski) 281
Florenski, Alexander Iwanowitsch (Vater von Pawel A. Florenski) 42
Florenski, Kirill (Sohn von Pawel A. Florenski) 42
Florenski, Pawel Alexandrowitsch 42, 49, 188, 208, 210, 221, 260, 262-272, 276, 281, 286, 297f
Florenski, Pawel Wassiljewitsch (Enkel von Pawel A. Florenski) 188
Florin, Peter 146
Foerster, Friedrich Wilhelm 38
Fontana, Oskar Maurus 267, 275
Fontius, Martin 160
Forum 156, 232
Francesco d.i. Francesco Di Lucido
Franěk, Jiří 53, 147
Frankfurter Rundschau 218
Franz von Assisi 253
Freese, Werner 170
Freitag, Gudrun 53
Freud, Sigmund 290
Freund von Matwejewas Mann d.i. Alexander
Freund der Mutter d.i. Arthur Fengler
Friedrich, Herzog von Schwaben, später

Friedrich I. (Barbarossa) 291
Friedrich II., Staufenkaiser 253, 276
Friedrich, Paul 25
Fühmann, Franz 164, 167, 169
Fuhrmann, Carl Alfred 138
Fuhrmann, Ernst 12, 222, 260
Furmanow, Dmitri 130

Galsworthy, John 58
Gaßner, Hubertus 214, 216
Gegner 273
Geiger, Willi 18
Geländewagen 242
Genehr (Tanzschule) 52
Gennaro, Hl. 255
George, Stefan 197, 206, 283
Gerassimow, Konstantin 199
Gerhardt, Renate 178, 287
Gerschenson, Michail 255
Giljarowski, Wladimir 97, 101, 117
Gillen, Eckhardt 214, 216
Ginsburg, Jewgenija 190
Gladkow, Fjodor 141f, 155, 171, 209, 211
Görner, Max 164
Goethe, Johann Wolfgang von 14, 38, 41f, 53, 230, 237, 249
Gogol, Nikolai 46, 110, 211
Goldmann, Henriette 45f
Gomolizkaja-Tretjakowa, Tatjana (Tochter von Sergej Tretjakow) 178, 189-192, 200
Gontscharowa, Natalja 164
Gorbatschow, Alexander 82f, 97
Gorbatschow, Michail 230, 273
Gorki, Maxim 50, 64, 118, 140, 145, 150, 195, 230, 235, 237
Gorsen, Peter 214
Graf, Oskar Maria 193
Gramsci, Antonio 253
Granin, Daniil 244
Gregor, Manfred 104
Grieg, Nordahl 162
Grimm (Deutsches Wörterbuch) 50
Grin, Alexander 92f
Gross, Otto 220, 273, 289f, 292
Großeltern von Alexander Blok s. Beketow
Grosz, George 292
Grüning, Uwe 282
Grundig, Hans 152
Gruner, Jürgen 167, 175
Grunert, Hanns 273
Gryphius, Andreas 151
Gubaidulina, Sofija 285
Gülzow, Erwin 225
Günther, Hans 214
Gütling 232f
Gumiljow, Lew (Sohn von Anna Achmatowa) 197, 217

Gumiljow, Nikolai (1. Mann von Anna Achmatowa) 64, 135, 144, 199, 217
Guramischwili, David 110
Gut, Taja 281, 287
Guttfeld, Paul (Pegu) 14, 220f, 273
Guttmann, Simon 14, 141, 221, 272
Guttuso, Renato 89

Hacks, Peter 77, 110, 177
Hähnel, Dr. 31
Händler, Willi 177
Hagelstange, Rudolf 103, 105
Hager, Kurt 177
Haller, Albrecht von 5
Hanf, Martina 227
Hanser-Verlag 156, 214
Hantzsche, Erich 48
Harfouch, Corinna 246f
Harich, Wolfgang 147, 229
Haselbach, Albrecht 16, 21
Hasse, Gerhard 33
Hauer, Josef Matthias 260, 285ff
Havemann, Robert 54
Heartfield, John 30, 193, 221, 224, 292
Hegel, Georg Wilhelm Friedrich 253
Heidegger, Martin 107, 283
Heinker, Monika 133
Heisenberg, Werner 260
Hemingway, Ernest 275
Henschel-Verlag 223, 243, 246
Heraklit 283
Hérédia, José Maria de 197
Hermlin, Stephan 163, 165, 193, 213
Herrmann-Neiße, Max 220
Herzfeld, Helmut Pseud. John Heartfield
Herzfelde, Wieland 69, 151f, 221, 223f, 272, 292
Hesse, Hermann 37, 39f, 106, 109, 192
Heym, Georg 197, 221
Hielscher, Karla 178, 214, 216
Hikmet, Nazim 187
Hilscher, Eberhard 104
Hitler, Adolf 15
Hitzemann, Gerda 54f
Hochland 63
Hochmuth, Dietmar 223
Höpcke, Klaus 171, 176
Hoffmann, Alois 21
Hoffmann, E.T.A. 122
Hoffmann, Franziska s. Dombeck
Hoffmann, Herbert (Stiefbruder der Mutter) 15, 21
Hofmann (Landwirt) 26
Hofmannsthal, Hugo von 197
Homer 283
Honecker, Erich 172
Hoover, Marjorie L. 167
Horaz 194
Huber, Ernst Wolfgang 297

Huchel, Peter 103, 205
Humanité 256
Humboldt, Alexander von 298f
Huppert, Hugo 103, 171
Hurwicz, Angelika 154
Husserl, Edmund 107

Ibarruri, Dolores 113
Issakowski, Michail 134
Iswestija 148
Iwanow, Dmitri (Sohn von Wjatscheslaw I. Iwanow) 11, 14, 253, 266, 276
Iwanow, Wjatscheslaw Iwanowitsch 11, 251, 253, 255f, 260, 266, 268, 272, 276
Iwanow, Wjatscheslaw Wsewolodowitsch 199
Iwanowa, Lydia (Tochter von Wjatscheslaw I. Iwanow) 276

Jacobi, Carl Gustav Jacob 298f
Jakobson, Roman 154, 169, 180
Janka, Walter 229
Jarry, Alfred 186, 231
Jawlensky, Alexej 252
Jens, Walter 150
Jentzsch, Bernd 163, 212, 224
Jermilow, Wladimir 148ff
Jessenin, Sergej 30, 97, 114, 124, 132, 135, 137, 141, 146, 150, 155, 163, 174f, 208, 212, 241, 265, 268, 294
Jessenin-Wolpin, Valentin 114
Jesus Christus 153, 234, 241, 253
Jewtuschenko, Jewgeni 99, 140, 178
Johannes Paul II. 266
John, Joachim 164
Joyce, James 104, 151, 275, 280f, 283f
Jünger, Harri 130f, 133, 142, 144, 150, 161, 204, 235
Jung, Cläre 95, 176f, 218, 220-228, 272, 288, 292
Jung, Dagny 242, 273, 277
Jung, Franz 49, 162, 175f, 178, 206, 221-228, 242, 246, 257, 259f, 262-280, 282, 287-290, 296
Jung, Harriet 275f
Jung, Joyce 276
Jung, Margot 273
Jung, Peter 275f
Junge Welt 115
Junost 115f, 125
Jutkewitsch, Sergej 170

Kafka, Franz 98, 102, 104f, 107, 130, 150, 230, 275
Kahre, Frau 57
Kakabadse, Nodar 102-109, 118
Kakabadse, Shushuna 109
Kakabadse, Surab 107
Kamm, Christa 285f

Kampe, Helmut d.i. Alfred Kantorowicz
Kandinsky, Wassili 252
Kant, Hermann 87
Kantorowicz, Alfred 69, 103
Kaplan, Anatoli 164
Karalaschwili, Reso 108ff
Karrenbrock, Helga 222
Kasack, Wolfgang 49, 168
Kassil, Lew 134
Katajew, Valentin 134
Katunal, Olga 141
Kauchtschischwili, Nina 266
Kavafis, Konstantin 150
Kerenski, Alexander 118
Keresztúry, Dezsö 14, 273
Kertész, Imre 283
Kessler, Harry Graf 293
Ketlinskaja, Vera 134
Kiepenheuer-Verlag (Leipzig) 139, 223
Killy, Walter 230
Kim, Anatoli 49
Kirchhoff, Bodo 267
Kirchner, Ludwig 221
Kirienko-Woloschina, Jelena (Mutter von Maximilian Woloschin) 95
Kirsch, Rainer 121, 132, 138, 141, 163, 170f, 173, 193, 213, 221
Kirsch, Sarah 121ff, 140, 159, 163, 212, 224, 296f
Kisseljowa, Jekaterina 111, 115-118
Kiuru, Iwan (Wanja) 113f, 120
Klatt, Gudrun 171
Kleinschmidt, Sebastian 160
Klemperer, Victor 52
Kliche, Dieter 162
Kljujew, Nikolai 135
Klytschkow, Sergej 135
Knabe, Georgi 204
Knödler-Bunte, Eberhard 214
Knorin, Wilhelm 201f
Knutson, Gösta 164
Koch, Hans 148
Kocialek, Frau 133
Köhli, Peter 44, 46
König, Barbara 275
Körner, Christian Gottfried 299
Kolbe, Georg 37
Kolbe, Uwe 180, 246
Kolesnyk, Jutta 133
Koljasin, Wladimir 203
Kolzow, Michail 64, 135
Kopelew, Lew 103, 178f
Korin, Pawel 118
Kornejtschuk, Alexander 134
Kortum, Hans 154, 162, 218
Kosing, Eva 235
Kossuth, Leonhard 133, 169, 173f
Kotschetow, Wsewolod 199
Kowalski, Edward 156f

Kracauer, Siegfried 293
Krause, Friedhilde 65
Krauss, Werner 158, 160, 205f, 218
Krempien, Herbert 233
Krupskaja, Nadeshda 158
Kuhfuss, Paul 30, 164
Kulak, Oberleutnant 45
Kultur und Fortschritt-Verlag 133
Kun, Bela 201f
Kundera, Ludvík 150
Kunze, Reiner 224
Kuprin, Alexander 87
Kurella, Alfred 103, 193
Kurzendörfer, Johanna 54
Kuschner, Alexander 126
Kusmin, Michail 64, 135
Kutschera, Franz 170
Kuwanowa, Ljudmilla 199

Labriola, Silvano 253
Lacis, Asja 141, 189, 196, 200-203
Lang, Lothar 166
Langanke, Dieter 46
Lasker-Schüler, Else 296
Lebedew-Kumatsch, Wassili 134
Leconte de Lisle, Charles Marie René 197
Léger, Fernand 193f
Lenin, Wladimir Iljitsch 47, 56, 140, 150, 156, 206f, 211, 290
Leonhard, Susanne 141, 221
Leopardi, Giacomo 255
Leskien, August 50
Leskow, Nikolai 143
Lessing, Gotthold Ephraim 138
Lessing, Theodor 53
Leuner, Marga verh. Erb 141
Leupold, Gabriele 281, 285
Levi, Carlo 113
Levi-Mühsam, Else 292
Libedinski, Juri 134
Liessner-Blomberg, Elena 163, 166
Lindsay, Jack 113
Linke, Otto 242
Linné, Carl von 5, 162, 259, 261
Lipkin, Oberleutnant 45
Lissitzky, El 140, 157, 192, 207, 242
Lobanow, Viktor 118
Lochmann, Annelies 32
Loest, Erich 229, 234
Löwenthal, Leo 66
Loose, Hans 132ff, 141
Lorca, Federico García 120, 127
Lossky, Veronique 258
Lotman, Juri 158
Luchterhand-Verlag 173, 222
Ludewig, Peter 222f, 225f
Ludwig, Nadeshda 53, 55, 161, 235
Luft, Friedrich 170
Lugowskoi, Wladimir 134

Lukács, Georg 147, 160, 233
Lukonin, Michail 134
Lukrez 197
Lulofs, Madelon 58
Lumière, Auguste 212
Lumière, Louis 212
Lunz, Lew 64, 155, 171
Luxemburg, Rosa 207

Machiavelli, Niccolò 165
Mahler, Gustav 252
Majakowski, Wladimir 30, 50f, 64, 89, 97, 107, 109, 135, 140, 146, 148, 150, 162f, 168-174, 177, 179ff, 186, 188, 194f, 197f, 200, 207, 210, 212, 214ff, 241, 294
Malende, Christine 133
Malewitsch, Kasimir 258
Malik-Verlag 224
Mamai 83
Mandelstam, Ossip 64, 95, 126, 128, 130-133, 135, 137f, 140f, 143f, 149f, 155, 161ff, 192f, 198, 208, 213, 230, 244, 294
Mann von *Junost* d.i. Nathan Slotnikow
Mann von *Novella Matwejewa* d.i. Iwan Kiuru
Mann, Heinrich 31, 105, 230
Mann, Thomas 104ff, 109, 192f
Manuilow, Viktor 95
Mao Tse-tung 240
Marc, Franz 252
Marceau, Marcel 128
Marcu, Eva 273
Marienhof, Anatoli 64
Marinetti, Emilio Filippo Tommaso 253
Marquardt, Hans 171f
Martowizki, Iwan 190
Marx, Karl 142, 290
Masaryk, Tomáš Garrigue 53
Mathauser, Zdeněk 53, 143, 147f, 173
Matthias, Leo 206
Matwejewa, Novella 113f, 116, 119-123, 140, 212
Matwejitsch (Dreher) 78
Maurer, Georg 197
May, Gisela 120
Mayer, Hans 66, 103, 105, 205f
Meißner, Anna (Sylvia) von geb. Radnoti 268, 272-279
Meißner, Hansjörg von 273, 277
Metzger, Klaus 280
Meyer, Jochen 294, 297
Meyerhold, Wsewolod 140, 148, 167, 177, 186-189, 192, 200, 214, 216, 235
Michelangelo 255, 266
Mickel, Karl 163, 213
Middell, Eike 133
Mierau, Adrienne geb. Rompe (Frau von Onkel Fritz) 16, 57
Mierau, Edith geb. Völker (Mutter) 10f, 14f, 19-33, 44
Mierau, Edith (Schwester) 10f, 16, 21, 26, 58, 61
Mierau, Franz (Großvater väterl.) 15f
Mierau, Fritz (Großonkel) 15f
Mierau, Fritz (Onkel) 15f, 57
Mierau, Fritz 31-33, 147, 151, 159f, 166f, 181, 219, 226, 231f, 236, 244f, 288, 295
 Anna Achmatowa: Majakowski im Jahr 1913. In: *Mikado* H. 3/1983 u. H.1/1984 181
 Anna Achmatowa-Ausgabe: *Poem ohne Held,* Leipzig, 1. Aufl. 1979 198
 Adam. Exzentrische Geschichten aus Rußland 1906-1937. Leipzig 1993 168, 230
 Alter Leib geschüttelt von den Stürmen der Phantasie. In: Fritz Mierau, *Zwölf Arten die Welt zu beschreiben. Essays zur russischen Literatur,* Leipzig 1988 129
 Babel-Ausgabe: *Die Reiterarmee. Mit Dokumenten und Aufsätzen im Anhang,* Leipzig 1968; Darmstadt 1980 215
 Die fünf Minuten des Isaak Babel. In: *Die Reiterarmee,* Leipzig 1968; wieder in: Fritz Mierau, *Konzepte,* Leipzig 1979 140, 188
 Biographienwechsel.Versuchung, Glanz und Tödlichkeit (erschienen unter dem Titel: *Anna Achmatowa: Majakowski im Jahr 1913*) 179
 Alexander Blok-Ausgabe: *Ausgewählte Werke in 3 Bänden,* Berlin; München 1978 174
 Velimir Chlebnikov in diesem Augenblick. In: *Erbe und Erben. Traditionsbeziehungen sowjetischer Schriftsteller,* Berlin und Weimar 1982; wieder in: Fritz Mierau, *Zwölf Arten die Welt zu beschreiben,* Leipzig 1988 175
 Deutsche und russische Lyrik im 20. Jahrhundert. In: *Veröffentlichungen des Instituts für Slawistik der Deutschen Akademie der Wissenschaften,* Nr. 49/1968 144
 Frühe sowjetische Prosa 1918-1941, Berlin und Weimar 1978 155f, 174
 Georgien und andere Landschaften (unveröffentl. Manuskript) 163
 Fjodor Gladkow/Heiner Müller. Zement, Leipzig 1975 142, 162
 Maxim Gorki-Biographie: *Maxim Gorki,* Leipzig 1966 107, 145, 150

Jessenin-Biographie: *Sergej Jessenin*, Leipzig 1992 174f
Brief an Cläre Jung: *Die Kameradin. Brief mit Briefen*. In: *Sinn und Form*, H. 2/1978 176
Franz Jung-Ausgaben: *Der tolle Nikolaus. Prosa, Briefe*, Leipzig; Frankf. a.M. 1980; *Werke Bd.11 Briefe und Prospekte 1913–1963. Dokumente eines Lebenskonzeptes*, Hamburg 1988; Franz Jung, *Der Weg nach unten. Aufzeichnungen aus einer großen Zeit*, Leipzig 1991; Werke Bd. 9/1 *Briefe 1913–1963*, Hamburg 1996 162, 175, 223
Franz Jung-Biografie: *Das Verschwinden von Franz Jung. Stationen einer Biographie*, Hamburg 1998 175, 267, 288
Franz Jung-Chronik: *Leben und Schriften des Franz Jung . Eine Chronik*. Hamburg 1980 228
Konzepte. Zur Herausgabe sowjetischer Literatur, Leipzig; Frankf. a.M. 1979 155, 162, 167, 174, 215
Die Lachküche. Eine Literaturenzyklopädie in Karikaturen und Selbstzeugnissen. Gezeichnet von den Kukryniksy, Leipzig und Weimar 1981 139, 209f
Legende von den russischen Dichtern (Plan) 168, 173, 230, 250f, 256,
Sprache und Stil Lenins, Berlin 1970 142, 156, 214
Lesefrüchte (unveröffentl. Manuskript) 143
Links! Links! Links! Eine Chronik in Vers und Plakat 1917–1921, Berlin 1970 140, 142, 156, 231f
Luftschiff über Marbach. In: *ariadnefabrik* H. 4/1989 294
Majakowski-Ausgabe: *Schwitzbad. Mit Dokumenten und Aufsätzen im Anhang*, Leipzig 1978; erweitert unter dem Titel *Die Wanze. Schwitzbad*, Darmstadt Neuwied 1980 162, 170ff, 215
Majakowskis Ausstellung und Tod. In: *majakowskij 20 jahre arbeit* (Ausstellungs-Katalog), Berlin 1978 169
Begegnungen mit Majakowski. In: *Fremdsprachenunterricht* H. 1/1959 174
Majakowski-Bilder. Neue Kenntnisse. Neue Fragen. Vorwort für den Band von Bella Tschistowa *Majakowski in Deutschland* (unveröffentl. Manuskript) 168, 172
Majakowski lesen. In: *Sinn und Form* H. 3/1978; wieder in: *Konzepte*, Leipzig 1979 173
Majakowskis letztes Stück. Unter dem Titel: *War Majakowski voraus oder zurück*. In: Wladimir Majakowski, *Die Wanze. Schwitzbad*, Darmstadt, Neuwied 1980 168, 173
Odessa-Buch (Plan) 86-90
Ossip Mandelstam-Ausgabe: *Hufeisenfinder. Mit Auszügen und Aufsätzen von und über Mandelstam*, Leipzig, 1. Aufl. 1975 162
Revolution und Lyrik, Berlin 1972; München 1973 214
Russen in Berlin. Literatur–Malerei–Theater–Film 1918–1933, Leipzig 1987; Weinheim, Berlin 1988 63, 292
Russische Stücke 1913–1933, Berlin 1988 243
Sternenflug und Apfelblüte. Russische Lyrik von 1917 bis 1962, Berlin, 1. Aufl. 1963 175
Tolstoi oder Chlebnikow? Gedruckt unter dem Titel: *Velimir Chlebnikov in diesem Augenblick*
Tretjakow-Ausgabe: *Sergej Tretjakow, Lyrik–Dramatik–Prosa*, Leipzig; Frankf. a.M. 1972 214
Tretjakow-Monographie: *Erfindung und Korrektur. Tretjakows Ästhetik der Operativität*, Berlin 1976 162, 238
Welterfahrene Häuslichkeit – gelebte Utopie in Rußland (Plan) 258
Marina Zwetajewa, *Vogelbeerbaum. Ausgewählte Gedichte*, Berlin 1986 254
Mierau, Georg (Vater) 10-15, 19, 21f, 25, 31, 44, 47, 57-62, 67, 243
Mierau, Herbert (Onkel) 15f
Mierau, Igor (Sohn) 75, 150
Mierau, Joachim (Enkel) 74
Mierau, Konstantin (Enkel) 31
Mierau, Mädy (Tante) 16, 57
Mierau, Martha geb. Schifferdecker (Großmutter) 15, 19
Mierau, Sibylle (Tochter) 150
Mierau, Sieglinde (Frau) 31, 42, 49, 75, 150, 152, 154, 162, 176, 220, 223, 231, 259, 288, 291, 295
Mierau, Ursula (Schwester) 10f, 16, 21, 26f, 58, 61
Mikado 180f, 246
Mila (aus Charkow) 80
Mirow, Jakow 146
Mirowa-Florin, Edel 63, 65, 133, 146, 175, 229, 235
Mittenzwei, Werner 154-160, 162, 172
Mjassojedoff, Iwan 282, 287

Modigliani, Amadeo 141
Mörike, Eduard 291
Mohr, Arno 163
Molotow, Wjatscheslaw 187, 235
Moore, Henry 259
Moravia, Alberto 113
Der Morgen-Verlag 176, 223
Mühsam, Erich 220, 292
Mühsam, Paul 292
Müller, Alfred Dedo 37f
Müller, Artur 178, 273
Müller, Fritz 14
Müller, Heiner 141f, 163, 169, 171, 176f, 211, 242, 245
Müller, Matthias 285
Müller, Robert 206
Müller, Rolf 32
Müller Bellinghausen, Nanny 248, 250
Müller-Medek, Tilo 213
Münter, Gabriele 251f
Musil, Robert 193
Mussolini, Benito 264, 266

Nabokov, Vladimir 167
Nahum, Prophet 242
Narbut, Wladimir 198
Naumann, Manfred 158
Nehab, Elisabeth 220
Nehab, Marta 220
Neruda, Pablo 150
Neues Deutschland 148, 267
Nexö, Martin Andersen 115
Nezval, Vitězlav 133
Nietzsche, Friedrich 36, 241
Nishegorodow, Boris 84-89, 91, 97
Nitschke, Annelore 281f
Novalis 122, 239
Nowak, Garik (Sohn von Irina V. Nowak) 78ff
Nowak, Irina Viktorowna 77-80
Nowak, Irina (Enkelin der vorigen) 79
Nowy Mir 190

Obraszow, Sergej 30, 125
Odermatt, Alois 286
Oehlschlägel, Vera 120
Okudshawa, Bulat 76, 101, 114ff, 120, 126, 134, 235, 237
Oleg (aus Peredelkino) 119
Olescha, Juri 64, 86, 135
Opitz, Roland 133, 170, 213
Orlowa, Raissa 178
Ostrowski, Alexander 53
Ostseezeitung 235
Ott, Ulrich 288
Otten, Ellen 273, 287f, 291, 293ff
Otten, Karl 273, 287-296
Ovid 144, 197

Pantheon Books 293
Paolino, Padre 278
Paperny, Sinowi 148, 188, 199f
Pascal, Blaise 290
Pasternak, Boris 64, 83, 103, 115, 119, 131f, 133, 135, 139ff, 143, 167, 187f, 196, 198, 208, 234, 293
Pasternak, Jewgeni (Sohn des vorigen) 119
Paulus, Apostel 272
Pauly, Charlotte 30, 163
Paustowski, Konstantin 86, 134
Pawlowa, Nina 192f
Pegu d.i. Paul Guttfeld
Pepperstein, Paul 282
Pernitzki, Padre 276, 278
Perwomaiski, Leonid 134
Pester Lloyd 273
Petrow, Nikolai 170
Pfeifer, Arthur 14, 33-42, 47, 65, 138
Pfeifer, Josef (Vater des vorigen) 39
Pfemfert, Franz 220
Pforte, Dietger 216
Picasso, Pablo 30, 128, 152, 193f, 257
Pieck, Wilhelm 47
Pilnjak, Boris 135, 140
Pinthus, Kurt 288
Pio, Padre 273, 276-279
Piroshkowa, Antonina (2. Frau von Isaak Babel) 193f, 198, 200, 218
Pirosmani, Niko 83, 104f, 107f, 127, 194
Pirrenz (Kreisschulrätin) 45, 47
Pirrenz, Walter 47
Piscator, Erwin 292
Pjatnizki, Jossip 201
Plato 264, 298
Platonow, Andrej 64, 135, 140, 171, 207, 247
Plechanow, Georgi 158
Plotnikow, Alexander 80, 82, 99f
Polewoi, Boris 134
Polgar, Alfred 276
Postupalskaja, Galina 198
Postupalski, Igor 195-200
Prijma, Konstantin 113
Primakow, Vitali 195
Prober, Christine 215
Proust, Marcel 275
Pugatschow, Jemeljan 241
Pusanow, Iwan 87
Puschkin, Alexander 46, 126f, 140, 192, 213, 243, 270f
Pythagoras 298

Quadriga-Verlag 292
Querner, Curt 165

Racine, Jean 144
Radek, Karl 220
Radnoti, Anna s. Anna von Meißner

Ragwitz, Ursula 160
Rakusa, Ilma 281f
Randow, Norbert 64, 234
Rasparini, Laura 253
Ratzel, Friedrich 35
Reclam-Verlag (Leipzig) 131ff, 139, 141, 147, 150, 158, 161, 168, 170, 174, 205, 214f, 228, 236f
Rector, Martin 222
Reich, Bernhard 202
Reinhardt, Frau 133
Reinhardt, Django 240
Reinhardt, Max 202, 220
Reißner, Eberhard 52
Reizmann 226
Remisow, Alexej 208, 238
Rennert, Jürgen 213
Reschke, Thomas 233f
Richelieu, Armand Emmanuel Sophie Septimanie DuPlessis 91
Richter, Hans Theo 163
Riedel (Ziegelei) 22
Rilke, Rainer Maria 76, 83, 140f, 192, 196, 293
Rimbaud, Arthur 144, 174
Ring, Wolfgang 32
Rivera, Diego 96, 208
Rodin, Auguste 258
Röderberg-Verlag 214f
Rodtschenko, Alexander 195
Rolland, Romain 212
Roloff-Mommin, Ulrich 216
Romanow, Pantelejmon 58
Rompe, Robert 57
Rossi (Ingenieur) 277
Die Rote Fahne 63
Rothschild, Thomas 218f
Rousseau, Henri 152
Rowohlt-Verlag 222
Rtscheuschwili, Guram 108
Ruben, Walter 54f
Ruchadse, Nodar 102-106
Rücker, Günther 167
Rump, Franz 230
Ruschkowski, Klaudia 74
Russell, Bertrand 115

Sabolozki, Nikolai 135
Sachs, Hans 167
Samjatin, Jewgeni 64, 207
Santkin, Carl Maria 61f
Santkin, Paula 62
Sarjan, Martiros 116, 118
Sarrasani (Zirkus) 38
Sarraute, Nathalie 104
Sascha (aus Charkow) d.i. Alexander Plotnikow
Sascha (aus Moskau–Leningrad) 95f
Sascha (aus Odessa) 88

Schad, Bettina 261, 275, 287
Schad, Christian 14, 178, 285, 287
Schädlich, Joachim 296
Schaginjan, Marietta 64, 134
Scharfe, Jürgen 242
Schaumann, Gerhard 133, 204
Schengelaja, Georgi 108
Scheuzger, Jürg 285
Schifferdecker, Eduard (Urgroßvater väterl.) 16f
Schiller, Friedrich von 144, 291, 298f
Schily, Otto 216
Schklowski, Viktor 64, 139, 154, 249
Schlegel, Hans-Joachim 214, 216, 231
Schlenstedt, Dieter 160, 173
Schmid, Heinrich Felix 62
Schmidt, Achim 164
Schmidt, Günter 32
Schmidt, Helene 163f
Schmidt, Kathrin 164
Schmidt, Martin 163ff
Schmitt, Hans-Jürgen 214
Schnaugst, Paul 46
Schneeweis, Edmund 53
Schneider, Hermann 52
Schöffler, Heinz (Moritz) 288, 294f
Schöffler, Micheline 288, 294f
Schönberg, Arnold 285
Scholem Alejchem 83
Scholochow, Michail 77, 107, 111ff, 134, 140, 145
Scholochowa, Maria (Frau des vorigen) 112
Scholz, Gerhard 158
Schostakowitsch, Dmitri 187
Schrader, Bärbel 162
Schramm, Godehard 178, 214
Schröder, Ralf 31, 64f, 132, 147, 218, 228-240
Schröder, Winfried 158
Schubert, Gerhard 26
Schuenke, Christa 283
Schütz, Stefan 169
Schulenburg, Lutz 228
Schwab, Alexander 273
Schwarzer, Werner 46, 48
Sdanewitsch, Ilja 243
Sdanewitsch, Kirill 105
Seghers, Anna 105
Semjonowa, Jelena 190
Senghor, Leopold 150
Senn, Fritz 281, 283ff
Sergejew-Zenski, Sergej 92
Sergi, Hl. 137
Serner, Walter 178, 246, 287
Seydel & Co. (Bankhaus) 16
Seyppel, Joachim 169
Shakespeare, William 246, 281, 283
Shdanow, Andrej 194

Sievers, Marie von 287
Sinclair, Upton 58, 113
Sinn und Form 167, 173, 176, 205
Sjomuschkin, Tichon 134
Skrjabin, Alexander 126, 285
Slotnikow, Nathan 116
Smirnow, Sergej 124
Sobol, Andrej 64, 135
Södergran, Edith 163, 213
Sologub, Fjodor 64, 135
Solshenizyn, Alexander 98, 114, 137, 148f, 190
Sondermann, Herbert 115
Sonntag 188
Sostschenko, Michail 64, 135, 140, 155
Sosulja, Jefim 64
Sowjet-Kolymá 197
Städtke, Klaus 158, 162, 235
Stalin, Jossif Wissarionowitsch 44, 46f, 50, 55f, 64, 107, 149, 171, 181, 190, 194-197, 208, 212, 220, 229, 233, 243
Stanislawski, Konstantin 199, 248
Stantscheff, Stefan 53
Steiner, Edgar 46
Steiner, Rudolf 97, 259ff, 281, 285, 287
Steinitz, Wolfgang 46, 53
Stepun, Fjodor 199
Stepun, Wladimir (Bruder des vorigen) 199
Sterenberg, David 193f
Stifter, Adalbert 38, 73, 193, 243, 247
Storch, Antonio Maria 74
Storch, Wolfgang 74, 222, 242, 268
Strindberg, August 163
Strittmatter, Erwin 104
Struve, Gleb 132
Stschipatschow, Stepan 134
Sturm, Gottfried 54
Stus, Oleg 212f
Süddeutsche Zeitung 267
Suhrkamp-Verlag 214
Surkow, Alexej 134
Svatoň, Vladimir 53, 147
Swedenborg, Emmanuel 259
Symanczyk, Wolfgang 178
Szittya, Emil 257, 273
Szittya, Erika 257, 261, 273

Tabidse, Tizian 145
Tacitus, Cornelius 204
Tamerlan d.i. Timur Lenk 241
Tantzscher, Monika 133
Tarkowski, Andrej 208, 257
Taute, Else 291
Tautz, Barbara 32, 48
Teilhard de Chardin, Pierre 259f, 290
Teitelbaum, Grigori 76
Teller, Jürgen 141f, 147, 171
Teller, W. (Vater des vorigen) 25

Tendrjakow, Wladimir 171, 235, 237
Teubner-Verlag 197
Thäter, Wolfgang 32
Thallwitz, Adolph 59
Thelen, Beatrice geb. Burckhardt 295
Thelen, Vigoleis 295
Thiele, Eckhard 171
Thierse, Wolfgang 160, 173
Thieß, Vera 133
Thun, Ferdinand 146
Thun, Nyota 53, 146, 162
Tietze, Rosemarie 178, 214
Times 188
Timofejew-Ressowski, Nikolai 244
Tito, Josip Broz 113
Tjutschew, Fjodor 125
Törne, Oskar von 213
Togliatti, Palmiro 253
Tolstoi, Alexej 140
Tolstoi, Lew 129, 143, 211, 235
Trakl, Georg 197
Trautmann, Reinhold 62
Tretjakow, Sergej 64, 135, 140f, 154f, 162, 171, 177, 186f, 190-193, 198, 201, 205, 212, 214, 238f
Tretjakowa, Jewgenija (Schwester von Sergej Tretjakow) 190, 198
Tretjakowa, Nina (Schwester von Sergej Tretjakow) 190
Tretjakowa, Olga (Frau von Sergej Tretjakow) 189f
Trifonow, Juri 167, 171, 234-238
Trolle, Lothar 180f, 242-247
Trolle, Otto 243
Trotzki, Leo 178, 181, 201, 208, 229, 235
Tschaikowski, Peter 89, 99
Tschechow, Anton 96, 246
Tschistowa, Bella 168
Tschörtner, Ilse 133
Tschukowskaja, Lidija 217
Tucholski, Herbert 163
Tucholsky, Kurt 104, 276
Turgenjew, Iwan 143
Turgenjewa, Asja 287
Turner, William 35, 259
Twardowski, Alexander 140, 149
Tynjanow, Juri 64, 139, 154, 161, 230
Tyschler, Alexander 193ff

Udalzowa, Nadeshda 193
Uhlig, Max 164
Ulbricht, Walter 30, 113, 172, 189, 245
Unità 252
Unterzaucher, Wolfgang 215

Valentin, Karl 128
Vejen frem 162
Vergil 197
Verhaeren, Emile 143

Verlaine, Paul 131, 143f
Villon, François 174
Violet, Franziska 273
Vittorio Emanuele II 254, 262
Völker, Ernst (Großvater mütterl.) 15, 20
Völker, Franziska geb. Dombeck (Großmutter mütterl.) 20
Völker, Helmut (Onkel) 20, 57
Völker, Klaus 230f
Volk und Welt-Verlag 132, 147, 149, 156, 167, 173, 213f, 229, 232, 237
Vossische Zeitung 63

Wagenbach, Klaus 254
Wagner, Bernd 180, 246
Wagner, Richard 252f
Waldek, Gaby 301
Wandel, Paul 65
Watteau, Antoine 250
Weber, Annemarie 87
Wedekind, Frank 104
Wegerdt, Christian 40
Wehling, Oskar 215
Weigel, Helene 104
Weimarer Beiträge 176
Weisbach, Reinhard 157
Wekwerth, Manfred 162
Die Weltbühne 63
Wendland, Victor 54
Werefkin, Marianne 252
Werfel, Franz 152
Wernadski, Wladimir 260
Werner, Igor 53
Wesjoly, Artjom 140
Whitman, Walt 150
Wieland, Christoph Martin 281
Wille, Arthur 221
Wirtin Holteistraße d.i. Frau Kahre

Witt, Hubert 152
Wolf, Christa 164, 166, 181
Wolf, Emmi 146
Wolf, Gerhard 166
Wolf, Konrad 202
Wolf, Markus 146
Wolff, Helen 293
Wolff, Kurt 293
Wolff's Bücherei 248
Wolken, Elisabeth 262, 280
Woloschin, Maximilian 64, 87, 92-98, 104, 135f, 145
Woloschina-Sabaschnikowa, Margarita (1. Frau von Woloschin) 95
Woloschina-Sabolozkaja, Maria (2. Frau von Woloschin) 95, 97f, 105
Wosnessenski, Andrej 97, 101, 115ff
Wrubel, Michail 104

Zeitschrift für Slawistik 186
Zelinsky, Bodo 179
Zeller, Bernhard 293f
Zeuch, Marie-Luise 297
Ziegengeist, Gerhard 154, 158, 160
Zinger, Alexander (Vater von Oleg Zinger) 249
Zinger, Alexander (Sohn von Oleg Zinger) 248
Zinger, Oleg 11, 14, 244, 248-251
Zinger, Tatjana (1. Frau von Oleg Zinger) 248
Zinger-Pawlowa, Vera (Mutter von Oleg Zinger) 248f
Zundel, Maurice 286
Zweig, Arnold 58, 66-70, 151
Zwetajewa, Marina 64, 133ff, 137, 140f, 155, 163, 168, 174, 212f, 250, 254, 258, 267

Ortsregister

Abramzewo 125
Alawerdi 108
Allenstein 21
Alma-Ata 95
Altenburg (Thür.) 296
Alupka 91
Aluschta 92, 94
Ananuri 108
Aschaffenburg 178, 261
Ascona 295
Asti 254
Astrachan 137

Babylon 240
Bad Nauheim 275
Baski 112
Bergamo 251, 266
Berlin 14-16, 19-24, 27-30, 42, 50-59, 65, 69, 75f, 89, 103, 109, 115, 128f, 144-148, 154, 157, 159, 168, 170, 172, 174, 178, 180, 188, 192f, 201-204, 215, 218, 220, 222, 229f, 242, 244, 246, 248-252, 260, 267-270, 273, 275, 281, 287, 292
Bern 92
Bielefeld 172
Bochum 178
Bologna 254
Breda (Holl.) 228
Breslau 14ff, 21ff, 25
Brücken 243
Brüssel 266
Budapest 14, 57, 113, 159, 228, 270, 273, 277
Byzanz 137

Castel Gandolfo 266
Cecina 74
Cerveteri 266
Charkow 19, 29, 76-82, 90, 106f, 110f, 115f
Chemnitz 22, 38
Chiusi 254
Clamart 250, 258

Dachau 178
Dassow (Meckl.) 55

Döbeln 9, 11, 13ff, 17f, 20, 22, 25, 27, 29, 31, 33f, 36f, 39-41, 43-47, 52f, 57, 59, 61, 65, 73, 138, 211
Dornach 174, 285
Dresden 22, 34, 40, 46, 67, 69
Dsheskasgan 114
Düsseldorf 62

Eisenach 153
Emden 287
Erdmannhausen 294
Erfurt 192

Falkensee 14
Feodossija 92, 94
Ferrara 254
Florenz 174, 253, 268
Foggia 276
Foros 80, 96, 98f, 101
Frankfurt a.M. 214, 218
Fregene 264, 277
Freiberg (Sachs.) 40
Freiburg i.Br. 248
Freiburg (Schles.) 21
Friedrichshagen b. Berlin 20

Gärtitz 23
Garches b. Paris 11, 14, 248, 250
Genf 174, 270
Genthin 87, 164
Gera 246
Giesmannsdorf (Schles.) 16
Göttingen 55, 260
Gorki 77, 99, 122
Greußnig 13f
Grobenzell 273
Groningen 249

Haifa 14, 273, 275
Halle a.d.Saale 46, 121, 242
Hamburg 228
Heidelberg 178f
Hochweitzschen 35
Hoyerswerda 163ff, 191f
Hundsfeld (Schles.) 15, 21

— 315 —

Idstein 178
Ismail 102

Jalta 76f, 80, 87, 90-101, 127
Jasnaja Poljana 129
Jever 267
Jena 130f, 137, 192
Jerichow a.d. Elbe 87

Karaganda 196, 203
Karlsruhe 177, 192
Kassel 177
Kastropol 99, 101, 127
Keilberg 14, 178
Kiew 76, 78-84, 88, 90, 97, 101, 103, 110, 127
Kishi 77, 117
Kleinmachnow 166
Kloster Buch 13
Knobelsdorf 26
Köln 92, 178
Königsberg 14-17
Koktebel 11, 76, 80, 87, 90, 92-98, 136, 145, 238
Konstantinowo 124
Kronstadt 211

Leipzig 22, 36f, 61, 67, 69, 73, 127, 147, 159, 205, 214, 228f, 236
Limlingerode 296
Leisnig 34
Leningrad 75, 81, 102, 126, 131f, 137, 145, 166, 231
Locarno 290f
Łódź 16
London 14, 75, 174f, 221, 258-262, 272
Lustdorf 88f

Madrid 256
Magdeburg 16, 87, 154, 170
Majdanek 83
Mailand 130, 174, 251
Manfredonia 279
Marbach a.N. 288-299
Marina di Pisa 268
Massanei 12
Meißen 34
Meudon 250, 258
Millerowo 112
Minusio 273, 287
Mirgorod 110
Mockritz 12
Monte San Angelo 278f
Mosbach (Baden) 16
Moskau 9, 11f, 30, 55, 75-82, 87, 99, 101-107, 111-118, 122, 124-127, 137f, 145, 166, 178, 185, 189, 192-196, 199-203, 218, 230, 241, 251, 260, 262f
Mülheim a.d. Ruhr 49f

München 178, 201, 214, 221, 231, 249, 251, 273, 287, 289f
Muranowo 125
Murnau 251
Mzcheta 104f

Neapel 174, 252f, 255
Neisse (Schles.) 15f
Neu-Mannsdorf 26
New York 167, 256, 273, 275
Niechcice (Schles.) 16
Niederkrüchten 295
Niederstriegis 59
Ninive 240, 242
Noworossisk 124
Nowotscherkask 113
Nürnberg 178, 228

Oberplan 243
Odessa 76, 80f, 84-91, 97, 101, 110, 130, 136, 145, 166, 207, 209, 218
Oels 21
Olevano 266
Orjol 201
Osnabrück 173
Ostfildern 297

Palermo 252f, 258
Paris 11, 75, 159, 174f, 231, 244, 251, 256ff, 261f, 273, 292
Pavia 251, 253
Peking 260
Peredelkino 114, 116, 118f
St. Petersburg 16, 57, 136, 211, 283f
Planerskoje d.i. Koktebel
Polgsen b. Wohlau (Schles.) 248
Pomarance 254
Pompeji 252
Ponarth b. Königsberg 16f
Potsdam 52, 92
Prag 53, 143, 145, 147f, 150, 159
Pskow 50

Ranten b. Lötzen (Ostpr.) 21
Riesa 22f
Riga 53, 75, 196, 200-203
Rjasan 77, 99, 115f, 118, 122-125
Rochlitz 35
Röcken b. Lützen 36
Rom 14, 75, 113, 174, 204, 255, 262-280
Rostow 76f, 80, 106ff, 110-113, 127
Rotterdam 216
Rudelsdorf 26

Sacrau (Schles.) 16, 21
Sagorsk 83
Salzburg 230
San Francisco 290, 292
San Giovanni Rotondo 273f, 276-280

Schachmatowo 137
Schwedt 156
Schwerin 246
Sewastopol 92, 96, 129
Siena 253
Simferopol 76, 101
Sparta 142
Stalingrad 87
Starnberg (Obb.) 69
Stary Krim 92
St. Cloud 250
Stettin 14
Stockholm 174
Stuttgart 292
Sudak 92, 94, 96
Süchteln 295

Tallinn 200
Taormina 174
Tarquinia 266
Taschkent 124
Tbilissi 76f, 80, 99, 101-109, 118, 127, 145, 199
Theben 142
Tielenhemme 212, 297
Töpeln 34
Tschernobyl 252

Vaduz 282, 287
Vanves 258
Venedig 174, 256
Versailles 256
Viersen 294f
Volterra 14, 74, 252, 254f, 268
Vyborg 51

Waldheim 14, 35-39
Warschau 53
Washington 131
Weimar 14, 103, 192
Weinheim 292
Wernigerode 87
Westewitz 35, 73
Wien 92, 102, 129, 174, 218, 267, 270, 275, 277
Witebsk 45
Witten 61
Wjoschenskaja (Wjoschki) 112f, 145
Wladimir 99

Zagreb 172
Zarskoje Selo 144
Ziegra 37
Zürich 172, 178, 231, 281, 285, 287
Zug 280-288

Inhalt

Einweihung

Ungewisse Häuslichkeit	9
Landschaft mit alten Männern	12
Östliche Disposition	14
Muttersprache	20
Sächsische Erbschaft	34
Imperiale Gebärden	43
Bildnis des jungen Mannes als Slawist	50

Ausdehnung

Wohin nun noch?	73
Russische Reise mit georgischer Schleife	77
Evokation	128
Institutsmärchen	145

Sammlung

Das Lächeln der Überlebenden	185
Willkommen in Utopia!	205
Lebensgroß	240
Kasper ist Kaiser	242
»Wo zu Gast und wo zu Haus?«	248
Späte Ausfahrt	251
Die unsichtbare Prägung	262
Zuger Dialoge	280
Marbacher Verknüpfungen	288

Abbildungsverzeichnis	301
Personenregister	303
Ortsregister	315

Fritz und Sieglinde Mierau
ALMANACH FÜR EINZELGÄNGER
Gebunden / 208 Seiten
Fremder Blick und wildes Denken – »wie kaum jemandem sonst gelingt
es ihnen dank stupendem Wissen und einzigartigem Einfühlungsvermögen,
uns teils geniale, teils problematische Intellektuelle nahe zu bringen.«
Christian Schwandt, Mitteldeutsche Zeitung

Fritz Mierau
DAS VERSCHWINDEN VON FRANZ JUNG
Stationen einer Biographie
Gebunden / 336 Seiten
»Fritz Mieraus neues Buch über Franz Jung ist ein Meisterstück ...
Eine spannende Biographie und ein mit Eleganz geschriebenes Buch.«
Bärbel Schrader, Neues Deutschland

Franz Jung
DER WEG NACH UNTEN
Aufzeichnungen aus einer großen Zeit · Autobiographie
Broschur / 442 Seiten
»... der Verwegenste und Herausforderndste in der deutschen
Literaturgeschichte.« *Jürgen Serke*
»Franz Jung – einer der unbekanntesten und lesenswertesten
Autoren deutscher Sprache in der ersten Hälfte dieses
Jahrhunderts.« *Fritz J. Raddatz*

Franz Jung
BRIEFE 1913–1963
Werke Band 9/1
Herausgegeben von Fritz und Sieglinde Mierau
Gebunden oder Broschur / 1152 Seiten
Eine *Confession Humaine* in Briefen und eine voluminöse
Fundgrube zur Sozial-, Literatur- und Zeitgeschichte.

Franz Jung
BRIEFE UND PROSPEKTE
Dokumente eines Lebenskonzepts
Werke Band 11
Gebunden oder Broschur / 352 Seiten
Zusammengestellt und kommentiert von
Fritz und Sieglinde Mierau

verlegt bei Edition Nautilus

Cläre Jung
PARADIESVÖGEL
Erinnerungen 1911–1945
Gebunden / mit 20 Fotos illustriert / 256 Seiten
Erinnerungen einer engagierten Frau – an die Politik und Kultur
der 20er und 30er Jahre, Expressionismus, Novemberrevolution, frühe
UdSSR und Widerstand im Nazireich.

Erich Mühsam
UNPOLITISCHE ERINNERUNGEN
Gebunden / 224 Seiten
»Mühsams Erinnerungen sind mehr als nur eine nostalgische
Rückblende ins intellektuelle Klima der Boheme. In ihr sah er die
gesellschaftliche Neuerung keimen und nisten, weswegen er nicht eine
vergangene Epoche revitalisiert, wohl aber deren Geist.«
Roland Mörchen, Allgemeine Jüdische Wochenzeitung

Madeleine Grawitz
BAKUNIN
Ein Leben für die Freiheit
Gebunden / 560 Seiten
»Die Biografie ist von elegantem erzählerischen Schwung geprägt
und füllt Informationslücken mit plausibel rekonstruierten
Geschichten, doch genügt das Buch durchaus wissenschaftlichen
Standards.« *Rudolf Walther, Tages-Anzeiger*

Otto Gross
VON GESCHLECHTLICHER NOT
ZUR SOZIALEN KATASTROPHE
Broschur / 192 Seiten
»Den Schritt von der individuellen Neurose zum gesellschaftlichen
Leid und damit auch zur Kritik an der bestehenden Gesellschaft hat
Otto Gross als erster unternommen.« *Emanuel Hurwitz*

Emil Szittya
MALERSCHICKSALE
Gebunden / 80 Seiten
Mit einer Vorbemerkung von Fritz Mierau
Emil Szittya (1886–1964) porträtiert in diesem 1925 erstveröffentlichten
Band u.a. Van Gogh, Henri Rousseau, Otto Dix, Marie Laurencin,
Marc Chagall, Oskar Kokoschka, Robert Delaunay ...

verlegt bei Edition Nautilus

A 44826 12,-